U0102332

第二部 大战国时代

读不够的

战国史

DU BU GOU DE ZHAN GUO SHI

鸟山居士 ◎ 著

中国文史出版社

图书在版编目（CIP）数据

读不够的战国史. 第二部, 大战国时代 / 鸟山居士
著. -- 北京：中国文史出版社, 2023.1
ISBN 978-7-5205-3403-1

Ⅰ.①读… Ⅱ.①鸟… Ⅲ.①中国历史 - 战国时代 -
通俗读物 Ⅳ.①K231.09

中国版本图书馆CIP数据核字（2021）第241834号

责任编辑：刘　夏
装帧设计：欧阳春晓

出版发行：中国文史出版社

网　　址：www.wenshipress.com

社　　址：北京市海淀区西八里庄路69号　　邮编：100036

电　　话：010-81136606　81136602　81136603（发行部）

传　　真：010-81136655

印　　装：北京温林源印刷有限公司

经　　销：全国新华书店

开　　本：1/16

印　　张：27　　字　数：420千字

版　　次：2023年4月北京第1版

印　　次：2024年1月第2次印刷

定　　价：59.80元

文史版图书，版权所有，侵权必究。

目录 Contents

第三章 围殴时代 / 95

第一章

赵国的崛起

1.1 打通三川

就在张仪死于魏国的同一年（前309），秦武王为了避免丞相权力过大，将这个职位分为左丞相和右丞相，而新任的两个丞相分别是樗里疾（右丞相）和甘茂（左丞相）。

将丞相编制整改以后，秦武王又盯上了邻居韩国。

之前说过，秦武王最大的梦想便是打通三川，挟持天子。而想要打通三川，第一个要拿下的便是韩国的宜阳。

但是秦武王还没笨到直接就进攻韩国，因为自己刚刚继位，正是需要威望的时候，之前讨伐义渠就令国人对自己产生了质疑，如果这次再在进攻韩国的时候出了什么意外，那自己的这个位置可就真心悬了。

所以，在进攻宜阳以前，秦武王亲自前往应城与魏襄王会谈，希望秦国攻打韩国的时候魏国能够在东边牵制韩国，让他们分不出兵来救援宜阳。

魏襄王从古至今口碑都不怎么好，孟子说他"望之不似人君"，而以后的人也都骂他窝囊，就好像魏国是毁在他手里似的。

可事实真是如此吗？

大家都说秦国是喂不饱的狼，你跟着秦国混也早晚会被吃掉，他们怪魏襄王跟着秦国混，结果破坏了中原的联合。

要我说这真是无稽之谈。

首先，中原那些诸侯国不靠谱，想要强大就必须要靠自己！很显然，魏襄王明白这一点。

其次，大家说魏襄王窝囊，秦国说什么就是什么，一点儿都不知道反抗。可依我看，魏襄王不但不是一个昏庸之君，甚至还能和明君搭上边儿！大家可以想想，当初魏襄王继位的时候魏国是什么样子？早就不是什么天下霸主了！魏惠王时期魏国凭借着强悍的实力四处征伐，结果被田忌两次大败（桂陵之战和马陵之战）！使得魏国元气大伤。

这还不算，因为魏国之前得罪的国家太多了，除了不入流的燕国以外，基本上中原的那些强国都被它给得罪遍了，所以魏国常年受四方压迫，不但河西和原都城（安邑）被秦国给拿下，甚至在湖北的土地也已经开始急速缩水了。

到了魏襄王继位的时候，魏国还剩什么了？都马上要沦为二流国家了！

在这种情况下，魏襄王紧急投靠秦国，获得了短暂的和平，之后他励精图治，魏国的国力也在他的治理下慢慢提升，到应城会谈这一年（前308），魏国的地盘已经比魏襄王继位的时候扩张了不少。

秦魏"高峰会议"在应城举办得非常成功，魏襄王想都不想便答应了秦武王的要求，承诺会在秦国出兵的时候从东线牵制韩国。

秦武王也相当高兴。于是双方尽兴，各回各家。

如此，到了咸阳以后，秦武王任命甘茂为东征宜阳的军事统帅，让他速速集结大军，准备进攻韩国。

本以为得到如此荣耀，甘茂会对自己感激涕零，岂料甘茂不但没有感谢，还皱着眉毛道："大王，魏王虽然答应了咱们的要求，可是我还是不建议出兵宜阳。"

一听这话，秦武王大急，忙问，"左丞相何出此言？"

"大王别急，先听我将话说完。宜阳，韩国原国都，第二大重地。其铁山更是天下诸侯们梦寐以求的至宝，这地方曾经被咱们秦国收于囊中，可自从被五国联军收复以后，韩国便对此地加倍防护，不但城墙加高加厚，就连驻兵都达近十万人，并且这都是韩国最精锐的战斗军团，每个人都弓弩娴熟。臣还听说，宜阳的城墙在加高加厚的同时也布置了圆形围墙，那是专门放置韩国多床巨弩的地方，有此弩在，将对我军的士气造成不小的打击，再加上宜阳相公仲侈实力不俗，所以宜阳士气很高，这仗真不好打。"

看到秦武王的面色还是阴沉的，甘茂继续说道："主公没有忘记在咱们身后的楚国吧？那楚怀王和咱们秦国仇深似海，大王在攻击韩国的时候楚国不可能无动于衷，如果在这时候他们对咱们秦国发动攻击，这后果……"

说到这儿，甘茂就停止了说辞，只是默默地看着秦武王。

　　而秦武王在听了甘茂说楚国那一段以后眉头紧锁，明显是在脑子里迅速考虑取舍。

　　最终，秦武王貌似下定决心，和甘茂道："左丞相，寡人的梦想便是打通三川，以窥周室。为了这个梦想，我甘愿抛弃一切，绝不会因为一个楚国蛮子便退缩，所以，宜阳一定要拿下。而你，必是这次侵攻战的主帅，寡人给你大秦精锐二十万，你只管放心去打！"

　　二十万精锐秦军，为了自己的梦想秦武王真是下了血本儿。那韩国守军虽然精锐，可也无法和秦军相比，现在已经有了双倍于敌军的兵力，按理来说甘茂应该马上答应才是，因为这是秦武王给甘茂的一个机会。

　　可甘茂还是没有答应，反倒是紧皱眉头沉默不语。

　　这一下秦武王可就有些生气了，冷冷地问道："怎么？难道左丞相还有什么难处？或是……你怕了？"最后一句话说得更加阴冷，好像甘茂要再拒绝就会把他吃了一样。

　　甘茂一个激灵，也不敢再和秦武王兜圈子了，赶紧道："大王既然这么说，那我也就实话实说了，宜阳城十分坚固难攻，想要将其拿下，所需要的时间绝对不短。大王要知道，朝中看不上我的大有人在，樗里疾、公子奭，哪一个不视我为眼中钉？如果我攻打宜阳时间过长，他们一定会借此事来攻击我。还记得当初乐羊替魏文侯拿下中山，可是回来以后面对的却是一箩筐的指控竹简，还好魏文侯贤明，没有相信那些谗言，可从此以后也再没有任用过乐羊，说实话吧，我甘茂就是怕这个。"

　　秦武王闻言哈哈大笑，"我还以为什么事儿呢，左丞相放心，那魏文侯贤明，我就不贤明吗？你就放心地进攻宜阳吧，我绝对不会相信对你不利的言论。"

　　秦武王虽然说得斩钉截铁，甘茂却是微笑摇头，"大王啊，鲁国以前有个叫曾参的，他的贤明远近皆知，曾参的母亲也以曾参为傲。可有一天，曾参的老母正在家里织布，突然闯进来一个人，说曾参和别人在外面发生了矛盾，失手把那人给捅死了。曾母微微一笑，根本就不相信，还是继续织布。可过了一会儿，又来了一个人，同样说曾参杀人了，曾母还是不相信，但是心里面已经有些不安了。当第三个人过来告诉她曾参杀了人以后，曾母信了，直接扔下手中的织布机，翻墙逃走了。然而曾参到底杀没杀人呢？当然是没有杀人。这个故事告诉我们，一个人说一件事可能没人相信，但要是大家都说这件事，就不由得你不信了。然而微臣贤良不如曾参，大王信任我的程度也不如曾参的母亲信任曾参。而樗里疾和公子壮的人脉极广，到时候他们都来参我，您就敢保证不动摇吗？"

听了甘茂的话以后，秦武王沉默了，因为甘茂说得确实在理。

最后，秦武王貌似下定了决心，"左丞相别怕，我保证不相信别人对你的攻击，让你在前方战场可以心无旁骛。"

说罢，让下人从宝库里拿出了一节息壤（非常珍贵的泥土，多用于祭祀，当初大禹他爹鲧就是因为拿息壤治水被舜抓住机会处死的），和甘茂道："左丞相，今天，寡人以息壤为信物和你发誓，你就放心地去攻打宜阳，后方有我帮你顶着，你无须担心。"

见秦武王把话说到了这个份儿上，甘茂终于答应率兵攻打宜阳。

就这样，以甘茂为主帅，秦国出动近二十万大军，浩浩荡荡地杀奔宜阳。

魏襄王看到秦军已经出动，也同时在韩国东面出兵，牵制韩国。

韩襄王无奈，只能领韩军东进抵挡魏军，宜阳，只能靠他们自己了。

甘茂到达宜阳以后，堵住了北、西、南三门，他不敢直接对宜阳强攻，而是原地扎营，命秦军工匠连夜赶造攻城器械。

一个月以后，攻城器械打造完毕，甘茂命秦军对宜阳展开猛攻，可是宜阳城头上的多床巨弩实在太过恐怖，秦军的冲车、井阑、云梯车等物没等到城墙下面就有很多被射成了碎片，外加上城墙内韩军弓箭手射出的"箭海"，使得秦军前进一步都相当困难。

在这种情况下，甘茂果断命正在攻城的部队迅速撤退，然后继续打造攻城器械。只不过这次打造的攻城器械里面多出了几十台床弩。

又是一个月以后，甘茂再次对宜阳发动了攻击，在攻城部队的掩护下，他把床弩全都对准了宜阳城上的多床巨弩，终于将这些巨弩全都射穿了。

之后，秦军冒着箭雨冲到了宜阳城下，云梯车一辆一辆地搭在了城墙之上。

终于看到了光明，秦国士兵如同疯了一般地向城上冲。可是一向不擅长近身肉搏的韩军却一点儿都不怕秦军，他们和秦军展开了殊死搏斗，腿被砍伤了就抱住秦军用牙咬，双臂被砍掉了就一跃顶到秦国士兵的身上和他同归于尽（一起摔下城墙），其可怕的程度甚至让视人头如命的秦军都不敢轻易去割韩国士兵的人头了。

宜阳的远程士兵也同样拼命，城内的韩国驻军死命往城外射箭，城外的秦国弓箭部队也疯狂地往宜阳城内射击，你来我往的远程攻击密不透风，离远一看就好像黑压压的乌云遍布战场上空。

攻城战持续了一天，双方士兵都已经筋疲力尽，所以鸣金收兵。

只见宜阳城下的尸体堆积如山，简直就像人间地狱一般。

就这样，如此强度的攻防战整整持续了五个月。可宜阳呢？依然没有被攻克，秦军损失也颇为惨重。

可战争是双方谁都别想好过的事情，秦军损失惨重，韩军难道就不惨重吗？如今宜阳的粮食虽然还能支撑一年多，但是箭矢已经射没了，余下的士兵也不到七万人了，并且每个士兵都筋疲力尽。

韩军士气很低弱，如果再这样下去，宜阳被攻陷也只是时间问题。

可就在这时，咸阳突然派出了一个使者来到前线，声称是奉了秦王之命，让甘茂马上带领秦军回国。

那这又是怎么回事儿呢？为什么好好的却突然让甘茂回国呢？

原来，一切都如甘茂之前所料，当他围攻宜阳五个月不下的时候，身在咸阳的樗里疾和公子奭则带领自己的亲信在朝中攻击甘茂，说他在前线接连失利，有负王恩。

最重要的是，楚怀王趁着秦国主力大军攻打宜阳之际，于秦楚边境紧锣密鼓地集结士兵，图谋不轨。

秦武王在樗里疾、公子奭一系列的连番炮轰下动摇了，于是便派人前去召回甘茂。

这一消息无异于五雷轰顶，前线的将士们都不知所措，只有甘茂异常冷静地对使者说："使者大人，我无意违抗大王的命令，但我有一句话还请回去禀告大王，那就是撤兵没问题，但大王可还记得息壤现在何处？"

使者无奈，只能回到秦国，将甘茂的话原封不动地回给了秦武王。

秦武王一瞬间又想起了甘茂临走前对自己说的一席话。

于是，他非但没有再继续召回甘茂，反倒又征发了除了边防以外所有的士兵支援甘茂（五万）。

也就是说，现在除了边防线，秦国内部已经没有任何驻军了，如果楚怀王在此时攻陷了秦国边境，便可以长驱直入秦国内部。秦武王下此决定也真是放手一搏了。

而楚怀王虽然做事有欠考虑，但他毕竟不傻，这等好机会摆在面前他当然不会错过。于是，在秦国五万援军出发的同时，他命景翠为主帅，发兵二十万攻打秦国边境。

再看秦军那边，得到援军的甘茂当然知道事态的严重性，他明白事情不能再拖了，宜阳必须在极短的时间内拿下。于是，甘茂在某一天的清晨召集了全军将官，当着他们的面说："诸位！我甘茂客居秦国而为秦相，因为攻打宜阳使秦王欢喜，之前宜阳攻不下来，樗里疾、公子奭在国内诋毁我，如今大王都已经将国内最精锐的士兵派来当援军了，如果再拿不下宜阳，等待你我的就将是死路一条！我决定，从明日开始，对宜阳展开不间断的进攻，不成功便成仁！"

话毕，甘茂命人将自己所有的财产都拿了出来分发给下面的将官。这些将官之前就已经被甘茂说得热血沸腾，如今得了甘茂的财物更是发誓拼死攻打宜阳。

于是，秦军就在当日对宜阳发动了疯狂的进攻。

宜阳现在箭矢耗尽、士兵疲劳，外加上秦军如潮水一般的进攻，使得韩军无法抵挡。

于是，宜阳相公仲侈果断率领部队从东面向新郑逃窜，力求保住剩余韩军。

那甘茂自然不会放过这种机会，他亲自领兵追击败逃韩军，斩杀韩军近三万人，这才退回到宜阳城内。

宜阳大胜的消息很快便传到了咸阳，秦武王闻讯高兴得蹦了起来，"哈哈哈，打通了三川！下一步就是周室了！"

可还没等秦武王高兴完，突然从门外传来了侍卫的报告，"报告大王，汉中方面有加急军情！"

一听这话，秦武王的表情顿时凝重起来，"将文书呈上来！"

"是！"

秦武王皱着眉毛将军报看完以后，直接对下面的众位大臣道："众位，楚国二十万大军不分昼夜地对边境发动攻势，汉中边境线要守不住了，有什么想法就速速说来。"

这时候，樗里疾站了出来，"大王！既然左丞相已经拿下了宜阳，咱们手上的兵力就富余了，不如趁此机会命左丞相的主力部队向南攻打楚国，我军则临时调集民兵死守汉中，只要咱们这边时间拖得长久，左丞相那边必有捷报。"

话音一落，秦武王摇了摇头，樗里疾的计谋虽好，但是却有太大的不确定性。因为前线的士兵打了五个月的宜阳，已是身心疲惫，这时候再派他们去攻打楚国，说实话，秦武王不放心，一旦甘茂的军队被楚军拖住，汉中又被拿下，咸阳定会告急，到时候很有可能会偷鸡不成蚀把米。

所以，秦武王拒绝了樗里疾的计谋，破天荒地采用了极端保守的做法，派使者前去见楚怀王，说明秦国愿意献出巴地两城，希望楚怀王就此退兵，如果他楚怀王还是冥顽不灵，那时候他秦武王成周也不去了，就和你楚怀王拼个你死我亡。

事情到了这个地步，楚怀王有些怕了，因为宜阳陷落的消息已经传到了他的耳朵里。所以，楚怀王见好就收，拿了巴地的两个城邑就草草退兵了。

韩襄王一看楚国人都撤了，也赶紧派国相公仲朋亲赴秦国，向秦武王谢罪求和。

那秦武王的目的并不是灭掉韩国，而是打通三川以窥周室，现在拿下宜阳，三川已经被打通，他没有道理再继续和韩国交恶，便借坡下驴，直接和韩国议和了。

送走韩国使臣后，秦武王再也按捺不住内心的激动，他将国事暂时委托给

自己的弟弟公子壮与樗里疾、公子奭等人，自己则亲自来到宜阳军中，带领着
秦军直奔成周而去。

1.2 为举鼎而献身

如今的中原，已经没有一个国家能在单挑上战胜秦国了，所以，秦军很快
便到达了成周近郊，周赧王不敢怠慢，本想亲自去迎接秦武王，可顾忌自己那
点儿面子，便派遣了朝中重臣前去迎接。

现在的周朝，实力也就相当于三流小国，别说国相了，就是周赧王亲自前
来秦武王也不会有什么波动。

所以，看到国相以后，秦武王根本没拿正眼看他，心想，"你也配来和我
对话？"

国相对秦武王拜了一礼，一看秦武王根本不理他，也不敢多说，只能站在
原地。

秦武王也不废话，直接进入主题："你们周朝的九鼎在哪儿？我要了。"

相国一个激灵，心里虽想拒绝，可真不敢得罪秦武王，只能老实地答道：
"回秦王，九鼎就在太庙正中。"

秦武王哈哈一笑，再也不理会国相，而是带领着手下直奔周朝太庙。

周朝太庙，那应该是西周和春秋时期全天下最神圣的地方，可如今，秦武王
带着如狼似虎的手下径直就往里面闯，根本就没给周朝的列祖列宗半点儿尊重。

走到太庙的正中心以后，秦武王直接忽略了周朝众多先王的牌位，而是两
眼放光地盯着中间排列整齐的那九口大鼎。

这九口大鼎乃是当初大禹集天下青铜所造（并不是全天下所有的青铜，而是
各个地方凑份子凑出来的），据说，谁得到了这九口鼎便能取得天下。那九鼎巧

夺天工，上面分别绘着九个州（夏朝那时候的州，分别是荆州、梁州、雍州、豫州、徐州、扬州、青州、兖州和冀州）的地理图形，还有无数的珍奇猛兽。如果这几个鼎真的存在并存留至今，那它们将是华夏民族最宝贵的遗产之一。

看到九鼎，秦武王哈哈大笑，等了好久终于等到了今天，他能不高兴嘛！于是他灵机一动，想出一个鬼主意。

他对那个周朝国相道："这鼎有多重，有人举起来过吗？"

国相赶紧回答道："大王您说笑了，这九鼎每一个都重达千斤以上，从古至今无一人能举起。"

秦武王看向他最宠爱的两个大力士任鄙和孟说道："哎，你俩，能举起来吗？"

任鄙一看这鼎这么大的个头，把头摇得和拨浪鼓似的，赶紧说举不起来。可孟说却被秦武王说到了痒处，非得试试看。可他只把这大鼎托起了半尺就不行了，将大鼎放下以后，孟说直接脑充血，差点儿没晕倒。

秦武王哈哈大笑，没说别的，直接走到大鼎面前，手伸到衣服上用力一扯，上身衣物直接被扯烂，他走到鼎前，伸手就要举鼎。就在这时，任鄙上前一步劝道："大王，您乃是万金之躯，秦国的希望，您万不可尝试这个东西，如果有什么……"

没等任鄙说完，秦武王一个阻止的手势，眼神异常坚定。任鄙一见这情况赶紧退了出来，他知道，现在的秦武王已经进入状态，这种状态的秦武王就是十头牛也拉不回来。

任鄙退下以后，秦武王伸出了双手，狠狠拍击眼前的大鼎，砰砰！两声巨响传来，气势凌人。秦武王毫不犹豫，直接用双臂环抱大鼎，并在同时将马步扎下，狂吼一声，"起！"

轰隆隆，大鼎竟真的被秦武王弄起一尺多高，并且没有停下，还在慢慢上升。周围人惊呆了，他们平时就听说自家大王神力盖世，但也没想到会有这么大的力量。

那个周朝国相惊得下巴都要掉了。只见秦武王双臂肌肉砰砰作响，血管都凸出来了，可是大鼎还是没有停止上升的趋势，而且越升越高，竟然已经到达了秦武王的头部。这时候，整个太庙内众人都屏气凝神地盯着秦武王和大鼎，静得都能听见心跳的声音，他们都想见证这个奇迹。

又过了一会儿，随着秦武王的一声暴喝，大鼎竟然真的被他举过了头顶，再一看秦武王就好像盖世霸王一般，神威不可侵犯。士兵们被他折服，大声喊叫着"秦王威武，秦王万岁！"

可就在这时，随着嘎巴一声（猜测是哪根手臂的骨头被压骨折了），秦武王突然支撑不住，而那个大鼎在失去支撑点的情况下直接冲秦武王砸了下来，秦武王见势不妙，迅速向外跑，可这时候已经来不及了，就听哐当一声巨响，秦武王的整个下半身都被砸到了巨鼎之下。

周围的秦人当时都吓蒙了，甘茂暴吼道："都愣着干什么？赶紧搬鼎！"

秦人闻声而动，数个大汉费尽吃奶的力气才把鼎移走。可将大鼎移走以后，他们被眼前的一幕吓得亡魂皆冒，因为此时秦武王的下半身已经是血肉模糊，哪里还有半根骨头？整个人就只剩下一半儿的身子了（一说是腿没了）。

甘茂对国相哭号道："赶紧！赶紧把你们周朝最好的医生给我请过来，快！快点！"

周朝的那个国相不敢怠慢，拔腿就去请大夫去了。

可是这又有什么用呢？整个下半身都被砸没了，这就相当于腰斩了，别说古代，就是放到现代也够呛能救回来。

结果，英明神武的秦武王就这么死于举鼎。

1.3 季君之乱

秦武王献身举鼎以后，甘茂赶紧率众带着秦武王的尸体撤退回国。

那甘茂为什么要火急火燎地撤退呢？还不是因为秦武王实在是太过年轻

了（二十二岁），所以一直到现在都没有孩子。而一个没有明确继承人的国家面临着什么？那必是各个公子之间的王储之争。王储之争出现以后又面临着什么？当然是列国趁着秦国内乱进而攻之。

所以，甘茂是出于个人的角度考虑也好，还是出于对秦国的考虑也罢，都必须赶紧率兵回国。

咱们再看看现在的秦国。既然秦武王没有留下继承人，那就要按照以前商朝的兄终弟及制度来办事了。

按理说，最有可能继承秦国王位的人就是秦武王的同母弟弟公子壮，因为他不只在血缘上占了优势，更重要的是秦国的那些权贵们也都是他这一派系的人，都希望他来继承王位。

可本来万无一失的事情，因为一个女人改变了。

这个人是谁呢？便是多年以前从楚国嫁给秦惠文王的芈八子，也是以后的宣太后。

芈八子和秦惠文王一共有一女三子，其中长子名叫嬴稷。但这小子并不受芈八子和秦惠文王的喜爱。所以，嬴稷不知何年何月被送到了燕国当人质。

可是现在秦武王死了，芈八子便有了野心，想要自己的孩子成为秦王，但是凭什么呢？

之前说了，芈八子前半生没有什么历史记载，孤身一人嫁到了秦国，既没有关系网，也没有靠山。可这个女人相当的厉害，没有人当我的靠山我就靠我自己！

她到秦国以后不显山不露水，暗中培养自己的亲信，一步步将自己的“七大姑八大姨”全都提拔起来，这里面最厉害的当数他的弟弟魏冉，被芈八子提拔当了秦国的大官。

史书并没有说具体是什么官，但可以肯定的是，魏冉手中一定掌管着不小的兵权。

可是秦国有兵权的人多了，魏冉一个人也扭转不了乾坤，公子壮一家在秦国势力可比芈八子一家大多了。别的不多说，光是一个樗里疾手中的士兵就可以归拢三个魏冉。

那怎么办呢？芈八子必然有办法，那就是找外援！芈八子行动迅速，对周围列国广派使者，燕、三晋和楚全都接到了芈八子的求援。

可列国并不理秦国，赵雍更是放出话来，想要我们支持你芈氏一派是没有问题的，可必须要用身在燕国为人质的嬴稷为新任秦王，要不然休想得到他一兵一卒的支持。（注：燕国自从姜齐改为田齐以后就靠上了赵国，而赵国为了照顾"小弟"，同时也想让以后的秦王欠他一个人情，便有此一招，因为他即将在赵国进行一番超级改革，这个改革的过程中，绝对不能有任何人打搅）

芈八子无奈之下，只能答应赵雍的请求。

燕国不必多说，燕昭王现在正在治理内政，准备以后向齐国复仇，而齐国最大对手便是秦国，敌人的敌人便是朋友，这个道理燕昭王还是懂的，一旦自己手中的嬴稷能当上秦国的王，那他和秦国以后便是连着筋的好兄弟了。

所以，燕昭王毫不犹豫地答应了芈八子的请求。

按理说，这里面最应该答应芈八子的就应该是她的娘家楚国了，可也不知道楚怀王是什么想法，硬是没理芈八子。

于是，现在支持芈八子的便只有燕国和赵国这两个国家。

芈八子是个下定了决心就一定要做到底的人，两个国家我也干了！事在人为！

于是，芈八子开始实行计划，而赵雍和燕昭王也在这一刻行动了。

赵雍先是派代郡相赵固去燕国接嬴稷回赵国，同时也带回了好几万的燕国士兵，并派遣大批赵国骑兵与燕国军队组成联军共同护送嬴稷回国，其意图便是给嬴稷壮势。

赵燕联军进入秦国境内以后，芈八子立马调动了魏冉的军队，三家合兵一处，直接以武力辅佐嬴稷上位。

公子壮一派则完全落败。

可是秦国大部分军队貌似都掌握在樗里疾手上，樗里疾这么一个天不怕地不怕的人怎么可能会怕区区的三方联军呢？

事实确实是这样，只要樗里疾出马，芈氏一派十有八九是要失败的，可就在芈八子和魏冉等人强行扶立嬴稷之时，公子壮一派的樗里疾却并没有出面反对，直接站到了中立派系上，从而使得公子壮一派彻底失败。

那为什么樗里疾临阵反水呢？对于这个问题，史书上也没有给出明确答案，也使得后世的史学家们浮想联翩。

嬴稷最后成了秦国的国君，这便是历史上有名的长寿王秦昭王了（也可以叫他秦昭襄王）。

可是秦昭王这个国君当得挺没意思，因为母亲芈八子借口秦昭王还小开始了"垂帘听政"，并自称宣太后，成为第一个干涉国家内政的奇女子。

此后，秦国凡是国家大事都由宣太后和魏冉这对姐弟裁决，秦昭王就是个摆设。

因为甘茂是属于公子壮一派的人，所以嬴稷继承王位的第一天，他就溜了（还有一说是被公子奭陷害，不得已才逃到了齐国）。

甘茂真是聪明啊，就是因为他的聪明和谨慎，使得自己逃过了一劫。

秦昭王继位以后，宣太后和魏冉通过种种手段将公子壮一派贬的贬，杀的杀，公子壮被逼无奈发动内乱。

可失去樗里疾支持的公子壮一派注定是没有前途了，结果自然是失败的。

摆平了公子壮以后，宣太后杀尽公子壮一派，竟然连和他们交往频繁的大臣也不放过，秦国一时之间被鲜血染红，宣太后和魏冉彻底成了秦国主宰。

1.4　一箭双雕

再来看看逃到齐国的甘茂吧。

话说那甘茂辛辛苦苦从大西边跑到了大东边，可是并没有得到齐宣王的重用，那究竟是为什么呢？甘茂要才能有才能，要长相有长相，服侍过三代秦王，非常熟悉秦国的内部，军力、地形他都了然于胸，现在齐国正是和秦国争霸之时，明争暗斗不断，齐宣王没理由不重用甘茂啊？

原来，甘茂的种种优势齐宣王也知道，可他是被人迫害，无奈之下才来到齐国的，齐宣王怀疑甘茂并没有对秦国死心，认为他早晚有一天会回到秦国。如果这时候重用了甘茂，就会使得他彻底熟悉齐国，到时候回到秦国再把齐国的情报全都泄露出去，齐宣王就是哭也来不及了。所以，他觉得这种人不能重用。

而甘茂呢？身在齐国不得重用，自己的一家老小还都被困在秦国，他是成天担惊受怕，生怕秦昭王一个不高兴就将自己的一家杀掉。

所以，甘茂是成天犯愁，怎么想都想不出能救自己家人的办法。

可没过多久，这办法还真的来了。

话说几日以后，齐宣王派苏代出使秦国，进行"日常"的外交活动，那苏代是甘茂在齐国为数不多的朋友之一。甘茂一听说苏代要出使秦国，便在他出使之前找到苏代，语气谦卑地请求苏代，"苏兄，你也知道，我之前在秦国得罪了很多权臣，这才被迫无奈逃亡齐国，可因为逃得匆忙，没能将妻儿老小带走，如今他们还在秦国受苦，为兄实在是担心得寝食难安，听说兄弟这次要出使秦国，为兄这才厚着脸皮前来请求，如果苏兄方便的话还请救救为兄的家人，拜托了！"

话毕，对苏代狠狠地一个鞠躬。

苏代是个重义之人，看到好友如此难受，自然不忍拒绝，便答应了甘茂的请求。

如此，苏代揣着甘茂的重托来到秦国面见秦昭王。

公事商讨完毕，苏代直接进入了"正题"，他对秦昭王深深一躬，然后道："尊敬的秦王，不知道甘茂这人您是否还记得？"

秦昭王呵呵冷笑，"呵呵，甘茂啊，当然知道，不就是那个逃到齐国的废物吗？"

苏代继续说道："大王，您说甘茂临阵脱逃并没错，可您要说他是废物那就错了。如果甘茂是废物，他怎么可能受到秦孝公和秦惠文王两代主君的重用？再加上甘茂对秦国了如指掌，而现在秦国强大，中原人都想找机会攻击秦国，如果中原众诸侯国在此时联盟攻打秦国，由甘茂担任总指挥，事情就麻烦了。"

话讲到这个地步，秦昭王确实有些不安了，于是忙问苏代，"那我该怎么办呢？"

一看秦昭王的表情，苏代知道大鱼上钩了，他对秦昭王一拜，谈笑风生地道："这个简单，甘茂之所以逃亡齐国就是因为害怕新王上位斩杀他，可心里还是忠于秦国的，难道您不知道吗？他在齐国现在都没得到我王重用，其实并不是我王不重用他，而是甘茂不想效力除秦国以外的任何国家，大王何不承诺甘茂重官，并善待甘茂的家人，这样甘茂必定会重新返回秦国，只要甘茂返回秦国，那怎么处置还不是您秦王一句话的事儿吗？"

秦昭王听罢哈哈大笑，连声称善。

于是，他派了一名秦国官员随苏代一起入齐，打算请回甘茂。

为了表达自己的诚意，秦昭王还向甘茂保证，不管他回不回来，都会善待他的家人，且只要回国，依然用甘茂为左丞相。

可这都是苏代演的一出戏，甘茂岂能不知，他一旦回到秦国，不是被秦昭王软禁就是被斩杀，如今秦昭王已经承诺自己，不管他回不回秦国都会善待自己的家人，那甘茂还回去干吗，所以便婉言拒绝了秦国使者。

然而在秦国使者无奈回国以后，便轮到苏代在齐宣王面前演戏了。苏代和齐宣王道："大王大王，前一段有一个秦国官员来咱们齐国了，您知道他干什么来了？"

齐宣王一声冷哼，道："哼！我当然知道，这秦国人来咱们齐国以后就直接去了甘茂家中，没过几天便走了，肯定是来收走甘茂所知的齐国情报，幸好我没用甘茂为官，要不然咱们齐国的大事小情还不都让秦国人知道了去？"

苏代听罢哈哈大笑，那笑声就好像是在嘲笑齐宣王无知一样，特别刺耳，齐宣王有些生气了，"你笑什么？难道我说得不对？"

苏代止了笑声，一拱手和齐宣王道："大王，这您真的说错了，据我所知，这个秦国人并不是来套咱们齐国的情报的，而是专门奉了秦王之命来请甘茂回秦国的，并且许诺了甘茂，只要他回秦国，就封他为秦国左丞相。大王啊，甘茂这人的才能相当出众，又了解秦国的地理国情，再加上他是真的不想再回秦国了，这种能人您为什么不用呢？要我说，您不只要用，还要重用！"

听了苏代这话，齐宣王恍然大悟，到现在才算是真的相信了甘茂，并封甘茂为齐国上卿，甘茂到此算是在齐国站稳脚跟了。

而秦国方面呢？秦昭王虽然挺生气，但也没食言，善待了甘茂家人，甘茂靠着苏代的计谋可算是一箭双雕了。

说完了秦国和甘茂，咱们再把目光转向赵国吧，因为赵国即将在赵雍的带领下走向巅峰。

1.5　胡服骑射

秦国内乱平定以后，赵国和燕国成了秦国的友好邦国，而楚国、魏国和韩国却彻底得罪了宣太后。

魏襄王和韩襄王这时候害怕了，赶紧派出亲善使团前往秦国恭贺秦国新王继位，可全都被宣太后赶出了咸阳。

二人无奈，只得投向了东边齐国的怀抱，希望以后自己被秦国归拢的时候齐宣王可以救自己一把。

公元前307年，没有了后顾之忧的赵雍终于可以放开手脚实施自己心中的大变革了。那他要实施什么改革呢？为什么一定要将秦国搞定了以后才能开始实施呢？

其实这个改革就是胡服骑射！

要说胡服骑射就必须先知道当时赵国的国情和地理位置。

赵国，主要活动范围在今山西和河北，其地理位置极为尴尬，南邻秦、韩、魏、东邻强齐，北邻燕国，中间还插着一个中山国。但这还不是最恐怖的，最恐怖的是赵国西北紧挨着林胡（胡人）、楼烦（胡人）、东胡（胡人）和匈奴人。

这些势力的轻骑兵战斗集团相当强悍。他们来无影去无踪，骑射技术更是无人能及。

因为紧挨着赵国，这些势力便总是去赵国的边境抢劫，赵国的女人、丝绸、财宝、粮食，都是这些游牧民族需要的。

所以，赵国历代君主抽调了大量的精锐士兵在西北边境线上设防，为的就是阻止这些强盗进入赵国掠夺。

可他们能做的也只是憋在城池里面防守，主动出击则完全不是这些外族人的对手，因为这些外族人的轻骑兵作战能力实在是太高超了。

至于这些游牧民族的骑兵到底是怎么打仗的，马上就会在赵国骑兵团身上知道了。

有这些强大的游牧民族在赵国的后方，也使得赵国无法出动举国之兵去进攻其他的国家，因为后面总会有一只魔掌牵制着你。尤其是多年以前，魏国放弃了中山的控制权，支持中山复国，使得中山横插到了赵国的心脏部位（陕西与河北交界处，占地面积约四百公里），大大地限制了赵国的行动力，并且中山国时不时地便会派兵骚扰赵国，成了赵国的心腹大患。

赵雍继位以后，立誓要改变这种状况，他要彻底消灭这些外族强盗，而不是只窝在城里面坚壁清野。但想要消灭他们就必须要拥有一支更为强大的骑兵部队。

那么问题来了，为什么中原列国的骑兵就打不过这些游牧民族的骑兵呢？是因为这些游牧民族从小就在马背上长大，还是因为中原人养的马不行？

赵雍觉得这些都是原因，但绝对不是决定性因素，最主要的原因就是中原人的服装限制了他们的行动！

要知道，古时候的中原人，他们的服装都是大长袖，哪怕上阵打仗，甲胄里面也是这种衣服。

所以，赵雍第一个要改的就是赵国人穿的衣服！

可这谈何容易，这些衣物已经在中原传承了千年，哪是想改就能改的？光赵国众多大臣这一关就过不去。

所以，赵雍就必须在彻底改革之前先将手下这些顽固派弄服了。可光凭他一个人是没有什么太好的办法的，于是，他便请教了自己的"左右手"，肥义和楼缓。

肥义，赵国邯郸人，思想开明豁达，从不被"传统"所束缚，什么决定对赵国有好处他便举双手赞成，因为行为准则和赵雍很契合，赵雍便任命他为赵国相国。

楼缓，心思细腻的纵横家，头脑反应很快，赵雍的坚定追随者，赵国大夫兼外交官。

某天，赵雍在体察民情的时候顺路登上黄华山山顶，在这里可以清晰地望见东边的中山国和邻近三胡的西北边境。赵雍一时兴致大发，就在此地召见了肥义和楼缓。

他背对着二人，看着远处的中山国，貌似自言自语地道："我赵国的前人是多么英明神武，他们凭借着漳河滏水之险修建长城，又攻下了蔺与郭狼，据长城而守胡人，让这些外族人无法迈进我赵国一步，那时候的赵国是多么强大。可如今，中山复国，卡在我赵国中部，始终对我国造成不小的威胁，楼烦、林胡、东胡、匈奴又屡次进犯我国边境，压得我喘不过气来，如今秦国已经和我赵国结盟，我的西南方已没有后顾之忧，如果这时候还不趁机强大起来，我们赵国必将灭亡于历史的长河。我想要举国改胡人之服，练习骑射技术，不知二位意下如何？"

楼缓没说什么，只一拱手，"好！"

肥义也是一躬表示赞同。

看到自己的左右手这么支持自己，赵雍心中很是高兴，可是二人本来就是自己的拥护者，他们能答应已经在赵雍预料之中，关键的问题是如何说服其他的大臣也支持自己的决定。

所以赵雍接着道："唉，可想要进行改革哪儿是那么容易的？胡人在中原人的眼中被视为野蛮人，咱们赵国人同样瞧不起他们，如果突然改穿胡人的衣服，我怕那些大臣不会答应，到底应该怎样才能让这些人赞成我的政策呢？还请二位教我。"

听了赵雍这话，楼缓沉默了，可肥义却坚定地道："主公不要因为这些事情忧虑，身为人臣就是人臣，遵循孝、悌、长、幼、顺、明的操守是他们的本分，如今主公想要使赵国强大，想要大改革而开疆扩土，这是光宗耀祖的伟大功业，他们有什么资格反对？主公，您是一国之君，您决定的事情就有权利去做，就有权利让赵国的人都跟着您去做，为什么还要瞻前顾后呢？犹豫不决是办不成大事的，行事不雷厉风行别人就不会怕您，大王既然决定要这么干了，就不要去管那些大臣们的反对，就不要去想天下人的非议！"

赵雍听了肥义的言论，顿时豪情万丈消除了心中的顾忌，决定过一段时间就开始在赵国实行胡服骑射的大改革。

可在赵雍实施胡服骑射以前必须先搞定赵国公室，而想要搞定赵国公室，就必须先搞定一个人。这个人便是赵雍的叔父——赵成！

这个赵成乃是赵成侯（赵雍的爷爷）之子，赵肃侯（赵雍的父亲）的弟弟，此人可以说是赵国公室中资格最老的人了，并兼才能出众，所以除了赵雍这个国君以外，公室人最尊敬的便是赵成。只要赵成支持自己，其他公室成员必定无话可说。

所以，赵雍派了一个叫王𫄸的使者前去赵成的家中宣告旨意，"我敬爱的叔父大人，寡人打算在国中实行改革，令赵国上到我自己，下到黎民百姓全都换上胡服。寡人现在已经穿上了胡人的服装，将在明日以这种装束上朝会见群臣，我希望您老也在明日穿上胡服上朝，这样，我便会得到他人的支持，我的改革便会成功，还希望叔父能遵从我的旨意，不要让我难堪！"

赵成一听这话，脸气得煞白，心说："好哇！赵雍，你小时候穿那一身胡服我就看你不顺眼，继承君位以后便没再穿过胡服，我以为你小子改邪归正了，岂料你是蓄势待发啊。现如今这么大的事儿你自己不亲自来找我商量，反倒派一个后辈小子来通知我，你还拿不拿我这个叔父当回事儿了？不行，我绝对不能让赵国人穿上野蛮人的衣服！"

想虽是这样想，可话却不能这么说，于是赵成委婉地对王缫道："劳烦使者回禀主公，臣听说中原之地乃是聪明才智者会集的地方，万方财货皆集于此地，圣哲贤人在这里弘扬教化，仁义道德在这里贯彻落实，诗、书、礼、乐在这里普遍应用，天下四方的外族全都来咱们中原观光学习，蛮夷之邦莫不仰慕咱们的文化，可主公竟然不惜抛弃这些宝贵的东西，反倒要学习蛮夷的服饰，其结果必然使得全赵国的人都遭受苦难，主公自己也将被天下人所唾弃。所以，老臣希望主公能好好考虑这件事情，如果主公实在要命老臣穿上胡服，我也不敢有违君命，可是老臣现在身体不太好，病魔缠身，眼看就要归西，平时连床都下不去，今日是回光返照才能这么和您对话，所以上朝我就不去了，还请恕罪，哎哟，我这病又来了，不行，我得赶紧上床了。"

说罢，赵成直接往床上一躺，哼哼唧唧地无病呻吟。

王缫很是愤怒，但也不好发作，只能跑回宫殿将此事禀告给了赵雍。

赵雍听了王缫的汇报并没有生气，这也在他的意料之中。"既然我这个叔父身体不太好，那我就亲自去看望他吧。"

赵雍到了赵成的府邸以后，马上跑出了一个下人，他跪在地上和赵雍道："拜见主公，我家老爷他……"

没等这个下人说完，赵雍只一个字——滚。

下人被赵雍的气场所震慑，哪里还敢再说半句废话，赶紧跪到一旁去了。赵雍越过下人，直奔内室，沿途的其他下人看到面色严峻的赵雍，全都吓得不轻，一个个都双腿哆嗦，不敢发出半点儿声响。

而这时候的赵成还不知道赵雍已经来到了自己的府邸，还拿着一本《诗经》摇头晃脑地读呢。

"哎哟，叔父好兴致啊。"

冷不丁听到这么一句话，赵成吓得一个激灵，抬头一看，赵雍正站在门口似笑非笑地看着自己。

这一下可把赵成惊到了，支支吾吾地半天说不出话来。

看到赵成如此模样，赵雍也不好再戏弄他，毕竟这次自己是来求他这个叔父办事儿的。

于是，赵雍直接坐到了赵成的面前，一本正经地和赵成道："叔父，别再装了，寡人是不会怪罪于您的，我也知道您是为了赵国着想，怕我耽误了赵国，可是叔父您知道服饰究竟是干什么用的吗？"

赵成一看露馅儿了，也不再装病，闷闷地道："衣乃遮体之物，这有什么可问的。"

赵雍柔声道："对了，衣服只是用于遮体，礼制是为了办事顺利，圣人会根据不同的情况因地制宜，从具体出发而制定礼法，所以既利于民，国家也深受其益。剪短头发，在肌肤上雕刻图腾，那是越国地区的民俗。染黑牙齿，额上刻花，鱼皮做冠、长针缝衣，那是吴地的民俗。这些地方的礼法服饰虽然有所不同，但都是为了方便简洁。因此，圣人认为，只要对国家有利，方法就不一定要雷同，只要于事方便，礼法就不必拘于一格。儒家同一师承，可是他们的礼法却分为很多派别，难道叔父能说他们是错的吗？"

看到赵成听了自己的话在那低头沉思，赵雍微微一笑，于是便打蛇随棍上，"而中原风俗相同，可教化却有差异，更何况穷山荒谷，只要方便就可以了。所以事物的变化，智者不能强求一致。各个地区的服装，圣贤也不能强求一律。和自己想法不一样的，也不能妄加非议，这才是真正公正的态度。之前叔父和我讲的是一般风俗的问题，可我如今主张的却是改革强国的问题，它们不能混为一谈。"

说罢，赵雍拿出了随身携带的地图，和赵成解释，"叔父请看，我赵国东有黄河和薄洛之水，与齐国和中山国共享其利，可由于中山国横在咱们赵国中间，使得咱们无法大规模地派出渔船打鱼，这就在渔业上大大地制约了咱们，而西北方的那些少数民族就更不用说了，从常山到代，还有上党以东，哪一个地方没有被胡人掠夺过？咱们赵国因此派出了大量军队驻扎于边境，因此便无法伸手中原，大大地限制了咱们赵国的发展。而我所主张的胡服骑射就是要改变这种现状，使咱们赵国练出一支天下无敌的骑兵军团，使赵国全民皆兵，每个人都会骑射，每个人都有两手功夫！这样，咱们赵国就有实力将三胡（东胡、楼烦、林胡）和匈奴人彻底赶出西北，就有实力灭掉中山，甚至有实力统一天下！可是叔父您呢，却拘泥于旧的礼节习俗，违背前人的遗愿，宁可赵国落后也不愿意换上胡服，叔父您说，您这样做对吗？"

赵成听了赵雍的一番解释，老迈的心灵也被忽悠得热血沸腾，如果事情真如赵雍所说，那他可真就的误会赵雍了。

"原来换上胡服会有这些好处啊！"

想到这，赵成哐当一下跪到了地上，"主公恕罪，老臣实在是太过迂腐，不明白主公的意图，如今主公将事情解释得清清楚楚，老臣也是赵国人，怎敢再违背主公的意愿？"

说罢，赵成脱下身上的衣物，换上了赵雍给他准备好的胡服，老头顿时之间就变得"英姿飒爽"，然后对赵雍一拱手，"明日上朝就穿这一身了！"

第二日，赵国都城，本应该寂静无声的邯郸宫殿此时却被各种鄙视的目光和交头接耳的议论声所弥漫，只见场中所站两人（楼缓、肥义），都是一身的胡人装扮（皮靴、皮裤、短装、皮带）。

可一炷香以后，这些交头接耳的大臣们直接蒙了，因为赵国最老古董，最守旧的赵成，此时脸红得和猴屁股一样，穿着一身胡服进入了宫殿，整个邯郸宫殿寂静无声，仿佛都能听到每个人心跳的声音。

又过了一会儿，正主赵雍大跨步地走进了宫殿，大开大合地坐到宝座上。他的装扮更是夸张，一身胡服不说，腰间的兵器还从传统的佩剑变成了如月牙一般的胡刀，背后更是背了一种特质的短弓（骑弓）。（注：因为那时候没有马镫，所以想在马上挥舞长剑作战很难，除非是训练多年的精锐骑兵才有可能成功挥舞那么几下，可是胡刀却不同，它轻便好用，重量还不及长剑的一半，极适合在马上砍人而不失掉重心。骑弓，也可以称其为短弓，这东西和步兵用的弓箭不一样，它要比步弓短小很多，射程也就是步弓的三分之二左右，可是它胜在操作简单方便，可以在马上拉弓射箭，并且射击频率要大大地超越步弓，是匈奴人和胡人骑射的必用法宝）

朝中的大臣一看这场面就知道今天会有大事发生，一个个都等着听赵雍的下文。

赵雍也不磨叽，直接说道："从今天开始，我要对赵国实行大改革，颁布《胡服令》，全国的官员和百姓都要遵从我的旨意！"

说罢，对下人使了一个眼色，下人赶紧拿出《胡服令》当朝宣布："令：我赵国子民上到国君，下到百姓（不包括女子），即日起，不准再穿中原的传统服饰，而是要改穿皮靴、皮裤、短装、皮带，每个人都要练习骑射功夫（赵国马多，还有公共马场供老百姓免费练习骑射），练得好的，年终减税，练得不好的，年终加税。军队中的轻骑兵，除了要全天候地练习骑射以外，还要能熟练地运用胡刀，练得特别好的士兵，可以编制进胡刀骑士队伍，军饷是正常士兵的两倍！"

下人将命令公布以后，场下一片沸腾，这些大臣都炸了锅了，其中赵文、赵造、周袑、赵俊的反应最是激烈，他们四个在那交头接耳，"主公这是要干点儿啥？别的还好说，让我们穿上胡服？祖宗的规矩还要不要了？咱们赵国的脸皮还要不要了？不行，说什么咱也不能让主公这么做！"

于是，四人齐齐地站了出来，还是老一套说辞阻止赵雍。

其他的大臣们本来也想随声附和，可是看到一身胡服的赵成都不说话，他们也没敢轻举妄动。

赵雍面色冷峻，语气不善地对四人道："哼！先辈们的规矩？什么规矩？大禹时代、商汤时代、文王时代，哪一代的规矩是相同的？伏羲、神农推行教化而不用刑法，黄帝、尧、舜使用刑法而不动声色，夏、商、周三王随着时代的前行而制定法规，他们全都是从实际出发，衣服和各种器械都是为了方便才使用的。所以礼制不必千篇一律，只要有利于国家的，便无须效仿古法！而你们呢？用古法处理今天的事物而不理解事物的发展变化，遵循旧法，泥古不化！"

说罢，看这四人还要说话，赵雍直接从背后抽出骑弓，引箭拉弓就对着几人，"怎么？还不明白？"

四人一看赵雍要发火，赶紧跪地求饶。

如此，《胡服令》在赵雍的强势下直接推向全国。一开始赵国的百姓还对此令有诸多不满，可当他们看到赵国的王公大臣们都穿上了胡服，也就都照做了。

时间匆匆而过，转眼就到了公元前306年，已经改革一年的赵雍在这年率领庞大的骑兵军团进入西北边境线，史书上说赵雍在西北边境线走一圈胡人就全都臣服了，林胡王更是将自己的宝马奉献给了赵雍，并承诺永远不再进犯赵国边境，而事实也确实如此。三胡一直到赵雍死都没有再进犯赵国边境一次。

匈奴一看三胡都臣服了，自然也不敢再和赵国动刀动枪。

于是，赵雍解除了西北线少数民族的威胁。

紧接着，赵雍又将凶狠的目光盯向了中山国！

公元前305年，赵雍命赵袑为右军帅，许钧为左军帅，长子赵章为中军帅，牛翦担任前锋官（战车和重骑兵等冲锋部队），自己为总指挥，起兵十万进攻中山国。

中山姿王率八万中山精锐主动迎战。

中山国，曾经被魏文侯魏斯灭国，自从复国以后，中山王明白一个道理，只有拥有绝对的武力才会得到地位。于是，他疯狂练兵，扩充兵源，当初只有两万精锐的中山，现在已经拥有八万人，再加上中山步兵一个个孔武有力，所以强如齐国也不敢轻易和中山国叫嚣。

所以，中山姿王也打算利用这次机会打败赵军，威震天下诸侯王。

因为地理关系，中山交过手的只有狄等北方少数民族（狄最厉害的不是骑兵，而是步兵），很少碰到三胡以及匈奴这等游牧民族，所以他不知道轻骑兵真正的可怕之处。还准备用传统枪阵收拾赵国骑兵的冲锋，然后再来个防守反击。

1.6 灭中山

就这样，赵军和中山军于中山的西部平原相遇，中山姿王行动迅速，命中山士兵架好枪阵（一排为长枪士兵，防骑兵；二排为近战镰兵，防步兵；三排为弓箭手；预备队则在最里面等待机会防守反击），两翼冲锋骑兵在一旁策应，等待赵军力竭之时从侧面发动攻击。

可让中山姿王没有想到的是，本来应该先行动的牛翦部队没有动，先行动的反倒是赵裪和许钧的左右骑兵。只见赵军左右两军突然冲出四万（左右两军各两万）轻骑兵，这些骑兵和中山姿王以往所见的轻骑兵有所不同，他们都是一身的胡服，头戴轻铁盔，铁盔上面还插着一根鹃鸟尾毛，显得简洁威风。（注：鹃鸟很漂亮，尾部的羽毛更是又长又美，这种鸟相当好斗，只要和同类打起来必是不死不休。赵雍给自己精心训练出来的胡刀骑士插上这种羽毛，意在说他们都是自己国家最强悍的特种兵，这是一种很高的荣誉）

这些胡刀骑士并没有朝中山方阵攻击，而是直奔中山军两翼的近战骑兵团。中山姿王直接就蒙了，在传统兵法中，拥有强大骑兵团的国家总是会先用冲锋骑兵将敌军的阵形冲乱，然后才会轮到轻骑兵上来收割，怎么这个赵雍完全反其道而行呢？

"拿轻骑兵和我冲锋骑兵对冲，您是要找死吗？"

中山姿王懒得再去考虑这些事情，直接挥动令旗，令两翼的冲锋骑兵对胡刀骑士进行冲击。

中山骑兵团闻声而动，拿起冲锋长枪便直奔赵国轻骑兵团而去。

轰隆隆，在无尽的马蹄声中，两国的骑兵团越来越近，可就在他们即将短兵相接的时候，赵国轻骑兵团里的指挥官突然一声大吼："分！"

令行禁止，整个骑兵团在瞬间分成两半，如同一把尖刀的中山冲锋骑兵团直接插到了空气之中，其侧翼完全暴露在赵国骑兵团的视野中，而分开来的这些赵国骑兵则在此时抽出了他们特制的骑弓，对着中山冲锋骑兵团的侧翼就是一顿骑射。

中山冲锋骑兵团全无防备，惨叫声此起彼伏，竟然在第一回合交手中便被射死了三分之一。

而赵国的轻骑兵——零损失！

　　远处的中山姿王都愣住了，他听说过骑射这种功夫，可因为和自己毫无关系便从来都没有仔细研究过，他以为只有三胡和匈奴人会，可谁承想，如今自己的对手正用这个战法来对抗自己。

　　怎么办？中山姿王的脑子在飞快运转，他知道，这个时候不能放中军救援骑兵团，因为赵国前锋牛翦正在死死地盯着自己，只要自己这边一动，他的战车和冲锋骑兵便会直直地碾压过来，到时候自己损失更大。

　　可如果不救援，骑兵团定会被全歼，到时候全军的士气都将受到毁灭性的打击。所以，狠下心来的中山姿王下达命令，命左右步兵军团前移救援骑兵团，而令冲锋骑兵团继续冲击赵国骑兵团，争取坚持到左右步兵军前来支援。

　　可想法是美好的，现实却是极其残酷的。中山冲骑兵听从命令，来了一个"大回"，直接冲向后方的赵国骑兵，可那些赵国骑兵的动作更是快得惊人，他们灵活性极高，迅速侧移到中山骑兵团的侧翼，对其又是一顿骑射。

　　顶着箭雨，中山骑兵再次冲向赵国骑兵团，他们一定要抓到这些可恶的赵国骑兵。

　　"在正面和侧翼你们可以骑射，但现在我们跑到你们的身后了，我看你们还怎么骑射！"那些中山骑兵如是想着。

　　可紧接着的一幕让整个中山军都为之胆寒。只见前面"逃跑"的赵国骑兵突然将全身重心前移，脸再有几厘米都要贴到马脖子上了，然后将自己的身体一百八十度回旋，对着后面的中山骑兵就是一顿骑射。

　　中山骑兵根本听都没听说过这种战术，所以没设防，中山骑兵被这种神乎其神的射术射得鲜血横流。

　　这时候中山骑兵团的士气已经被赵国骑兵打没了，于是，中山骑兵团在没得到撤退命令的情况下就急速往后撤军了。（注：对于胡刀骑士的这个背射骑射技术，兵器历史学家们有所争议，大部分的史学家都认为这根本就是不可能的事情。为什么呢？还是因为马镫，在没有马镫的情况下人很难保持重心，身体能微微侧转进行射击就不错了，怎么可能还会背射呢？而这种技术在西方称作帕提亚射击术，是公元490年才出现的，那个时候马镫早就出现了，这也是大部分人质疑胡刀骑士背射功夫的原因所在。可是笔者却相信赵雍的胡刀骑士可以在马上进行背射，因为那时候华夏大地上的骑兵作战水平毫无疑问是极高的。匈奴、三胡、契丹、女真、蒙古，这些游牧民族存在于华夏史的各个时期，可是不管在什么时期，他们都是非常强大的轻骑兵集团，他们会的技巧西方人根本就不会，那么这个技巧是什么呢？笔者认为便是这个背射。马镫是公元3—4世纪的产物，可在更早以前的西汉，匈奴中的三个射雕者便凭着这个背射杀掉了汉王朝好几十名骑兵，那么连匈奴人都能熟练地使用这种技巧，战国里最强的赵国骑兵军团为什么就不能呢）

中山骑兵急速往后面撤退，可是赵国骑兵团怎么会放他们离开。只见这群胡刀骑士在中山骑兵回撤的第一时间便掉转马头，追着中山骑兵又是一顿射击。

结果，没等冲回中山阵营，这些骑兵们便被射得全军覆没。

就在中山骑兵团被全歼的同一时间，前来支援的中山左右步兵团也已经临近了。看到己方的骑兵被全歼，这些中山步兵傻了，他们进也不是退也不是，只能在原地等待着中山姿王的命令。

可中山姿王呢？这时候也没主意了。让他犹豫不决的原因主要有三点。

第一，中军现在不能移动救援，原因前面已经说过了。

第二，如果此时撤兵的话肯定会重蹈中山骑兵的覆辙。

第三，赵国胡刀骑士的强大中山姿王已经见识到了，自然不可硬碰硬。

中山姿王一时拿不定主意，可赵军不会浪费这个机会，身在高地的赵雍一脸严肃，"来人！"

"在！"

"擂鼓，歼！"

"是！"

咚咚咚，高地上鼓声雷动，战场最前面的胡刀骑士闻声而动，直奔中山两翼的步兵。

中山步兵，除了魏国的魏武卒和秦国铁鹰锐士之外最猛的步兵战斗集团，此时却在原地瑟瑟发抖，根本不知如何是好，只能眼睁睁地看着飞过来的弓箭将自己的战友射杀。

身在中军的中山姿王忍无可忍，"可恶的赵国人，如此对待我中山军，来人！"

"在！"

"给我擂鼓，让两翼步兵主动攻击，别给我缩在原地！"

"是、是！"

咚咚咚，鼓声雷动，两翼的中山步兵也知道继续这么龟缩着早晚要被赵国骑兵统统射死。

于是，抱着拼命的决心，中山步兵大喊着冲向赵国骑兵。

可这些赵国骑兵就像狡猾的狼群，他们看到中山步兵杀过来便立马后撤，撤到安全距离以后再继续射击，之后再后撤，再射击。

绝望，两翼的中山步兵心中现在只有这两个字，他们从来没有像现在这么渴求和敌人进行搏杀，可是这些胡刀骑士根本就不给他们搏杀的机会，就是这么不停地射击。

小半个时辰以后，中山步兵崩溃了，他们转身就往后面跑，"快跑吧，说不定还能逃过一劫"。这是当时每一个中山人的想法。

可是之前的中山骑兵都没能跑掉，这些机动力更慢的中山步兵拿什么逃脱胡刀骑士的追击呢？

果然，赵国骑兵在这时候的身份发生了转变，他们之前是狡猾的狼群，可是现在却变成了围堵猎物的猎人。

赵国骑兵们拿起弓箭，慢慢地跟在中山步兵的身后，不停地放箭，不停地残杀。中山步兵一个个惨叫着倒下，鲜血染红了土地。

中山骑兵、中山左右两翼的步兵没有一个能逃脱赵国人的"魔爪"。八万中山人现在只剩下不到四万的中军，这些中山士兵全身都在发抖，他们实在看不到任何胜利的希望，可是中山姿王没有放弃，为了不让自己的军队溃散，他亲自策马来回奔跑于战阵之中。

"我的子民们！看看你们面前的赵国恶魔，他们是冷血的，他们是残暴的，他们不会放走任何一个逃亡者，你们逃也没用，难道你们的双脚还能快得过马蹄？我知道你们现在害怕，可是你们知道吗？一旦他们突破了咱们这层防线，中山便将完全暴露在这些赵国屠夫的屠刀下，你们的妻子，你们的孩子全都会被这些赵国狗屠杀。告诉我，你们甘心吗？"

中山的这些士兵被中山姿王说得双目血红，狂吼道："不甘心！"

"那你们应该怎么办！"

"杀！杀！杀！"

"来人！"

"在！"

"传我将令，命所有士兵将长枪放下，短刀兵改为第一排，将盾牌举起防御，长枪兵躲在短刀兵的身后，尽可能减小损失，让弓箭手东南西北分散于大阵四周，只要赵国骑兵进入射程就给我狠狠地射！他们全都是轻皮甲扛不住咱们的射击！"

"是！"

咚咚咚！中山方鼓声再次响动，中山军迅速变阵。

此时此刻的情景多像当初秦厉公对阵义渠王的景象啊！可是中山姿王没有秦厉公那么好的运气，身在高地的赵雍也绝对不会以身犯险。

咚咚咚，就在中山军变阵的同时，赵军也传来了同样的鼓声。

这时候，赵军前锋的战车部队正不疾不徐地向前行进，突击骑兵则跟在战车部队的身后缓缓向前。赵国中军的步兵大队则在前锋部队的后面缓缓而行，而最让中山人感到恐惧的胡刀骑士也在同时雷霆出击。

许钧和赵袑的骑兵集团直奔中山大阵的两翼而行，准备在侧翼给予中山人毁灭性的打击。

可就在他们到达中山大阵七十米左右范围的时候，砰砰砰，中山大阵发出了弓箭离弦的声音，紧接着，黑压压的矢群直奔赵国骑兵团。

噗噗噗！这些箭矢插进了胡刀骑士的胸膛，很多胡刀骑士应声而倒，可是没被射中的胡刀骑士眼中却看不到一丝惧意，反倒是加快了行进的速度，他们疾如风般杀到了大阵近前，然后围绕着大阵呈逆时针方向狂奔，一边狂奔一边朝阵中的弓箭手射击。

噗噗噗，中山大阵中的很多弓箭手应声而倒，可他们已经杀红了眼，没有丝毫惧意，继续拿着弓箭朝赵国骑兵射击，可赵国骑兵的行动实在是太快了，中山弓兵根本无法锁定他们的位置，以至于多数箭矢都落空了，而赵国骑兵则是箭无虚发，大阵内的中山弓箭手一片一片地倒下。

最后，中山所有的弓箭手都被这些胡刀骑士射杀。

当最后一名弓箭手倒地之后，前排的中山步兵已经无法淡定了，哪怕再想杀敌，哪怕士气再高，那也要有希望才行啊，谁会打一场全无胜算的战争呢？再说赵国人在战场上虽然残暴，可毕竟是中原人，这些士兵从来没听说过哪个中原国家取胜以后会屠掉一个城邑或者村落的。

所以，中山的士兵开始动摇了，眼神也不再那么坚定，甚至有些最外围的士兵已经扔下手中的武器逃跑了。

在战场上，一方失去优势的时候，只要有一名士兵逃走就会有第二名，紧接着便是兵败如山倒的局面。中山人自然也不能免俗。

所以，随着士兵陆续逃亡，中山大阵开始动摇，眼看就要有溃散的趋势。中山姿王眼看事不可为，直接换上一身士兵的衣服跑了。

主将都不在了，这战斗也就没有继续的必要了。中山大阵在第一时间便溃散了。

中山的士兵四散奔逃，这种痛打落水狗的机会赵雍肯定不会放过，他第一时间下令全军对中山败军进行追击。

战车冲出来了，重骑兵从两翼冲出追上来了，胡刀骑士将弓箭收起，抽出胡刀杀过来了。双腿能跑得过马蹄吗？当然不能。

最后，中山八万大军成功逃回中山腹地的不到一万人，中山国遭到了毁灭性的打击。

而赵军损失人数不到五千，这简直就是颠覆性的大战。

赵雍和他的胡刀骑士此战以后威震天下，就连战斗力最强的秦国人一提到赵国胡刀骑士都会一脸的严峻。而赵雍则趁势率赵军直接杀到中山内部，连夺丹丘、爽阳、鸿之塞，又攻占了鄗城、石邑、封龙、东垣等大部分中山领地。

可就在赵雍打算继续深入，进而灭了中山的时候，秦、齐、楚、燕、魏、韩等国家全都致信赵雍，希望他放中山国一条生路。

这些君王在信中虽然说得客气，可是言语之中暗藏威胁，赵雍能想象得到，自己要硬是灭了中山也不是不可以，六国也不一定就会出动联军攻打自己，可是结果必然是交恶于六国，自己还有一个更雄伟的目标没有实现，所以，在此之前不能得罪这些国家。

巧的是，就在这时候，中山姿王派遣使者前来面见赵雍，说愿意再用四座城池换取和平，希望赵雍退兵回国。

赵雍顺势答应了中山姿王的和平请求，收了四座城邑以后直接率众回国了。

至此，中山国大半领土全都被赵国拿下，主力军也全都被赵国歼灭。

中山距离灭亡也只是时间问题了。

赵雍的这次撤退只是时势所逼，可是他绝对不会放过中山，以免再让他死灰复燃。

经过这次战斗，赵雍尝到了胡服骑射的甜头，赵国人也见识到了胡服骑射的厉害，所以再也没有一人反对这项改革。赵国的年轻人甚至将成为胡刀骑士当成自己的梦想，这也使得胡服骑射在赵国发展得越来越火热，胡刀骑士数量不断上涨，赵国人的骑术也越来越精悍，有的家庭甚至在自己的孩子刚学会走路的时候就抱着孩子在马上奔腾，让他们知道，只有骑术好，才会有出息。

公元前303年，赵雍以一个莫须有的罪名，撕毁了和中山的和平条约，再次攻打中山，夺取了一些领土。

公元前300年，赵雍"再接再厉"，又夺取了中山的大片领土。

就这样，中山被蚕食，除了首都以外再也没有什么领土了。直到公元前296年彻底被赵国消灭，中山国王也被赵雍流放，中山国从此告别了历史的舞台。

行了，赵国这些事儿就先介绍到这儿，咱们还是再把目光转过来看看南方吧！

第二章

卑劣的全民公敌

2.1 楚怀王的威猛时刻

公元前306年，随着赵雍闻名天下，楚怀王竟然破天荒地也威震了一把天下，锋芒甚至盖过了赵雍。因为赵雍只不过灭了一个不大不小的中山国，那还是分多年灭的，可是楚怀王竟然一次性灭了一个大国，这简直让天下诸侯跌破了眼镜。

在这一年，楚怀王一口气把整个越国都给吃掉了！这使得天下诸侯大为惊恐，全都对楚怀王另眼相看。

这是怎么回事儿呢？听我慢慢道来。

某一天，楚怀王正在朝廷听取手下大臣们汇报工作，突然一名侍卫跑进大殿："报！东线有紧急军情！"

楚怀王一听东线有事儿，赶紧说道："速速报来！"

"是！据边关来报，越王姒无疆亲自率领越国举国之兵前来进犯我楚国边境，意图不轨！"

楚怀王一听这话，砰地一下站了起来，"什么？举国之兵？好哇，好你个越国，好你个姒无疆，我不去打你，你反倒要来欺负我！来人！"

"在！"

"给我吩咐下去，让东线边境收缩防线，不用固守长江，全都给我退到昭关据守，让他们拼了命也要给我守住这个地方，只要能坚守一个月，我的援兵就会到达！"

"是！"

就这样，楚国东面所有的城邑关卡全都往西收缩，堵在了越国进攻楚国的必经之路——昭关，而楚国国内却迅速调集兵力，准备和越王姒无疆来一次大战。

那姒无疆为什么突然要来攻打楚国呢？

原来自从勾践灭了吴国以后，大杀功臣，令天下的士人寒心，中原的人才全都不去越国当官了，而越国国内的教育系统和中原简直天壤之别，所以越国一直都没有像样的人才。因此一百多年过去了，越国才将吴国彻底同化。

而现在的越王姒无疆心比天高，打算振翅高飞了。可是他第一战攻打的对象并不是楚国，而是齐国。

那齐宣王在各个国家都有自己的奸细，便提前洞察了越国的举动。于是，在姒无疆出兵以前，齐宣王便派遣了使者前往越国忽悠姒无疆别去打齐国，应该打楚国。

齐宣王派的使者究竟是谁以及交谈的内容史书上都没有记载，反正到最后把姒无疆给说通了。于是，姒无疆便出举国之兵前去攻打楚国。

一开始，越国军团打得顺风顺水，很轻松便渡过了长江，这也在姒无疆的意料之中，毕竟越国军团的水战能力那是天下皆知的。可当姒无疆打到陆地的时候依然很轻松便拿下了许多军事据点，这就让姒无疆感到纳闷儿了，"难道熊槐那小子根本就不知道我来进攻他了？不能吧，那楚国的谍报系统有这么差劲吗？"姒无疆如是想着。

可当他率军来到昭关以后就全明白了。

只见昭关城头上呼呼啦啦全都是楚国的士兵。这种情景一下子就让姒无疆明白了，原来楚国边境的士兵全都跑到昭关这边来坚壁清野了。

那姒无疆也不含糊，全来昭关又能怎么样？难道还有我越军的人多不成？

于是，姒无疆亲自擂鼓助战，命三军对昭关发起猛攻。

可昭关的守城将士已经得到了楚怀王的消息，知道只要守住一个月援军就会到达，于是一个个士气高昂，拼了命地抵抗越军的攻击。

时间就这样一天天地过去了，一个月好像一眨眼的工夫就到了，那么楚怀王的援军究竟到没到呢？

没有。

那他干什么去了呢？

原来，楚怀王确实是迅速调遣了精兵，只不过他没有马上去援助昭关，而是率领大军从国都郢城急速狂奔至松江，然后在此处逆流而上，直接绕到了越军的背后，并神不知鬼不觉地干掉了守护船只的士兵，将敌方和己方的船只全部毁掉之后才向昭关进发。

而此时的昭关，不管是越军还是守城楚军士气都十分低落，楚军是因为已经过了一个月楚怀王的援军还没有来到，而越军是因为狂攻一个月昭关都没有什么进展。

越国士兵思乡心切并心生恐惧。

就在姒无疆要再一次对昭关展开猛攻的时候，突然有传令兵报，说楚国近二十万人从他们的背后杀了过来。

姒无疆一听这话大惊失色，急忙令全军将士回头准备迎战楚军。越国士兵一听楚怀王亲率二十万大军从他们的背后杀将过来，本就没有多少士气的越军顿时人心惶惶，士气急剧下降。

楚怀王遥遥一望越军的阵容就知道他们已经方寸大乱，所以一刻都没有停歇，直接率领楚军对越军发动冲击，势必要在当天解决越军。

面对凶猛的楚军，方寸大乱的越军无力抵挡，慢慢就出现了败势。而就在这时，昭关城里面的守军也趁势杀了出来，和楚怀王的军队里应外合，共同夹击越军。

面对这种两面夹击的态势，越军可谓兵败如山倒。

眼看这样继续下去便会有被全歼的风险，越王姒无疆只能组织敢死队突围而逃，可是现在的越军已经成为三明治，哪儿有那么容易就能跑得了。姒无疆率领敢死队连续突围了三次都以失败告终。

眼看自己的士兵被一个个地残杀，再冲不出楚军的包围网自己肯定要死在这里了，姒无疆狠下心来，发动最后一次突围。他命令全体越军将士聚拢在一起，冲击骑兵在前，战车跟进，最后则是步兵。

这种不怕死的突围方式很快便收到了效果，虽然骑兵和战车队全都被团团围住，却硬生生地将楚军的包围网撕出了一道口子，使得姒无疆得以成功逃脱。

姒无疆突破了包围网以后驾车狂奔，直奔长江而去，甚至都不管后面逐渐掉队的步兵，他现在只有一个想法，那便是活下去。可是楚怀王这次就是要杀了姒无疆，岂会允许他逃跑？

于是，在处理完战场上的残兵败将以后，楚怀王亲自带领楚国的精锐骑兵前去追击姒无疆。

后面的追兵越来越近，姒无疆的速度也越来越慢，因为他的战车是经过精良改造的，分量很足，别说四匹马，就是八匹马拉着都费劲。

眼看速度越来越慢，姒无疆非但没有生气，反而哈哈大笑，因为马上就要到江边了，只要自己能够成功上船必定会保住一条性命。

可没想到他到了江边以后彻底傻眼了，看着蓝蓝的长江，再看看岸边的废船，姒无疆全明白了。

眼看着追兵距离自己越来越近，姒无疆不想在楚怀王的手下受辱，便拿起了腰中的短剑，直接插向了自己的心窝。

就这样，越国的最后一代君王姒无疆，命丧黄泉。

因为有长江在对面堵着，越国士兵根本无法渡河，死的死，降的降，没有一个能逃的，全军覆没。甚至连楚怀王都没想到这次的战果会是如此丰厚，"二十多万人，那可是整整的二十多万人！是越国的全部有生力量啊，如果我再趁势……"

想到这，楚怀王狂笑不止，他马上命楚国的能工巧匠日夜赶造船只，之后全军过河袭击越国，势必要在越国最虚弱之时一举灭之！

楚国这么做为什么中原的那些诸侯国没有干涉呢？原因有三点。

第一，越国所处的位置为现在的江苏、浙江、福建一带，这些地方在当时并没有现在这么富庶，相反地，还十分贫乏，中原的那些诸侯国们根本就看不上这块蛮荒之地，认为楚国就算拿下了也没有什么了。

第二，和楚国接壤的国家有韩、魏、秦。韩国和魏国现在都是泥菩萨过江，自身都难保，就更别提救别人了，而秦国现在的主攻方向是河东，南方不在他的考虑范围，秦国虽然国力强盛，但秦国国君可不会学魏惠王，弄得四面皆敌。

第三，也是最重要的一点，那就是越国的外交实在是差，和中原各诸侯国的关系都不好。所以越国到最后都没有得到来自其他诸侯国的帮助。

所以，基于以上三点，当楚国大举进犯越国的时候，越国人根本就没有丝毫反抗的余地，直接就被楚国给灭了。

从此以后，楚国在原有的基础上，土地又增加了一大片。

2.2　黄棘会盟

赵国碾压式大胜中山国和楚国灭亡越国，使得华夏其他国家的紧迫感骤增，这些诸侯国生怕一个不小心便被赵国所吞，都开始紧锣密鼓地拉拢势力。

现在天下大体形势是这样的：齐、魏、韩为一派，秦、赵、燕虽然表面上同盟，可各有心思，顶多也只能算是互不侵犯。

而现在的秦国和赵国所拥有的军事实力都可以单挑任何一个国家，哪怕几个国家一起围攻两国中的任何一国他们也不怕。

所以，天下的格局大体被三分了，而这个时候的南方大鳄楚国可就吃香了，因为这三股势力谁拉拢了楚国谁就会占据优势。

楚怀王，这个爱慕虚荣的君王就这样成了众多诸侯眼中的"香饽饽"。

前面楚国和齐国已经重新结为盟友，可因为之前楚怀王被"灵舌"张仪哄骗得晕头转向，竟然派使者前去齐国痛骂齐宣王，使得齐宣王和楚怀王之间的关系也并不怎么乐观。

而自从联合失败以后，两国也没有再进行什么邦交，其联盟关系也是形同虚设。可这次不一样了，赵国崛起以后，楚国一瞬间变成了"香饽饽"，秦国在第一时间就派遣使者前去郢城请求与楚国结盟。

要知道，现在秦国真正的当政人实际是幕后的宣太后，一般的小事可以由秦昭王来做决定，可真要是国家的大事，那必定由宣太后和魏冉来商议决定。

而这个宣太后又是楚怀王的"娘家人"，在这种微妙的关系下，楚国很有可能会再度"背齐和秦"。

对于楚怀王这个看不清天下形势的人，齐宣王是信不过的。

所以，齐宣王特意派熟悉秦国内部的甘茂去拉拢楚怀王，争取他继续和自己站在同一阵营。

而楚怀王显然没有齐宣王想的那么不堪，经过了前几年的勒尚之死，楚怀王实际上已经恨透了秦国，怎么还能和他们"再次"结盟呢？

秦国使者到达楚国的时候甚至都不被楚怀王召见，反而对甘茂却是好酒好肉地招待，甚至由楚怀王亲自作陪。

秦国使者一看大事不妙，赶紧派人向秦国宣太后禀报此地情况。

对于楚怀王的态度，宣太后不敢不小心应对，虽然她也恨透了楚怀王（之前夺王之争楚怀王没有伸手帮忙），可也知道现在不是和楚国交战的时候。

于是，宣太后叫来了魏冉一起商讨对付楚怀王的办法。

那既然秦国和齐国都已经去拉拢楚国了，那赵国为什么不去拉拢呢？

其实这也不难猜测，赵国和楚国之间隔着秦国和韩国，这两个国家结盟也没有什么实际上的意义，而赵雍又是一匹独狼，他不稀罕和其他诸侯结盟共事，要干啥就自己干！

那么宣太后和魏冉究竟研究出了什么办法来说服楚怀王呢？历来以"铁公鸡"著称的秦国这次为了拉拢楚怀王竟不惜下了血本。

那这血本是怎么下的呢？

第一步，重金与美女攻势。

宣太后为了让楚怀王"屈服"，金银珠宝和漂亮女子一批一批地往楚国送。

第二步，通婚。

那就是摆出了要和楚国永结"秦晋之好"的架势。具体措施就是楚怀王娶秦国王室之女，而秦昭王再娶楚国王室之女。

第三步，也是最重要的，那便是将之前从楚国手中拿下来的上庸再次归还楚国。

上庸这个地方实在是太重要了，它位于现今四川省竹溪县东南，是绝对的战略要地。此地西连秦国，北连中原，东连楚国，南连巴蜀，还是从汉中进攻楚国必经之路，可谓易守难攻。如果没了上庸，秦国将无法从汉中陆路进攻楚国，而水战又是楚国的专长，由此可见，宣太后确实是下了血本。

楚怀王是个见钱眼开的人，当他得到了如此诱人的三个承诺以后，当即决定拒齐而和秦。

可一朝被蛇咬，十年怕井绳，经过多年前被张仪哄骗的经历以后，楚怀王决定，先不和齐国断交，也不和秦国结盟，而是等着秦国履行条件以后再结盟。

而秦国呢？这次也确实没有骗楚怀王，而是将三个承诺全部兑现，这也使得楚怀王产生了一种天真的想法，"还是我们楚国人信誉高哇，那个嬴稷也有我们楚国人的血统，看来信誉也不会差"。

公元前304年，楚怀王正式"背齐盟秦"，和秦昭王在黄棘会盟。

成功和楚国同盟以后，秦国终于可以向中原诸侯亮招了。

公元前303年，秦国出大军进犯中原，接连攻取了魏国的蒲阪、晋阳和封陵，又夺取了韩国的武遂。

现在秦国在河东的地盘就像一只半握着的手，只剩中间没拿下，这就对河东还未被拿下的残余地区形成包围之势，照这样下去，河东是早晚要被秦国全盘拿下的。

魏襄王和韩襄王这"二襄"一看大事不妙，赶紧派使者去齐国，请齐宣王为他们出头。

齐宣王这里也有些犯难，毕竟自己的齐国距离秦国实在是太远了，即使打败了秦军也不可能收了秦国的土地，到最后还是会白白便宜了三晋。可如果不帮忙的话不仅对不起这两个"忠心耿耿"的小弟，还会拉低自己在国际上的声望，那怎么办呢？

"哎？有办法了！现在楚国和秦国结盟，是秦国强有力的外援，不如带领两国形成三国联军攻打楚国，这样的话拿下的地盘自己还能和魏、韩平分，这不就不吃亏了吗？再加上秦国和楚国也是面和心不和，一定不会来救援楚国的。而拿下楚国还能提升自己的知名度，这何乐而不为呢？好！就这么干了！"

于是，齐宣王命田文为联军统帅，率领齐、魏、韩三国联军从东线改打楚国。

田文指挥得当，联军在他的指挥下势如破竹，连续攻下楚国数城，楚国东线的告急文书像雪花似的往楚怀王办公桌上飘。

而楚国的盟友秦国人呢？果然如齐宣王所料，并没有派兵前来支援楚国。

楚怀王这下也是没办法了，如果得不到秦国人的支援，他是百分百打不过三国联军的。

那怎么样才能让秦昭王（或是宣太后）派军前来支援自己呢？

楚怀王召集楚国大臣经过多方探讨都想不出一个好办法让秦国这个"铁公鸡"拔毛，而现在东线又连连告急。

于是，无奈之下的楚怀王只能命太子横前去秦国当人质，以此请求秦国的援军。

这一招果然见效，楚国储君被派来做人质足见其诚意，秦国以后也可凭借太子横制约楚国。

所以，秦昭王便派魏冉亲率秦国大军支援楚国。

面对着气势汹汹的秦楚联军，田文经过严谨的分析，发现自己的三国联军并不是秦楚联军的对手，没有交战便退去了。

田文前面已经介绍过了，可他怎么成了齐国相国了呢？

2.3 再说田文

原来田文当上了田家族长以后，深知人才的重要性，凡是有一技之长的都养成了门客，以"好客养士""好善乐施"而名闻天下。

为了招揽人才，田文学习魏文侯，甚至更甚，他竟然不惜把自己住的地方给门客居住。天下能人异士听说田文此举，无不趋之若鹜。

结果，田文门下食客竟达三千余人，可谓当时养门客之最了，用人才济济已经不足以形容。

他还对门下食客及其家属体贴入微，总是询问门客亲戚家住哪里，有没有什么困难，了解之后便给门客的亲戚钱财，以此来使门客对自己更加忠心。

这还不算，为了礼贤下士，田文经常与门下食客吃一样的饭食。有一次，田文招待门客吃晚饭，可那几天田文眼睛疼，下人怕田文难受，用丝绸遮住了灯光，正好挡住了田文的食物。

被宴请的门客因此恼火，认为田文和他吃的不一样，放下碗筷就要辞别。

田文看到门客误会自己，马上站起来，亲自端着自己的饭食追上门客，并与他的饭食相比，那个门客一看田文的饭食竟然和自己的一模一样，直接惭愧得无地自容，回家就抹脖子自尽了。

田文因而更得人心，门客们都把田文当作自己的亲人。

田文对食客的优待，使他们感动至极，因而在关键时刻往往能够挺身而出，拼死报效田文。

这些人都是田文最为宝贵的财富，不仅在危急时刻救他性命，而且他们倾心为田文出谋划策，更是田文得以活跃于政治舞台的重要倚仗。

其中最有名的便是一个叫冯谖的了。

冯谖，生卒年皆不详，哪个国家的人也不详，简直就是谜一般的男人，可他家境很不好，甚至连自己的老娘都快养不活了。

而当时田文养士正红火，冯谖便委托一名和田文关系很好的人帮助他，希望自己能做田文的门客。

田文为人仗义，在不违背原则的情况下对朋友的请求历来不会拒绝。

于是，田文便将这个叫冯谖的人请到了自己的府邸，并且问道："先生您有什么爱好吗？"

本以为冯谖会像其他门客一样对自己一顿炫耀本事，可冯谖却很高傲地说："没有什么爱好。"

"哦？那有没有什么能耐呢？"

"这个……也没有。"

到这儿，田文的脸就有点儿拉下来了。没错，他是爱人才，可并不是慈善家，并不是什么人都可以来他这里混饭吃的，再加上这个叫冯谖的一副傲慢的模样，就让田文更不想收留了，可也不好因为这一个痞子就得罪自己的朋友，便只能无奈收留门下。

收留是收留了，但什么待遇都没有，只是每天一点儿粗茶淡饭，在田文心中，这个叫冯谖的只不过是一个混吃等死的主儿，给他点儿粗茶淡饭就不错了。

可冯谖却不这么看，他不只对自己的伙食很不满意，还成天扯着个破锣嗓子在自己的"宿舍"门口唱歌，"长剑哟，长剑哟，你还是赶紧回去吧！粗茶哟，淡饭哟，顿顿没有鱼肉哟……"

负责管理门客宿舍的管理员一看这个叫冯谖的整天乱吼，生怕给田文带来什么不好的影响，便将此事汇报给了田文。

田文也觉得冯谖这样对自己影响不太好，便和下人道："那就每顿给他加一条鱼，让他伙食上的待遇跟别人一样，反正我也不差这几条鱼。"

下人于是照办，给冯谖顿顿加鱼。

本以为冯谖从此便老实了，可没想到冯谖没过几天又开始唱上了，"长剑哟，长剑哟，你还是赶紧回去吧，别人出门有车坐，你出门全靠走……"

冯谖在门客中本就不受待见，如今这么一唱就更惹得别人嘲笑，于是便有好事的门客将冯谖的歌报告给了田文。

可这一次田文非但没有瞧不起冯谖，反倒是开始犹豫了，"不对！这个冯谖将自己形容为长剑，还总是这不满足那不满足的，按理说一般混饭的有一顿吃就不错了，可这个冯谖却总将自己当成上等门客，凡事都要最好的待遇，这可不像一个纯混饭的，难道他真的有什么真才实学？"

想到这，田文马上将管理宿舍的下人叫来，"你，去，给冯先生配一辆马车。"

下人心里虽然不情愿，可主人的意思怎敢违背，便给冯谖配了马车。

可这冯谖简直是欺人太甚，白得了一辆马车不只不知感恩还变本加厉地嘶吼着："长剑哟，长剑哟，你还是赶紧回去吧，没钱哟，没币哟，怎么养活我那老娘哟……"

他这一下子可把周围的门客惹火了，全都跑到田文那里告状："主公！这个姓冯的太不识抬举了，主公现在已经很优待他了，他竟然还不满足，竟然还想让主公去养他的老娘，主公！叫我看，您干脆叫卫兵一顿皮鞭子将这不知死活的东西给打出去，省得他继续在府中嘶吼，乱了别人的清净！"

可田文只是微微一笑："哎，算了吧，这人只不过是脾气和一般人有所不同，各位放心，过不了多长时间他就不会再唱歌了。"

众人听罢将信将疑，只能暂且退去。

而过了几天以后，冯谖果然不再唱歌了。

原来，田文得知此事以后直接派人前去冯谖的家中，给了冯谖老母好多养老钱，使得冯母老泪纵横。

可冯谖这么一个让人头疼的人物，却在日后帮了田文的大忙，那简直是如同给了田文新生，这不得不说是田文养门客的好处（后话，暂且不提）。

就是因为田文的三千门客，外加上田文的才能，使得当时华夏女的爱他的钱，男的爱他的贤。

齐宣王看自己的这个小侄子如此出息，便任命他为齐国相国，并且委以重任，这便是田文的第二次发迹史。

田文就先介绍到这里吧，咱还是再把目光转向楚国和秦国吧。

2.4　302杀人事件

话说因为秦昭王的这次相救，使楚怀王度过了一次大危机，他本以为楚国多年以内都没啥事端了，可没承想，更大的危机还在等着他呢。

公元前302年，发生了一件震惊秦楚两国的"小事"，使得秦国和楚国重新开启了战端。

芈横，这个楚国的太子人质竟然在秦国杀人了，杀的人还不是普通人，而是一个秦国大夫。芈横杀人以后惧怕秦国酷法便逃回楚国了。

以上，是史书上的记载，可深挖一下，就会发现此事并不简单。很有可能与宣太后和秦昭王有关。

这对母子早就想把刀子插到楚国了，可因为两国联盟，一直都没有借口，便派了一个大夫整天去找芈横的碴儿，希望能从这个年轻人身上找到口实，进而攻击楚国。

而这个芈横也真是"不负重托"，直接就把秦国那个找碴儿的大夫给杀了，本来杀就杀了，他也没想跑，你秦国的法令虽然森严，可你还真能杀了我这个楚国的太子不成？如果你敢这样干，以后天下诸侯谁还敢和你秦国办事儿呢？

秦昭王呵呵冷笑，直接下令逮捕芈横，并找时间凌迟处死，说完以后还故意走漏风声给芈横，要的就是让他逃走。

芈横听到风声以后极为害怕，毕竟君无戏言，又看秦国前来抓他的士兵迟迟未到，便逃回楚国了。之后，秦昭王就以此为口实进攻楚国。

这样的分析绝非空缺来风，前面说过，现在秦国已经占领了大半的河东土地，其势已经对残余的河东之地展开了合围，那么秦国会只围而不攻吗？答案肯定是不，虽然史书上没说秦这些年对河东进行了什么军事行动，可笔者却百分之百肯定，到公元前302年的时候，秦国人已经拿下了整个河东，而因为拿下了整个河东，秦国现在在东面的势力就好像一个拳头突然伸出了一根手指插到了中原，这一根手指是势单力孤的，赵国、楚国、韩国、魏国都紧挨着它，可以说是四围之地。

而想要将这块地方彻底变得安全便要整合它，让它变得不再"势单力孤"，而要想整合它就必须向北抑或向南侵略楚国或者赵国。

赵国不用说，秦国和西戎打了这么多年都无法奈何西戎轻骑兵，更别提比西戎轻骑兵还厉害的胡刀骑士了。

所以，秦国只有一个目标可选择，那便是楚国！

那么，秦昭王和宣太后陷害芈横的动机就解释得通了，不然为何已经成年的芈横就这么没有觉悟呢？不然为何"万众瞩目"的芈横就能这么轻松地逃离秦国呢？要知道，秦国法度森严，所有关卡的检查都是极为严格的，再加上芈横身为楚国的太子人质，想要逃离秦国，这简直要比上天还难。

至于如何判断秦国已经拿下了河东之地了呢？

证据就是自从公元前302年一直到公元前294年这段时间里秦国再没对魏国和韩国发动侵略战争，而当公元前294年他们再次进攻韩国的时候已经直奔人家的新城了。

这个新城在哪儿？就在咱们现今河南省伊川县稍南的位置，而这个位置已经远离了河东，这说明了什么？这就说明了在之前秦国便已经拿下了整个河东！

话说刚刚逃过一劫的楚怀王心情还不错，每天左拥右抱地享受生活。

可某一天，正当楚怀王开怀畅饮的时候，突然一名侍卫跑进了王宫，不等楚怀王呵斥，这名侍卫便哆哆嗦嗦地道："报，报告大王，太子回来了，如今正在宫外等候。"

楚怀王本还为这名侍卫打扰自己饮酒作乐而生气，可当他听到自己儿子"不告而回"以后，心里却被无限的恐惧所笼罩，赶紧说道："快！快把他给我叫进来！"

不一会儿，满身灰尘的芈横进入了王宫。

楚怀王一看自己儿子这样就知道大事不妙，他几乎是嘶吼着问道："你不在秦国好好地待着，跑回来做甚！"

事情已经发展到了如今的地步，芈横也不管其他了，摆出无所谓的德行道："不做甚，在秦国杀了个侮辱楚国的大夫，秦王想杀我，我又不能在秦国白白等死，这就跑……"

"我弄死你……"

没等自己的败家儿子说完话，怒不可遏的楚怀王抽出手中的宝剑直奔芈横。

芈横从来没见过自己父亲这个样子，所以，当他看着手拿大宝剑直奔自己而来的楚怀王的时候，直接愣在当场，连反应都没做。

眼看楚怀王就要"杀"到自己儿子的身前，周边的大臣们全都吓坏了，赶紧跑过来连拉带拽地将楚怀王拉住。

又过了一会儿，芈横哆哆嗦嗦地指着楚怀王，"你，你真的要杀……"

"滚！你给我滚！我永远不想看到你！你知不知道因为你这没有脑袋的举动，楚国会死多少人？你怎么不死在秦国！"

芈横低着头，默不作声地离开了，他也知道，这次的祸闯大了。

2.5   楚之危机

楚怀王又在大殿里好一顿臭骂以后，才缓过劲儿来，赶紧问自己的大臣，"事到如今，这可如何是好？"

"为今之计应赶紧派使臣前去秦国认错，并送上大批财物，这样兴许还能挽回些损失。"

"对，对，赶紧，给我派个能说会道的去和秦王聊聊。"

不是人家秦昭王设计的套，好不容易让芈横跳了进去，怎么还能再和你楚国结好呢？

所以，楚国使者毫无意外地吃了秦昭王的闭门羹。

这还不算，秦昭王为了讨伐楚国的时候没有后顾之忧，特意派使者前去韩国和魏国，请两国在秦国攻打楚国的时候不要出兵在背后袭击秦国和援助楚国。

魏襄王和韩襄王这"二襄"哪一个不是厚黑高手，眼看着秦昭王有求于自己，如果不趁此时机捞回一些老本那都对不起自己。

于是，"二襄"面对秦国使者提出了很多要求，其中最要命的就是要秦国归还一些之前侵占的魏韩土地。

秦昭王现在只想大口地吞噬楚国，进而整合河东土地，哪里还会管那么许多，直接便答应了。

于是在这一年，秦、魏、韩在临晋举行了三边会谈，敲定了停战事宜，并且秦国将之前侵占的魏国蒲阪和一些韩国土地还给了"二襄"。

搞定了"二襄"，秦昭王毫不耽搁，立即命庶长奂率领秦国十万大军进攻楚国。

"西北狼"进犯的消息传到楚国国都郢城以后，郢城王宫的楚怀王狠狠地敲了一下桌子，"不想交战还当我怕了你嬴稷不成？既然你想战，那我熊槐就奉陪，来人！"

"在！"

"给我传大夫昭……"

"报！北方紧急军情！"

没等楚怀王说完，突然一名侍卫手拿边防竹简冲了进来。

楚怀王一看这竹简就是一个哆嗦，他现在就怕别人再趁机掺和进来，面对一头"西北狼"就够他受的了，这要是北方的那些国家也打过来，那还了得？

可偏偏怕什么来什么。就在楚怀王在那担惊受怕地寻思时，这名侍卫高声说道："报告大王，齐、魏、韩三国联军已在阳城完成集结，联军主帅为齐将匡章，意图不轨。应如何应对，还请大王决断！"

话音一落，楚怀王瘫坐在座位上，两眼无光，如同痴呆。

看到楚怀王这副样子，身边的王公大臣们也是频频摇头，谁面对此情此景都没有什么太好的法子。

大概又过了一炷香的时间，终于有一个大臣说话了，他对楚怀王一躬，然后道："大王，微臣这有一个办法，不知可行不可行。"

此时的楚怀王头是低着的，一双手杵着自己的脸，使得下面的大臣谁都看不到楚怀王现在的表情，再加上前几日楚怀王要杀芈横时候的可怕样子，使得这个献计的大臣多少有些忐忑。

可楚怀王并没有因为心情不好而无故对臣下发火，而是依然低着头，双手杵着脸，低声道："有什么计谋你就说。"

"是，是，依微臣来看，现在楚国面对四个国家的同时进攻是没有半点儿胜算的，那既然这样，咱为什么不向齐国低头呢？齐王一向胸怀宽阔，他原谅过咱们，我想这一次应该也会原谅才对吧。"

听了这话，楚怀王久久没有言语，大概又过了两三分钟，楚怀王将自己的脸抬起，他的眼睛有些发红，好似是下了什么决心一般，下面的臣子貌似猜到楚怀王要怎样，刚要劝说，可是楚怀王却在他们劝说前说道："呵呵，田辟疆那老家伙？曾经他原谅了咱们，那是因为当时咱们楚国还有用，他身体也还好，你以为他是圣人？我骂了他那么难听的话他就不记仇？我告诉你们吧，田辟疆最恨的不是别人，正是我熊槐，如今他重病缠身，眼看就要归西，就是想在死前报了当年的一骂之仇，他怎么可能原谅我？再说，此一时彼一时，现在魏韩河东领土尽失，两国不敢攻打秦国，不敢攻打赵国，只能从我楚国下手，为什么？因为他们以为我楚国弱！"

说完，下面的臣子一片寂静，因为他们无法反驳楚怀王。

看到下面的大臣全都沉默了，楚怀王突然站起："认为我楚国弱？好！我就让他们见识见识什么叫楚国！既然你们想战，那就战！我大楚方圆万里，兵甲五十万，还怕你四国军队？！昭雎！"

"在！"

"给你十万兵马，你给我在重丘挡住秦军，记住，不用你主动出击，只需要挡住即可！"

"是，是。"

"唐昧！"

"在！"

"给你二十万兵马北上，只要挡住三国联军即可，至于怎么调动，随你！"

"是！"

面对着四国军队的侵略，楚怀王虽然打心底里害怕，但是他并没有表现出来，而是打算和四国来一场硬仗。

十万守西，二十万守北，十万于中调度后备，剩下十万防守大后方百越，无法轻易调动。楚怀王的军事才能还是值得称赞的。

可是楚怀王有一点给忽略了，那就是楚国现在可用的将领已经没了。

唐昧还算是个勉强合格的将领，可是这个昭雎那真就是不堪入目了。

昭雎，土生土长的楚国贵族，楚国标准的"富二代"，如果当初楚悼王能晚死几年，估计现在楚国的官场上都不能有他存在。

此人不学无术，什么才能都没有，是大奸臣，当初逼走屈原的主谋便是他了。

面对西线强大无比的秦军，您别说是十万楚军了，就算是再给昭雎十万援军他也依然不是对手。

所以，畏惧秦军的昭雎打算再管楚怀王要十万来人，其实就是想把楚怀王手中的军队给要过来。

昭雎以为，秦军如果看到自己只有十万人，便会发动大军攻击，可如果自己有二十万人的话，秦军搞不好就会被吓回去，可这话他又不敢和楚怀王说，怕楚怀王会从此看扁他，认为他是个窝囊废。所以，他找了一个关系不错的大臣替自己去和楚怀王说这番话。

这名大臣受到了楚怀王的接见，楚怀王问："爱卿今日来此何事？"

大臣一拱手，风轻云淡地道："来为昭雎请求援军。"

楚怀王冷冷一笑，"是昭雎让你来的？怎么？十万还嫌少了？"

"非也，微臣此来昭大人并不知晓，微臣所说都是为了楚国的将来考虑。"

楚怀王似笑非笑地看着这名大臣，"怎么说？"

"大王，如果昭大人在西线打败了秦军，齐、魏、韩三国必定惊恐，他们为了怕楚国更加强大，就一定会加强对北线的进攻，而秦王也会因此愤怒，兴许会动用举国之兵来攻击咱们楚国。试问到时候谁能阻挡？如果事情真的到了那个地步，咱们楚国便会陷入无休无止的战争，四个国家没完没了地攻击咱们楚国，到时候谁能阻止得了？可如果给昭雎增派援军那可就不一样了，咱们用二十万大军来对十万秦军，并摆出决一死战的架势，那秦王聪明得很，肯定不会和咱们楚国打生打死而让齐、魏、韩三国捞尽好处。那时咱就给秦国割俩地把他们劝回去，然后就可以合并四十万军队共击三国联军了。如此，楚国这次的危机就能迎刃而解了。"

楚怀王听了这话以后哈哈大笑，笑得猖狂，笑得"似笑非笑"。

这一顿大笑给下面昭雎找来的"枪手"吓得直抖，因为他听出了楚怀王笑中的不善。

果然，楚怀王停止大笑以后对这个大臣说道："你和昭雎是真傻，还是你俩觉得我傻？如果昭雎在西线取得胜利，嬴稷那小子是绝对不敢继续进攻我楚国的，你当更北的赵雍傻吗？之前秦、魏、韩三国高峰会议为什么没有赵国？你自己分析吧。再者，如果我将国内仅有的十万人全都派给昭雎，万一他失败了怎么办？万一北线失利又怎么办？到时候谁能领兵抵挡？嗯？你说！"

那名大臣听了楚怀王的话吓得哆哆嗦嗦，再也不敢言语，楚怀王也没给他什么面子："还不给我滚下去！"

"是，是！"

昭雎求援不成，内心大惧，可又有什么用呢？只能硬着头皮干了！

于是，他听从楚怀王的建议，在重丘布置守军，打算在这里拖住秦国人。

可昭雎面对秦国人一拨猛于一拨的攻击直接吓得落荒而逃了，主将都跑了，楚国士卒也随着昭雎的逃亡而四散奔逃。

秦军主帅庶长奂直接愣在当场，他实在没想到这都能打胜仗，而这么轻松的胜利也使得他产生了一种错觉，认为楚国一定是在后方设了埋伏等他，所以没敢轻易追击。

直到抓住了一名楚国原住民才知道，从重丘一直往后百里之内都没有什么可埋伏的地方，这他才敢放心大胆地前去追击。

结果，楚国逃军被追杀两万，剩下的全都跑回了郢城。

当昭雎灰头土脸地跑回郢城以后楚怀王蒙了，他也猜到昭雎有可能会败，但怎么也没想到会败得这么快！

当他问监军得知惨败的原因以后，楚怀王怒了，当即下令把昭雎烹了。

话毕，下面上来两个宫廷卫士，直接就要把昭雎架走。可昭雎这人在楚国官场混得相当霸道，周围的那些楚国官员们一听楚怀王要把昭雎给烹了，一个个全都跪在地上求楚怀王饶过昭雎一次。

看着下面跪着黑压压的一群老臣，楚怀王也不想犯了众怒，只能指着昭雎喝道："还站在这干什么？还不给我滚！"

"是！是！"

昭雎如闻天籁，撒腿就溜了。

骂退昭雎以后，楚怀王道："来人！"

"在！"

"给我整合逃回来的士兵，让他们加进预备军里，我要亲自会会这个庶长奂！"

"是！"

几日以后，十八万楚军整合完毕，楚怀王御驾亲征，楚军浩浩荡荡地杀奔重丘。

可就在楚怀王想和秦军一决死战的时候，突然有传令兵跑来，"报告大王，秦军已于昨日撤退回国，并没有再继续向国内进犯！"

听了这话，楚怀王直接愣在当场，他怎么也想不到秦军撤退的理由。

那么秦军为什么要在局势有利于己的情况下撤退呢？

原来，庶长奂于重丘"大胜"楚军以后，正打算继续向楚国内部深入，可就在这时候，突然从咸阳方面传来消息，让庶长奂赶紧撤退回国。

因为就在他们对楚国发动侵略的时候，蜀郡守嬴辉突然叛变，他先是在蜀地宣布独立，然后亲率大军从石牛道出发，兵锋直指南郑，企图在攻下南郑以后直接入主咸阳，斩杀嬴稷而自立为君。

那这个嬴辉又是什么人呢？他为什么要发动政变呢？

嬴辉，生年不详，秦惠文王之子，嬴稷同父异母的哥哥，当年蜀地叛乱被平定以后，秦惠文王便命他守卫蜀地。

那么他为什么要造反呢？

如果认为单单是为了秦王的位置那可就错了。

在战国时代，四川盆地被视作穷山恶水之地。再加上那地方山高皇帝远，郡守要想瞒着国君干点儿什么简直太容易了。嬴辉身为秦国公子，肯定不甘心在这地方养老。可是他又回不去咸阳，所以只能赌一把，争取夺下这个令他魂牵梦萦的王位。

可是他赌错了，他以为秦国的精兵强将全都去了楚国，殊不知秦昭王只派了十万人，为的就是防着内部动乱和赵国乘虚而入。

结果，还真让秦昭王给算着了。当他听说嬴辉于蜀地叛乱以后，马上给司马错分了十万人，让他前去平乱，并在同时派出使者，让身在楚国的庶长奂赶紧回国，以防止赵国乘虚而入。

司马错在收到命令以后率领十万秦国锐士以急行军的速度向南郑赶去，等他到南郑的时候，嬴辉的"蜀军"还没有到达，由此可见其速度之快。

到达南郑以后，司马错命令士兵休息一夜，达到以逸待劳的效果。

次日，嬴辉军打到南郑，可当他看到城墙上多如牛毛的秦军以及满城的司马大旗以后彻底蒙了，要知道，当初司马错在石牛道对蜀军的那次大屠杀以后，蜀国人一提司马错那都是噩梦。

所以，当"蜀军"看到司马大旗以后直接蔫儿了，更别提攻城了。

那嬴辉到这时候才知道自己的情报网是多么的垃圾，竟然天真地以为秦军的精兵强将全都被派出去了。

看着司马大旗，又向身后看了看已经被吓蒙的"蜀军"，嬴辉长叹一声，直接命令大军回蜀地，打算以蜀地的"天堑"做掩护，和秦军展开长时间的拉锯战。

可他没有机会了，因为司马错不会再给他这个机会。

司马错看到敌军撤退，甚至将后背都亮了出来，直接在南郑城里集结了大批冲击骑兵，冲击骑兵身后则是满满的秦国步兵。

刺啦，随着南郑大门慢慢地打开，一群骑着黑马，穿着黑甲，如同地狱骑士一般的骑兵从南郑城里慢慢地走出。然后这些骑兵在司马错的命令下越来越快，越来越快，轰隆隆如同地震般的声音响彻大地。

结果，嬴辉的蜀军一触即溃，他们投降的投降，被杀的被杀，最后只有嬴辉带着不到万人逃回了蜀地。

可那嬴辉前脚刚刚抵达蜀地，擅长长途奔袭的司马错便已经带领着秦军杀过来了。

主力早已经在之前损失殆尽，嬴辉还能有什么办法来对抗司马错？

结果，司马错成功地灭掉了蜀国叛军，当场处死了嬴辉，南边的蜀国之乱顺利平定，用时不到两个月。

司马错，真乃当世之名将也。

乾坤大挪移——楚国北线战况。

那匡章不愧为齐国名将，指挥大军作战依旧风骚，楚国北部防军根本就挡不住三国联军的攻势。

可是秦国人退走以后，楚国方面很明显是轻松了不少，楚怀王分兵五万防守西部边境，只留六万余人守国内，其他的士兵全部调往北线。并命唐昧率军退守楚方城（楚长城），争取在此地拖死三国联军。

楚方城，建于公元前700年左右，其目的便是为了防御中原众诸侯国的侵略，它主要分布在现在豫南的南阳、平顶山、驻马店、信阳四个地级市的二十五个县（区）。可以这么说，如果想从楚国正北面侵略，那这个楚方城便是准准的必经之地了。

按道理说，唐昧此时应该会对楚怀王言听计从，可是唐昧明显不是凡夫俗子，那楚怀王虽然命他守住楚方城，可唐昧有更好的办法，那便是于楚方城更北的泚水南岸设营布阵，固守此地拖死齐军。

泚水，位于楚方城北，如果想要攻打楚方城就必须先渡过此河，泚水很是神奇，这地方的水深浅不一，水流还很急，可谓楚方城的天然屏障。

这么一看，唐眜确实要比笔者高明不少。

这么一看，唐眜确实聪明，可他还真就输在这个聪明上了。

话说匡章到达沘水后，见河对岸的楚国兵营横向近百里，整个沘水全都被他们挡住了，便想要冲过沘水攻击楚营。

可是沘水的水流湍急，根本就不是人能过去的，所以匡章便命手下的斥候前去蹚水，准备找一个水浅的地方渡河。

可唐眜也算得上是一名合格的将领，他怎么可能会让联军顺利探测水的深浅呢？

果然，唐眜一看到联军前来探水的斥候就群箭而攻之，那些斥候还没到水边就被楚军射得溃散。

匡章不分昼夜，一拨一拨地派人探水，而唐眜手下的弓箭手同样不分昼夜，你来多少我杀多少，反正绝不允许你靠近沘水！

于是，两军就这样耗在了沘水。

转眼就过去了六个月之久，匡章根本奈何不得楚军分毫。

而这时候，身在临淄的齐宣王身患重病，怕是没有多少天活头了。齐宣王，这个一辈子都为了齐国而活的男人，希望在他死以前能看到匡章痛打楚怀王，既能增加齐国的地盘，又能替自己报仇（多年以前楚怀王派人痛骂齐宣王之事）。

一开始的时候，卧病在床的齐宣王确实很开心，因为三国联军在楚国北部无往而不利。

可没过多久，齐宣王就郁闷了，因为匡章的联军被楚军拖在沘水对岸近六个月，眼看自己时日不多，齐宣王着急了。

自从齐宣王继位以来，他不管做什么事都要先考虑齐国的利益，并且从来都不会遥控指挥前线的将领。可老了却容易犯糊涂，也就做出一些让人无法想象的事情来。

为了能尽快看到战果，齐宣王在这六个月将使者一个接一个地往前线送，其目的只有一个，就是让匡章抓紧攻破楚方城。

可匡章单单一个泚水都攻不过去，就更别提什么楚方城了。

终于，在第六个月即将过去的时候，齐宣王爆发了，他派出的使者直接闯入了匡章的大营，没等匡章回话，这名使者便拿出了"圣旨"大喝道："匡章接旨！"

看到这名使者将齐王的旨意拿出，匡章不敢怠慢，直接深深一躬，"微臣听旨。"

看到匡章已经一躬到腰，使者毫无预兆地突然大吼："匡章！你明知道寡人现在已经快要去见先君了，此生之余最大的愿望便是能看到楚怀王吃败仗，可是你呢？一而再再而三地拖延战争，你小子居心何在？寡人现在再给你最后一次机会，抓紧给我与楚军决战！要是再敢拖延，你信不信我现在就撤了你的职务，然后杀了你身在齐国的家人！"

话毕，使者对匡章一躬，表示歉意，然后将王旨交给匡章等待着他的答复。

这要是一般人早就被齐宣王吓住了，可是匡章和齐宣王交情一直不错，更是了解齐宣王的为人，心中冷笑："哼，你就吓唬我吧，我打了败仗才真是人头落地呢。"

于是，匡章对使者道："使者大人，请您一字不差地向大王回禀我的意思。对我来说，撤了我的职务、杀了我，甚至杀了我的全家，这都是大王您能做到的，可想要在战机不成熟的时候强迫我发动战争，哪怕是您身为大王也休想让我屈服，言尽于此，不送！"

话毕，转身就出了大帐。

使者返回临淄以后将匡章的话说给齐宣王听。

事情果如匡章所料，齐宣王并没有杀匡章的家人，也没有撤掉匡章的职务，只能无奈地在临淄等候消息。

可匡章表面上虽然很横，心里也着急啊，整整被拖了六个月，光粮草都不是一个小数字，这可是几十万的大军团作战，且还是跨国作战，齐国就是再富有也经不起这么拖。

可着急又能有什么用呢？打不下来就是打不下来，匡章是一点儿办法都没有。

可就在匡章即将绝望的时候，突然有一传令兵从大营之外奔入匡章营中，略带兴奋地道："报告将军，门外有一樵夫求见将军，他说能助将军攻破楚营！"

匡章一听这话，哈哈大笑："快，赶紧把这个樵夫带进来，哦不，请！赶紧给我请进来！"

不一会儿，一名穿着邋遢的樵夫走了进来，直接对匡章就是一躬。

匡章赶紧对老丈回了一躬，之后呵呵笑道："老丈，听说您知道泚水的浅处在哪里？"

那老樵夫明显一愣，弱弱地道："瞧大人说的，老朽啥时候说知道泚水的深浅了，泚水那么大，老朽每次过都是乘船而渡，谁没事儿去测试深浅呢？"

听到这儿，匡章可就有点儿迷糊了，"既然老丈不知泚水的浅处在哪里，那凭什么说能帮我破了楚军的大营呢？"

听了匡章的问话，老樵夫并没有马上答复，而是故作纠结地站在原地，半天都不吭声。

这给匡章气得，赶紧对下人说道："来人，去，给老丈取来百金！"

大概半炷香后，一堆闪闪发光的黄金摆在了老樵夫的面前。

这个老楚樵夫贪婪地收起钱财后嘿嘿笑道："大人，你想知道河水深浅实在是太容易了，只要大人细看就能明白此中道理。凡是楚军重兵防守的地方，那必是河水浅的地方；凡是楚军防守兵力少的地方，都是河水深的地方。"

一听这话，匡章直接拍了一下脑袋："是呀！如此简单的方法我之前怎么就没想到呢？真是太蠢了！"

于是，匡章在当天夜里命联军人衔枚、马裹蹄，直接向楚国大寨守兵最多的地方发起了攻击。

楚军根本就没想到联军能知道泚水浅水区的具体位置，猝不及防地一片大乱。而夜里能见度实在太低，唐眛虽说拼命指挥想让大军镇静下来，可什么用没有。

结果，三国联军在匡章的统一指挥下，于沘水旁的垂沙大破楚军，楚军主将唐眜也死于此地。

垂沙大胜，使得身在临淄病榻上的齐宣王微微一笑，紧接着就含笑九泉了。

他死后，儿子田地继位，便是齐湣王。

按照齐宣王死前的想法，垂沙只要一破，三国联军便能继续进犯楚国，进而夺得大片领土，使得齐国的土地瞬间增加一倍，之后一点一点地将楚国给吞并了，变成全华夏第一大国，这之后，统一天下也不再是梦想了。

齐国虽说也确实有这个机会，可齐宣王错误地把国君的位置传给了大昏君齐湣王。就是这个齐湣王葬送了整个齐国，使得强齐在"复国"以后再也没能崛起过。

行了，还是再看看在沘水之战大败后的楚国吧。

近日来，楚怀王是茶不思饭不想，因为楚国近期连战连败，北线的联军在垂沙之战后长驱直入，又占领了诸多楚国城邑。

楚怀王本来还想再次集结兵力抵抗一下，可就在这时，令人无奈的消息又传来了，那就是西线的秦国已经平了蜀地叛乱。

与此同时，秦国右丞相樗里疾卒了，宣太后趁机权力大转移，将之前樗里疾手下大部分的兵权转交到了弟弟魏冉手中。而魏冉呢，是秦国出了名的铁腕丞相（当然了，他现在还不是丞相）。他得到兵权以后，立马派华阳君芈戎率秦军继续西进攻打楚国，争取在联军灭楚以前在西面捞点儿好处。

而这时，看到西面秦军动了，三国联军却停止了南下的步伐，匡章的如意算盘打得是啪啪地响。他此时的停顿就是要让楚国集结兵力，全面对抗西面的秦国，到时候弄个两败俱伤，他再从中得渔利。

而楚怀王呢，他也明白匡章的意图，但现在又能有什么办法？西线的秦国侵略性太强，从来不知满足，一旦让他们再次破了西防线，便会如秋风扫落叶般地拿下楚国。所以，楚怀王是一定要先对抗秦国的。

于是，楚怀王命大将景缺率十万人增援西线，企图遏制秦军东进的步伐。而楚怀王自己则坐镇郢城，领着七八万楚国精锐始终注视着三国联军的一举一动，一旦三国联军背信弃义，他便会亲自率军阻击。

景缺出征之日，楚怀王亲自将他送到了郢城郊外，抓着他的手激动地道："爱卿！这一次西线事宜就全靠你了，你要知道，如若西线一破，楚国再难以抵挡四国同时进攻，到时候就是被瓜分的命运了。"

感受到了楚怀王的诚意，景缺也是激动地道："主公放心！此次征伐必出死力！"

说完，便带领大军向西进军了。

楚怀王是真的怕了，为了能让西线的景缺多出哪怕一丁点儿的胜算，他每天都带着巫师，亲自前往巫殿祭拜鬼神，心不可谓不诚。

可迷信有什么用呢？想要胜利就必须要有强大的军事力量，而想要拥有强大的军事力量就必须要有开明的赏罚政策。曾经的吴起给过楚国崛起的机会，楚肃王没有珍惜。多年以前屈原也给了你楚怀王一次看似可行的机会，可楚国还是没有珍惜，现在已经没有机会了。

就在楚怀王还在巫殿求神拜鬼的时候，西线传来了噩耗，秦军大破楚国军队，斩首三万多人，并杀掉楚国大将景缺，夺取了重镇襄城，使得楚国西线瞬间崩溃。

芈戎，虽说名义上是魏冉的弟弟，但是两人并没有丝毫的血缘关系。魏冉是宣太后同母异父的弟弟，而芈戎也是宣太后同父异母的弟弟，他们都是宣太后的心腹。不过，这时候有没有血缘关系已经不重要了，只要都在一条船上绑着，他们的关系就胜过亲兄弟。

在此战以前，芈戎声名不显，可自从此战以后，芈戎的大名响彻了天下。

正所谓"屋漏偏逢连夜雨，行船恰遇顶头风"，就在西线崩溃北线联军再次蠢蠢欲动之时，身在滇池的楚庄蹻也趁势宣布独立，彻底脱离楚国的控制，使得楚怀王最后一点儿希望也化为了泡影。

楚庄蹻，土生土长的楚国人，乃是春秋时期楚国第一明君楚庄王的后代。

楚怀王的父亲楚威王当政时期，就已经把目光瞄向了巴蜀之地更南方的滇池（今云南省昆明市西南），并派遣年轻有为的楚庄蹻攻打此处。

楚庄蹻果然不负众望，很轻易便将此地拿下，并奉楚威王之命发展此处，到楚怀王时期，楚庄蹻已经占领了滇池附近近千里，兵力强盛，俨然已经成为地方一霸。

直到现在，楚怀王"四面楚歌"，这时候他想起了楚庄蹻，想要向其寻求援助，可是楚庄蹻早就不当自己是楚国人了，他非但没有对楚国派出援军，还直接宣布独立，表明从此和楚国没有半点关系。

这下楚怀王是真的尿了，楚国五十万兵甲经过连年战争，如今已经不到一半，这还怎么对抗"西北狼"和北方联军？

于是，无奈之下，楚怀王只能再次将太子横送去齐国当人质，并发誓从今以后唯齐国马首是瞻，只求齐国能收下自己这个小弟。

按理说，现在南线形势大好，齐湣王实在是没有什么理由放弃这个大实惠，要知道，他下面还有一个田文呢。现在的田文那可真是光芒四射，身为齐国的相国，一人之下万人之上，此时齐宣王刚刚归西，新主继位，位子还没坐稳，全齐国的百姓们都只知田文而不知齐湣王，这使得齐湣王压力很大。如果能在此时吞了楚国，按照齐宣王的遗愿走，齐湣王不但能为齐国增加地盘，还能一下子成为齐国历代最有为的君主，齐宣王真是给自己的儿子留下了一个好底子。

可是齐湣王呢？不愧为大昏君，看着庞大如楚国都对自己溜须拍马，还将太子都给自己送过来了，这极大地满足了自己的虚荣心。于是，他立马命令匡章掉转枪头，做出随时要攻击秦国的架势。

看到东方巨龙将锋利的獠牙对准自己，秦昭王和宣太后也是蒙了，他们怎么都没想通齐国为何会放掉楚国这么大的一个馅儿饼。

母子二人分析后，最后只能无奈地得出一个结论，那就是这个齐湣王是一个好大喜功、眼界狭隘的昏君！

于是，秦昭王在和宣太后商议后，决定也使用和楚国相似的招数，那就是派泾阳君嬴芾（宣太后和秦惠文王的二儿子，秦昭王的弟弟）去齐国当人质，只求齐国能中立，不要帮楚国攻打秦国。

这简直是荒天下之大谬！

按说这种要求一般人都不会答应。可巧的是齐湣王他还真就不是一般人，他看到秦国将泾阳君都给送过来当人质了，虚荣心再次得到了满足，竟然直接就答应了秦国的要求！

简直就是不可理喻！

而这只不过是个开头，在这以后，齐湣王还要继续折腾齐国。这是后话，留待以后再说。

得到齐湣王的答复以后，秦昭王冷笑一声，看来他和宣太后的猜想是没错的。

于是，放下心来的秦昭王再次于西线集结兵力，准备在次年和楚怀王玩一次大的。

而楚怀王那边也急了，他调动了楚国所能调动的所有兵力集结于西线，准备在秦军再次侵略的时候决一死战。

距离楚国和秦国的"生死大战"还有足足一年的时间，在这期间咱们还是来看看赵国吧，因为赵国出大事儿了！

2.6　叫我赵主父

公元前299年，经过多年的侵略战争，中山国基本上被赵国灭得差不多了，这使得赵国的土地猛涨，国力大增。

多少先辈都未能完成的灭中大计在赵雍当政几年就干得差不多了，这不得不说是盖世奇功。

可赵雍却不满足于只干掉一个"小小"的中山国，因为这只是赵雍的第一站而已。在他的心中，只有将天下一统才是真正的目的。

那么赵雍的下一个攻击目标是谁呢？正是现如今天下战力最强的秦国！

赵雍知道，放眼天下，只有秦国才是对自己威胁最大的国家。齐国？赵雍虽算不上小看，但也没怎么太重视。

在胡服骑射改革以前，赵雍曾经和别国多次联合抵御秦国，可结果呢？没有一次不是被秦国打得落花流水，这使得赵雍意识到，想灭掉秦国靠其他的诸侯国是不可靠的，最后只能靠自己！

可秦国不比其他诸侯国，它们政治开明，军事力量强大，从来不缺能征善战的勇猛将领。

所以，要想和秦国抗衡，他赵雍就必须充当赵国前线的元帅。

那为什么赵雍一定要自己亲征呢？

第一，赵雍的军事才能相当了得。

第二，但凡赵雍亲征的战斗，三军都愿意为其效死命，对敌时不死不休，从来不会出现溃逃的情况。

第三，赵雍是一个战争狂人，他对战争有非常浓厚的兴趣，感觉鲜血遍地的沙场更适合他，而不是那邯郸宫殿。

可秦国也不是好惹的，想要打服秦国就必须做好长期身处前线的准备，可是自己身为一国之主，怎么可能只在前线而放内政于不顾呢？要知道，长期远离政治中心那是相当危险的。夏朝的太康、周朝的姬满不都是活生生的例子吗？

这要是一般的君主肯定会头疼，到最后还是得命令将领率军出击，自己乖乖在王宫中从政。

可赵雍可不是一般人，华夏千古最天马行空的一代君主可不是白叫的。只见赵雍灵机一动，竟然直接将君位传给了小儿子赵何，命左右手肥义为辅政大臣，这样的话，赵国内政必定无忧，自己就可以放心大胆地去对付秦国了。

在赵雍的授意下，赵何继位以后没多久便称王了，便是赵惠文王。赵雍则给自己封了一个叫"主父"的封号（就是太上皇），除了将兵权掌握在自己手里外，所有的内政权他都交给了赵惠文王，自己则当起了甩手掌柜。

赵雍此举可真是开了华夏历史之先河。

按理说，赵雍此举应该使得朝野震动，满朝文武全都激烈反对才对，可出奇的是，整个邯郸王宫静悄悄一片，没有一个大臣前来阻止，使得此事顺理成章地定了下来。

那么这是为什么呢？

原因并不难猜，这些当官的到现在还在抵触这一身的胡服。千年的传统可不是几年之内就能改变的，他们巴不得赵主父赶紧下台呢。

那为什么身为小儿子的赵何就当上了赵国的君主了呢？

要说这个原因还是出在一个女人的身上。咱这就来说说赵雍的爱情故事吧。

话说赵雍的第一任夫人乃是一名韩国女子，不必说，这是一场政治婚姻。

此女子姓名无可考，可却是那种典型的大家闺秀，知书达理、温文尔雅，赵雍对此女还是挺满意的。

没多久，赵雍便和此女生下了赵章。因为是嫡长子，所以不出意外，赵章成为赵国的第一任世子。

可红颜薄命，赵章的母亲没过几年好日子就死了。俗话说得好，"帝王世家，母凭子贵"，可在孩子长大以前那就要调过来了，而此时的赵章才不到十岁。

此时的赵雍还是一个年富力强的汉子，他怎么可能不再找夫人呢？所以，从这时候开始，赵章的地位就已经很危险了。

话说在公元前310年的某一天，在王宫批了一天"奏折"的赵雍想松松筋骨，便带人出了宫殿，去邯郸城外打猎去了。

时值正午，打猎打累了的赵雍直接躺在一块大石头上睡着了，不巧的是他还做了一个从此为赵章所深恶痛绝的梦。

梦境之始天地一片模糊，有些发蒙的赵雍就在这迷茫之地漫无目的地走着，走着走着，他就听见天边传来了让人迷醉的琴声，紧接着，弥漫天地的灰雾开始消散，逐渐清晰的画面简直美爆了，赵雍的周围全都是鲜美绝伦的花草，空气中弥漫着一股令人迷醉的香草气息。

顺着琴音往前走，赵雍听到了哗哗的流水声，脚下是那清澈无比的小溪，再继续往前走，赵雍又看到了一个湖，在湖的中间有一个小小的凉亭，而在凉亭里坐着一名一身白衣的女子在不停弹唱。

这女子离得太远，赵雍根本就看不清容貌。可凭着自己的直觉，赵雍肯定这是一名绝世美女！正当赵雍想要继续向前走的时候，这名"绝世美女"的歌声隐隐传来，"光彩照人的美女啊，你容颜如花，可君竟不知嬴女。叹啊……悲啊……何时才能与君见。"

这歌声优美动听，嗓音销人魂魄。赵雍顿感浑身无力，如同中了化骨绵掌。正要再次上前看个清楚的时候，突然感觉天地震动，遥远的天边还传出了令人恶心的声音，"主公！主公你怎么了！主公你快醒醒！"

就这样，赵雍被他手下的卫士摇醒了。

虽说是梦，虽说是假的，可因为梦得太逼真，使得赵雍心中多了一位"梦中情人"，从此对其他赵国美女都不上心了，每天想的都是那个梦中的女子。

终于有一日，赵雍宴请赵国大臣，席间当笑话将此事说出，这些大臣们听完全都哈哈大笑，只有一个叫吴广的心里一颤，并且认为自己的机会来了！

吴广，赵国大夫，嬴氏，有一女名为吴孟姚，也叫嬴娃，意思是嬴氏的女娃，他这个女儿的容貌虽说还没到倾国倾城的程度，但也是一个标准的美人坯子。

最重要的是，吴孟姚能弹会唱，这简直太符合赵雍梦中女子的标准了。"我的大造化来了！"吴广如是想着。

宴会结束以后，吴广懒得再和其他同僚聊天，直接便跑回家中和自己的媳妇商量了这事儿。他媳妇也是高兴得不得了，这事儿要是成了，那他们就是皇亲国戚了！

于是，吴广动用关系，联系了"枪手"，让他在赵雍面前介绍自己的女儿。赵雍一听有一个嬴氏女子和自己梦到的女子一模一样，便火急火燎地将吴孟姚召到了宫中。

在吴孟姚进宫以前，吴广特意让自己女儿换上一身的白衣，并早早地将古琴准备好，就等着自己的女儿在赵雍面前发挥了。

因为先入为主的关系，赵雍一眼看到吴孟姚就惊为天人，当吴孟姚弹唱以后就更喜欢得不得了，当即便封吴孟姚为第一夫人（也叫惠后）。打这以后，赵雍成天和吴孟姚腻在一起，甚至有一段时间连国政都不怎么理会了。

就这样，赵何出生了。

正所谓"爱屋及乌"，因为赵雍已经对吴孟姚喜欢到了疯狂的程度，所以对赵何那也是宠爱有加，赵何也就这样逐渐地取代了赵章在赵雍心中的地位。

赵雍经不住吴孟姚的耳边风，终于决定废长立幼，扶襁褓中的赵何为世子。

结果，赵章就这么被废了。

赵章年少，自然不知道世子的位置有多么重要，只是隐隐约约地感觉自己失去了什么重要的东西，原来见到自己便低头拱手的大臣们也不再对自己施礼了。

可当赵章逐渐长大以后，知道了自己失去的是什么，同时也生出了重新夺回自己地位的野心。

为了重新夺回世子的位置，赵章发奋读书，做事小心谨慎，尽可能不出差错，他知道自己的爹钟爱打仗，便成天兵书不离手，凡是上阵杀敌，不说场场冲锋在最前线，但也是玩儿命地表现。

而他的努力赵雍也是看在眼里，这就使得在多年以后，赵章终于成了赵雍在军队最依赖的左右手，几乎坐定了军中主帅的大位。也同样使赵雍越来越觉得对不起自己的这个大儿子，总想找点儿什么来弥补一下。

也就是赵雍的这种心理，给他埋下了祸根。但这是后话，咱们暂且不提。

2.7 如此"外交官"

赵惠文王继位以后，赵雍终于可以放开手脚来攻打秦国了，别看咱们这位赵大侠比较天马行空，对于军事上的事情他还是十分谨慎的。

"知己知彼，百战不殆"，这是《孙子兵法》上的一句名言，赵雍对此也是深有造诣。

所以，在赵雍全面入侵秦国以前，他必须要充分了解秦国的地理、具体兵力、士兵的单兵作战能力、财务状况和粮草后勤补给、将领都有谁和他们的性格。还有最重要的一点，那便是秦昭王这个秦国一把手的为人！

其他的都还好说，多往秦国派"五间"就能搞定，可只有秦昭王这个人的为人他是要亲自过目的。（注：五间分别有因间：之前说过，不再重复；内间：收买的敌方官员；反间：使敌国的间谍为我所用，经典案例，周瑜骗蒋干；死间：散布虚假消息，以自身的死换取敌方信任；生间：身在敌国众间谍的中间人，收取其他四间的情报，然后回国汇报）

可秦昭王乃一国之君，不是说见就能见的，难不成还能赵雍自己去咸阳见他？那不是有去无回吗？

这可怎么办呢？不去咸阳就没法见秦昭王，不见秦昭王就无法深入了解他，等到真正战争的时候便无法提前猜测秦昭王会用什么办法来应对自己。

这可怎么办呢？

就在赵雍百思不得其解之时，一名外交官突然进来："启禀主父，微臣明日就要去秦国做常列的外交活动了，请问临走之前还有没有什么需要交代的？"

听到这儿，赵雍眼前一亮，心想："对呀！怎么没想到还有这么一个办法呢？"

想罢，赵雍乐呵呵地和这名外交官道："这一次确实有事要交代与你。"

外交官一听真的有事儿，赶紧屏气凝神等着吩咐，赵雍道："这次去你还要给我带一个人，并且你当他的副手，让他当真正的外交官。"

外交官有些不乐意了，"谁呀？"

"嘿嘿，就是我！"

外交官呆立当场，赵雍此话无异于五雷轰顶。

看着外交官发愣，赵雍笑着道："愣着干吗？这事儿就这么定了，明儿个我乔装溜出王宫，和你一起去秦国见一见这个嬴稷！"

外交官这时候才回过神儿来，看赵雍这样子真不是开玩笑啊，身为赵国官员，他早就听说过自己的这个主父办事儿不靠谱，之前自己还不信，今天他可信了，于是将脑袋摇得跟拨浪鼓似的："不行！绝对不行！我的主父啊，您可不能这么做啊，这不是要了微臣的命吗？要了微臣的命还是小事儿，万一您再有个三长两短，那我就是咱们赵国的千古罪臣了！除非咱们赵国其他的大臣全都答应，要不然微臣绝对不答应！"

说完，外交官义正词严地站在原地，好似要了他的命他也不会去一样。

可这名外交官等了一会儿后也不见赵雍答话，反而感到四周遍布着缕缕阴冷的杀气。

外交官哆嗦了一下再一回头，正好看到了一双似笑非笑的眼睛在看着他。这种眼神令人不寒而栗，赵雍什么话都没说，可是这名外交官已经双腿打战，想再抗拒已经说不出话。

而赵雍就在此时呵呵一声，"行了，你也别犟了，这事儿就这么定了，咱君臣明儿个见，记住，这事儿就你一个人知道。"

说完便转身离去，没有给外交官再说第二句话的机会。

次日，一辆马车向咸阳方向驶去。

几日以后，赵雍使团顺利到达咸阳。秦昭王不敢失礼，毕竟赵国的军事实力摆在那里，秦国如果想要继续东进（攻韩、魏）或者东南进（攻楚国）的话，就不能得罪赵国这个强大的"战斗集团"，更不能得罪赵雍这个战争狂人。

于是，秦昭王亲自接待了赵国使者，并且安排在了王宫正殿接待，这不可谓规格不高了。

要知道，那时候一国之君接待这种常例的外交使者一般都是在内殿接待，并且直入主题，说不了几句话使者便会告退。

而秦昭王呢，也打算用这个方法寒暄几句就走的。

可当他走到王宫正殿以后直接愣住了，因为他完全被前来的赵国"外交官"的气质所震撼。

只见这名外交官一米七五的大个，四十多岁的人了，不只长得非常俊美，还英气勃发。最重要的是，这"外交官"的双眼如鹰，让人一看就不自觉地哆嗦一下，浑身上下散发出的气场那都是上位者的气场。

秦昭王身为秦王，平时接触的人不可谓不多，各国的相国、君王他也不是没接待过，可像这种气质的他还是第一次见。

秦昭王还在那边胡思乱想，这边的赵雍已经礼节性地给了秦昭王一拜。这是外交礼仪，身为他国的外交官员是一定要给出使国的君王礼拜的，而对方的君主则不必如此。

可此时的秦昭王被赵雍的气场所震撼，竟然不自觉便给赵雍回了一个，并且身体还要比赵雍低一点儿，可当他把身体弯到一定程度后才知道笑话大了，于是赶紧将身体直了起来。

秦昭王此举也把周围的大臣吓了一大跳。

过了一会儿，秦昭王入座，赵雍在秦昭王坐下之后也入了座。

关于二人的对话史书上没有任何记载，但有一点是肯定的，就是二人聊了很久，甚至关于两国国情这种敏感话题也进行了交流。赵雍充分地了解了秦昭王的为人并且对其给予了肯定，秦昭王也对赵雍青睐有加，甚至起了招揽之心。

二人从上午一直聊到了中午，一直到午饭的时候才停止了交流，秦昭王甚至还有些意犹未尽，这在秦国的外交史上是绝无仅有的。

当赵雍走了以后，秦昭王这饭是吃得无滋无味，怎么想怎么不对劲儿，一直到晚上都感觉事有蹊跷，"不对呀，我和这个赵国使者确实是第一次见面，可他却一点紧张的感觉都没有，反倒是我感觉有些紧张局促，这不太可能啊，赵国我也没少打探，这些官员中没有一个人有如此气魄的，除了传说中那个天马行空的赵主父……赵主父？赵雍！赵雍！"

想到这儿，秦昭王嗖的一下从床上蹿了起来，对外面大吼道："来人！来人！"

下人闻听，赶紧冲了进来，秦昭王没管那么多，一边穿衣服一边吼道："快！快去赵国驿馆，将白天的那个赵国使者给我请过来！记住，一定要请！态度一定要谦卑！快去！"

"是，是。"

下人被秦昭王这一举动吓死了，赶紧跑向赵国驿馆。

"砰砰砰"，伴随着急促的敲门声，赵国真正的外交官睁开了蒙眬的双眼，骂骂咧咧地去开门了。

"谁呀，这大半夜的！"

打开门以后，只见一名秦国宦官一躬到地，还没等外交官说话，这名宦官赶紧道："大人恕罪，还请原谅小的失礼，可是我家大王白天没和大人聊尽兴，以至于夜不能寐，还请大人能够再次去王宫一趟，我家大王想和先生秉烛夜谈。"

"哈哈哈哈！"

没等宦官说完，就听见这名赵国外交官哈哈大笑的声音，小宦官一愣，赶忙抬头，可这一抬头才知道拜错人了，于是赶紧问道："请问大人，白天那位先生何在？"

赵国外交官哈哈大笑道："我家主父可真是神算啊，他料定你家大王会看出破绽，所以回到驿馆以后便独自策马回国了，估计现在已经出了武关，恐怕是想追也追不上喽。你也不必问我家主父来干什么了，他在临走之前已经让我如实相告，我家主父此番前来就是想看看你家大王的为人。"

说罢，转身去了。

秦国的小宦官一听主父已跑，一个激灵，赶紧回去禀告秦昭王。

秦昭王此刻正在内室来回踱步，一看手下小宦官回来了，赶紧问道："怎么样？人在哪里？"

小宦官哆哆嗦嗦地道："回禀大王，赵主父已经跑，跑了！"

"哦？跑了，什么？你说那是谁？"

"回大王，是赵，赵主父，就是赵雍。"

听到这个消息，秦昭王的脑袋如同五雷轰顶一般，他愣在原地久久不能言语："天哪！赵雍！我怎么就错过了一个这么好的机会呢！"

想到这儿，秦昭王问："他为什么要亲自来咱们秦国？"

小宦官道："听，听那名真正的赵国外交官说，赵主父这次来秦国就是想看看大王您是个什么样的人。"

话毕，秦昭王颓废地坐在了凳子上挥了挥手。

小宦官识趣地离开了，华丽的内室只留下秦昭王孤零零的身影。

大概过了半炷香的时间，秦昭王自言自语地道："怎么被这个好战分子给盯上了！"

打这以后，秦国的部队陆陆续续向东北线集结，防的就是快如闪电的赵军。

按说面对强势的赵主父，秦昭王这么做是没错的，可他完全多心了，因为自从这天以后，赵国前往秦国的亲善使者反而是增多了，并且赵国的西南边境并没有增兵的动向。

那这是为什么呢？赵主父不是想要攻打秦国进而灭之吗？

实际上，赵雍回国以后面色凝重，放弃了马上进攻秦国的计划，因为从他和秦昭王的交谈中，赵雍敏锐地发现，这个秦昭王并不是外界传言的那么不堪（天下人只知道秦国有宣太后和魏冉，不知道秦昭王），反而还和自己一样，属于那种强势的男人。

并且通过秦国这些年的战绩和生间探回来的情报，赵雍发现，现在攻打秦国是相当不智的，极有可能赔了夫人又折兵。

所以，赵雍打算继续增兵养兵，等待时机成熟再攻打秦国。

2.8　身陷咸阳

说完了赵国，咱还是再看看秦国吧。

赵雍走了，秦国不停地往边境增派士兵，可这不影响秦昭王在东南线继续对楚国用兵。

同年（前299），秦国大军完成集结，再次发兵攻打楚国，楚怀王打算和秦军决一死战，便收缩防线，集中兵力于庐江南岸，打算靠着楚国水军的优势歼灭秦军。

所以，庐江以北楚怀王统统不要了！

这楚怀王不愧是一个出色的军事家，他这一步棋下得绝对完美！要知道，春秋时期，水军最强的是吴国，可自从吴国被勾践灭掉以后，楚国和越国便成了天下水军的最强国。如今越国已灭，这水战还真没有一个国家是楚国的对手。

所以，当秦军轻轻松松拿下庐江以北的楚国八城以后，直接停在庐江北岸不敢动地方了。

是呀，谁敢呀！看着江面上那一艘艘如同宫殿大小的楚国"航母"，不等战争打响秦国人心里就退缩了。

论陆战，秦国确实高出楚国好几个档次，可论水战，他们还真就不敢轻视楚国。

所以，秦军主将将部队停靠在北岸以后按兵不动，直接派一名使者前去咸阳请求批示去了。

当然了，这是一个重要的方面，还有一个方面也是不可忽视的。

泾阳君——上一年派往齐国的人质，在秦国夺下楚国八座城池以后，齐国将泾阳君给放回来了！

那为什么将他放回来呢？因为田文。

大概在一个星期以前，齐国王宫内，当着齐湣王的面，相国田文扯着嗓子吼道："陛下！当初的形势多好！匡章将军眼看就要将楚国给拿下了，可您不知道听了哪个小人的建议，竟然放过了楚国，您说您放了也就放了，咱们可以帮着楚国打秦国呀。要知道，现在天下能对咱们齐国形成威胁的也就只有秦国和赵国了，这其中还以秦国为甚，您大可以拉拢楚国，一起对抗秦国嘛！可为什么您就要两头都不得罪呢？您要知道，秦国吞了楚国以后，紧接着要对付的便是咱们齐国了！那时候秦国拥有楚国万里疆土，我们拿什么来和它抗衡啊？"

田文在堂下一顿咆哮，齐湣王虽然气得哆嗦，但也不能吭声，毕竟人家说得有道理。再者说，田文在齐国的威望太高，满朝都是他的党羽，齐湣王实在是不敢得罪，所以只能气嘟嘟地道："那现在事已至此，你说怎么办吧。"

一看齐湣王有些服软的架势，田文也放缓了口气，"为今之计，赶紧将泾阳君送回秦国，这是咱们在表明态度，如果他秦王敢继续攻打楚国，到时候咱们浑水摸鱼，或者趁势攻下楚国，或者直接派兵抄了他秦军的后路，我大齐雄师难道还怕了他秦国虎狼不成？"

话毕，全场寂静，就连齐湣王都是一个哆嗦。

这就是气场！别看田文个头不高，但是气场绝对要比那些身高八尺的勇将还要强上数倍！当然了，这也和他在齐国手握重权有绝对的关系。

齐湣王不敢"抗命"，只能乖乖地将泾阳君送回了咸阳。且命田文为主帅，集结二十万齐军于西南边境，准备随时入楚。

当泾阳君进入咸阳的一刹那，秦昭王害怕了，他那飞速转动的大脑瞬间分析出了齐国的政治动机。

就在这时，宣太后手下宦官来见秦昭王，希望他到自己的内室去一趟。

秦昭王到了内室以后，发现此地有三人。他们分别是宣太后本人、魏冉，以及回到咸阳不久的泾阳君。

这时候，秦昭王一股火就上来了，"这个泾阳君，回来以后不先拜访我，反倒是到宣太后那里汇报工作！"

心里暗骂，可不敢表现出来，只能默默地走到自己的位置上坐下。

秦昭王坐定，宣太后发话了，"稷儿，对于汝弟这次回秦，你有何看法？"

秦昭王先是对宣太后一躬，然后皱着眉头道："齐国这次的动机很明显，那就是怕咱们秦国吞了楚国，这才退回弟弟，我敢保证，一旦开始庐江之战，东边的齐国必定会大举入楚，到时候……"

不等秦昭王把话说完，魏冉一拍桌子："这帮齐国人真是过分！翻脸比翻书还快！芈儿，告诉舅舅，是田地（齐湣王）那厮将你赶回来的吗？按理说他应该没有那个智商才对呀。"

秦昭王看着魏冉，表面上虽然微笑，但是心中无限的怒火已经烧腾起来，他恨不得现在就拔出腰中宝剑，直接把他给杀了。

泾阳君对魏冉一躬身，"回舅舅，并不是田地的主张。"

"哦？那是谁？"

"齐相田文！"

话音一落，四周一片寂静，魏冉本来还想狠狠敲击桌子，但最后却是有气无力地碰一下，"唉，要是这个田文可就不好办了，他在齐国权倾朝野，能力极高，他要是掺和进来……"

魏冉话没说完，可听得出他啥意思，那就是有些厌了。

看到一向强势的弟弟都哑火了，宣太后也意识到了问题的严重性，于是看了看秦昭王。

秦昭王马上道："看样子，咱们秦国现在是陷入了进退两难的境地了，前面楚怀王连边境都不守了，动员全国军队，打算在庐江和咱们火并。倒不是儿怕了他，可楚国水军确实厉害，想必即便是获胜也要损失惨重，到时候如果田文那厮再从背后捅咱们一刀可就麻烦了。"

话毕，全场沉默。

大概又过了一会儿，宣太后突然抬头对着魏冉道："弟弟，我要是没记错的话，那个田文是和齐王有些间隙的吧？"

魏冉点了点头，"这没错，齐国路人皆知。"

宣太后阴云密布的脸上终于出现了阳光，她哈哈笑道："这就好办了，他田文有金刚枪，咱们也得出点儿软刀子来对付他不是？咱们就先搞定熊槐，再搞定这个田文，然后再……"

几天以后，楚军大营，楚怀王隔江望着长达几十里的秦军大营，满面愁容。

这秦国此次的行为简直匪夷所思，打也不打，退也不退，你要说秦国害怕自己，那不可能，那到底是因为什么呢？（注：楚国现在全国总动员，只为扛住秦国的攻势，所以泾阳君回秦国的事他根本就不知道）

正当楚怀王满脑子问号的时候，一名传令兵跑了进来，"报告大王，有秦国使者求见！"

楚怀王不知秦国这时候来使者所为何事，可还是阴着脸见了。

秦国使者进了中军大帐以后，对楚怀王一个躬身，说了些礼仪上的客气话。可楚怀王根本懒得和他废话："行了行了，咱们两国的关系用不着废话，你直接说重点！"

秦国使者赶紧拿出一封信件，很是客气地道："回禀楚王，小人来此并无他事，只是为了两国的友谊，特意献上我家秦王的信件。"

楚怀王嗤之以鼻："友谊？哼！"

话毕，给身边亲兵一个手势，亲兵将信件取回，递给了楚怀王。

楚怀王一开始看信的时候还是满脸的不耐烦，可看着看着，不耐烦转换成了皱眉，再看着看着，变成了满脸的疑惑。最后，楚怀王说话也不那么冷冰冰了，而是微笑着和秦国使者道："因为两国现在还是战争关系，刚才说话略显生硬，还请使者不要见怪。因为此事重大，我还要和本国大臣们议定，所以，暂且委屈使者在我军营等待答复。"

秦国使者连称不敢，慢慢退出了帐外。

秦国使者走后，大帐里的众文武大臣都是满脸的疑惑，凭着楚怀王的暴脾气，不杀了这名使者就不错了，怎么还变得客气了呢？

楚怀王看出了手下们的疑惑，对身边亲兵道："你把这封信给大家念一遍。"

"是！"

亲兵接过信件，当场宣读："亲爱的楚王，咱们秦楚两国从以前就一直都是兄弟之邦，曾经结盟，相互进退，那时候多好。当您把太子送到我们秦国做客以后两国之间的关系就更好了，可说句不好听的话，您那儿子不靠谱啊，他不但杀我重臣，还畏罪潜逃，我也是无法向国内的大臣们交代，这才起兵报复，可这世间没有不散的宴席，也没有化解不开的仇恨，寡人本来想着打两下，能给本国臣民一个交代就算了，不想将事情闹得这么大，可您又把您那不靠谱的儿子给弄到齐国去了，这事儿可就大了，难道您还真想和我不死不休？您要知道，只要咱们'楚秦'两国永修通好，这天下就没有任何一个国家是咱们的对手，可您如果投靠齐国，那以后您就将永远沦为齐国的附属，您难道忘了当初齐桓公是怎么欺负你们楚国的了？好了好了，咱两国已经打了这么多年，我打够了，您也别再生气了，咱们重归于好行不行？我打算在武关恭迎您的大驾，和您把酒言欢，指点江山，咱们楚秦两国永为兄弟，誓死不叛！——秦王稷"。

这话一说完，整个中军大帐一片死寂，半天都没有声音，就连楚怀王都在耐心地等候。

那为什么要这个样子呢？

因为，自从春秋开始，凡是国家领导人相互见面这种高峰会议，全都会选在中立国进行，是不可能安排在参会的其中一国进行的。而武关，那正是秦国的地盘！所以，秦昭王这封信虽然写得客气，但暗藏肃杀，是个人都能听得明白。

按理说，像这种信件，直接撕了也就行了，为什么还要犹豫呢？

那是因为，楚国现在是真的打不起了。连年的作战，连年的被围攻，连年的失败。这不，齐国那边又开始集结部队了，虽然没对楚国发动攻击，但就凭着齐湣王的性格，指不定会在背后给楚国一击。

为了守住楚国的土地，楚怀王是真不想再打了。所以，大概半炷香以后，楚怀王叹息一声："唉，我还是过去一趟吧。"

楚怀王对待敌人残暴，但是对待自己的大臣们却是非常宽厚，被楚国人称为"长者"。

看着自己的国君如此样子，楚国这些大臣们全都掉下了眼泪。

确实，楚国是真的玩不起了。

可就在大家都已经绝望的时候，一声嘶吼却打断了众人悲伤的情绪，这人是谁呢？正是楚怀王手下的红人，当初赶走屈原的第一刽子手——昭雎。

只见昭雎从人群中站了出来，哐当一下跪在了地上："大王！不可呀！那秦国人从秦孝公开始就已经变得奸诈无信，再也不是当初忠厚守信的老秦人了，他们为了达到目的无所不用其极，您别看那嬴稷平时人五人六的，可秦国的君主骨子里都是大骗子！他们的话一句都不能信！大王啊，您这要是一去，怕是再也回不来了！那秦国人有什么啊！我承认，论陆地战，他们秦国锐士是比咱们楚国士兵厉害，但是在水上，凭我大王之英明神武，微臣保管他秦国人的尸体都能把庐江填满！"

听了昭雎的话后，楚怀王还真挺感动，并且对前往武关之事产生了动摇。

可就在昭雎刚刚说完，楚怀王产生动摇之时，楚怀王的小儿子芈兰突然站了出来："父王！您千万不要听昭雎的话，您要知道，咱楚国再也经不起战争的摧残了，如果这次庐江之战再败，我大楚就再无翻身之日了。我听说，秦国的工匠正夜以继日地打造楼船，怕是没多久便可拥有与咱楚国相抗衡的水战能力，到时候我楚国的水军真的能完败秦国吗？"

话毕，转向昭雎："昭大人，你敢说我楚国水军就一定能胜过秦国士兵吗？"

听了这话，昭雎直接噎住了，脸憋得通红，半天说不出话来。

芈兰紧接着又道："还有，父王也不要将事情想得那么严重。要知道，嬴稷自从继位以来还从没做过什么言而无信的事，想当初甘茂叛秦入齐，嬴稷将他恨得牙痒痒不也照样善待了他的家人吗？所以，儿臣认为，这次秦昭王也一定是真心实意和父王结盟，还望父王不要迟疑。"

这番话一说完，本来迟疑的楚怀王暗自叹息，他深深地看了一眼芈兰，给心虚的芈兰看得直心慌，然后和众位大臣道："我意已决，本次愿为楚国出使秦国，昭睢。"

"臣在！"

"我走之后，不许派一兵一卒跟随，只给我百名亲兵护送即可！"

昭睢一听这话，吓得面如土色，赶紧道："大王！这，这万万不……"

"闭嘴！听我把话说完。"

看着昭睢愣愣地看着自己，楚怀王冲他微微一笑，"我知道尔等对我有多忠心，也知道尔等想将所有的部队都派出去保护我，但现在庐江这些士兵便是我楚国仅有的家底了，实在是败不起了，如果我到武关以后，秦国人突然在本土对我等发动伏击，试问，我们拿什么抗衡？到时候楚国生力军被全歼，秦国和齐国这一西一东两头狼犹豫都不会犹豫便会将我楚国撕得粉碎！到时候我楚国就亡国了！这么说你们可懂？昭睢你懂吗？"

昭睢流着眼泪，痛哭着道："是……是！"

楚怀王又看了一眼下面的众臣，好似下定决心一般威武坚决地道："昭睢！"

昭睢抹了抹眼中的泪水，对楚怀王一个抱拳，异常坚定地道："臣在！"

"寡人如果在秦国遭遇不测，令尔迅速往齐国接太子回国继位，如果齐国不放太子，到时候谁人继承大位就由尔等大臣公决之！"

"是！"

话毕，楚怀王哈哈大笑："来人！"

"在！"

"给我将那个秦国的使臣请过来，我和他共赴武关！"

这一天，两辆马车，一队百人士兵从庐江出发，前往秦国武关去了。

轰隆隆，伴随着武关巨大的关门打开，一辆华丽的马车驶入当中，马车的车帘左右分开，从里面走出了一个很有些气质的汉子。

这汉子下了车后左右观看，见到武关好几万的秦兵严阵以待，见到了周围秦兵用难以置信的眼神看着自己。

不一会儿，伴随着一阵猖狂的笑声，楚怀王闭上了眼。

"哈哈哈，久闻楚王乃南方好汉，今日一见果然如此，竟只身前来我秦国地界，看来真是艺高人胆大呀！"

楚怀王闭着的双眼微微睁开，看着眼前这个不可一世的将军，楚怀王冷笑道："你不是秦王。"

那名将领笑道："楚王好眼力！我家秦王当然不会亲自前来，您还不够资格请得动他，还请英明神武的楚王殿下前去我秦国都城，和我家秦王共议两国盟誓。"

"哈哈哈哈！好，好一个盟誓！"

楚怀王狂笑，笑声中还带着一丝惨淡。

就这样，楚怀王被秦国的将官"请"到了咸阳。

咸阳王宫之外，楚怀王下了马车，这时候的他身上有了些许灰尘，本来一头乌黑的头发也多了些许白色，脸色也略显沧桑。

咚咚咚，伴随着咸阳王宫里传来的鼓声，咸阳王宫的门慢慢打开，"还愣着干什么？赶紧走！"

后面的将官用手推了一下楚怀王的后肩，让他快些走动。

楚怀王猛地一转身，用一双锐利的眼睛盯着这名将官。这名将官被楚怀王上位者的气势所震慑，双腿竟不自觉地哆嗦了一下，感觉好像冒犯了自己的大王，一时之间竟不知如何是好。

可过了几息后，这将官一激灵，骂道："你瞅啥！还以为你在楚国呢？还不快走！"

楚怀王一声冷笑，"呵呵，你敢再骂一句我就撞死在这王宫门前，不信你尽可试试。"

后面一大堆的小兵都在看着，这名将官顿时面子全失。本来他推搡楚怀王也是想长长自己的面子，可谁料到这楚怀王身在虎穴依然无所畏惧，这一下可把这名将官弄蒙了，这要是楚怀王就赖在门口不走，到最后秦王知道事情都坏在自己身上，那还不得把自己活剐了？

就在这名秦国将官不知如何是好之时，楚怀王阴冷地道："道歉！"

这将官闻听楚怀王此话如闻天籁，赶紧低头抱拳："末将错了，还请楚王不要和我这卑微的小人一般见识！"

楚怀王冷哼一声，不紧不慢地向秦王宫走去。

从门口走到外殿，再从外殿走到内殿，这一路遇到的秦人由小到大（官职），可不无意外地，每个人都一直盯着楚怀王。

这可是当今天下国土面积最大的国家的大王，如今竟然被这般"擒"到咸阳，谁不想开开眼呢？

可当他们看到楚怀王身上虽然都是灰尘，但面色没有一丝畏惧，步伐依然稳健之时，就都在心中给楚怀王伸出了大拇指，因为哪怕到了这时候，楚怀王都没有给楚国丢一丝脸。

到了内殿以后，左右两排文武站定，整个大殿金光闪闪，秦昭王坐在正中的"龙椅"上，用极为蔑视的余光看着楚怀王。

这时候，秦昭王身边的宦官大声呵斥，"殿下之人大胆！见了我家大王竟然不行礼？是谁给了你这么大的胆子？"

话毕，左右文武齐声喝道："礼拜！"

秦国的武将有百分之八十是从死人堆里爬出来的，秦国的文官也没有一个是手无缚鸡之力的书生，这些人一起嘶吼，那气势足以震慑人心。

可楚怀王压根儿看都不看，只是抬起头用同样蔑视的眼神看着秦昭王。那意思好像在对秦昭王说："除了你，这个地方没人配和我对话。"

好似看出了楚怀王的心思，秦昭王说话了，"哈哈，好个楚国国王，果然够高傲！今儿个我就开门见山地问你，你还想不想回楚国去呢？"

楚怀王冷笑一声："我自己的国家怎么不想回去？谁想在这虎狼之邦待着？"

话毕，堂下武将暴跳如雷，就有想上去揍楚怀王的。

秦昭王嘿嘿一笑，比了个手势制止了这些武将们的冲动，微笑着和楚怀王道："我说楚王啊，你也不用这么敏感，只要你肯在这画押，答应将你们楚国的黔中郡和巫郡送给我们秦国，我这就放你回国，你看如何呢？"

可谁料到楚怀王听罢哈哈大笑："哈哈哈哈哈哈哈哈……"

看着楚怀王笑得如此猖狂，秦昭王的面子有些挂不住了，那微笑的脸也变得阴冷起来，又过了一会儿，楚怀王笑完了，秦昭王冷冷地问："你笑什么？难道还敢不答应？"

楚怀王收起笑声，似笑非笑地对秦昭王道："呵呵，我笑你嬴稷太能异想天开，脸皮太厚！你刚刚欺骗于我，还想赚我大楚的土地？我呸！我告诉你，想当初我大楚国称王的时候，你们嬴氏先祖还不知道在哪儿呢！今天我就明着和你说了，想用这种办法赚我们大楚国的土地，你做梦！"

话毕，又朝秦昭王吐了一口唾沫。

秦昭王大怒，狠狠一拍桌子："来人！"

"在！"

"把，把这个老东西给我扔到牢房里去！"

"是……是！"

就这样，楚怀王这个一国之君便被囚禁在秦国。

那楚怀王都那么辱骂秦昭王了，秦昭王为什么不一刀杀了他呢？

第一，秦昭王诱骗楚怀王入秦，已经冒了天下之大不韪，如果他再将楚怀王杀了，他们秦国以后可真就没有一点儿外交信誉了。

第二，秦昭王知道楚怀王在楚国的人望极高，他还指望着凭楚怀王勒索楚国呢，怎么可能将他杀了呢？这可是一座金山啊！

楚怀王被囚禁的消息不久便传回了楚国，楚国国内可谓朝野震惊，但在震惊的同时，也遍布着仇恨和冷静，因为早在楚怀王出发的同一时间他们就做好了以防万一的应对措施。

秦国人想要的城池和无尽的金钱他们是绝对不会给的。

首先，楚怀王在出发以前就严令禁止了此事。

其次，早在春秋时期，他们楚国就这样对待过宋襄公，想的就是通过绑架的方式无尽敲诈宋国。可宋国根本不吃那一套，直接就另立公子目夷为宋国新君了。楚国无奈之下，只能将宋襄公归还于宋国。

所以，楚国的大臣们立即遵照楚怀王出发以前的指示，一方面继续驻守庐江，一方面派遣使者前去齐国要回太子横。

楚国使者到达齐国以后，怕齐湣王不归还太子横便谎称楚怀王已死，要太子横回国继位。

齐湣王让使者去驿馆歇息，自己对一班大臣道："楚国想让芈横回国继承王位，放不放他我拿不定主意，还请各位臣工给我一些意见！"

话毕，齐湣王看向田文，可田文只是微闭双眼而不言语，这就使得齐湣王拿不准他是什么态度，便将目光看向其他臣子。

这时候，一名齐国大夫站了出来，"我的意见是不放芈横回国。"

齐湣王眼睛一亮："哦？为何不放呢？"

那名臣子笑道："那太子横可是宝贝得很，我王可凭借太子横索要楚国淮河以北的领土，然后再索要……"

"一派胡言！"

不等这名大臣说完，本来闭着双眼的田文虎目圆瞪，骂了一句后对着齐湣王一躬身，之后道："大王！不可听取如此小人之谗言！"

"哦，哦，那是为什么呢？"

"大王！首先，我们如果将芈横放回楚国，楚国人将世代感激咱们，等到以后真的和秦国开战，楚国绝对是一大助力！其次，如果我们索要土地，便会讨得天下恶名，以后谁还敢和咱们齐国做外交？最后，咱要是索要土地过甚，楚国人定会另立新王！要知道，楚王的子嗣多得很，根本就不差一个芈横！"

说完，将阴冷的眼神投向刚才那名谏言的大臣："这道理你懂是不懂？"

田文这一番话将下面那名大臣吓得瑟瑟发抖，跪在地上连称有罪。

可大家都没注意到的是，此时的齐湣王双臂也在发抖，可他不是吓的，而是气的。咆哮朝堂，这田文还要怎么嚣张才肯罢休？

可最后，齐湣王还是平复了心情，因为他知道，现在对田文下手还是为时过早。

最后，齐湣王准了田文的请求，放太子横回国，太子横顺利继位，是为楚顷襄王。

当秦昭王听闻楚国已经另立新王之后，气得暴跳如雷，但他没有像当初春秋时楚成王那样将宋襄公归还宋国，而是继续将楚怀王留在秦国的牢房之中。

"呵呵，我的熊槐老大哥呀，您可别怪我嬴稷无情，要怪，就怪你自己吧。"

2.9 田文的危机

处理了楚怀王，秦昭王的下一个目标便是总拿自己当仇敌的田文了，此人要比楚怀王难对付得多，不但军事才能出众，城府也同样深得吓人，且在齐国一呼百应，此人不除，秦国将永无宁日。

不过还好，这个田文并非铁板一块，他还是有破绽可寻的。

那田文的破绽在哪里呢？就在他和齐湣王的间隙上！

要知道，田文在齐国的威望已经高出齐湣王许多。功高盖主，这种人最后只有两条路可走，要不就是起兵造反，要不就是被自己的主子所斩杀！当然了，也有的急流勇退，没等主公动手便退居幕后了。

所以，秦昭王便打算利用这点来拆散此君臣二人。

几日以后，秦国的一名使者站立于齐国大殿，而此时的齐湣王正大笑个不停，并对下面的秦国使者拍着胸脯道："贵使放心，为了咱们两国的正常邦交，这个忙我帮定了！来人！"

"在！"

"去，将相国请到大殿。"

"是！"

不多时，田文大步走进了王宫正殿，先是对齐湣王一躬，然后礼貌地对秦国使者笑了笑，之后问齐湣王："不知大王将微臣宣到此处有何要事？"

齐湣王笑道："哈哈哈，自然是大好事了，相国可知道何事？"

田文心中暗骂："哼！看你笑的那死德行还能有啥好事儿！"

可嘴上不敢说，只能道："微臣不知，还请主公告知。"

"呵呵，这位秦国贵使带来了秦王的诚意，秦王非常仰慕相国您的才能，想要将您聘请到秦国当丞相，相国您可一定要珍惜这次机会啊，那秦国可是不比咱们齐国差，到时候您身兼天下最强两国相印，那是多光荣的事儿啊，我相信您不会让我失望吧？"

这话一说，田文如同遭到五雷轰顶："这，微臣，微……"

不等田文将话说完，齐湣王笑容慢慢变得阴冷："怎么着？难道相国您不想去？您要知道，您身兼两国相印，那可就变成了连接两国友好的桥梁了，可您如果不去的话，齐秦之间的关系势必恶化，到时候两国交战，会有多少生灵涂炭，这个后果您能担当？"

听了这话，田文大恨，可是他再恨也没有用，齐湣王话说得大义凛然，他田文只要敢拒绝，齐湣王就有借口直接杀了他，所以田文没有找借口回绝，只能回府收拾行装准备前往秦国。

因为之前有楚怀王那件事，所以田文知道，这次去秦国非常危险。

于是，田文准备了大量的珍品奇宝，准备进献给秦昭王，希望能通过行贿的办法换回自己的一条小命。这还不算，田文还将自己门下但凡有些一技之长的门客都带去了秦国，希望他们能在关键的时候替自己出出主意。

就这样，田文和那个秦国使者，还有自己许多门客，浩浩荡荡地直奔咸阳。

自打田文走了之后，齐湣王心里如同放下了一块大石头，每天都是载歌载舞好不快活，他心里明白得很，这次田文到了秦国十有八九是回不来了。

而田文真的回不来了吗？未必！

几日以后，田文到了咸阳，直接就被带到了王宫之中，战国四公子之首与一代枭雄秦昭王就这样碰面了。

秦昭王一看田文这老小子就惊得够呛，他个头虽然差强人意，但是双眼有神，气势逼人，一看就是个极为强势精明的人物。

秦昭王笑了，就等着你田文发作，我再趁机收拾你。

可还没等秦昭王出招惹怒田文，田文反倒是对秦昭王深深一拜，态度极为谦卑地道："小人田文，早闻得秦王大名，甚为崇拜，日思夜想为大王效劳，可恨不能相见，如今一见，田某心愿足矣，特此献上宝物，发誓从此为大王鞍前马后，永无怨言。"

说罢，直接冲跟来的下人招了招手，下人赶紧从背着的箱子里拿出一包鼓鼓的丝绸。

很明显，这丝绸里面是装着东西的。大家能够想到，丝绸不管在什么时候都是稀罕东西，能用它来做包袱，那里面的东西肯定是不凡啊。

可现在秦昭王的心思根本就没在那个华丽的包袱上，而是大脑飞快运转，思考到底还要不要杀田文。

按照他和宣太后之前定下的计划，那就是要杀了或者囚禁田文，可当田文对秦昭王表明态度以后，秦昭王很明显是动摇了。

要知道，田文在当时的名望一时无两，那是男女通吃的人物，并且此人能力高超，不管是行军打仗还是阴谋诡计那都是厉害得很。

"我现在在秦国表面上风光，可是大事全都由我母亲和舅舅掌控，近来左右丞相又归于一丞相制度，看我母亲的意思是想要将此位传给舅舅，如果我那舅舅真得到了大位，那以后我还有什么混头？真的成了傀儡了？我身边的人几乎全都对此二人尽忠，弄得我这国君当得好生憋屈，如果我这次将错就错，真将此人定为我大秦丞相，一可以培植自己的势力，二可以限制舅舅的权势，慢慢通过田文将真正的大权夺回来，那样的话……"

"大王？大王？你怎么了？"

就在秦昭王想入非非的时候，他身边的小宦官已经将那个丝绸包裹拿了过来。

"哦，哦。"

秦昭王一个激灵，这才反应过来，赶紧收下了包裹，对田文微微一笑，算是礼貌，可等秦昭王打开包袱以后，直接被震惊了。

只见包袱里面放的是一件雪白的皮袍,这皮袍上的白毛闪闪发亮,整整齐齐,没有一根长短不一,竟然给人一种会发出光芒的感觉,最重要的是,皮袍抚摩起来手感极为舒服,那感觉就好像是在抚摩一个绝世美女。

皮袍秦昭王不是没穿过,而且他还有不少,可从来没有过白色的皮袍,并且如此精致,更是他闻所未闻。

秦昭王赶紧抬起头,正看到田文还在对自己保持着礼拜的姿势,秦昭王本来就想用田文,又收了大礼,再看田文还是如此谦卑,就越看此人越是顺眼,赶紧说道:"快快请起,别行此大礼了。"

闻言,田文抬起了头,可是身体还保持着微微的前弯。

让田文敬畏到这种程度,这极大地满足了秦昭王的虚荣心,他哈哈大笑道:"田文远来是客,还准备了如此贵重的礼物,这怎能使得!"

秦昭王说完,田文毫无停顿,直接接话道:"我王有句话说得不对。"

"哦?我哪里说得不对了?"

"微臣这次前来秦国,为的就是辅佐大王,臣早就不拿自己当齐国人,大王为什么还要拿微臣当客人来看待呢?那既然我不是客人,而是您的仆人,我又为什么不能将我最爱的珍宝进献给大王呢?要知道,大王如果喜欢这皮袍,那比穿在微臣身上都让微臣舒服啊!"

周围的大臣们听到以后,无不鄙视田文,魏冉更是明目张胆地怒哼一声。

可秦昭王没管那些,魏冉怒哼一声他更高兴了:"哈哈哈,好!田爱卿果然会说话,你这个皮袍我收下了,可不知是何物之毛啊?"

田文再次谦卑一弯腰:"大王,这是白狐皮袍。"

"啊?"

秦昭王闻言一惊:"这,狐狸还有白色的?"

田文微微一笑道:"本无白狐,可狐之腋下有一丁点儿的白毛,最是美丽软滑,而此皮袍便是用多条腋毛组成,价值无量。"

秦昭王听罢哈哈大笑:"好,好个白狐皮袍!这白狐皮袍本王便收下了,爱卿也先回驿馆,本王过几日便拜爱卿为我大秦丞相!"

田文告退以后，他所有臣下都为田文感到高兴，可田文却是满脸的严峻，一点儿笑模样都没有。

回到驿馆，有的门客疑惑地问："今日见秦王之面不似作假，看来是真心实意要拜主公为丞相，可主公为何满面愁容呢？"

田文并没有回话，只是又叫来一名门客道："今日打点之事可还顺利？"

那人一脸无奈地道："回禀主公，一点儿都不顺利，不只是宣太后那边，就连秦国那些身居高位的大臣们都不收咱们的礼物，只有秦王的那些妻妾收了礼物，并且激动得不行，说以后可以为主公排忧解难。"

听了门客这话，田文长叹一声，对刚才问他的门客道："之前我进入王宫，里面暗藏杀机，而秦王刚出现之时也是面带不善，后来才真想用我，再加上右上排头那名官员的冷哼。我断定，秦王在这之前是要当场将我斩杀的，我想他唯一想拜我为相的原因便是想用我来制衡宣太后和魏冉，可我一个外来人哪有那么大的能量？再加上我的名声，势必为宣太后与魏冉所惦记，我料定，这秦相之位我定无法做得，甚至会招来杀身之祸！来人！"

"在！"

"你，去！这几天将咱们带来的金银不断往后宫撒，能花光就全给我花光，我料定这几天宣太后还不能动手，可再过一段时间就不好说了，我绝不能坐等着死。"

"是！"

下人说罢匆匆去了。

一日，两日，九日。

这期间再也没有任何人前来田文的住处，更别提拜他为相的事儿了，田文的驿馆整日被阴云笼罩。

突然，在第十日的时候，事态发生了异变，在这一天忽然有上千秦兵将田文驿馆团团围住，田文腾地一下站了起来，直接就往门外走，他手下的门客也要跟着，可田文一个制止的手势，只身过去了。

可就在他走到门口的时候，被一个身材魁梧的将官挡住，田文看到这将官胸前一个铁鹰标志，心里一阵狂跳，再看其他士兵的胸前无不有一个铁鹰标志，田文马上对身前这名将官一个躬身："田某请问将军，不知这劳师动众的是何意思？"

那名将官面无表情地道："没什么意思，就是奉了我王之命在此严加看守，所有人都可以随意走动，可只有田大人，您就老老实实在这里待着吧，这也是为了您的安全考虑！"

不一会儿，田文脸色阴沉地回到了内室，他周围的门客们全都问怎么回事儿。

田文道："呵呵，果然来了，这定是宣太后一派从中作梗，秦王顶不住压力，这才囚禁我，可看眼前这架势他还没有杀我之心，可再拖延下去就不一定了。来人！"

"在！"

"你带人赶紧去一趟后宫，争取在秦王身边那些姬妾们身上找出突破口，告诉她们，不求别的，只求能安然离开秦国，只要能离开，我愿意付出一切代价！"

"是！"

那名门客说完便急急忙忙地走了。

那事情究竟是不是如田文所料想的那样呢？一点儿没错。

原来，得知秦昭王准备拜田文为秦国丞相以后，秦国朝野震惊，一批接一批的大臣前来觐见秦昭王，这些大臣无一例外的全是宣太后和魏冉的党羽，他们几乎是众口一词的说法："大王！您不能立田文为咱们秦国的丞相啊，当今天下之强国，无非就是秦、齐、赵，凭借这层竞争关系，咱们和齐国早晚会有一场纷争，而这田文是齐国贵族，到时候他必定反水，如此反戈一击，里应外合，咱们秦国可就危险了！"

秦昭王心中冷哼，可表面上还是装出了一副惊慌失措的样子："那可怎么办呢？"

这些大臣道："大王！这田文的能力实在太强！留着他就等于养虎为患，不如直接杀了他一了百了！"

"不行！这要是当初在朝堂之上激怒他而杀之还行，可是现在根本就没有借口杀他，如果硬要杀掉田文，我的名声就全都毁了！这是万万不可的！"

"那就囚禁他！反正不能放他回齐国，也不能用他当丞相。"

秦国现在大权都在宣太后和魏冉手中把持着，秦昭王根本没有自主权，当然不会现在便与二人翻脸，所以只能忍痛答应。

就这样，这些劝谏的大臣们走了，而此时的秦昭王狠狠地握住了自己的拳头，同时在心里痛骂了一男一女。

这就是前因后果了，咱们再回头看看田文的驿馆。

就在田文被囚禁的当天晚上，他白天派出去行贿的那些门客都跑回来了。

田文赶紧问道："怎么样！那些姬妾可有能解决我危机之人？"

这话说完，大多数人都无奈地摇了摇头，只有一名门客欲言又止，田文大急："你！有什么就赶紧说！"

那名门客道："今天见到了秦王的一个宠妾，他倒是答应能帮忙咱们逃走，可是要求实在是……"

"哎呀，你赶紧说呀，现在是什么时候了，再勉强的要求我也会答应的！"

"她，他要主公之前给秦王的那个白狐皮袍！"

这话一说完，田文直接倒在了座位上，倒不是他心疼那个白狐皮袍，而是此皮袍太过珍贵，就是他也就只有那么一个而已。

田文颓废地道："难道就不能用别的代替吗？"

那名门客很是无奈地摇了摇头。

"这，这不是强人所难嘛！这一时之间让我上哪儿偷去！难道老天真的要亡……"

说到这儿，田文突然顿住了，然后好像想到了什么，"偷？偷！对呀！我怎么把这法子给忘了，快！快去把狗盗（史书没记姓名，所以就用狗盗来代替）给我叫过来！"

2.10　鸡鸣狗盗

　　不一会儿，一名个头很小、獐头鼠目的门客走了进来。在他进来的一瞬间，四周的门客全都露出了鄙夷的目光，因为这家伙在成为田文门客以前是一个非常有名的大盗，他有一个绝活儿，那就是装狗特别的像，大家可不要以为他只会学狗叫，他甚至连狗的行走与其他习性都学得惟妙惟肖，所以这家伙只要入室行窃的时候必要装作一条狗的样子。

　　这样的话，半夜三更的家丁也不会在意。所以，狗盗每每都能靠这个绝活儿逢凶化吉，并且偷盗成功率极高。所以齐国的富户们只要在大半夜听见狗叫声心里就不安。

　　终于，在作案多起以后狗盗还是被齐国官府抓住了，正当要将其投入大狱的时候，田文却对其产生了兴趣，寻思兴许以后能用得着，便将其弄了出来，狗盗从此就成了田文的门客。

　　狗盗对田文一拜："不知道主公传唤狗盗有何要事？"

　　田文对狗盗微微一笑："这次找你还真是有大事相商。"

　　"主公但说无妨。"

　　"嗯，前些日子我给了秦王一件皮袍，你也知道，就是本人视若珍宝的白狐皮袍，我这次让你做的就是将这件皮袍给我偷回来。因为是在咸阳王宫，所以难度很大，不知道你有没有信心完成任务？"

　　狗盗嘿嘿一笑："小小的咸阳王宫而已，主公不必挂念，等着我的好消息吧。"

　　就这样，狗盗潇洒地离去了。

　　夜已深，月黑风高，可咸阳王宫依然灯火通明，守卫左一排又一排地站岗把守，就在这时候，一道黑影从王宫的围墙上跳了下来，这道黑影行动迅速，下了围墙以后就趴在地上用"四条腿"贴着围墙的阴影跑，那可真是又快又静，令人几乎无法察觉。

狗盗很快便跑到了内宫，并凭着自己的"功夫"迅速爬到了秦昭王寝宫的房顶上。

慢慢地，狗盗将寝宫上面的瓦片一点一点剥开，正看到下面烛光微微闪烁，秦昭王在呼呼地睡着大觉，卧榻之旁放着的便是"闪闪发光"的白狐皮袍。

狗盗迅速从腰里拿出一根绳子在绳头绑了两个圆圈，然后顺着房顶瓦片往下放，嗖的一下便将白狐皮袍套了个正中。

顺利拿到白狐皮袍以后，狗盗直接下了寝宫，顺着原路就往回跑。

可因为白狐皮袍实在太过华丽，就是在阴暗的围墙下面都掩饰不了它的洁白光泽，这一下子可让王宫守卫逮了个正着："嘿！你看！那是什么！"

"不好！有刺……"

没等这名守卫高喊刺客，就听狗盗发出了嗯……嗯……的声音，然后狠狠地叫了两声"汪汪！"便如同狗一样飞一般的逃了。

"嘻！我还以为是什么，原来是条狗，真是的，咱们王宫也该要好好修一下了，竟然被狗闯了进来！这几天多长点儿心眼儿，明儿个这狗再出来直接抓了炖狗肉！"

"好嘞，哈哈哈！"

伴随着豪爽的笑声，狗盗顺利地逃出了咸阳王宫。

田文手拿白狐皮袍激动得不行，连连称赞狗盗。

次日，太阳刚刚升起，田文便迫不及待地将皮袍交给了手下门客，让他赶紧将此物送到秦昭王宠妾的手中。

这名宠妾收了白狐皮袍以后很是兴奋，穿在身上试了又试，门客急得赶紧说："我家主公还等着信儿呢，您赶紧办事儿啊！"

那名宠妾妩媚一笑："哎呀，你就放心吧，这事儿我马上就办，你让你家主公准备好随时出发，指不定一会儿好消息就到。"

门客千恩万谢以后急匆匆地离开了。

田文听闻以后赶紧让手下的门客收拾东西，随时准备离开。

史书上没有记载这名宠妃是如何说服了秦昭王的，反正不到两个时辰，围在驿馆周围的秦兵便全撤退了。

这时候，那名铁鹰锐士队长还走了进来，微微一拜："大人，这几天叨扰了，我家主公已经解除了警卫，大人可以随意走动。"

田文回了一礼，可心中骂道："我还走动什么！赶紧逃吧！"

田文是一分一秒都不敢拖延了，他留下一名门客，然后和其道："你在咸阳时刻关注情况，多和后宫的姬妾们保持联系，咸阳一旦有什么风吹草动马上给我飞鸽传书！"

"是！"

就这样，田文一行人马不停蹄地向北逃窜，打算从赵国回到齐国。

田文一行人风驰电掣，一刻都不敢休息，不到三天就已经越过栎阳，眼看就要到达秦北边关。

可就在这时，天空中突然飞来了一只大白鸽直接落在了田文的肩膀上，田文的心脏突突地跳！他从白鸽腿上拿下了一个字条，字条上只有十七个字，可当田文看完这十七个字以后如同疯了一般地喊，"快！快给我跑！务必在今日之内走出秦国！快！快呀！"

可到底是什么内容让田文如此失态呢？字条的内容便是，"主公快走！千名铁鹰锐士已经出城拿您！"

可好好的，秦昭王为什么又突然变脸要抓回田文呢？

原来，在秦昭王得到那件白狐皮袍以后，每天晚上都要换一个姬妾，然后对着她展示那件美丽的皮袍。皮袍很美，使得秦昭王众姬妾都非常忌妒，秦昭王也因此而得意，就因为这样，秦昭王的那名宠妾起了贪念，才向田文索要那件白狐皮袍。

可秦昭王在次日就发现自己的皮袍不见了，因此非常生气，这两天，秦昭王茶不思饭不想，就想自己的那身白狐皮袍。

终于在第三天晚上，秦昭王打算在自己宠妾的身上泄泄火，以解这几日的烦闷。可当他一进门，映入眼帘的一幕却让秦昭王呆了，只见那名宠妾穿着白狐皮袍，搔首弄姿。可秦昭王现在眼睛里没有冲动，有的只是无尽的怒火。他猛地上去，一把拽下那件白狐皮袍，凶狠地对自己的这名爱妾道："说！这皮袍你是从哪里弄来的？"

那名爱妾什么时候见到自家的大王如此动怒，吓傻了，下意识就把种种原因全都道明。

秦昭王大怒，"好啊你！竟然敢背着我和别人勾三搭四！你知不知道，这个皮袍十有八九就是田文的手段！来人！"

"在！"

"给我将这个无耻的妇人拖出去烹了！"

"是！"

"大王饶命！大王饶命！贱妾再也不敢了，啊……"

伴随着一阵撕心裂肺的惨叫声，这名宠妾惨死于锅中。

秦昭王余怒未消，"来人！"

"在！"

"给我传令，出动一千铁鹰锐士，一人准备两匹快马，给我将这可恶的田文抓回来，我要将他活剐了！"

"是！"

第二日，留在咸阳的那名门客通过后宫渠道得知了这个消息，赶紧飞鸽传书田文。

这，便是事情的因果了。

田文得到通报以后，疯了一般地向秦北边关逃亡，马都累死了好几匹。

终于，在当天夜里，田文如愿以偿地跑到了边关，只要越过了这道关卡，他就会顺利入境赵国，到了赵国，他就再也没有什么危险了。

可就在这时候，更大的危机出现了。

田文走到关卡，却发现关卡已经封闭，按照中原的规矩，这时候只要给点儿好处，关卡自然会放行，可这招在秦国不好用，秦国法令森严，别国使者想要通关必须要等到鸡鸣以后才可。当然，有秦王的亲笔加急文书也可通关，可这时候让田文上哪儿弄去？

于是，一行人火急火燎地赶到了边关却出不去。铁鹰锐士是秦国最顶尖的特种兵，再加上每人都有两匹宝马轮番交替追赶，田文估计，要是等天明再出关就来不及了，估摸着没等出秦国的边境就会被铁鹰锐士抓回去。

就这样，一行人等在边关之下抓耳挠腮，就是想不到出关的办法。可就在田文近乎绝望之时，突然有一人从人堆里钻了出来，"主公！这事儿还不简单？他不就是要等到鸡鸣以后才能开关吗？您瞧好吧！"

这话一说，满堂寂静，田文也是愣愣看着来人，良久以后一声大笑，"哈哈，我得救了！"

那么这人是谁呢？为什么他一出现这帮人就得救了呢？

和狗盗兄一样，此人姓名史书上没有记载，咱就姑且叫他鸡鸣吧。这鸡鸣原本就是一江湖卖艺之人，有一手绝活，那便是会学各种动物的叫声，尤其擅长学鸡叫声。

秦国北边关，子时（23：00~00：59）。

夜已深，四周寂静无声，突然！一声雄壮的公鸡打鸣声打破了深夜的寂静，这打鸣之声极为响亮，音壮十里，附近村落的大公鸡们一听有鸡打鸣，一个个也都不服输，拼命地打鸣示威，这些打鸣声惊醒了正在边关呼呼大睡的秦兵。

"这才什么时辰？怎么这会儿就打鸣了，这附近的公鸡抽风不成？"

"哎……你就别磨叽了，咱秦法规定，公鸡打鸣必须开关，你就别管他啥时候打鸣了，犯了法你死别拖累我们！"

"中！中！我现在就去开门。"

于是，边关大门被轰隆隆地打开，田文一行人有惊无险地逃过了客死他乡的命运。

想那田文手下文人墨客无数，到最后救他的竟然是俩鸡鸣狗盗之徒，这事儿岂不让人唏嘘？

值得一提的是，商鞅变法并不是完美的，起码从这以后，《秦法》中"鸡鸣开关"这一条就变成了卯时（5：00~6：59）开关。

第三章

围殴时代

3.1　残杀

田文自从逃出边关以后，那是不敢耽搁一分一秒，最后，终于安全地到达了赵国邯郸。

"战国四公子"之一的平原君赵胜一听田文来了，赶紧亲自迎接。那可真是礼数周到，挑不出毛病。

赵胜，赵武灵王庶子之一，和田文一样，他礼贤下士，手下门客以千计，关于他礼贤下士的奇闻趣事也不少。在这举一例，以此让大家了解一下此人。

话说这平原君养门客也和田文一样，让这些门客都住在自己家里，可他自己的主宅却建得很高，能够俯视整个府邸，府邸门客平时的一举一动他都能看得仔细，平原君很享受这种感觉。

那平原君妻妾多得是，其中有一妃子深得赵胜宠爱（史书没记载此女姓名）。

这妃子也和平原君一样，没事儿就站在高高的阁楼上俯视下面的门客，并总是羞辱一些不怎么被平原君看中的门客。

话说在平原君众多门客中有一个跛脚之人。一日，他一瘸一拐地前去打水，正巧被这个妃子看个真切，只见妃子笑得前仰后合，一边笑还一边对身边的侍女道："你说咱家公子还真有意思，什么奇形怪状的动物都往家里领，他也不嫌寒碜，哈哈哈……"

跛子听得真切，气得咬牙切齿，直接便去找了平原君。

双方见面，跛子生硬一拜，平原君看出跛子今天肯定有事不顺心，便笑呵呵地问："看先生满面怒容，不知是否是招待不周，还是有什么其他的事情引得先生愤怒？"

跛子也不兜圈子，直接道："主公！小人久闻主公好客喜士，重人才而轻姬妾，这才使得四方贤士都来投奔，小人也正是因此前来投奔的主公，可今日发生一事，使小人对此产生了疑问。"

"哦？但说无妨。"

"小人今日前去打水，被阁楼之上的妃子看到，她看我身有残疾便百般取笑，试问此种女人主公应如何处置？"

听到这儿，平原君眉头一皱，他还真不知道应该如何处置此事，于是便问，"那先生觉得我应该怎么处置此妃呢？"

跛子愤怒地道："直接杀了！将此不知礼仪之女的头颅送给我，这样我便不生气了。"

一听这话，平原君哈哈大笑，"好，你去吧，我这就杀了她。"

可实际上，平原君心里却冷笑道："呵呵，一个跛子，也敢在我面前要我爱妾的人头！真是个不识抬举的东西！"

于是，该怎么过还怎么过，妃子也活得好好的。

那跛子知道此事以后，愤愤地离开了赵府。平原君也没管他，任他离去了。

可令平原君没想到的是，自打这以后，赵府的门客便陆陆续续地离开了赵府，不到一年的时间竟已离开了四成左右。

这下平原君可慌了，要知道，他之所以有和田文对等的资格，靠的可全都是"养士"之名啊，这要是手下门客都离开他了，以后再四处散布他不爱贤人之名，那他以后还怎么"混"？

于是，当再有门客向他辞别的时候，不明就里的平原君直接拉住了这名门客的手说道："我赵胜在接待诸君方面从来未敢失礼，待遇也不次于齐国的田文，你们为什么全都要离开我呢？是不是我什么地方做得不好呢？做得不好你就提出来，为什么一声不吭地便要离开我呢？"

这名门客对平原君一拱手，"主公，不是我等非要离开您，而是因为您实在是重美色而轻贤人，试问这样的一个人有什么值得我们追随呢？"

一听这话，平原君怒了，"我哪里重美色而轻贤人了？你说明白！"

门客微微一笑："主公可还记得一年前的跛子？"

话毕，田文恍然大悟，"哦，原来是这么回事儿！行了，行了，你也别走了，今日我就给你个明确的答复。"

就这样，平原君手拿短剑直奔妃子房间，根本就没等妃子说话，直接割下妃子的人头便去寻那跛子。

跛子一看平原君已经将他所需人头奉上，便又回到了赵府，而之前那些离开平原君的门客们好像在同一时间得到消息一样，一个个的也都回来了，可从这以后，平原君再也没用过那名跛子。

话说田文辞别了平原君以后，按原路返回齐国，可就在路过赵国一个村子的时候，又出事儿了。

话说一日，田文返回齐国途中路过赵国某乡，因为田文实在是太有名了，所以此乡的老百姓们一听说田文要路过这儿，全都跑出去看热闹，就连在家做饭带孩子的妇人都不例外。

这一天，此乡可以说是"万人空巷"了。

此时，坐在马车里的田文还在小睡，就听外面嘈杂声一片，田文眉头一皱，"来人！"

一个满脸笑容的随从探进了车厢，田文问："外面发生了什么事儿？怎么这么吵？"

那个下人笑道："哈哈，还不是因为主公的人气实在是太旺了，整个一个乡啊！所有的老百姓全都堵在周围，想看看主公的庐山真面目呢。"

田文笑着掀开车厢，准备跟这乡的老百姓们打个招呼。

可当他走出车厢后，奇怪的一幕出现了，只见之前还喊着要拜见田文的老百姓们看到田文以后一个个全愣住了，现场寂静无声，老百姓们都露出了无法置信的表情。

"这就是田文？哈哈，哈哈，别逗我了。"

不知是谁先说出了口，紧接着，整个场面沸腾了，"哈哈，看来真是闻名不如见面啊！"

人群开始议论纷纷，大家对田文的外貌开始指手画脚。

笑声、骂声、喊叫声，这所有声音使得田文的脸色逐渐变得阴沉。

他手下的门客和侍卫们也都被气得脸通红。

田文愤怒的双眼慢慢闭了起来，他在尽可能让自己平静下来。可下面这些老百姓们简直不知死活，还在那里尽情地嘲笑。

"想我田文威名赫赫，哪一国的国君见了我不得礼让三分，可这次入秦，不但受到秦王的羞辱，还险些被杀，如今竟然连赵国的刁民都敢羞辱于我，搞笑，真是太搞笑！"

田文如是想着，血液越来越热，双眼越来越红，左手慢慢地触碰到了腰间的短剑，他杀意已起。

可下面的那些赵国百姓呢？还在那边放肆嘲笑，殊不知死神已经渐渐向他们靠近。

大概又过了小半炷香的时间，田文睁开了猩红的双眼，冷淡地看了一眼下面的刁民，然后面无表情地道："来人。"

一名气得满脸通红的卫士长嗖地一下窜了出来，瓮声瓮气地道："在！"

"想杀人吗？"

卫士长根本就没有回声，他激动的双眼已经说出了答案。

田文微微一笑，"命令所有技击卫士和有点儿功夫的门客，让他们现在就给我放开手杀，杀光此地所有百姓，一个不留！"

卫士长狰狞一笑，"是！定不会让主公失望！"

之后，好几百齐国精锐技击卫士冲向了手无寸铁的百姓，不分男女老少，对他们展开了疯狂的屠杀！

一时间，血流成河。

杀人以后，田文也恢复了理智，又想了想赵雍的为人，于是赶紧命令手下加快速度，连夜逃出了赵国。

此时的邯郸王宫，砰！一张木质桌子被一把胡刀砍成两半，赵主父愤怒地骂道："田文！欺人太甚！来人！"

"在！"

"给我调集一千胡刀骑士，追上去把田文给我乱刀……"

"主父不可！"

就在这时，赵主父的左膀右臂肥义站出来，"主父！您的梦想是什么？您最终的目标又是什么？"

赵主父刚刚举起的手又放了下来，声音明显有些转低了，憋屈地道："平胡，灭秦！"

"那就对了！主父，现在正是关键时期，对手只能锁定在秦国和胡人身上，要是我们在这时候再得罪了强齐，那后果就太可怕了。因一人而梦碎，主父，您认为值得吗？"

听了肥义这话，赵主父只能恨恨地道："哼！田文！你小子给我等着！"

如此，田文终于有惊无险地回到了齐国。

3.2　田文之怒

田文回到齐国以后，齐湣王极为震惊，心里痛骂秦昭王无能的同时只能让田文再次回到齐相国的宝座上。

而田文经过这次的死里逃生以后，不但没有因此而名声受损，反倒是被齐国人民更加崇拜。

首先，田文此举都是为了齐国的利益着想，所以才不畏死地深入虎穴。

其次，这么多磨难都没能毁掉田文，那这个田文不是天命所归又是什么？

齐湣王，偷鸡不成蚀把米，赔了夫人又折兵呀。

这时候，临淄王宫内。

"大王！臣这次前往秦国差一点儿就成了嬴稷的刀下亡魂，他想杀的并不是我这个人，而是咱们整个齐国的威风！臣请命，出动本国精锐技击，联合魏、韩两国共同出击秦国，挣回咱们齐国的面子，还请大王批准！"

话毕，殿中大臣超过七成同时请命，再加上之前"强逼"田文赴秦，齐湣王只能答应田文全权负责此事。

于是，田文便打算派遣使者前去勾结魏、韩两国共同攻秦，并让周朝在中间补充联军粮饷。

可就在田文打算大干一场的时候，苏代突然造访田文。

苏代是齐国有名的大说客，田文当然是热情迎接，"哎呀，什么风把苏大官人给吹过来了？来来，快来屋里坐！"

两人坐定，相互拜礼，苏代道："听说相国正准备攻秦？"

"哈哈，确有此事，嬴稷那小子太过分，不收拾收拾他我这脾气怎么能受得了？"

"那不知相国可有计划？"

"嗯，联合魏、韩攻秦，并让周朝在中间给我联军供应粮草，周朝现在是否存在都没什么必要了，欺负他们也没什么恶名！"

听了这话，苏代眉毛微皱。您别看现在全天下的诸侯都不提周朝这一壶了，不过还真就有一些死忠人士维护着周朝，苏代便是其中之一。他早就听说田文要威逼周朝献粮，所以才来游说的。

只见苏代一笑，"呵呵，报复秦国哪里需要这么麻烦，我这里有更好的办法，不知相国大人可有兴趣？"

"哦？先生有话但说无妨！"

"相国，之前您以齐国之力，联合魏、韩两国攻打楚国九年之久（奉承田文，将匡章的功劳也算进去了），夺取了宛、叶以北的所有土地，虽说是千古功业，可到最后只是增加了魏国和韩国的地盘，咱们齐国除了得到徐州的一点儿土地以外，其他的根本就什么便宜都没占着。这是为了什么？"

田文插话，"别提了，还不是因为咱们齐国地处极东，除了有限的几个国家以外（魏、赵、燕、宋、鲁），其他的国家都够不着，打下来的地方也是飞地。"

苏代继续道："相国说得一点儿不错，然而如今攻打秦国不也是一个道理吗？这次出动的可是齐国的主力部队，相信魏国和韩国也一定会倾国而出，说句不吉利的话，如果这次行动失败了，秦国很有可能会趁势反扑，那时魏、韩两国没有丁点儿的抵抗能力，很有可能会被一举歼灭，两国一旦被灭，秦国下一个目标便是咱们齐国了，试问那时候咱们拿什么来抵抗秦国呢？反之，如果咱们的联军胜利了，结果一样是让人担忧，相国要知道，秦国地处极西，而咱们齐国则地处极东，到时拿下秦国大部分领土，我们齐国怎么分？就算其他两国将拿下的所有地盘交给咱们，那也是飞地，试问谁能治理？派人过去谁敢保证他不会谋反？那巴蜀之地距离关中那么近还三天两头的造反呢。我估摸着您除了解气以外什么都不会得到。"

话毕，田文皱紧眉头。他虽然不是百分之百认同苏代的话，但也觉得说的也确实有些道理。于是便问，"那先生那里有什么好办法吗？"

苏代一个抱拳礼，"办法自然是有，那便是三国联军直接前往函谷关东北的秦国边境，给函谷关方面施压，但不要进攻。之后，不才前去楚国面见楚顷襄王，说明将会把前任楚王游说回国，只需要他将徐州剩下的那些地盘全都给咱们齐国。之后再去面见秦王，威胁他只要放回前任楚王便会从东北线撤兵，我相信秦王必定不会单单为了一个楚王而和三国联军交手。这样的话，又会让秦王受挫，相国解气，又会得到徐州，还会从此交好于楚国，这不是一箭三雕的妙计吗？"

"哦，那你去试试看吧，不过话说在前头，这仇我是报定了，如果他嬴稷敢说半个不字，哼！定让他秦国血流成河！"

苏代领命而去。可田文明显不怎么相信苏代，依然做好了全面战争的准备，派遣使者前往魏、韩、周。因为他认为，帝王世家最无情，他们所有的一切都是为了个人与国家利益，仅此而已。那熊横好不容易当上了国君，怎么可能再把自己的老爹接回来让出位置呢？简直是天大的笑话。

按理来说是这样没错，可这一次，田文还真就算错了。别看熊横那小子不怎么靠谱，可对待自己亲爹那还是挺孝顺的（或者是受迫于楚国贵族阶层的压力）。

他一听苏代的说辞，立马答应，只要秦王能放回自己的老爹，他马上就把楚国在徐州的土地全都奉献给齐国。

苏代旗开得胜，志得意满。在他心中，楚国熊横才是最难啃的骨头，只要把他搞定，秦国还不是轻轻松松吗？毕竟没有人会为一个人质和七雄中的三雄开战。

可苏代错了，并且错得离谱。

因为他忘记了，在秦国有一个铁腕大员，他的名字叫魏冉，他还忘记了，自从商鞅变法以后，秦国还从来没输过一场大型战役，说句不客气的话，现在秦国的战斗力除了赵国以外，已经凌驾于整个战国诸侯国之上，而拥有如此强大战斗力的秦国，怎么可能会惧怕齐、魏、韩三国联军呢？哦，另外有一点我忘了说，秦国是本土作战，而本土作战的坏处便是士兵容易溃散，可秦国法令森严，战阵之中有临阵脱逃之人，直接连坐，不仅你要被军法处置，你的家人和邻居一个都跑不了。所以，秦国临阵脱逃的概率基本等于零。那么刨除这个本土作战的劣势以外，其他的便都是优势了，比如军粮输送、地形的熟悉程度等。而有如此众多优势的秦昭王又有什么理由惧怕田文！又有什么理由退让而输了志气呢？

当苏代灰头土脸地回到联军以后，田文直接怒了。

本来，自从楚顷襄王答应苏代的条件以后，田文还真以为这事可行，便先行前往魏国首都大梁和魏襄王扯家常去了。

可当他听了苏代的话以后大怒，秦昭王的行为，简直是赤裸裸的挑衅和蔑视。

于是，田文约了"二襄"在魏韩边境的一个中立小国召开了齐、魏、韩三边会议。

在田文的怂恿下，"二襄"做了一个破天荒的决定，那便是将所有的部队混编，统统交给田文指挥，两国将领及士兵，但有不服从命令的，田文有权力直接斩杀。

就这样，在本来就有三国联军的边境上，魏国和韩国再次增调了十万大军，共组成二十多万的联军，全权归田文指挥。

而周朝那边，周赧王根本不敢说一句废话，除了过冬必备的粮食以外，他几乎将所有富余的粮食全都交给了联军，怎一个可怜了得。

公元前298年，以田文为统帅，齐、魏、韩三国联军正式向秦国进发，兵锋直指秦国"东大门"——函谷关。

秦国咸阳，王宫大殿，秦昭王不可一世地坐在王座之上，冲着下面的大臣们高傲地说道："联军已经来找死了，众位爱卿，告诉我，谁能替我出战？"

话毕，场下大臣一个个都带着自信及对联军蔑视的表情，这时候，一名站在排头，一脸刚毅的汉子走了出来，连个基本的礼仪都没有，只是象征性地对秦昭王一抱拳，"大王！老臣最近总感觉这身子骨有点儿发硬，是需要练练的时候了，你就把这光荣的任务交给我吧！"

秦昭王眉头一跳，并没有作声，只是微微一笑，"哦？既然舅舅想打那就去，可据说联军出动了二十万军队，不知舅舅需要多少军队呢？"

"哈哈！对付他们还用得了多少军队？把蓝田大营的部队都给我，再随随便便分我几万部队，凑个十八万就行了，我让联军有来无回！"

秦昭王心中冷哼，表面上依然微笑，"那就听舅舅的，预祝舅舅旗开得胜！"

如此，魏冉亲自带队，率领十八万秦国精锐东出函谷关，打算主动出击，在野战中全歼联军。

一个向东，一个向西，双方部队就这样在曲沃平原（今河南省三门峡市西南）相遇。

这一次的战斗过程史无记载，只知道田文在这一次战争中展现出了绝高的军事天赋，他先是用无与伦比的口才使得畏惧秦军的联军士气高涨，之后带领联军和秦军死拼，最终大败不可一世的秦军，魏冉率领少得可怜的残部在九死一生的情况下狼狈逃往函谷关。之后在函谷关再被田文击败。

如此，函谷关还剩下的士兵不到七万，而联军现在攻打函谷关的士兵还有将近二十万之多！！

最可怕的是，就在魏冉进驻函谷关的同一时间，行动迅捷的田文毫不给魏冉喘息之机，联军迅速抵达函谷关，准备好攻城器具便连番攻打。

这还不止，因为前线势头正猛，魏国和韩国又派出了五万援军，正在浩浩荡荡地开赴函谷关，准备拿下函谷关后直接杀入秦国腹地。

魏冉因此大急，这时候他也顾不得面子问题了，一边抵抗着联军的进攻，一边派遣使者以"八百里加急"的速度直奔咸阳，请求中央调动北方抑或南方的秦军前来驰援。

可当中央的回复传来之后，整个函谷关都被阴云所笼罩。

因为就在联军大胜秦军以后，北方的赵国和南方的楚国都开始频频异动，他们将一批又一批的士兵派往边界，做出要侵略秦国的态势，使得秦国北边界和南边界如临大敌，不得轻易动弹。

所以，现在的函谷关只能靠魏冉这不到七万的疲惫之师来防守将近二十万联军一拨又一拨的攻势。

如此看来函谷关的陷落也只是时间问题了。

那么函谷关究竟会不会陷落呢？在说这个事儿之前，先说一个小插曲。

就在函谷关岌岌可危之时，一名身在咸阳的"囚徒"逃走了，而他的逃走令秦昭王大为惊恐，那么这个人是谁呢？就是之前被囚禁在咸阳的楚怀王。

3.3 落叶归根

楚怀王，这个当初在楚国只手遮天的君王，自从被囚禁以后便陷入了无尽的"寒冬"，虽说衣食不愁，但是没有自由，没有权威，这种日子对他来讲简直就是生不如死。

楚怀王明白，如果照这种态势下去，自己十有八九就要老死在秦国了，他决不甘心如此！因为哪怕是死，楚怀王也要死在楚国！

因此，他必须要逃离秦国。

正巧，这时候三国联军围攻秦国且南北赵、楚对秦虎视眈眈，秦国焦头烂额，对楚怀王的看管也就放松了，而楚怀王就趁着这个时机逃出了咸阳。

按理说，从咸阳到楚国最近的路便是穿越商於之地，之后从武关出关，那便是楚国的地界了。

可是楚怀王知道纸包不住火，自己逃离咸阳一定会在第一时间被秦昭王知晓，他一定会封锁所有南进之路，到时候别说是武关了，就是商於他也休想穿过去。

所以，楚怀王改其道而行之，打算从北出秦国，直接进入赵国，再从赵国绕一个大圈返回楚国。

果然，一切都被楚怀王算中了，当秦昭王得知楚怀王逃跑的消息以后又惊又怒，第一时间发布命令，封锁了所有前往武关的通路，凡经过者必须严加盘查，武关更是彻底封锁，限期之内任何人不得从此入楚。

且楚怀王的画像遍布全国，上到八十岁老头，下到七八岁孩童，没有一个不认识他熊槐的。

楚怀王不走大道，专门走山间无人小道，风餐露宿，过得怎一个惨字了得。

终于，在历经千辛万苦以后，楚怀王成功地逃出了秦国，直接跑到了赵国的边关。

本以为这下安全了，可让楚怀王彻底崩溃的是，赵国压根儿就不接纳楚怀王，这使得楚怀王火热的心如同掉进了无尽冰封的深渊。

原来，此时赵雍正在代地练军，并不知道这事儿，而于邯郸执政的赵惠文王由于初登大位，万事求稳，不想接这个烫手的山芋，便拒绝楚怀王入境，这就使得楚怀王陷入了尴尬的境地。

就这样，楚怀王再次开始了逃生之路，赵国不放楚怀王入境，楚怀王只能前往魏国，再通过魏国进入楚国。

可想从赵国到魏国就必须要再次经过秦国的地界，很不幸的是，这次楚怀王在经过秦国的时候被秦国的巡逻兵给抓住了，并在第一时间送往了咸阳。

再次进了"监狱"，并且看守是原来的三倍，楚怀王再想逃离已经不可能了，除非他长了翅膀。

于是，心灰意冷的楚怀王每天郁郁寡欢，久而久之抑郁成疾，终于在次年（前296年）死于咸阳。

楚怀王死后，秦昭王将其遗体完整地送回了楚国，算是全了楚怀王落叶归根的心愿。

楚怀王的遗体回国当天，楚国被震天的哭声所笼罩，为了表示对熊槐的怀念，后人称其为楚怀王。

下面我们把目光转向函谷关吧。

3.4 秦国求和

公元前296年，魏冉带领剩下不到两万的秦军逃离了函谷关，坚守抵抗近半年的函谷关终于被联军攻破。

当然了，联军的损失也绝对不比秦国少。

就在函谷关被攻破的同时，秦国朝野震惊，秦昭王召开了紧急大会，与众位大臣一起商议办法。秦国陷入了自商鞅变法以来最大的危机。

最后，经过大家的一致表决，秦昭王和宣太后低下了他们高贵的头颅，派遣公子池为使者前往联军阵营求和。

他首先传达了秦昭王的口谕，向田文低头认错，紧接着又献给联军三座城池（不知道是哪三座），这种行为便是最耻辱的割地求和了。

自从商鞅变法以后，秦国但凡大战无往而不利，可如今被田文逼到了如此割地求和的地步，这不得不说是秦国的一次天大耻辱。

而田文呢，他虽然还想继续攻击秦国，但也知道那样太冒险，实在是不值得。

第一，田文率领联军出兵秦国，又出粮又出兵，可是最后得到的地盘都是飞地，全都归了韩国和魏国，齐国实在是得不到什么利益。

第二，田文从未料到函谷关如此难攻，就算是只剩下不到七万人的函谷关，田文也是猛攻了近半年才将其攻下，现在士兵们损失惨重不说，还都已经归乡心切兼疲惫不堪。如此状态，如果继续深入秦国腹地会有很大的不确定性，一旦给秦昭王逼急了和自己拼命，势必会出动秦国主力大军，而统率大军的十有八九便是秦国名将司马错。田文可没有信心能带领如此士气低落的部队战胜司马错的精锐秦军。

第三，别看赵国和楚国现在在边境又是调兵又是闹事的，到时候他们能不能真正出兵还真不一定。

所以，既扳回了面子又赢得了声望的田文见好就收，直接解散了联军，打道回府了。

可现在还有一个问题摆在田文面前，那就是究竟从哪条道回国，第一条是从东面回国，可那样的话会途径楚国，而齐国前些年率领魏韩两国对楚国连番殴打，楚国在痛恨秦国的同时也痛恨着齐国，而现在自己手上的齐军应该已经不到八万了，如果这时候楚国来攻击自己，自己还真就没有信心能全身而退。

第二条则是从北面走赵国，向东直通齐国。这条道看似没有危险，所以田文率领齐军剩余军士从北借道赵国，向东奔齐国去了。

那么既然田文害怕楚国攻击自己，他难道就不怕燕国吗？要知道，燕国可是紧挨着赵国的，要是田文在回国途中被燕人打了伏击可怎么办呢？

这是因为田文根本瞧不起燕国人的作战能力。

就这样，抱着一种轻敌的态度，田文向北由东面回国了。

可就在这时，一双阴冷的眼睛正盯着田文所率领之齐军的一举一动。这人是谁呢？正是燕国国君，燕昭王姬平。

3.5　悲催的燕人

原来，田文这场大战已经被整个天下所瞩目，田文威震天下的同时，一些"不怀好意"的诸侯王也在想着法地坑齐国一把。而这其中对齐国仇恨最深的必是燕国无疑了。

想当初齐国侵略燕国以后，两国就成了不死不休的关系。

自从燕昭王成为国君之后，时刻不忘"亡国之恨"，他励精图治，任劳任怨，国事从来都不会推到第二天。燕国在他的勤劳治理下，国力稍稍提升了那么一点，士兵的数量也有了不少的提升。

当燕昭王听说田文要从赵国入齐以后，差点儿乐翻了天。

要知道，燕国和赵国相邻，齐军要想从赵国回国，势必会接近燕国边境，而现在的齐军损失不小、士气低落。

"如果到时候我派一军前往阻击，全灭齐军精锐，再杀掉那个田文，齐国一定会遭受毁灭性打击，哈哈，妙哉妙哉！"

燕昭王如是想着。

燕昭王的算盘打得很响，他认为，齐军想要回国，必经呼沱水向东过黄河，而呼沱水北有滋水，滋水中间有一地为权（今河北省新乐市西南），到时候自己的军队在权地集结，然后直接驾船进滋水，在滋水和呼沱水的交汇处阻击齐军，等齐军来时定可一举而破！

于是，燕昭王派遣十万大军前往权地，一切都按计划有条不紊地进行，只等田文一来，便让他下水去喂鱼！

按说燕昭王这种想法是好的，可不懂兵法的他忽略了三个大问题。

第一，水战。

燕昭王不懂军事，以为谁人多士气旺谁就能获得最终的胜利，可地利也是一个很重要的因素。要知道，燕国主要活动范围在北方（今河北省），常年和狄、北戎等少数民族打仗，很少打水战，国家也不重视水上利益的发展，而齐国则不然，其东北邻渤海，东南邻黄海，渔业和盐业都是齐国的主要经济来源，所以齐国人总下水，水性普遍不错。想当初吴、越两大水军强国都和齐国有过交战，主要战场就是在水上。所以，不管从普遍水性来讲，还是从水战经验来说，燕国都是不如齐国的。

第二，统帅。

齐国统军大帅是威震天下的孟尝君田文！其在星光璀璨的战国也是能排得上号的。而燕国呢？从春秋到战国好像也一直没出过著名将帅。

第三，士兵的单兵作战能力。

齐国的士兵作战经验丰富，并且装备精良，再加上这次和秦国的恶战，田文手下的技击哪一个不是从死人堆里爬出来的精锐？而燕国的士兵呢？打仗先溃散的总是他们。

就在齐军行进到呼沱水与滋水的交汇处以后，如同神兵天降的燕军对齐军发动了突然袭击。别说，燕军借助了袭击的突然性和田文的轻敌心理在最开始的时候真打了齐军一个措手不及，但在田文行云流水的指挥下，齐军船队迅速散开，和燕军船队展开了对射。

齐军的弓箭手箭箭到肉，而燕国的弓箭手呢？箭矢大多射到船身上了。

燕军主帅一看这样下去不行，他"当机立断"，命所有战船直接往齐国的战船上撞，然后跳到齐军的战船上和齐军展开水上肉搏战。

可论肉搏战齐军就更不怕燕军了，结果还不到两个时辰，燕军就被齐军杀得胆寒，有的船只甚至不听命令，直接就往岸上靠，想要从陆路逃回燕国。

而燕军主帅呢，一看大军要溃散，他不但没及时组织纪律，反倒是慌了神，也跟着士兵们在九门（今河北省新乐市南）上岸逃亡。

主帅一跑，燕军大溃，士兵们也跟着上岸而逃，这一幕把和秦军杀习惯了的田文都看傻了。"这还没分出胜负怎么就落荒而逃了呢？难道他们是故意的？岸上有伏兵？不对呀，看燕军这逃跑的样子也不像有组织有纪律的逃亡啊，难道真的是单纯的逃亡？最关键的是从九门逃也不对呀，九门以北有滋水，必须过了滋水才能进入燕国啊，他们现在的战船全都扔到了九门，他们拿什么过滋水呢？"

田文想来想去也不知道到底是怎么回事儿。可实际上田文是高估燕军的统帅了，这名统帅在惊慌之下哪里还知道什么地形，他就只顾着逃亡了。

田文最后把心一横，也顾不得那么许多了，直接命令齐军对燕军展开全面追击，除了将领以外，不管投降与否见到就杀！

就这样，燕军跑，齐军追，这一路上遍布着燕军的尸体，田文是越追越开心，因为追击燕军的途中有好几处可以打伏击战的地方，却没有一个燕军的影子，这使得田文大为确定，他这次一定是遇到了一个"不长脑子"的统帅，除此之外没有解释。

当燕军的大部队跑到权地以后，燕军统帅惊奇地发现自己面前是一望无际的滋水，而滋水岸边根本就没有供他们燕军过水的船只。

这时候，喊打喊杀的齐国军队已经从后面追了上来。如此前有滋水、后有追兵，这位燕军主帅竟直接跪在地上投降了。

可田文却不接受燕军投降，因为处理投降只有三个方案最可行。

第一，用这些俘虏来换取资金。

可等到燕国送来资金那要到什么时候？再加上接二连三的大战，齐军早就疲惫不堪，这要是燕国再派来十万军队，自己的俘虏再和外面的十万军队里应外合，自己根本毫无胜算。

第二，将这些俘虏押解回齐国，让他们成为齐国的奴隶。

可这也不保险，万一这些燕国俘虏在自己过江的时候发动哗变，到时候齐国人可是叫天天不应叫地地不灵了。再说，自己也没有那么多的粮草供给这些燕国俘虏了。

第三，杀死俘虏一了百了。

结果，田文选择了第三条，将已经缴械投降的俘虏全部诛杀，并生擒了燕军主帅和副将回到了齐国。

田文在这次攻打秦国的行动中可真算是赚足了人气，率领联军大败不可一世的秦军，之后攻下天下第一关函谷关，最后率领着疲惫不堪的齐军全歼十万燕军，且生擒了燕军的元帅和副将，这哪一样不是天大的功劳？

所以，当田文凯旋之后，整个临淄城沸腾了，那些临淄的官员和老百姓们出城三十里相迎，田文现在已经升华到了齐国的全民英雄。

而这场景在齐湣王眼中却又是另一番光景了，因为田文现在已经功高盖主。

3.6　高利贷

就在田文风光无限之时，有两个人却看出了他潜在的危机，并都通过自己独有的办法帮助了田文。他们一人给田文留了一条后路，另一个人则给田文留了一条命。

那么这两个人是谁呢？

他们就是冯谖和魏子。

话说田文得胜回国以后，天下贤士仰慕田文的丰功伟业，全都来投奔田文，这使得田文门客超负荷，其封地（薛邑）的粮税根本就不足以养活这么多人。但是也不能把人家赶走，这样会有损田文的贤明。

所以，田文想出了一个办法来解决自己的财务危机——放高利贷。

这个高利贷实际上和现在的高利贷也没有什么不同，就是在薛邑成立了一个小钱舍，谁要是没钱周转都可以来这个钱舍借钱，只不过利息相对高一些而已。

这边田文的钱舍刚刚建起来，那边百姓便排着队地借钱，如果这些钱能连本带利地收回来的话，那田文可真是要大发了。

可别看这些薛邑人挺赶潮流的，真到了收款的日子，他们一个个地全耍起了赖皮，"要钱没有，要命一条。"

当然了，这些人里也不全是无赖，有一大半确实是还不起的，别说还钱了，他们就是连利息都付不起啊。可还有一小半的人是看风向行事的，他们有能连本带利都还的，有能还利息的，可有那么多人都不还，他们凭什么还啊。

就是因为这种心理作祟，使田文一拨又一拨催债的门客无功而返。

于是，愁眉苦脸的田文召集了手下门客商议此事，问谁有信心能把薛邑的欠款给收回来。

可当田文问完话，这些"大才"一个个全将自己平时高傲的头低下了，没一个出来打头阵的。因为大伙心里都明白，这活实在太难干了，薛邑那是人家田文的封邑，他不可能对自己的人民动刀动枪，那会有损自己的贤德之名，可如若不动用武力，这钱实在是……

看着下面的门客一个个全都"躲闪"自己，田文这个气啊，"行行行，你们不行我就不让你们去，但你们哪怕给我推荐一个人也行啊，这欠款咱不能就这么平白丢了吧？"

这时候，也不知道是哪个门客突然跳将出来，"主公要是这么问，咱家还真有一个人选供主公选用。"

一听这话，田文眼睛一亮，"哦？是谁？"

那个门客嘿嘿一笑，"那个冯谖嘴皮子功夫不是挺厉害的吗？平时也不见他对主公做过什么贡献，如同白养一般，现在主公有了麻烦事儿，他应该站做点儿贡献了吧？"

要说田文的这些门客中，最不受待见的就是冯谖了，所有人都讨厌这个自命清高并白吃粮食的人，所以这门客一说完，其他门客便全都跟着赞同。

田文本也不想用冯谖，但现在确实没有人愿意出头，所以只能抱着试一试的心态将冯谖叫来。

不一会儿，冯谖大摇大摆地进入了会客厅，对田文一拱手，"不知我主今日宣我有何要事？"

"唉，你有所不知，我的门客现在越来越多，只凭我自己封邑收上来的那些税租根本就养活不了这么多门客，所以我在薛邑放起了高利贷，想从中挣点儿，可现在薛邑这些刁民一个个赖账不还，我又不能对他们动粗，实在愁煞我也！因此，我就想着找先生来帮我这个忙，不知先生愿意还是不愿意。"

本以为这个烫手的山芋冯谖不会接，可谁承想，冯谖连考虑都没考虑，直接一躬身，只一个"是"字便转身而去。

冯谖如此自信的态度让田文呆立当场，心里说道："没准儿这个冯谖还真行？"

冯谖到了薛邑以后，直接开始挨家挨户地收款，也不知道这个冯谖是怎么收的，史书上也没有记载，反正那些能连本带利都还得起的全还了，可这也只有十万钱而已，不说九牛一毛也差不了多少，剩下那些都是只能还得起利息的，甚至连利息都还不起的。冯谖接下来并没有继续挨家挨户地催款，而是用收上来的十万钱，置办了几百桌丰盛的酒宴，说要请那些没还钱的人来吃饭。而那些还不起欠款的百姓们一听有白吃饭的机会，一个个都来凑热闹。

后代史学大师司马迁为了写田文的传记曾经考察薛邑，说那里老百姓素质相当差，由此可见一斑。

这些百姓什么时候吃过如此的美味佳肴，到了以后也不管三七二十一，直接开始胡吃海喝。

就在酒过三巡，大家吃喝正酣之时，冯谖适时地站起来大声说道："各位各位！先不忙着吃，听我一言可好？"

这些百姓不只不还钱，还在这胡吃海喝，就是再没心没肺的也觉得不好意思了，于是忙放下手中的筷子和酒杯，静静地聆听冯谖之言。

冯谖一看全场肃静，微笑点头，"诸位！知道这次的酒席是谁请你们的吗？"

下面百姓你看看我我看看你都一脸茫然，有个小伙子突然喊道："难道不是大人您招待的吗？"

冯谖哈哈一笑，"非也，这次真正招待各位的不是冯某人，而是我家主公田文，我家主公说了，此次招待并非催款，而是单纯邀请各位乡亲们吃酒，可他不催款，我这个当手下的却是良心难安。大家要知道，田文之所以要借给各位钱财，那是因为想让大家从事生产，使薛邑越来越富有，至于那些利息，那是因为主公现在穷啊，穷得连门客都快养不起了。可就算是这样，我家主公依然不想再管那些还不起的百姓们要钱。他说了，'我所做的一切都是为了我的人民，只要他们好，我就过得快乐，过得开心！既然我的人民现在还不起钱，那我就不要了！所有欠下我钱财的借据，全由你冯谖一把火烧掉，一了百了！'"

这话一说完，全场的百姓都流下了眼泪，他们心中又是愧疚又是感动。

看到此景，冯谖继续道："各位，这样的主公咱们能辜负吗？所以，我自作主张，没有烧掉借据，而是将它们藏了起来，大伙能还得起利息的，全都到我这里来说一声，还不起利息的，我也不要了！"

这话一说完，下面的百姓呼啦啦地全都站了起来，全部到冯谖处写上了还利息的日期。

之后，冯谖一把大火将所有借据全部烧掉，百姓们所借的本钱也随着这一把大火灰飞烟灭。

到这儿，薛邑所有百姓全都向北而跪，高呼田文万岁。

而从此刻起，田文在薛邑的声望如日中天。

就这样，冯谖高高兴兴地回临淄了，可他是高兴了，田文却急了。当他听完冯谖的报告以后，直接跳将起来，指着冯谖的鼻子臭骂，"冯谖！我让你去收款，你不但没给我收上来，反倒将借据全都给我烧了，你让我怎么去养这成群结队的门客，你竟然还用收上来的钱请这些刁民喝酒？你好大的气派啊！说！你怎么想的？你要是说不出个所以然来，别怪我田文心黑手狠！"

看着田文阴冷的双眼，好似一句话回答不好就要杀人的样子，冯谖并没有害怕，而是很镇定地说道："主公切莫生气，我这不是正要回答主公的问话嘛。"

"主公啊，恕微臣我直言，您的薛邑老百姓什么样您比我还清楚，我不请他们吃饭他们能出现吗？还不都躲得远远的？他们要是不来，我哪里知道谁能还得起利息呢？再者说，您放贷这一招根本就不合时宜，因为欠债的大多都是穷人，他们本身就不具备连本带利还钱的能力，能将利息还了就不错了，我就是再在薛邑蹲十年，他们照样不会将本金还来，欠下来的钱只会越来越多。到最后逼得急了，这些百姓们都会携家带口地逃亡他国，而薛邑的人只会越来越少，越来越凋零。老百姓因此都会怨恨您，国君也会以此为借口来打压您，到时候您的身份地位，您这些年辛辛苦苦赚来的名声也就全没了，您觉得值得吗？"

说完，田文愤怒的表情终于有所舒缓，然后皱眉沉思。

冯谖继续道："可现在却不一样了，薛邑的百姓现在对主公可以说是感恩戴德，他们四处宣传，说主公您仁义无双。再说，狡兔还有三窟呢，主公为何不给自己也留一条后路呢？用这些欠款买了名声，又买了一条后路，主公还有什么可值得怨恨的呢？"

田文听了这话，思来想去，感觉冯谖说得很是靠谱，便不再追究此事了。

那么这个后路究竟能不能帮助田文呢？我们以后再说。

说完留后路的冯谖之后，我们下一个要说的便是救了田文一命的门客魏子。

这个魏子是哪里人、生卒、在此之前做过什么事情，史书上均无记载，只有这一次出现在史书之中。

话说这田文也真算是一个经商天才了，放高利贷不成他又搞起了房地产，便是将自己在薛邑所有的房屋和土地租出去，一个月一收租金，而负责收租金的正是魏子。

一个月过去了，两个月过去了，一直到第三个月过去租金还是没有收上来。这可就让田文纳闷儿了，按说租金要照高利贷差很多啊，再说薛邑老百姓非常感激我，是不可能不交房租的。

于是田文将魏子叫到会客厅，问魏子，"我说先生啊，怎么三个月的租金还没收上来呢？难不成又是薛邑那些刁民闹事不交租金？"

魏子摇了摇头，"主公差矣，薛邑的百姓对主公感恩戴德，租金收得非常顺利。"

"既然租金收得非常顺利，那为什么我到现在还没见到钱呢？"

魏子哈哈一笑，"那是因为我在收取租金的时候寻到了一名附近非常有名望的贤者（不知名），我想着给主公赚点儿声望，便将收上来的租金全都给他了。"

田文一听这话大怒，之前的冯谖还说得过去，那是整个薛邑的人民，可现在一个糟老头子魏子也将钱给了去，他田文又不是搞慈善事业的，自己还活不活了？

于是，田文也没和魏子废话，直接将他赶出了府邸。

魏子如何救了田文一命后面再说，先看看南边的楚国，齐国这边田文陷入了财务危机，楚国那边的屈原也出事儿了。

3.7　流放

这一年（前296），屈原被免去三闾大夫之职，放逐江南。他从都城出发，先到鄂渚，然后入了洞庭湖。

屈原之前在和楚怀王商量改革的时候得罪了好多权贵，他们非常怨恨屈原，但因为忌惮楚怀王，所以一直隐忍不发。可如今，楚怀王已死，再加上屈原怨恨公子兰"害死"了楚怀王，便总在朝堂之上和这些权贵针锋相对。因此，这些楚国权贵在公子兰的领导下集火屈原。

最终，公子兰勾结楚国贵族在朝堂之上攻击屈原，使屈原成为众矢之的。

楚顷襄王顶不住众贵族连珠炮一般的攻势，再加上他也确实想给说话耿直的屈原一点教训，便免去了他三闾大夫之职，让他出去减减自己身上那股血性。

直到公元前295年，楚顷襄王再次将屈原召回中央任用。

本以为屈原会变得圆滑一些了，可屈原就是屈原，他一身铮铮铁骨，岂能轻易改变？

眼看现在秦、齐、赵三国一天天将楚国拉远，屈原知道，楚国要是再不改革就完了，于是整日在朝堂之上提改革的事儿。

各国的贵族最怕的自然是改革这个词，因为这会牵扯到他们最根本的利益。

所以，当屈原再次提出改革纲要时，这些贵族们彻底怒了，他们在朝堂上疯狂攻击屈原，说他祸国乱政，说他心思歹毒。

楚顷襄王不是不想改革，要不他也不会再把屈原召回来，可他想用的是温水煮青蛙的方式，慢慢地偷偷地改革。可如今屈原直接在朝堂上将这事儿提了出来，犯了众怒，这可就不好办了。

于是，意志不坚定的楚顷襄王顶不住众人的压力，再次将屈原流放，并且这次流放是彻底流放，屈原从此再也没能进入楚国中央。

可怜一个铁骨铮铮、一心为楚的汉子就这样告别了楚国的历史舞台，而整个楚国竟没有一个人站出来为屈原说话，这怎能不让人唏嘘？

然而就在屈原被楚顷襄王赶出都城以后，西边秦国的魏冉终于登上了一人之下，万人之上的秦国丞相宝座，从此真正的军政大权一把抓。

再让我们将视角转向赵国，因为就在这一年（前295），赵国出大事儿了！那就是赵主父赵雍死了！！

那赵主父为什么会死呢？要说这事儿，还真得把时间再往前推一推。

3.8　沙丘之变

话说那赵主父之前因为喜爱吴梦姚的缘故而立了赵何，赵章自然是极不愿意，从此开始努力学习，凡是赵国大战必有赵章一个名额。

逐渐地，赵章就成了赵主父在战场上的左右手。

那赵主父是越看赵章越是喜欢，对他的态度也慢慢地发生了转变。

没过多久，赵主父的最爱——吴梦姚死了，这也使得赵主父对赵章是越来越好，越来越愧疚。可是现在孩子们都长大了，再无缘无故废去赵何的太子之位那实在是没道理。所以，赵主父赐给了赵章很多的封地，以弥补当年给赵章造成的损失。

可这样做赵章就会原谅他了吗？当然不会。赵章非但没有原谅赵主父，反倒是有了地盘，野心越来越大。

于是，赵章也开始学田文养门客。

　　田文养的门客五花八门，干什么的都有。然而赵章呢？他美其名曰养门客，可实际上养的全都是猛士刺客，这是要干什么？必然是想意图不轨！

　　赵章的行为并没有瞒过赵主父的眼睛，可他因为对赵章有所愧疚，便也没拿这当回事儿，只是派了一个叫田不礼的去辅佐（实际上是监视）赵章，希望赵章从此以后能收敛收敛。

　　岂料田不礼真不怎么有礼，他本身就有野心，希望以后能独揽赵国朝纲，同时他也知道赵章对于赵国主君的位子有多么渴望，便撺掇赵章积极准备，还为他隐瞒事实，使得赵主父天真地认为赵章再没有什么野心了，这便为以后的祸乱埋下了深厚的伏笔。

　　赵主父不担心赵章了，可有人担心，这个人便是赵国大夫李兑。

　　李兑，生卒年不详，在公元前295年之前史书上也没怎么介绍，但现在已经成了赵惠文王（赵何）身边的红人。这人野心也非常大，期望赵主父死后自己能独揽朝纲，成为一人之下万人之上的第一权臣。

　　所以，他是必须要保护赵惠文王的。

　　然而敏锐的李兑看出了赵主父对于赵章的愧疚之心，也看出了赵章的政变之意，"赵章现在手下死士刺客上千，不知道什么时候便会对大王采取斩首行动，如果让他得逞，赵主父定然不会怪罪，反倒有可能立他为储君，这事儿绝对不行！"

　　于是，他找到了相国肥义，并和其道："相国，公子章乃大将之才，他统兵能力极强，并兼身强力壮、广结朋党，看样子野心不小。而他身边的田不礼也不是什么好人，这小子残忍好杀，桀骜不驯，这两人在一起就好像火上浇油，我料定此二人在不久的将来必有图谋。"

　　肥义听了这话只是紧皱眉头，并没有发表自己的看法。

　　李兑一看肥义还在犹豫便继续说道："相国，您要知道，那田不礼乃是市井小人出身，而小人考虑问题往往草率，他们看事情只会看到有利的一面，而不会看到不利的一面。一旦公子章真的发动政变，主父的骨肉势必相残。到时候赵国陷入内乱，会使西南虎视眈眈的秦国乘虚而入。到那时候，咱们赵国可就真的完了。"

肥义感觉李兑话中有话，便对其道："那你有什么办法呢？"

"我是没有什么好的办法，我这次来找您都是为了您好。要知道，您身为相国，责任重大，影响力也大，而您又是主父指定的'保皇派'，到时动乱一旦发生，第一个矛头便是指向您，您一定是首当其祸。要知道，仁者博爱，智者防患未然。不仁不智，何以治国？所以，您现在应该做的就是称病而不上朝，将权力全都移交给公子成来处理，这样的话，您就可以躲避灾祸了。"

李兑这话说得那可真叫冠冕堂皇，可实际上呢？他早就和赵成勾结在一起了，现在二人是一荣俱荣的关系。这二人野心极大，知道赵惠文王年幼，好操控，只要赵主父那边一死，这二人便可以操控朝政，做那一人之下，万人之上的权臣。并且这两人非常厌恶自己那一身胡服，早想把这不伦不类的服装废掉了。

然而不管是把持政权还是废掉胡服，这个肥义都是一大阻碍。要知道，肥义此人从不结党营私，一切都为了赵雍和赵国着想，更是胡服骑射的坚定拥护者，不把他除掉胡服骑射废不了，也杀不了公子章，二人更不能大权在握。所以，才有了李兑与肥义的一番对话。

可肥义根本不吃李兑那一套，他直接反驳道，"不行！主父将大王托付给我，曾千叮咛万嘱咐，让我意志坚定，毫不动摇地辅佐大王。我也拜谢主父的信任，发誓效忠，怎能因为害怕公子章和田不礼就放弃信念呢，这就等于背叛主父！然而背叛之罪，刑法不容，天理更不容！你的好意我心领了！可让我退了相位，这事儿免谈！"

李兑一看肥义态度如此坚决，便装出一副很惋惜的样子，还掉了两滴眼泪，"行，您多保重吧，过了今年，我估计再也见不到您了。"

李兑走了，可他的话却深深地触动了肥义。

于是，为了防患未然，肥义对心腹信期说："公子章和田不礼最近的动向实在令人担心，他们表面上虽然对大王毕恭毕敬，但骨子里却是险恶无比。果真如此的话，那公子章就是不孝，田不礼便是不忠，他们便是国家的祸害，也一定会对大王动手。我最近眼皮直跳，心里害怕得很，白天吃不下，晚上也睡不着。所以，我希望你能够加强王宫守卫，以防'盗贼'作乱。从现在开始，不管是谁，哪怕是主父想见大王，你也务必给我拦住，然后赶紧通知我，我会亲自前去确认无误才能放大王和主父相见！"

就这样，在肥义的"严防死守"下，赵惠文王算是暂时无碍了。

可没过多长时间，事态却发生了异变。

这一年（前295），常年在外扩充和训练军士的赵主父回朝，并且召见群臣，听取赵惠文王这段时间的工作汇报，考察官员任职情况。当然了，这么重要的朝会，赵章必在当场。

朝会结束以后，众人拜辞。赵主父看到了赵章神情沮丧，还冲自己的弟弟行臣下之礼，这就让他心里更不是滋味了。

于是，散朝以后，赵主父又将赵国的这些重量级大臣们聚在一起，并和他们说了愚蠢的办法。

赵雍竟然想把代地分出交给赵章，让他在代地建立代国，这样的话，赵何也是王，赵章也是王，他赵主父就谁都不欠什么了。

这话一说，下面的那些大臣们全都惊掉了下巴，他们如同疯了一般地制止赵主父的这个建议。

要知道代地在赵国的价值绝对超越了首都邯郸！要知道，赵国的强大全有赖于骑兵，而赵国得到战马的途径有二：

第一，也是最重要的，便是代地本身就是一个产马之地，此地可以源源不断地供应赵国需要的战马。

第二，和北边境的三胡、匈奴做贸易，以此来得到优质战马。

基于以上两点，可以这么说，如果没了代地，赵国便会直接掉一个档次。

更可怕的是，凭着赵章对赵惠文王的怨恨，等他成了代王以后，势必会对赵国进行打击，到时候北有代国，南有秦国，赵国拿什么生存？

所以，赵主父这种幼稚的想法刚提出就被全赵国除了赵章派系以外所有的官员所否定。

赵主父在无可奈何之下只得将此想法暂时搁置。但他并没有放弃这种想法，这也使得朝中官员对赵雍失望至极，更有人甚至产生了推翻赵主父的想法。

也许是想增进已经渐渐疏远的与群臣的关系，也许是想好好和儿子相处，缓和一下二人之间的关系，赵主父带着赵章、赵何，以及有限的心腹官员前往沙丘（今河北省巨鹿县稍东南）游览。

于是，在这个本没什么名声的沙丘，发生了震惊天下的沙丘之乱，使得沙丘从此以后闻名天下。

整个一个白天，赵主父都和两个儿子在一起，这一家表面上真可谓父慈子孝其乐融融。

看着这哥俩如此没有芥蒂，赵主父放心了。可他万万没有想到，就在这其乐融融的一天过后，赵章撕下了他那张伪善的面具，露出了他锋利的獠牙。

夜已深，明月也被乌黑的云遮住光芒，四周一片漆黑，正是杀人放火的绝佳良机。

因为赵何与赵主父的临时寝宫并不在一起，所以，赵章认为时机已到，便启动了诛杀赵惠文王计划。

此计划大致部署是这样的。

派出一个得力手下伪装成赵主父的使者，让他前去赵惠文王的寝宫"假传圣旨"，说赵主父要见他，让他前去赵主父行宫。之后再在两个寝宫之间埋伏刀斧手，只要见到赵惠文王，直接斩杀。

此计划简单实用，简直是埋葬赵惠文王的绝佳计谋。可赵章万万没想到的是，他的计谋早就被肥义防患未然了。

就在假使者前往宣告"圣旨"的时候，信期挡住了赵惠文王本要前往赵主父行宫的步伐，之后派人将此事禀告了相国肥义。肥义也觉得事有蹊跷，便和那使者只身前往赵主父行宫。

就在行至中途的时候，一片漆黑中冲出了百名刀斧手，对着肥义便是一顿乱捅，直到将肥义扎得没有气息，一名身穿黑衣的头领才出来辨认真身。

这人正是赵章。

赵章一看被捅死之人哪里是什么赵惠文王，这不是老相国肥义嘛。他拽过那个假使者就是一耳光，"我让你找的是赵何，你把肥义找来干什么？"

那使者捂着脸憋屈地道："那有什么办法，赵何手下侍卫长警惕性强，根本就不让我将赵何带走，而是找了肥义，这肥义就主动跟过来了，我又不能把他劝回去，那不就露馅儿了吗。所以，所以……"

说到这儿，假使者不说话了，但也足以表达了他的苦衷。

赵章无奈，只能看向另一个黑衣人，"先生，计划失败，这该如何是好？"

那名黑衣人将面罩扒下，正是田不礼。

他对赵章阴狠狠地道："如今计划已经泄露，纸包不住火，早晚会查到是你我所为，不如一不做二不休，直接率领党徒突袭赵王行宫，强行斩杀赵何，那赵何一死，嫡子就剩你一个，再加上主父对你的愧疚之情，必不会杀你，还会重新任命你为储君！"

听了这话，赵章半点儿没犹豫，直接折回去调兵遣将了。可就这会儿调兵遣将的工夫，使得赵章的行动终是失败了。因为信期见肥义外出迟迟未归，认为事出反常必有妖，遂调集所有正在梦乡中的侍卫，吩咐他们今天夜里不准轮班站岗，全都要打起十二分精神警戒周边。

果然，在拂晓之时，赵章率领近千党徒对赵惠文王行宫发动了突然袭击，可因为信期早有准备，使得赵章没有在第一时间突破行宫的防守。

闻得行宫之外杀声震天，赵惠文王惊醒，"来人！来人！"

侍卫队长信期和副队长高信赶紧进入赵惠文王寝室，未等他开口询问便火急火燎地道："禀报大王！公子章聚众造反，现正率领党徒攻打行宫，可因为我方事前已有所准备，所以现在正在僵持阶段，一时半会儿还分不出胜负。"

赵惠文王闻听大惊，赶紧道："信期！"

"在！"

"命你率领二十名最精锐的卫士突围，之后前去邯郸找李兑与公子成求援！"

"是！"

"高信！"

"在！"

"你给我统率行宫之内所有卫士，务必在援军到达之前守住行宫！"

"是！"

就这样，赵惠文王一面求援于邯郸，一面派人应对他哥哥的进攻。别说，赵惠文王临时行宫虽然不到一千人，但是个个精锐，还真顶住了赵章的猛攻。

而邯郸方面，李兑和公子成早有准备，他们就怕赵章在游览沙丘的时候犯浑，所以早就准备好了三千胡刀骑士待命，一旦发生事端，大军立刻出发。

所以，当信期连夜到达邯郸之后，李兑与公子成迅速出发，大军直奔沙丘。

胡刀骑士，战国时期最强悍的轻骑兵团，其速如风，不到半天便杀到了沙丘附近。

而这时候，赵惠文王行宫依然固若金汤。赵章闻听有近三千名胡刀骑士前来，直接吓退，他也不攻打行宫了，立刻率队撤退。

那他撤到哪儿去了？当然是赵主父的行宫了。

起初，赵主父并不想给赵章开门，因为他也知道了赵章谋反之事。可赵章在行宫门前哭天抢地，赵主父实在是于心不忍，这才将赵章迎了进来。

啪！随着茶杯摔碎的声音，只见赵主父对着赵章破口大骂，"畜生！畜生！为父我什么时候对不起你了？你弟弟什么时候对不起你了？你这畜生竟然敢引兵作乱，你还是人不是？"

赵章这时候也恢复了常态，他擦了擦眼泪，表情阴狠地道："是！我是畜生！我是家贼，我是造反了，但我造的是谁的反？是爹爹你吗？"

"你小子还敢顶嘴？"

一听这话，赵主父这气就不打一处来，拿起马鞭就要抽赵章。可还没等落下鞭子，只听赵章的惨笑声，"哈哈哈，哈哈哈哈，我为什么不能造反？我凭什么不能造反？爹爹，当初我犯了什么错？我娘又犯了什么错？凭什么将我太子的位置扒下来给了那个赵何？这么多年了，我就想问问您，究竟是为了什么？"

听着赵章声嘶力竭的控诉，赵主父直接愣在原地，之后嘿然，将马鞭扔在地上，然后坐在床上用手捂头，久久不能言语。

可就在这时，行宫之外突然杀声震天。一拨接一拨的箭雨落到了行宫之中，惨叫之声更是此起彼伏。赵主父与赵章闻听大惊。

砰的一声，一名老管家样子的下人仓皇闯入赵主父屋中，未等赵主父问话便火急火燎地道："主父！不好了，李兑与公子成率领胡刀骑士正在狂攻行宫，誓要斩杀、斩杀公子章！"

赵主父一听这话火了，直接跳将起来骂道："混账！难道他们不知道这是我的行宫？他们想造反不成？"

老仆人忙道："这话我们都说了，可是，可是二人都说主父已经被公子所杀，现在行宫之中全都是公子章的手下，之后便不管三七二十一直接对行宫发动攻击，他们这就是造反了！"

"畜生！看我出去指挥作战，我大赵国的胡刀骑士看我出现定会停止进攻！"

就在赵主父想要出去证明自己还活着之时，赵章一把拉住了父亲的手。他双眼血红，满是泪水的道："父亲！您不能前去，如今二贼已经逼胡刀骑士动了手，他们既已经对您发动了攻击，那就不可能被饶恕，他们也必定会一干到底。所以您要是出去必为冷箭所谋，赵国不能没有您，您的灭秦大业还没有完成，您不能死！这祸是儿子惹下的，就让儿子前往拒敌，也让他们看看我赵章的本事！"

说完，不等主父回话，赵章拿起盾牌护住头顶，便冲出去指挥战斗了。

那赵章虽然很有些将才，可手下死士根本就不是胡刀骑士的对手，还没等交锋便被射了个一干二净。赵章也在指挥作战的时候被射杀。

按说现在主谋都已经伏诛了，军队是不是就应该撤退了呢？

按理说是这样，可是李兑和公子成还就真没撤退，二人认为，他们围攻主父行宫已经犯了抄家灭族之罪，之后又将赵章杀死。如此，赵主父对他们已经是不死不休之恨，如果让赵主父活着回到军营自己必然是个死。

再者说，二人早就对赵主父有所不满，之所以不经通报就发动进攻，这里面便有乱箭"误杀"赵主父的心思。

所以，二人决定一不做二不休，直接杀了赵主父。

可怎么杀这里面有说道。要说直接杀死他，李兑和赵成绝不敢这么干，因为这样会落人口实，说不定哪天谁就会以这事为借口杀掉二人。

所以，两人思来想去，只有一个办法才算靠谱，那便是活活饿死赵主父。

于是，二人命胡刀骑士围住行宫，再派心腹死士堵住行宫大门，并对里面的人喊道："里面的人听着，限你们三炷香的时间之内全都出来，如果三炷香过后里面还有活人便将尔等满门诛杀！"

里面的人一听这话，全都吓得往外跑。当然了，这里面也有主父赵雍。可这些士兵们谁都放过通行，就是不放赵主父通行，出来一次给推回去一次。

现在赵雍算是明白了，李兑和公子成是真的要对他下杀手了。

于是，万般无奈的赵雍只能独自一人在行宫之中等待赵国人的救援，好在行宫之中还有很多的食物，够自己吃上好一段时间。

可没过多长时间，突然从外面闯进来大批士兵，他们闯入后如同看不见赵雍一般，直奔食物而去。没过多久，行宫中残存的粮食全都被搬运一空。

看到此情此景，赵雍惨笑，这明显是要饿死自己啊！可就是这样赵雍也没有放弃生的希望，他渴望着赵国能有人来救他，他渴望着自己回到军营之后重掌兵权，然后将赵成和李兑满门烹杀。

于是，赵雍开始捡那些士兵搬运食物掉下的菜叶吃。菜叶吃完了，他就捉从天而落的麻雀吃。

于是，一个月过去了，两个月过去了，当第三个月过去没多久，围住赵雍行宫的部队撤退了，赵成和李兑也终于松了一口气。因为此时的赵雍已经饿死，死时皮包骨，如同干尸一般，享年四十五岁。

赵雍死后，赵惠文王追封赵主父赵雍为赵武灵王，此封号倒也不算埋没了他的丰功伟绩。

赵武灵王之后，赵惠文王终于真正成了赵国的一把手，李兑和公子成也在赵国权倾朝野。一时间，二人如日中天，而胡服骑射制度也在赵武灵王死后发生了改变。那便是除了士兵以外，朝中大臣与市井百姓都不必再穿胡服。

然而就在胡服骑射"反"改革不久，赵成却病死了。

于是，赵国便由李兑一枝独秀。这是后话，暂且不谈。

下面我们把目光瞄向齐国吧。

3.9　田文的危机

就在赵武灵王死后不久，齐国的田文又陷入重大危机之中。

自从田文战胜强秦回国之后，齐国全国沸腾，田文的威望如日中天，齐湣王简直无法和他比。齐国的百姓们只知道齐国有田文，不知道还有什么齐王。

因此，齐湣王视田文为眼中钉、肉中刺，总想除之而后快。而秦国也是如此，自从商鞅变法以后从来没败过的他们却被田文打得如此狼狈，此等大仇怎能不报？

于是，秦昭王又开始对田文发大招了。

他知道，如今的田文功高盖主，齐湣王一定会因此而不喜便给了齐湣王一个杀田文的机会。这个机会便是派人去临淄散布谣言，说田文要架空齐湣王，之后将其废掉自立为王。

齐湣王听到这谣言以后非常高兴。如此，他废掉田文便有了口实。

于是，他也不管这谣言有没有根据，便直接以此为借口废掉了田文的相位，还剥夺了他的封邑。田文犹如哑巴吃黄连，有苦说不出。

可就在田文以为再无出头之日的时候，临淄王宫突然出现了很多"游行"队伍，这些百姓们在临淄王宫高声呼喊田文无罪，请齐湣王还田文一个清白，将薛邑还给田文。

那这些百姓又是从哪里来的呢？

可还记得当初冯谖在薛邑烧掉借据之事？这些百姓正是薛邑之人。

他们听说田文含冤被废，竟然连封邑也被剥夺以后，一个个义愤填膺，几乎是同一时间前来临淄为田文喊冤。

一石激起千层浪，身在临淄的百姓也认为田文太冤，便跟着薛邑的老百姓起哄，要求齐潲王恢复田文的相位和封邑。

可无奈的是，老百姓越是这样，齐潲王就越是憎恨田文，硬顶着来自百姓巨大的压力，就是不肯恢复田文的相位和封邑。

面对如此的压力齐潲王都不为所动，这一下子大家都认为田文真的完了，就连田文手下那些"忠诚"的门客们也都离田文而去，甚至走的时候看都不看田文一眼。只有冯谖一个人在田文身边，对他不离不弃。

田文因此非常沮丧，整日在家唉声叹气，再也不见当初伐秦时那意气风发的身影。

看到主公如此颓废，冯谖不但没有安慰，反倒是哈哈地嘲笑田文。

听了冯谖的嘲笑，田文十分愤怒，"姓冯的，我落魄你开心是不是？我看以后谁还能养你！"

冯谖又笑了两声后道："我笑的不是主公落魄，而是笑你这个天下英豪这么容易便丧失了进取的信念，这难道不值得我嘲笑吗？"

一听这话，田文明白了，"哦，原来这小子是想激我上进啊。"

想到这儿，田文的火气也小了不少，"唉，又不是我不想上进，但现在的情况就是这样，齐王废我之心已决，断了我各方的出路，如果条件允许的话他甚至能杀了我。估计我这一生就这么完了，这怎能不让我沮丧呢？"

话毕，冯谖的表情突然变得严肃，然后一声冷哼，"主公现在放弃未免太早，某虽不才，但也有办法令您东山再起，甚至封邑要比以前更多！"

听了这话，田文那是一个激灵，紧紧抓住冯谖的手，激动地道："哦？先生真有办法？快快与我说来！"

先生这个词，从冯谖投靠田文以来，田文从来都没这么叫过他，今日竟然破天荒地叫出先生，如此来看，田文是真的急了。

冯谖微微一笑，"主公别急，您也别管用什么方法，只要您肯将您的驷马豪车借给我，再给我一些金银珠宝，我保证，等我回到临淄之日便是您重新崛起之时。"

听了这话，田文直接惨笑，心想："我说这个冯谖怎么到现在还没有离开我，原来是想在走之前敲诈我一把大的呀。哈哈，罢了罢了，这些金银豪车以后对我也没什么用了，就这样吧。"

想到这儿，田文也就无所谓了，他给了冯谖自己最好的马车，还有很多金银礼物，最后很是落寞地道："你走吧。"

看着田文如此表情，冯谖苦笑，"看来主公是误会我了。"

冯谖也没有解释，驾着马车扬长而去。

冯谖辞别了田文以后直奔秦国，前去面见秦昭王。经过一番打点，他得到了单独面见秦昭王的机会。

二人见面以后，冯谖直入主题，"尊敬的秦王，您可知现在天下哪个国家是最强的呢？"

秦昭王默默想了一会儿，"应该是秦、齐、赵三国最强。"

听了这话，冯谖对秦昭王深深一拜，"大王说得对，可前番赵武灵王已死，现赵国大权旁落于赵成和李兑之手，恕臣直言，如果一直这样下去的话，赵国是没有前途的。而抛去赵国，整个天下只有秦国和齐国这两个国家是最强大的，甚至是最有可能一统天下的。秦国和齐国，谁能打败对方谁就能一统天下。可恕臣直言，现在的秦国并不是齐国的对手。"

秦昭王哈哈一笑，极为不屑地道："先生此言差矣，我大秦自从商君变法以来，不管是国力还是军事力量都远胜于各路诸侯，现如今汉中、巴蜀全落入我大秦手中，国力更是超越了齐国，先生为何说我秦国不如齐国呢？"

冯谖微微笑道："大王说得不错，可大王也要知道，这天下之诸侯国可不只秦、齐两国，而对于这些诸侯国来讲，他们更愿意追随齐国。试问，大王能凭一国之力与天下诸侯抗争吗？"

说到这儿，秦昭王皱起了眉头，对于这话他可不敢反驳。前一段时间自己的虎狼之师还被联军打得大败，如果硬要反驳的话实在苍白。再说自从商君变法以后，秦国的信誉一落千丈，从秦孝公、商鞅到秦惠文王、张仪，再到现在的自己，秦国所谓的诚信早就被他们践踏得分文不剩了。所以，秦昭王有些坐立不安地道："如此，先生说得倒也没错，那我们秦国怎样才能战胜齐国呢？"

冯谖微笑着点了点头，装出一副很高深的样子道："大王知道田文被废的事儿吗？"

秦昭王心里冷笑，可嘴上却说："嗯，最近才听说。"

冯谖道："田文，天下之人杰，打败秦国并使齐国强大的就是他，如果齐国没有了他，直接便会下降一个档次。现在齐湣王没发现这一点，只是出于利益而废掉了田文，可谁能保证以后不会再起用田文呢？到时候如果田文再次上台，齐国便会更加强大。然而现在，田文怨恨齐王，齐王防备田文，这时候正是田文心理防线最脆弱的时候，如果大王能在这时候派人拉拢他，肯定成功。到时候齐国的民生、人事、军情全都会被秦国所知。再加上田文对齐王的怨恨，他一定会誓死效忠大王，等到那个时候，秦国便会更加强大！统一天下这种千古伟业也再不是梦想，甚至有可能在您这一代实现。"

这话一说，秦昭王腾地一下从座位上站了起来，来回踱步，心想："是呀，凭田文的本事，他一定能帮我摆平我那个舅舅，我爷爷有商君辅佐，我父亲有张仪辅佐，而这个田文的本事丝毫不比二人差，我为什么就不能也找一个'黄金搭档'呢？到时候成为'真正'的秦王，这是多美妙的事情啊。再说田文再来秦国必定携家带口，那时候他与齐王也是不死不休的仇恨，我母亲和舅舅也不可能再以田文为齐国贵族作为借口驱赶田文，何不就……"

冯谖看秦昭王正在思考，从表情上来看，是极有可能任命田文的，于是趁热打铁，"大王还在犹豫什么？机不可失时不再来啊！大王请赶紧派使者用重礼去请田文吧！"

就这样，秦昭王被说动了，直接派了十辆驷马豪车，带百镒黄金准备请田文出山。

而冯谖呢，趁着秦国使者出发以前飞速赶回齐国面见齐湣王。

和与秦昭王的说辞一样，先是问了天下谁是强国，齐湣王也说了齐、秦、赵，冯谖还是说赵武灵王死了以后赵国不足为惧，现在天下只剩下齐、秦为最强之国，谁压制谁，谁就能统一天下。

听了这话，齐湣王深以为然。

然而就在这时，冯谖出招了，他对齐湣王道："大王，田文虽然功高，但确实没有反叛之心，这您应该知道，现在齐国正是用人之际，田文的能耐您也知道。试问，如果没有田文在国内，齐国还能无往而不利吗？整个齐国谁能有田文统兵打仗的能耐？并且微臣最近听说秦国现正出动十辆豪车和百镒黄金前来请田文前往秦国赴任，田文如果不去秦国还则罢了，他一旦去了秦国，那必是齐国一大损失，秦国从此便会更加强盛。如此，齐国可就危险了。"

听到这儿，齐湣王眉头微皱，他承认田文的才能，可如若说田文敢去秦国，齐湣王是说什么都不信的。于是他对冯谖道："这话不对吧，田文敢去秦国吗？要知道，之前秦王还打算杀他呢。"

冯谖哈哈一笑，"哈哈，大王差矣。的确，上一次秦昭王确确实实是想杀掉田文，可那是因为田文爱齐国，再加上他的才能确实很强，为了绝后患，他才不得不杀田文。可是现在则不同了，这一次是您亲手将田文赶走的，田文对此必有微词，他秦王还有什么不敢用的？"

"嘶……"

齐湣王倒抽一口冷气，连忙问："那怎么办呢？我还能真杀掉田文不成？那对我的声望绝对是毁灭性的打击啊。"

冯谖道："我王勿忧，现在只有一个补救措施，那便是在秦国使者到达齐国以前恢复田文的相位，并还他封邑。这还不算，还要再给田文增加封邑，以此表示歉意。那田文打心底里是爱齐国的，我相信他一定会非常高兴地接受您的旨意，到时候秦国的美梦不就泡汤了嘛。"

齐湣王沉思片刻，又想了想最近被老百姓闹得好生烦心，便答应了冯谖的提议，并派人去齐国边境堵住秦国使者，说田文已经恢复相位。

秦国使者无奈，只能失望而回。

花开两朵各表一枝。

话说冯谖走后田文更是颓废，整日唉声叹气。可有一日，齐王的使者突然造访，宣布恢复田文的相位和封邑，还给田文增加了不少封邑。

这好消息来得实在是太突然，田文直接呆立当场久久不能言语。

最后，在田文的再三追问下，那名使者告诉田文，"这全都是冯谖的功劳。"

田文听罢大为感动，同时心里还惭愧异常，想当初自己最瞧不起的就是冯谖，从来没给过人家好态度，可如今救自己的就是冯谖，自己甚至还怀疑人家，这简直就是岂有此理。

想到这儿，田文走出了家门，打算去临淄王宫拜谢齐潜王。

可刚出家门，就见自己最喜爱的驷马豪车停在了家门口，再看车旁，冯谖正保持着弯腰作揖的礼仪迎接田文。

田文一见此景，顿时热泪盈眶。他含着泪，飞速跑到冯谖身前将冯谖扶起，紧紧拉着冯谖的手不能言语。

田文现在已经将冯谖看成了自己的生死之交，一个唯一可以托付大事的忠诚心腹。

主从之间一顿寒暄后，田文长叹交心道："先生，您是知道的，我这人一向好客，待门客从来没有过半点儿差池，所以我才有食客三千。可这些人看我失势就全都走了。最让我气愤的是走的时候竟然连看都懒得看我一眼，如今要不是托先生的福，我哪里还能重得相位？那些宾客们还有什么脸来见我？如果他们敢重新投靠我，我绝不接纳。"

冯谖一听这话，扑通一下对田文跪了下来。

田文看到这一幕，赶紧将冯谖扶了起来，忙问道："先生这是干什么？你我乃至交，何必行此大礼？难不成你是要给那些门客求情吗？"

冯谖看着田文非常严肃地道："主公，我并不是要给他们求情，而是因为您刚才失言了，我是要纠正您的错误才跪下的。"

田文一愣，"啊？我哪里讲错了？难道这些人不该被羞辱吗？"

冯谖道："主公，在这个世界上，不管是人还是事都有运转的规律，有些事情本来就是如此，是不可改变的，这您知道吗？"

那田文听了这话是一脑子问号，什么运转规律，什么事物的必然性他听都没听过，只能傻傻地道："这个，真不懂。"

这时候，冯谖也站了起来，对田文一拜，"主公，人活着就必然有死的一天，这是物的必然规律，您富贵了，宾客自然就多，真正的朋友自然就少，这是事情的基本原理，您难道没见到那些去赶早市的人吗？天一亮，他们就肩并着肩挤过去。黄昏后，大家却疲惫地走了，甚至连看都不看市场一眼。然而他们并不是喜欢早晨而厌恶黄昏，而是因为黄昏市集上已经没有他们需要的货物和利益了。之前您相位被废就相当于黄昏，门客们都离开了您也不要怨恨，否则就会白白阻碍了门客前来投靠您的道路，您积攒一辈子爱才的名声就全没了。"

那田文被冯谖说得瞠目结舌，深深对冯谖一拜，"先生言之有理，文岂敢不遵？"

就这样，田文的三千食客又回来了。

3.10 齐国，你等着

公元前295年可真是不平静的一年。在这年，沙丘惊变，赵武灵王死了。在这一年，威震天下的战国四公子之首田文差一点儿便没有出头之日。在这一年，燕国也即将崛起了。

经过了上一年权地之战的惨败，燕昭王终于知道了人才的重要性，然而自己手下根本就没有什么能拿得出手的大才。别说他了，就是燕国从古至今也没出现过什么名震天下的文臣武将。

可这又能怎么办呢？燕国地处极北，又没有经过什么像样的变革。再说，春秋战国的时候可不仅仅是主挑臣，也是臣选主的时代。天下各路诸侯王都想着法儿地将优秀的人才揽进国中，各种招揽人才的政策层出不穷。

可燕国呢？从来没听过他们出台了什么好的招人政策，他们历代国君也只知道"画地为牢"，守着自己那一亩三分地，根本就没有一点儿野心。

人才可不是大风刮来的，你不可能等着人才自己前来找你。

所以，燕昭王为此伤透了脑筋。到底怎么找优秀的人才呢？

燕昭王也试过当初秦孝公的办法，弄了个什么《求贤令》出来，可也不知怎么回事儿，根本就没有一个大才前来投靠。

燕昭王每日都因为此事愁眉不展。

可就在燕昭王不知该如何是好之时，他手下的一名大夫找到了他，"主公，我听说咱们燕国也有贤人，这人叫郭隗，在咱燕国很有些名望，大王不如找他问问，兴许他会有办法也说不定。"

燕昭王觉着此事靠谱，遂宣郭隗入王宫觐见。

燕昭王对于郭隗姿态放得很低，非常虚心地求教道："先生，当初齐国趁着我国内乱攻入我燕国国都，烧杀抢夺无恶不作，自从本王侥幸继位以来，深知燕国之弱小，无法报仇，所以才励精图治地治理国家，希望有朝一日能报仇雪恨。可无奈人才难寻，上一年的权之战更使我确定了这种想法。所以，今日邀请先生前来，就是想询问先生如何才能让真正有才能的人投奔于我。"

郭隗哈哈一笑，"主公，这事儿好办得很，想让天下人全来投奔你，只需用一人便可。"

"谁？"

"那人远在天边近在眼前。"

"啊？难不成先生说的是自己？"

"呵呵，正是！"

"哦……"

看到燕昭王表情有些尴尬，郭隗继续道："大王，请问在下和天下顶级的能臣相比谁更优秀呢？"

燕昭王尴尬一笑，"恕我直言，先生之才大概不如那些闻名天下的人才吧。"

"哎，这就对了，那既然像我这等无用之人大王都能重用，天下人才还不趋之若鹜？整那个没用的《求贤令》又有什么用呢？"

燕昭王听罢大善，遂拜郭隗为师，并为其建造了豪华庞大的宫殿。还特意为天下人才建造了一座黄金台，并昭告天下，"只要有大才能带领我燕国强大，我愿与其分而治燕！"

这两招运用之后效果那可真是立竿见影。那天下人才如同黄河之水一般涌向燕国。比如说大才剧辛、苏秦以及在齐国、魏国郁郁不得志的邹衍与乐毅。（注：赵武灵王经历沙丘之变以后，他手下的那些心腹死的死逃的逃，乐毅和剧辛便是在赵武灵王死后前来投奔的）

到这儿，有必要解释一个疑问，因为如果按照史记来说，苏秦现在早就应该死了，为什么还会来投靠燕昭王呢？

这个之前也说过了，笔者个人偏向《战国纵横家书》的说辞，所以要按照《战国纵横家书》来分析的话，苏秦便是这时候来燕国的，并在次年（前294）被燕昭王派去齐国从事间谍活动，开始了他的间谍生涯。

按照《战国纵横家书》记载，他在齐国期间窃取各种国家秘密情报交给燕国，使得齐国在燕国面前毫无秘密可言。之后还趁着出使外国的机会破坏齐国和外国的邦交，以后的联军伐齐也和苏秦脱不了干系。

不过，前面已经说了，到底是《史记》记载的正确还是《战国纵横家书》记载的正确现在并没有定论。所以，笔者虽然偏信《战国纵横家书》，但在没有确实的证据推翻《史记》之前，只能这么简单介绍一下。（注：再次声明，本人只是个人偏信《战国纵横家书》，并没有说《史记》的记述是错的）

这些大才到了燕国以后几乎全部受到了燕昭王的重用，尤其是乐毅，更是被燕昭王任命为亚卿，让他主持燕国的改革。

如此，战国中期的最佳搭档出炉了，这便是燕昭王和乐毅。

乐毅主持变法以后，先是废除了爵位世袭制度，改为论功授爵授禄制度，并改革吏制，设相国和将军，分掌政治、军事大权。

这还不算，他还将燕国全境分为五郡，郡下设县，郡守和县令由燕王任命。

乐毅还制定了严酷的刑法、军法，使国家更具凝聚力。

当然了，这不可能是所有的改革，还有很多小的变化的，总之和商鞅、李悝、吴起等变法的大轮廓也差不了多少。

就这样，在燕昭王和一群大才的共同努力下，燕国即将崛起。

燕昭王站在蓟城（燕国国都）的城墙上，面对南方阴狠狠地道："齐国，你等着。"

3.11　起死回生

距离燕国彻底崛起还要再等一段日子，还是再来看看齐国吧，因为齐湣王又和田文折腾起来了。

公元前294年，齐湣王在一次外出中被齐国贵族田甲所劫持。

田甲，齐国人，生卒不详，这之前和这之后的历史都是一片空白，总之最后失败了，齐湣王依然活得好好的。

这下可坏了，齐湣王捡回一条命以后大怒，调查都不调查，直接就把田文给抓起来了，次日便要杀了他。

下面的大臣和百姓们那是一批接一批地来给田文求情，可齐湣王主意已定，长期对田文的防范和恐惧，加上这次的被劫持，齐湣王断定田甲就是田文指派的，直接杀了一了百了。

就在大家以为田文必死之时，突然有一名老者站在临淄王宫的门口，并将写好的一封书信交给了齐湣王，信上说出了此次劫持行动的很多疑点，老者断定田甲所为非田文指使。

这老者不是别人，正是几年前接受了魏子"房租"钱的齐国著名贤者，贤到齐湣王都认识的程度。

可这并没有什么用。齐湣王杀田文之心已决。

老者一看齐湣王根本就没理自己，直接从袖中抽出一把短刀，狂吼一声："齐王不查明实情，冤屈了田文！"

话毕，直接自刎了。

这事儿的影响可太坏了，坏到全齐国的老百姓都叫齐湣王暴君。

齐湣王一看事态严重了，只能在迫不得已的情况下对田甲之事进行调查，这调查结果还真和田文没有半点儿关系。

于是，齐湣王只能无奈地再次恢复田文的相位。可田文打这次以后真是怕了，知道如果继续在这个相位上待着，自己必死无疑！遂上奏齐湣王，说自己近日来大病缠身，已经没有精力再治理国家了，还请齐湣王能够批准自己"告老还乡"，从此在薛邑生活。

这一提议正中齐湣王下怀，他二话不说，直接便批了田文的请求。

然而当田文回到薛邑封地以后，整个薛邑万人空巷，老百姓全都出门迎接田文，高声欢呼田文万岁。

看着百姓对自己视若神明，田文知道，这才是他最应该依仗的资本。

田文那边丧失了相位，可秦国正有一人慢慢在崛起，这人便是秦国人口中的战神，其他六国口中的人屠——白起。

3.12 八万又何妨

据梁启超考证，纵观整个战国，死亡士兵人数应该在二百万人左右（注：这些死亡人数不包括百姓、逃兵、伤兵），而白起所杀之人《资治通鉴》说是九十六七万，梁启超考证是100万，现代一些史学家考证则是120万。而通过白起的作战方针，以及当时秦国的赏罚制度，笔者个人更相信120万之说。

可不管怎么样，白起杀的士兵都要占整个战国死亡士兵人数的一半了，单从这方面来看，叫他人屠也不为过。

那么白起的军事才能又怎么样呢？

兵家分四派：权谋派、形势派、阴阳派、技巧派。

权谋派：讲究从多方面下手，使战争一步步走向有利于自己的局面。这一派系并不仅仅在战场之上运用权谋，还要从战前国家动员、离间敌国君臣关系和外交纵横等多方面因素组合而成。可以说，大兵团会战必须有一个权谋派人士参与，这种人大多为一国之君。

形势派：此派系中人，无一不是骁将和流动作战的行家里手，他们崇尚进攻，他们崇尚长途奔袭，他们以迅如疾风的机动力和侵略如火的破坏力取得胜利。

阴阳派：此种派系讲究的是靠地理和气候（天时地利）等外在因素使战势对己方有利，进而取得战争的胜利。

技巧派：讲究利用一切战争核心因素使自己的部队达到最强大化，其中就包括严明的军纪、士兵的选拔、士兵的训练、武器盔甲的装备、工程器具的最先进化、战马和粮草品质的最优良化以及军事医疗的最高效化。

白起一生的大战略布局思想，可以用几个词来形容，那便是绕后、夹击、包围、歼灭。通过这些我们仔细来看，白起竟然涉及了兵家四派的所有派系，并且都有不俗的表现。

接下来的战国故事里，有很多决定性大会战是和白起有直接关系的。

同年（前294），身为大秦丞相的魏冉政事缠身，已经没那么多时间顾及军事了，再加上前几年对抗田文联军时白起表现极为抢眼，所以便想让白起当自己在军界上的打手，遂提拔他为左更（秦国二十爵之十二级爵位），给了他一定的军事权力。且在这一年秦昭王利用赵武灵王新死，赵国局势未稳之际，派两路大军东出攻打韩魏，魏冉强力推荐白起为一路主帅。

于是，秦国出两路大军，一路由向寿出发拿下了武始（今河南省洛阳市西），另一路由左更白起率领，拿下新城（今河南省洛阳市南）。

攻下二地的目的只有一个，那就是大军团东出以前的试探性进攻，看看赵国和魏、韩两国对这次攻击会有什么反应。

此二城丢失以后，魏昭王和韩僖王急了（二襄于公元前296年崩），他们一边集结大军，打算重新夺回失地，一边派遣了三路使者前往赵、楚、齐三国。那么这些使者去干什么了呢？

前往赵楚的就不必多说了，那就是想在自己收复失地的同时让两国于边境集结大军，给秦国制造军事压力，让他们不敢派出大军团对抗自己。

至于齐国使者，那就是希望齐国再次派出技击大军和自己共同出击秦国。

可这时候的齐湣王没有了田文，匡章也早就归西，齐国暂时没有名将可用，再加上齐国就算是帮助魏、韩两国收复失地，自己也没有什么好处，便拒绝了魏、韩两国的请求。

魏昭王和韩僖王因此大怒，便从这一刻开始，与"大哥"齐国渐行渐远。

公元前293年，魏、韩两国出二十四万正规军于虎牢关集结，魏昭王与韩僖王亲自誓师，希望能在提升士气上起到一定的效果。且二人议定，命魏将公孙喜为联军主将，韩将暴鸢为联军副将，改田文混编作战战术为各自集团夹击作战方略，并于誓师完毕后当即出征。

大军沿着洛水一路西进，然后在缑氏向南，越过伊阙山群，直抵新阳，意图通过对新阳的军事打击给秦国施压，让秦国主动还回武始。

就在联军即将到达新阳之时，秦国东北线的赵国和东南线的楚国也在边境集结兵力，意图给秦国施压，让秦国无法出动全国兵力应对之。秦国朝野一时被紧张的气氛所笼罩。

咸阳王宫，秦昭王眉头紧锁，这都问了半天了，没有一个人敢自愿带兵出击联军。因为现在北军和南军都被赵、楚两国锁死，无法调动，西北方还要防着义渠等少数民族，所以中央及蓝田大营可调用的士兵实在不多，最多也就能挤出来十五万左右。

砰！秦昭王一拍桌子，"难道就真的要本王御驾亲征不成？"

这话一说，下面大臣一个个低头不语，只有魏冉始终一副风轻云淡之表情。

他这个德行让此时的秦昭王更为恼火，于是问道："呵呵，看丞相如此淡定，难不成有人选推荐？"

魏冉一笑，然后微微拱手道："回禀大王，臣确实有一大才推荐，只要派他出征，此仗胜之不难。"

秦昭王眯起双眼，"哦？不知丞相所言何人？"

"便是上一年拿下新城的白起是也。"

"白起？如果我没记错的话，他除了上一次新城作战胜利以外并没有带领大军团作战的经验吧。"

"有些人是不用什么经验的，此种人便是天才是也。"

秦昭王心中冷哼，表面上却是似笑非笑地道："哦？既然这白起有如此能耐，本王就让他领兵拒敌又有何难？只是这兵力嘛……丞相也知道，现在四周都对我大秦虎视眈眈，为了以防万一，本王是不可能将中央军全都交给白起的，所以，最多给他八万锐士，丞相觉得可行否？"

"什么？"

这话一说，魏冉大惊，正要反驳，可秦昭王却先一步说道："难不成丞相所荐之人非你口中之天才？"

魏冉闷哼一声，便不再言语。

散朝以后，魏冉直接去了白起府邸，对白起抱怨秦昭王的无理取闹，可白起却依然毫无表情，只是淡淡地问道："敢问丞相，联军带兵之帅可是那田文？"

魏冉挥了一下手，满是鄙视地道："哼！他早就被齐王打发回薛邑了，这行军打仗的事儿哪里还跟他田文有一点儿关系，这次带兵的是公孙喜和暴鸢这两个黄毛小子。"

白起冷笑，"既如此，八万又何妨？"

3.13 伊阙山之战

魏冉顿时瞪大了双眼，"白起，你可别在这儿和我吹，你确定八万锐士能打败二十四万魏韩联军？"

"十之八九。"

沉默，魏冉看着白起整整沉默了半炷香的时间。之后像是下定决心一样，"好！我就信你！"

次日朝会，魏冉再次向秦昭王推荐白起为将，在秦昭王与一众大臣惊叹的目光中白起拿了兵符便走。

那白起是怎么对抗三倍于己的敌军的呢？

白起认为，真正的士气是靠能够给士兵不断带来胜仗和利益（人头）所形成的一种长期产物。只要士兵们认准了跟你能打胜仗，那所谓的士气便会如同铜墙铁壁一般坚不可摧。前面的司马错、以后的霍去病不都是如此吗？

所以，白起打算靠这一场胜仗来奠定自己在秦国士兵们心中的地位。

那应该怎么救援呢？

按照常理来讲，确实应该采用坚壁清野的办法来对抗联军，以期在最小的损失下取得最大的利益。可是纵观白起这一生也没有过什么守城的记录。

经过详细的战前分析，白起认为，秦国装备虽然精良，但要和真正靠装备起家的韩国比起来还差一些。不说别的，光说弓弩的射程就不是一个档次的。这在前些年对联军的大会战中可见一斑。

并且，魏国重步兵有多年的传统，虽然现在不比当初的魏武卒，但也是攻城略地的好手。

所以，想靠守城战击退二十四万魏韩联军实在是天方夜谭，哪怕是最后真的逼退联军，己方损失也必定是十之八九。

可在野外平原作战就有胜利的可能吗？前面说过，大集团军作战怕的就是被夹击和包围。然而秦军兵力弱于敌之三倍有余，没有骑兵的秦军根本逃不出被围歼的命运。

那么联军就没有破绽可寻了吗？非也。

白起认为，魏国重步兵和韩国弓弩手虽然在平原作战与攻城方面占有优势，可山战和林战就不一样了。

首先，山林有丛林掩护，弓弩手作用有限。

其次，魏国重步兵身穿重甲，在道路崎岖的山道上势必会限制他们的行动力。

在新城后面有一山名为伊阙（也叫龙门山或樱辕山），此地山道险峻，道路崎岖不平，极不适合重步兵与弓弩兵作战，《管子·地图篇》："樱辕之险谓路形若辕而又樱曲。"《元和志》："道路险阻，凡十二曲，将去复还，故曰樱辕。"

由此可见，伊阙山有多么难走。

如果能将联军逼迫到伊阙山决战，白起有信心能在极小的损失下获得大胜。

于是，白起集结完士兵以后，没有走最近的路线前去救援新城，而是率领大军到了宜阳，然后在这里向东出发，跨过伊水，直接绕到联军的大后方。

因为此时的联军刚刚围住新城，正在布置攻城器具，如果他们得知白起从伊阙山偷袭他们后方以后不应战的话，肯定是要被两面夹击的，到时候损失可就大了。

按理说，对付白起这招最好的办法便是分出十万大军继续围困新城，然后堵住伊阙山至新城的出口，逼迫白起在平原与之作战。

但白起这用的可是实实在在的阳谋。他断定，联军主帅必至伊阙山主动寻求决战。其原因有三：

第一，白起兵少，不及联军的一半，这便使得联军对白起产生了轻视，认为在山中也能靠人数堆死白起。

第二，围城最怕后方不稳，因为如果在攻城之时经常遭到敌军从后方袭扰，这不仅仅对士气是一种打击，也会严重拖延攻城效率（如秦末时期的巨鹿之战，英布之功不可没，抑或楚汉相持时候的彭越也是如此）。

第三，白起出现在敌军后方，这就可以随时断了敌方的粮道，如果没有粮，那一切都完了。

所以，公孙喜和暴鸢只能被白起的阳谋所驱动，留四万大军继续围困新阳，二人则率二十万大军直奔伊阙山，打算在此地彻底歼灭白起军。

白起也打算在此地决一生死。

可就在这关键的时候，局势突然发生了异变，这也使得白起白白获得了一个天赐良机，那这个天赐良机是什么呢？

原来，在魏韩联军进入伊阙山以后，公孙喜和暴鸢两位最高统帅产生了激烈的争执。公孙喜觉得魏国重步兵不善于山地作战，并且山地多林，韩国的弓弩基本上没什么用了，所以应该让韩军率先对白起军进行攻击，自己则在一旁策应。

暴鸢认为，韩军主要杀伤力在弓弩方面，步兵战斗力非常弱，其精锐程度要照魏军和秦军差好几个档次，所以坚决不出兵，一定要魏军打先锋，自己才率领韩军在侧翼策应（说白了，就是二人都有小心思，都想在本国士兵损失小点儿的情况下打胜仗）。

于是，二人谁都不让谁，就是不出兵。

因此，两军阵营分开布置，韩军于伊阙山东南方向布营，魏军则于伊阙山西南布营，而秦军则处于伊阙山北，三国阵营就这样展开了对峙。

然而敏锐的白起在对峙一天以后就发现魏韩阵营出了问题，于是他当机立断，打算逐个击破。

首先，白起做出了大军团东移的迹象，并将己军所有的旌旗都插到了韩军正北方，作势要对韩军发动总攻。

暴鸢大惧，一面派使者前去魏军请求援军，一面加紧布置大营，准备防御秦军的攻势。

然而公孙喜呢？他可没有那么好心，他的打算是等两军弄得两败俱伤以后他再从侧翼夹击秦军，以极小的代价换取最大的胜利，且令手下士兵好好休息，养足精神准备应对之后的大战。

可实际上白起真的进攻韩军了吗？没有。

这一切都是他的疑兵之计，白起在韩军正北插满旌旗以后，人人衔枚，借着山林的掩护，绕了一个大圈子，竟然"偷渡"到了疏于防备的魏军身后，对魏军发动了突然袭击。

由于魏军毫无防备，所以这一袭击如同神兵天降，魏军顿时被打了个措手不及，顿时大乱！

秦军趁机如砍瓜切菜一般收割着魏军的人头，不到一个时辰魏军就被打得向南奔逃（北路已经被秦军堵死）。

击溃魏军以后，白起并没有展开追击，因为现在韩军的侧翼已经彻底暴露在秦军眼皮底下。

白起当机立断，命令全部军队突击韩军侧翼。因为最为倚重的魏国重步兵全军溃逃，韩军士气受到了毁灭性打击，外加上侧翼完全暴露，韩军可以说是一触即溃，在暴鸢的带领下慌忙南逃。

而正在与新阳对峙的四万联军一听后方大败，也赶紧向南逃窜。联军的意图很明显，那就是南逃至楚，然后再安全引渡回国。

可是他们想得太美了，因为就在这时，白起对全军将士下达了一个命令——"追杀联军"（这则命令里并没有说放过降兵）。

公孙喜和暴鸢于伊阙失败以后迅速南逃，白起军也确实是追了，并杀了联军几万人。可当白起军追到新城以后却突然放弃了追击，这令公孙喜和暴鸢大为不解，不知道白起为什么放弃如此好的追击机会。

可他们被白起打怕了，生怕这厮再起什么阴谋诡计，便一刻不停地亡命奔逃，直到逃亡三十多公里后还不见白起来追，这才使得二人确信，白起是确实放弃了追击，遂命大军节省体力，缓缓而行。

一日，公孙喜和暴鸢于中军大帐相视而坐，暴鸢抱怨道："哼！这次要不是你推托不战，我军岂能被八万秦军击败？咱俩的名声这一战全都没了！"

公孙喜很无赖地一笑，"哈哈，暴兄也不要再生气了，这不是损失才一小半儿吗？主力大军不是还留着呢吗？如此，主公一定不会斩了咱们，最多贬为白身而已，留着一条命，做个富家翁，这不是比什么都……"

轰隆隆……

公孙喜还没嘚瑟完，忽然听到外面发出如同地震一般的大军奔跑声，紧接着杀声震天，魏韩联军一片混乱。

公孙喜和暴鸢大惊，"来……"

还没等公孙喜将人字喊出，突然闯进一名传令兵，"报，报，报告元帅，前方发现秦军！"

"什么？"

公孙喜和暴鸢大惊，二人不约而同站起，几乎齐声道："秦军怎会出现在我军前方？"

传令兵一脸蒙："我，我也不知道啊。"

原来，白起追击到新城以后，并不是没有追击敌军，而是暂时停留，给联军造成了一种不追的假象，等联军稍稍走远以后，白起齐聚新城秦军与本部兵马，组成一支十万的军队绕联军以西二十多公里之路疾行，并不停地派出斥候随时注意联军动向。

终于，秦军在伊水中部赶上联军，并突然东折，再一次神兵天降般突然出现在联军正前方，对其进行凶狠的军事打击。

据《战争史》推断，现在联军兵力最少还有十五万左右，人数上依然占优，可因为之前的大败，联军已经胆寒，士气极低，再加上白起再一次成功打了联军一个突然袭击，使得联军仓促应战。

而秦军方面则不然，最开始的时候，秦军确实不管是兵力还是士气都要弱于联军，可经过一场史诗级大战后，秦兵对于白起更为崇拜了。

那么既然8对24都能取得胜利，10对15士气低落之师就更没问题了。

于是，秦军大定，再加上秦国的人头制度，这可是十五万正规军，十五万颗人头啊。

于是，这些秦军盯着联军士兵的人头如同盯着闪闪发光的大金坨子一般，绿着眼睛，如同疯魔一般残杀联军士兵，有的联军直接被吓得跪地求饶，可是白起根本就没下达过不杀降兵的指令，所以秦兵大笑着用自己的屠刀将流着眼泪的联军士兵之头颅生生割下。

就这样，联军再一次一触即溃，现在北归不了，南逃受阻，联军已无处可去，最终结果只能是葬身秦人屠刀之下。

黄昏，夕阳伴随着血红的云彩，本来清澈见底的伊水被染成了红色，伊水中部以东的平原和浅滩到处散布着联军的无头之尸。

本次伊阙之战，秦军全歼二十四万联军，于乱战之中生擒公孙喜，囚咸阳后杀之（暴鸢逃）。

秦国方面，损失不到一万，且每个锐士都笑得很淳朴，他们腰间都缠着好多血淋淋的人头。

经此一役，白起之名威震天下，他就如一颗灿烂辉煌的将星屹立于秦国高空。秦昭王虽然不喜魏冉的心腹，但也无可奈何，毕竟人家战功在那摆着呢。所以，只能升白起为国尉（军事大职，只比大良造低一级）。

魏冉也因此沾光，从此在秦国更加权势滔天。

而韩僖王和魏昭王经此一败，国中主力丧失殆尽，为怕秦国再次侵略，只能主动献出两国五座城池与秦昭王，以求得短暂的喘息之机。

秦昭王也不想一下杀得太狠，毕竟东齐北赵都能对他造成很大的威胁，别一口吃得太大。

所以，秦昭王收了城池，没有再继续对魏韩两国进行打击。

3.15 宋康王

还是这一年，就在白起声名大噪之时，齐湣王也不甘寂寞，他派出大军攻打宋国，名义上是因为宋康王的无道和邪恶，可实际上无外乎就是扩张地盘。

可这宋康王又是何许人也？他怎么就成了无道昏君了呢？

要说这厮，咱还得把时间往前推一点儿。

话说在多年前，宋康王并不是宋国的一把手，真正的宋君为其庶兄宋剔成君，可这宋康王野心极大，不满足于大臣的身份便率领党徒，于公元前329年袭击了宋剔成君，宋剔成君因此逃亡齐国。

从这以后，宋康王便成了宋国的一把手。当然了，这时候他还未称王，这个就不必计较了。

宋康王极度好色兼穷兵黩武，还是商朝武乙的忠实迷恋者，大家全都说这个宋康王是桀宋，意思是昏庸无道堪比夏桀。

要知道，夏桀那可真算是从古至今昏君暴君之典范了，那宋康王只是好色和穷兵黩武怎么就成了桀宋了呢？

我们就先说他这个好色吧。

话说这宋康王有一大臣名叫韩凭，这本没什么，宋康王对男的也没啥兴趣，只是他的妻子何氏实在是太过漂亮，一下子便被宋康王相中了，便想将其霸为己有，并威胁何氏，如果不从，韩凭必死！

韩凭与何氏相爱甚深，那何氏自然不忍看自己丈夫身首异处，便从了宋康王。

韩凭自此心生怨恨，逢人便说宋康王乃无道昏君。

这消息很快便传到了宋康王耳中，宋康王大怒，于是将其囚禁起来。本想一刀杀了得了，可碍着何氏苦苦哀求，只能退而求其次，将其送往边关从事重劳役四年，以示惩戒。

宋康王本以为赶走韩凭以后何氏就能慢慢将其忘却，从此和自己相亲相爱，可谁料到韩凭与何氏"距离产生美"，二人之间的感情非但没有变质，反倒是越来越深。

何氏还偷偷地给韩凭写信，言辞隐讳地说："其雨淫淫，河大水深，日出当心。"

何氏平时对宋康王不冷不热，淡而处之，所以宋康王怀疑何氏还是跟韩凭有联络，便日夜派人严加看管。所以，此信自然被截获。但是宋康王是个半文盲，这等隐晦高深的隐语他根本就看不明白，所以只能让大臣们共同观看，以解释其中道理。

可宋康王手下那些心腹官员一个个也都是五大三粗的匹夫之辈，文化水平还不如宋康王，自然也是摇头晃脑地大呼不懂，但是，这里头还真有个"文武双全"的大臣，其名为苏贺。

苏贺对宋康王解释说："大王，其雨淫淫，是说忧愁而且思念。河大水深，是说不能互相往来。日出当心，是说想和韩凭共同殉情。大王！这是要自杀啊！"

宋康王一听大惊，从此在何氏身边安插了多名心腹侍卫，防的就是何氏自杀。

没过多久，因为过往信件都被宋康王截获，韩凭以为妻子遭到了不测便自杀而死。

何氏听闻爱郎已死，也断了活下去的心思，想要随郎而去，可无奈自己身边全都是侍女和侍卫，使得何氏无法自杀，便偷偷将自己的衣服弄得腐朽，准备在一个合适的机会自杀。

有一次，宋康王兴致大发，和何氏一起登上高台展望天下，"爱妃你看，这天下江山早晚都是我的，到时候，你就是我的皇后，我必定让你母仪天……"

就在宋康王还在那滔滔不绝地吹牛的时候，何氏趁其不备，直接从高台往下跳，意图摔死殉情。

宋康王安排在何氏身边的侍卫身手敏捷，反应极快，一把就抓住了何氏的衣服，可衣服早就被何氏弄得腐朽，这一拉之下瞬间撕裂，何氏就这样坠落而亡。

宋康王在叹息的同时突然发现何氏被撕裂的衣服里面竟然有字，上面写着："大王虽然愿意我活着，可我心中只有韩郎，他不在身边，我活着也没有意思，只想一死了之。大王，如果您还对我有半分爱意，还请将我的尸骨与韩郎合葬，成全了我二人相爱之情。"

读了这封信以后，宋康王大怒，没有遵从何氏的意思，而是分别埋葬他们，并在两个坟墓之间留下几米的距离，其用意就是让此二人只能相望却不能有任何接触。

看着这两座坟墓，宋康王愤愤地道："好哇，既然你们夫妇如此相爱，那就互相看着吧，如果你俩能使两座坟墓合在一起，那我就不再阻挡你们。"

说罢，转身而去。

可没想到的是，没过几天，这两座坟墓便长出了两棵梓树，这树长得飞快，没过几天便长起来了，之后两树树干弯曲，互相靠拢，树根在地下交接，树枝在天空交错。又有一雌一雄两只鸳鸯，总是栖息在树上，早晚都不离开，依偎着悲哀地鸣叫，声音令人感动。

宋国人同情他们，于是称这两棵树为"相思树"。"相思"的名称，就从这时候开始。

而宋康王也说话算话，这以后再也没动过坟墓上的两棵树。

至于宋康王穷兵黩武和武乙迷恋者之事可归纳到一起来说。

那宋康王夺得大位以后，不喜文官，专爱武夫，并疯狂发展宋国的军事力量。宋国一时军力大增，竟有万乘之国的称号。

兵一多就肯定有野心，于是宋康王就打算在一个良辰吉日对四方诸侯用兵。

正巧一日，有只小鸟在城墙的角落生下只鹯鸟（传说是凤凰的一种，有可能是宋康王为了激励宋军士气杜撰的），宋康王便让太史占卜此事凶吉。

太史认为，小鸟生出大鸟，这是预示着宋国必能称霸天下。

宋康王因此大喜，遂出兵灭掉滕国（今山东省滕州市），之后兵不解甲地进攻薛国，夺取淮北大片土地，其攻势几乎可以用无往而不利来形容了。

也因此，宋康王自信心爆棚，变得更加张狂，为了显示自己的身份不逊于天神，宋康王学习商朝的武乙，用皮袋子装着血，把它挂起来用箭射击，称作"射天上之神"，并且用鞭子鞭打土地，还砍掉土神、谷神的神位，把它们烧掉。自称："我用威力降服天下鬼神。"

要知道，那时候的人是相当迷信的，宋康王这种做法无异于犯了天下最大的忌讳。

然而这还不是最吓人的，最吓人的是这宋康王竟然敢同时和楚国与齐国两个强国交战，并且夺下五座齐国城邑和楚国三百里土地！那这是怎么回事儿呢？难道宋国真的强大到了可以和齐、楚两国同时火并的地步了吗？

笔者觉得这是不可能的。

具体的原因是，宋国攻打楚国的时候楚国正在率三晋和燕攻打秦国，想先放一放宋国，等胜利归来再收拾它，可谁料到此战联军各有心思，最后竟大败亏输，后来楚国又被连番侵略，所以，根本就抽不出时间来对付宋国。

而齐国呢？估计是因为那时候齐宣王刚刚上位，凡事都求稳，所以暂时没去管宋康王这个匹夫。而后齐宣王又是伐燕又是攻楚，再加上宋国和齐国的邦交又有所恢复，所以便不了了之了。

可多年以后，如今的齐湣王还记得当年的仇恨，齐湣王能力没有多少，可野心还不小，志在一统。所以，紧挨着自己，并且战力弱于七雄的宋国便成了齐湣王的第一个军事打击目标。

可让人瞠目结舌的是，齐湣王这一次对宋国的军事打击竟然以失败告终，关于此战争的详细过程史书上并没有记载，但笔者分析，宋国是靠最娴熟的守城技术才将齐国侵略者逼退的。

但由此可见，宋国的军事实力还是不俗的。

另外，此刻之齐国没了孟尝君便再无名将，处于一段名将真空期。

那这事儿就算完了吗？心高气傲的齐湣王甘心就这样放过宋国了？答案当

然是不。

宋国已经活不了多久了。

可这是后话，咱们暂且放下，因为这时候，秦国的黑色旋风将席卷中原大地。

3.16　黑色旋风

就在齐湣王攻打宋国失败以后，秦国打算调遣主力大军东出函谷关，给予中原之魏、韩以毁灭性打击。可想要调遣主力大军出征就必须有一个前提做保证，那便是无后顾之忧。

而现在的秦国最大的后顾之忧有两个，第一个是赵国，第二个便是楚国。这两个国家只要解决一个，秦昭王便有信心发兵中原。

赵国方面秦昭王无法下手，因为赵国一点儿不比秦国差，怎么会让你安心发展？可楚国不就一样了，这南方恶霸早已不复春秋之勇，前几年被秦国和齐、魏、韩三国联军大伤元气，现在只有勉强自保之力而已。

所以，从楚国下手是最好的选择。

于是，秦昭王给楚顷襄王写了一封信："亲爱的楚王，你们楚国最近可真是厉害啊，有事儿没事儿就往边境屯兵，看来是跃跃欲试啊。今日我就满足你，我即将率领秦国大军攻打你，你给我准备好军队，咱俩痛痛快快打一仗！不过嘛，你要是害怕了我也不是不能给你机会，那就再跟着我，以后不要再背叛我！"

楚顷襄王被逼无奈，只能答应秦昭王，和秦国签订"城下之盟"，并迎娶秦女，以示诚意。

现在已经解决了楚顷襄王，可以正式向中原发兵了。

公元前292年，白起被升为大良造，率众出击并拿下了魏国的垣（今山西省垣曲县南），可不知道为什么，最后又还给了魏国。

公元前291年，秦国"双星"（白起、司马错）两路大军共同东出，白起攻下了韩国的宛城，司马错攻下了魏国的轵和韩国的邓，两路大军都打算以各自攻下的城邑为据点继续东进，看看是新一代将领厉害还是老一代名将更强。

公元前290年，双星继续东进，他们攻城略地，对魏、韩两国造成极大的军事压力。

迫于无奈，魏昭王献出了河东四百里的土地，请求秦国放自己一马，韩国也紧随其后献出了二百里土地。

白得的便宜地谁不要？他秦昭王又不傻。可得到了地盘以后到底放不放过两国嘛……秦国的信誉，难。

果然，还不到一年工夫，公元前289年，秦国双星再次出击东进，在几个月内攻陷魏国整整六十一座城邑，使魏国遭受了毁灭性打击。

但秦国却止住了继续侵略的步伐，并没有灭了魏国，而是给魏昭王留下一些土地。此举用意明显，那就是害怕灭了魏国以后遭到天下诸侯记恨，到时候围攻自己，那可就就偷鸡不成蚀把米了。

打这以后，魏国彻底成了与宋国同一级别的二流国家。韩国也被秦国围到腹地，从此成了秦国的"小弟"。

公元前288年，随着这些年的不断扩张，秦昭王的野心也像自家的领土一样不断扩张。所以，一个王字头衔已经满足不了他的需求了。秦昭王想要当帝。

可同时，秦昭王还有些顾忌，因为此举一出，势必会使自己深陷众矢之的，他秦国现在虽然强大，可也没有强大到可以抵御五国同时进攻的程度。

所以，秦昭王想要称帝就必须有和他一起的。然而这个国家还不能比自己弱，哪怕是弱，也要有限才行。

那这个国家是哪个呢？现在还有谁能和秦国相提并论呢？魏国、楚国不行，这两个国家早成了过去时。韩国、燕国不行，这两个国家只是弱。那赵国不行，赵国虽强，可与自己为近邻，早晚免不了决一生死。

如此，只剩下齐国。这条东方巨龙不管是经济还是军事都十分强大，最重要的是他对于天下诸侯还有一种凝聚力，是秦国最强劲的对手。

如果与齐国互尊为帝好处多多。

第一，互尊为帝等于同盟，到时候自己进攻别国的时候齐国不会出兵干预。

第二，有齐国陪同会使天下其他五国不再亲善齐国，从而分化齐国的外交盟国。

第三，那便是自己可以成为梦寐以求的秦帝，实现秦昭王心中的宏伟梦想。

考虑到这些因素，秦昭王遂决互尊之意便遣权臣魏冉亲赴齐国表达自己的意愿。表示自己以后就叫西帝，而齐湣王从此便以东帝自居。

那么齐湣王到底想不想称帝呢？

3.17　称帝闹剧

答案是肯定的，像他这种心高气傲的君王是绝对不会没有这种野心的。可齐湣王虽然只有匹夫之才，秦昭王的心思他也能猜到一二，于是非常客气地对魏冉道："此事太大，我还要与众位卿家商议才能给魏丞相答复，还请魏丞相先入馆邑歇息，三日之内必给魏丞相一个说法。"

魏冉拜礼而退，齐湣王问计于群臣，"众位爱卿，你们说说吧，这个帝我是称还是不称呢？"

下面的官员分成两派，一派为忠齐派，一派为马屁派。

忠齐派认为，齐国如果称帝，必会得罪天下诸侯，那是弊大于利的。而马屁派则认为，齐湣王心中是想称帝的，所以想迎合着他的心思提案。可半炷香的时间都过去了，别管两派人都是怎么想的，竟没有一个人上前答话。

原因很简单。忠齐派知道齐湣王内心其实是想称帝的，如果自己泼了人家一盆冷水，恐怕人头不保。而马屁派害怕以后齐国因此吃亏会算到自己头上，所以也不敢吱声。

就在齐湣王眉头微皱，隐有不快之时，苏秦突然站出来道："大王，微臣有奏。"

一看苏秦站出来了，齐湣王微皱的眉头慢慢舒展开来，"哦？原来是苏大夫，有什么意见尽管说，本王洗耳恭听。"

苏秦对齐湣王一拜，然后道："称帝到底是坏事还是好事现在还看不出来，不过可以先接受秦王的称帝提议，但不要马上称帝。"

"哦？这是为什么呢？"

"请大王恕罪，微臣想问大王一个问题。"

"但说无妨。"

"请问大王，如果秦国和齐国都称帝，那天下诸侯会尊敬谁呢？"

齐湣王犹豫了一会儿，似有不甘地道："秦国威震天下，行军打仗少有败绩，听说最近又出了个白起，那是百年难得一见的奇将领。所以，寡人认为，如果相互称帝以后，这些诸侯国应该会因畏惧秦威而尊敬于秦。"

"大王高见！那我再问大王一个问题，如果咱们齐国放弃称帝之想，那天下诸侯会跟着谁呢？"

齐湣王很坚定地道："这个不用考虑，那秦国乃是无信之虎狼，谁会和它建交呢？那不等于与虎谋皮吗。我想，那个时候，这些诸侯一定会跟着我齐国的步伐，并且会对秦国更加敌视。"

苏秦眼神深处阴光一闪，然后大笑道："有如此睿智之大王，真乃我齐国之福也。如此，我还想再问大王一个问题。"

齐湣王被苏秦说得早就得意到了天上，这时候他也没有继续称帝的想法了，而是非常痛快地道："先生但说无妨，寡人替你解惑，哈哈哈。"

苏秦心中不屑，表面上笑呵呵地道："我想，秦国与我齐国真正互相称帝的意图无外乎是想联合我齐国给他们的恶邻——赵国施压，之后再予以灭之，可咱们真正的恶邻乃是宋国。我想问问大王，是帮助秦国打赵国对咱们的好处多呢，还是拿下宋国对咱们的好处大呢？"

齐滑王嘿然，"这还用说，当然是拿下宋国对咱们齐国的好处最大了，拿下宋国可以使齐国土地增幅近千里，到时候咱们齐国将会一跃超过秦国，成为天下最强之国！"

苏秦对齐滑王深深一拜，"大王高见，秦国、齐国互尊为帝，可其结果却是秦利大而齐利几近于无，还会落得诸侯皆散的下场。可如果口头上答应秦国互尊为帝实际上却不称帝，等秦国称帝以后再对外宣布放弃称帝，那秦国便会失了天下诸侯之心，其外交必定会陷入被动的局面，而我方则万众归心，到时候没有了后顾之忧，可倾举国之兵攻打宋国，宋国必灭之！那时一统天下也不再是梦，汤、武之伟业和大王您比起来又算得上什么呢？"

苏秦这一番说辞，可把齐滑王给说晕了，遂召见魏冉，并答应其互尊为帝之事。

魏冉回国以后，将此事禀告秦昭王，秦昭王相当振奋，当即便昭告天下，宣称从此为西帝。

他这一称帝，天下诸侯为之震惊，各个国家都开始不安起来，称帝是想干什么？那就是要统一天下啊，如果让秦国和齐国结成联盟，那天下谁还能是此二国之对手？

如此，归附于一方阵营便成了其他诸侯国的唯一出路，可就在各诸侯国都在考虑加入哪方阵营之时，齐滑王突然于临淄宣布放弃称帝。

各大诸侯国一看齐滑王放弃称帝，悬着的心这才放了下来。

于是，敌视秦国的热潮再一次席卷了中华大地，各国全都在外交上逐渐朝齐国靠拢，俨然有再一次联合抗秦之势。

秦昭王一看被耍了，赶紧撤下帝位，恢复王称号。

如此，持续两个月的称帝闹剧就这样草草告终了。

齐滑王因此声明更加显赫。可齐滑王也知道，这都是因为苏秦的功劳，要不然自己还真有可能从了秦国的建议，与其互尊为帝，所以便在这以后对苏秦更加倚重，甚至有和他成为"黄金搭档"的意思。

可殊不知，这却是苏秦挖的一个超大的坑等着齐湣王跳。

3.18 名嘴苏秦

那么这个坑是什么呢？就是灭掉宋国。

只有彻底地灭掉宋国，才会使天下诸侯国更加警惕齐国，才会让齐国露出破绽。这样，燕国才能实行复仇之举。

在苏秦的连番怂恿下，齐湣王打算灭掉宋国了。齐国国内大军已经开始频繁调动。

可就在齐国打算一举灭宋之时，前方突然传来消息，说魏国、赵国竟然赶在自己之前攻打宋国，并且拿下了几块地盘。更让齐湣王崩溃的是，据间谍线报，这两国以后还要继续合作，什么时候彻底消灭宋国才算结束。

原来，魏国经过秦国连续几年的攻击，国土已经大幅度缩水，再不扩充地盘就完全成了三流小国了。那攻打谁才行呢？秦、齐、赵这都不用想，不是现在的他能招惹的，韩国、楚国凭着自己现在的实力也不行，并且魏昭王不晓得哪天秦国还会来进攻自己，所以对七雄之间的外交策略便显得格外重要。

如此，如没有重大冲突或利益，魏国是不打算再和另外六雄开战了。那么剩下的地方只有一个，那便是宋国。

这就是魏国攻打宋国的原因。

可是赵国又来凑什么热闹呢？那宋国和赵国并不接壤，赵国拿下宋国又能有什么利益呢？

其实，还真不是赵国主动要攻打宋国的，而是因为魏国现在实在是太弱了，哪怕是单打宋国他也没有信心能拿下，所以只能派使者联系现在于赵国权倾朝野的李兑，让他帮忙劝说赵惠文王出兵助其攻打宋国，一旦事成，魏昭王就将河阳（今河南省孟州市西）送给李兑的儿子作为封邑。

李兑贪婪无度，且在赵国权势滔天，派出一支部队帮忙魏国对他来讲就是小事一桩。所以，他毫不犹豫地答应了魏昭王的请求，这便是事情的缘由了。

然而，就在齐湣王不知该如何对付赵魏联军之时，秦国使者又突然来了。

齐湣王心中一惊，这时候秦国使者来干什么？

原来，秦昭王前番被齐湣王狠狠地坑了一把，怀恨在心，一直想找个机会报复一下，正好间谍来报，说齐国最近于南边边境不断集结大军，意图对宋不轨。所以，秦国才派使者前来干预，说宋国乃是商朝遗民，并没有做什么伤天害理之事，如果齐国敢对宋国动刀子，它秦国第一个反对！

接连两件事就好像一盆冷水，将齐湣王的雄心壮志浇得一干二净。可就在齐湣王头痛欲裂之时，"及时雨"苏秦又来了，他对齐湣王建议道："大王勿忧，此事虽然麻烦，但未必不能解决。秦国估计是因为之前咱们坑了他们一把，这才派使者前来阻止。而魏国是因为前些年被秦所败，这才急需要扩充地盘。可这都只不过是明面上的东西，其中有一隐子，只此隐子一去，万事定可迎刃而解！"

齐湣王眼睛一亮，死死盯着苏秦，苏秦赶紧继续，"此隐子便是赵国！那魏国现在之军力和宋国也就是旗鼓相当，单靠他一国是绝对无法拿下宋国的，而赵国便是其胆，赵国一去，魏国必退，那时我王可联络燕、魏、赵组成联军直入宋国，便可以最小的代价取得最大的成果。我就不相信，那秦王敢以一敌四！"

齐湣王一愣，赶紧道："不对吧，如果如先生所言组成联军，那宋地必定被瓜分，我齐国还能得到什么呢？"

苏秦呵呵一笑，"大王多心了，宋国对于赵国而言属于飞地，对燕国亦属于飞地，到时候给他们些许好处足矣，而魏国现在什么实力大王您也知道，给他几块地盘就行了，他必定会消停了。"

齐湣王闻之大悦，于是命苏秦为使者前往赵国面见李兑，希望能让李兑不再和魏国合作。

苏秦的如意算盘打得很响，可事情真能按照他的路子来吗？

话说苏秦入赵后直接找到李兑，并对其承诺，只要他肯退兵，在齐国得到宋国以后，会将宋国原经济重镇陶邑（定陶）送给李兑作为封邑。

于是，李兑直接甩掉了魏昭王，赵国大军便弃魏回国。

那么按照苏秦的下一步，便是要联合各国攻击宋国了，可就在这时事情发生了异变。

那秦昭王恨齐湣王入骨，想尽办法来阻挠齐湣王，可这一下赵国退出，使得秦昭王的如意算盘全部落空，愤怒的秦昭王将气全都撒在了赵国身上，他秘密集结大军突袭赵国边境，掠夺了几个城邑而去。

本就是撒个气，可谁料到这一下气坏了李兑，因为和宋国纠缠不清的这些事情都是通过李兑一人之手，而秦昭王因为这事打赵国，这不明摆着是针对他李兑吗？

李兑也是怒了，他委托苏秦帮自己出使齐、楚、燕、魏、韩，意图组成天下联军对秦国予以军事打击。

因为这些年秦国挨个打周边的诸侯，所以诸侯们对秦国都是又怕又恨，这一次有了赵国牵头，自然是痛快地答应了。

于是，公元前287年，齐、赵、燕、魏、韩组成五国联军集合于成皋，准备西进函谷关攻打秦国。其兵势甚重，俨然有一举灭秦之架势。

秦国朝野震动，秦昭王现在是后悔也来不及了，只能倾举国之兵拒之。

可秦国那边边防都布置完了，成皋方向的联军却没动静了，这让秦昭王非常奇怪，"不是说兵贵神速吗？这联军为何不动了？"

就在秦昭王满脑子问号的时候，突然有内侍道："报！禀告大王，外面有赵国使者来见，说是代表李兑来的。"

"啥？李兑的使者？嘶……这时候他派使者来干什么？"

秦昭王丈二和尚摸不着头脑，只能先见一见。

可当秦昭王听了这名使者的来意以后，直接惊呆。那么这名使者到底说了什么呢？是什么事能将见惯了大风大浪的秦昭王都惊呆了呢？

在说这之前，还是先把时间再往前推，来看看五国联军为什么憋在成皋不动吧。如此便一目了然。

本来，当苏秦成功说服了四国参加联军以后，李兑还得意了一番，可等五国兵至成皋以后，李兑才发现，自己实在是太天真了，因为除赵国以外，齐、燕、魏、韩等四国派出来的士兵皆为"民兵"，虽说数量不少，但基本上都是新兵。这种士兵最容易溃散，派他们上战场还不如赵国一家上得了。这里更是以魏国最甚。

所以，李兑屯大军于成皋不动，就是想进行下一步打算——将魏军困于成皋，然后赵国与秦国秘密结为同盟，对魏国发动突然袭击，一举灭了这个曾经的天下最强国。

所以，当秦昭王听闻使者之意后，立马汗颜，心想："这简直就是厚颜无耻了。"

通过这件事，秦昭王觉得李兑这人太不靠谱，所以便打算考虑考虑再说，可这天下没有不透风的墙，秦昭王还没等做决定呢，魏昭王却知晓了李兑的图谋。

魏昭王听闻此事以后大怒，直接将魏国的部队撤退回国。

苏秦感觉时机已到，便请奏齐湣王恩准，出使魏国前去面见魏昭王。

苏秦见到魏昭王以后也不寒暄，而是直奔主题，"尊敬的魏王，现今秦国的强大您是知道的，这天下诸侯谁敢说能单对单打得过秦国？所以，五国伐秦不但对五国有好处，对他赵国好处也是最大的。可事情经李兑这么一闹，完全变了味儿，五国联盟必定解散，而赵国如果再由李兑这么胡闹也早晚亡国。等到时候秦国就更难以控制了。李兑，就是一个小人！您想想，您给李兑和赵国土地，可您最后得到什么了？还不是李兑一句话您的伐宋大业便戛然而止了吗？"

在苏秦的挑拨下，魏昭王越想越生气，到最后嘴唇都气哆嗦了。

苏秦不失时机地继续道："人需要对比之后才知道差距，大王您想想，您全力讨好赵国，到最后得到的却是无情的背叛，可您若花一半的力气结交齐国，天下还有谁敢得罪您？只要您肯侍奉齐国，必不受到耻辱，也不必割让一寸土地，就能得到天下人的尊重。想想当初齐国是怎么对魏国和韩国的吧。"

话毕，魏昭王陷入了良久的沉思。

是呀，想当初田文率领三国联军连破秦军，逼得秦国割地求和，可最后齐国却是没要魏、韩两国一寸土地，这简直就是仗义一词的最佳诠释！可如今再看看赵国和秦国，哪一样能和齐国相提并论？

于是，魏昭王下定决心，再次回归齐国的怀抱。

如此，齐湣王和苏秦的第一步就算成功了。而下一步便是要破坏秦赵之间的同盟了。倘若让这两个国家同盟，势必天下无敌。

于是，苏秦再一次出发了，他的下一个目标便是赵国之权臣——李兑。

二人见面，先是寒暄一番。之后，苏秦针对李兑之贪婪性格道："大人，齐王曾答应大人，只要讨伐宋国成功便会将陶邑送给大人，可您和赵国投靠秦国以后，秦国将天下无敌，到时候全天下之诸侯都会侍奉秦国，而宋地也必为秦国所控，陶邑这个地方可位列天下城邑三甲之列，我可听说秦国丞相魏冉也对这个陶邑虎视眈眈，试问大人可能争得过魏冉？"

李兑沉思一番，最后无奈地摇了摇头，苏秦继续道："所以，大人您到最后是什么都得不到的。可如若您不投靠秦国则完全不同，那时候齐国没有了后顾之忧，便会全力攻击宋国，再找些其他诸侯国共同攻击，两个月之内，宋必灭之！齐国的信誉您是知道的，区区一个陶邑还不值得我齐王食言。"

话毕，李兑频频点头。

苏秦看其内心已有动摇，便继续道："如今韩、魏、齐三国互相猜疑，如果您在这个时候不坚持五国同盟，反而与秦国在一起，五国必定大乱，我要提醒您，您能做初一，齐王就能做十五，秦国和齐国也不是不能联合的，到时候对谁最不利您是知道的。那对大家都没好处，您还是好好想想吧。"

苏秦如此软硬兼施，说的又都是大道理，由不得李兑有半分迟疑，当即点头答应。

如此，秦赵之最强同盟终止。联军也虎头蛇尾解散了。

到这，第二步也进行完毕，那么下一步就是要出兵宋国了。

如上所述，其实凭着齐国的军事力量，消灭宋国并没有多难，难的是在他出兵的时候背后没有其他国家的牵制，你比如说秦、赵、燕、魏、楚等国，这些国家没有一个会看着你出兵而不动的，可苏秦凭借着一条三寸不烂之舌硬是将魏国和赵国全部搞定，下面剩下的只有秦国和燕国而已了。

燕国不用说，那是苏秦真正的本家，燕昭王怎么可能会破坏苏秦的计划呢？至于秦国，人家四国都已经组成联军了，它便也无法扭转局面了。

3.19　灭宋

公元前286年，齐、赵、魏、燕四国联军共同出击宋国，但主力部队和供应粮草定是齐国无疑。

宋康王这些年对周边国家不断动武，甚至齐国和楚国都吃过他的亏，这也就使得宋康王天真地以为没人敢违抗他，遂开始长年累月的"放飞自我"。

可突然于某一天（前286年），宋康王听到传言，说齐、赵、燕、魏要过来围殴自己，宋康王觉得此事简直不可思议，遂派斥候于北部探查敌情。

果然，几天以后，那个斥候跑了回来，惊慌失措地对宋康王道："大王！情报无错，联军确实已经往我宋国开进，现距离边境已经不远了，老百姓们都十分害怕。"

听了这话，宋康王眉头紧皱，心头一紧，正想命人组织军队准备拒敌，可谁料到，就在这时，宋康王手下的一个"马屁精"钻了出来，对那个斥候小兵吼道："不可能！我们宋国何其强大，他小小的一个齐国怎么会有胆量对我大宋国发动攻击？老百姓又怎么可能会害怕一个小小的齐国？大王，别信这斥候的，我料定这一定是那些成天劝谏您的大臣们想到的鬼点子！"

宋康王本就是一个残暴之徒，加上这些年荒淫无度，他那些仅存的智商也快没了。

所以，宋康王直接信了"马屁精"的话，竟然将这个忠心的斥候判了一个欺君之罪，直接腰斩。

之后，宋康王心中还是有点儿害怕，便又派了一个斥候前去探查敌情。

可让宋康王没想到的是，这个斥候回来以后竟和第一个被斩的斥候是一个说辞。

宋康王大怒，又将此人拦腰斩杀。之后又派了一名斥候前去探查敌情。

而此时的联军已经对齐国边境发动了猛烈的攻势，于是这名小斥候赶紧往回走，正好在路上遇到了自己的哥哥。

他哥哥看到弟弟如此慌乱，于是问道："我说老弟，现在国家都这么危险了，你还往哪儿去呢？"

小斥候道："哥哥，前番大王派我去侦察敌情，现在联军已经过了边境，马上就将侵入我宋国的腹地了，我要赶紧去向大王通报。"

斥候的哥哥一听这话，赶紧拉住了小斥候，"且慢，你信不信，你要是这么说，将会死得比谁都快，如今国家就要灭亡，那些'马屁精'和祸国殃民的人全都要死，你比他们先死，值得吗？你不如和那个什么宋王撒个谎，便能挽回一命，到时候咱们一家赶紧逃离宋国，这才是正道啊！"

小斥候感觉大哥说得很靠谱，便前去宋康王处说边境并没有联军踪影，本国的老百姓们也过得十分安逸，并未见有任何的惊慌。

那宋康王一听这话，别提多高兴了，其手下的马屁精们也借机道："定是那些之前被杀的斥候撒谎，大王真是英明。"

宋康王本就十分高兴，又得手下一顿狂拍马屁，更是将尾巴翘到了天上，遂赏赐小斥候许多金银。

那小斥候得了金银赏赐以后，直接举家逃往国外去了。

小斥候跑了，可宋国和宋康王却遭了殃。

由于始终得不到援军，宋国边境防线很快告破，联军毫不费力便侵入了宋国腹地，一路势如破竹地打到了宋国的国都——商丘。

直到这时候，宋康王才明白事情已经到了无法挽回的地步，遂一面派兵防守商丘，一面派遣大夫臧子前去楚国寻求援助。

臧子不敢耽搁，一路马不停蹄地飞奔至楚国国都——郢城。

本想了许多说辞说服楚顷襄王，可出乎意料的是，楚顷襄王几乎想都没想便答应了臧子的求援请求，并让宋国不要放弃抵抗，楚国的援军很快就会到达。

臧子谢过楚顷襄王回国，可在回国的路上，臧子面色却极为难看，一路唉声叹气。

臧子的御者（车夫）不解，"大人，楚王都已经答应出兵相救咱们宋国了，为什么你还是如此忧愁呢？"

臧子又叹息一声，之后道："你有所不知，我们宋国为小国，而齐国却是名副其实的老牌强国，如果楚国救宋一定会得罪齐国。你想想，为了一个小国而得罪大国，如果你是楚王你会怎样？"

御者想了一想，之后摇了摇头道："我想我是不会答应的。"

"对了，既然你都不会答应，那楚王就更不能答应了，哪怕他答应，其面色也会迟疑，最差也要犹豫几日才有决断。可你看楚王，他答应得如此痛快，我想，这无非就是想让我们宋国继续顽抗，而他楚国则不出兵，却能从中牟利也。"

那么臧子到底说得对不对呢？简直对极了。

那边联军包围商丘，之后并不进攻，而是将商丘周围的城邑村庄一座又一座地攻陷，其战略意图便是彻底孤立商丘兼断其粮道。而楚国那方面呢？只在边境上部署一些士兵便不再前进了。

楚顷襄王就是做做样子给齐湣王看，意思是说我有出兵的能力和口实，可我没出兵，我的态度也就很明白了。

齐湣王当然明白楚顷襄王的意思，不就是想等到灭了宋国以后要点儿好处吗，给你不就得了？

于是，所谓的"万乘之国"宋国一泻千里，不到两个月商丘便被攻破。

宋康王狼狈而逃。存在八百余年之宋，由此灭亡。

那么宋康王的下场又是什么样呢？有传言说他在逃跑的过程中被齐国人抓

住杀死，还有说他逃到魏地以后被杀死。

宋国至此已经成了过去时，咱们还是继续往下说。

3.20 忍

众所周知，强盗在抢劫完毕以后第一件要做的事便是分赃，而齐、赵、燕、魏这几个国家也不例外，灭掉宋国第一时间便开始分赃。

由于本次出击齐国是大头，所以得到的当然是最多的，赵国则得到了陶邑和相当可观的谢礼，魏国和楚国也得到了一些土地。如果齐湣王再赏给燕国一些金银，那就更是皆大欢喜之结局了。

可齐湣王瞧不起燕国，更瞧不起燕国人，再说他灭了宋国以后下一个目标很有可能就是燕国。所以，齐湣王未给燕国人一分一毛的赏赐，这使得燕国大将张魁非常生气，以此和齐湣王据理力争。

可齐湣王此刻已经极度膨胀，认为自己灭了宋国以后便是天下之主宰，便在张魁和他语气不善时，直接让手下将他拖出去斩了。

而燕国军队呢？就好像是被驱赶的畜生一样赶回了燕国。

此时，燕国国都——蓟。整个王宫死气沉沉，燕昭王的脸黑得已经能挤出墨汁，下面的官员噤若寒蝉。

啪！随着一尊银制酒杯被摔落在地，燕昭王怒吼道："田地这个无耻之徒，我燕国军队助他攻宋，如今宋国已灭，他不给些报酬也就算了，竟然胆敢杀我大将，田地这个畜生，他们齐国人都该死，我要兴师伐宋，动员全国兵力攻打齐国！来人啊！"

"在！"

"给我集结军……"

就在燕昭王受不了齐湣王的侮辱，想要出兵攻齐之时，突然一名叫凡繇的大臣站出来道："大王，以前我认为您是一位明君，所以才来投靠，可如今看来并不是那么回事儿。所以，请允许我告老还乡，不再为您效命。"

凡繇这一举动把燕昭王吓了一大跳，赶紧站起来问，"先生何出此言？我怎么了？难道齐国如此侮辱我燕国我不应该出兵教训它吗？"

凡繇摇头苦笑，"大王啊，燕国曾经遭受灭国之祸，这您难道忘了吗？"

燕昭王沉默了一会儿，情绪好似稍有舒缓，低沉地道："这我怎么会忘呢。"

"好，大王没忘就好，当初先王死于齐人之手，大王您比谁都悲伤，比谁都怨恨齐国，可您知道忍耐，并对齐国低头，那是因为知道自己的力量不够。现在咱们燕国的国力虽然比那时候要强，可也强不过齐国吧？那当初先王被杀您都可以忍耐，为什么如今死一大将您就打算破坏我燕国的整体大计呢？难道张魁比先王更重要？还是大王您已经忘记了当初燕国几乎亡国的悲痛？"

凡繇这些话就如同当头棒喝，燕昭王一个哆嗦，赶紧弯腰对凡繇承认错误，并且道："先生说得是，是我一时糊涂了，那先生觉得我现在应该怎么做呢？"

凡繇微笑着捋了捋胡子，露出了一副孺子可教的德行，"大王您不只不能报仇，还要派人主动出使齐国，向齐王那孙子认错，这样齐王就会更加骄傲，更加张狂，如此，他的末日就到了。"

燕昭王听罢连连点头，遂派凡繇出使齐国进行大计。

咱们再把目光转到齐国的临淄王宫。

此时的齐湣王那可真是意气风发，自打灭了宋国以后，齐国国土大幅度增长，虽然还是比不上秦国与楚国的国土面积，但齐湣王认为，凭借齐国的先进政策、庞大的财力和近乎无敌的凝聚力，自己就是天下第一了，还有谁配和自己争锋呢？

再加上现在没有了那个可恶的田文，整个天下还有谁能整得了自己？

所以，齐湣王这段时期白天设宴招待群臣，晚上就不停地逍遥快活，日子过得那叫一个舒坦。

田文不是回薛邑养老去了吗？怎么就没了呢？

原来，当田文回到薛邑以后，薛邑以及附近的百姓们全都听从他的指派，俨然就是一个独立小王国，再加上田文在齐国的人气。所以，齐湣王依然视其为眼中钉、肉中刺，总想找个机会将他解决了。

于是，他在灭了宋国以后，国中威望有所加强，便想借着这股势头杀了田文。

可田文在王宫中耳目众多，那边齐湣王刚刚策划，还没等实行，田文这边就知道了。

他知道自己不是齐湣王的对手，便携家带口地逃往魏国，而魏昭王非常崇拜田文，便拜其为魏相，主持魏国国政。

由此来看，魏国还是不怎么信任齐国的。

一天，齐湣王还是和往常一样在临淄王宫设宴庆功，可就在兴头上，突然有下人报告，说燕国的使者到了。

这话一说，本来热闹的宫殿顿时冷清起来，并慢慢形成了一股肃杀之气。因为齐湣王之前无故杀了燕国的大将张魁，所以齐湣王和这些大臣们都认为燕国是来讨说法的。

齐湣王一声冷笑，遂宣凡繇觐见。

按理说，既然已经宣人家进来了，那基本的礼仪就要过得去才行，应该马上撤去宴席，并按照接待国家使者之礼接待才像一个大国应有的态度。

可齐湣王呢？他并没有这么干，而是让凡繇直接觐见。

此时的凡繇非常谦卑，谨慎地迈着小步子走进了临淄王宫，他看到了王宫中的饭桌上一片狼藉，看到了大臣们眼中的不屑，看到了齐湣王高高在上并夹杂着一丝杀意的眼神。

凡繇确定，齐湣王绝对是不怀好意。

而齐湣王呢，也确实想要杀了凡繇，就等着他讨说法时便要发作。可谁知道凡繇非但没有兴师问罪，还极其谦卑地说，"外邦小臣参见齐王！"

齐湣王一愣，也不好直接发作，于是道："嗯，你来我齐国有什么话说啊？"

"奉我家大王之命，前来向齐王谢罪。"

这话一说，下面的大臣们唏嘘一片，就连齐湣王都蒙了，"怎么？我无礼杀了你燕国大将，你不但不讨说法，还主动认错？这太有悖常理了吧？"齐湣王如是想着。

没等齐湣王继续问话，凡繇道："齐王殿下，我家大王说了，这一切都是他的错，齐王您如此贤明，是不会错杀无辜的，之所以杀了张魁，一定是那莽夫不懂礼仪，说明他用人不慎，所以才来谢罪的。"

话毕，齐湣王哈哈大笑，那笑声充满了蔑视与猖狂。

等齐湣王嘲笑完以后，对凡繇道："好，你家大王的谢罪我接受了，不过刚才你的声音太小，我们齐国众多官员没有听真切，能不能劳烦你大驾再说一遍呢？"

于是，凡繇将刚才说与齐湣王的话又大声重复了一遍。

话毕，王宫大殿哄堂大笑，还有的在笑声中掺杂着骂道："这燕王，真废物啊！"

一个时辰以后，一辆马车慢慢地驶离临淄。看着逐渐远去的临淄城，凡繇阴冷地道："得意吧，你的时间不多了。"

有一句话说得好，那就是"如果想让一个人灭亡，就要先让他疯狂。"现在的齐湣王很得意，很疯狂。所以，他恐怕距离灭亡不远了。

可有人却看出了危机正慢慢向齐国靠拢，此人便是齐国大夫狐援。

3.21　五国伐齐

狐援感觉齐湣王现在的自信心不断膨胀，整日只知道逍遥快活，完全忽略了国政，便觐见齐湣王，并和他说，"大王，现在天下未定，您还不可松懈啊，哪怕有一天咱们齐国真的坐拥了天下也不应该松懈，应该以夏、商之灭亡为鉴才行啊。当初的夏桀与商纣不都是坐拥天下吗？可最后怎么样呢？不还是被灭了吗？号称华夏至宝的九鼎也被夺走。大王啊，您要勤勉，要虚心做人，不要荒废国政。这样，齐国才有机会一统天下啊。千万不要学那夏桀、商纣，不要让齐国的大吕钟也陈列于他国的宝库之中啊！"

现在的齐湣王正是意气风发之时，听不得贬低自己的话，这话谁说谁死，可狐援乃是齐国出了名的贤者，如果杀了他，势必会让自己的名声大跌，于是他指着狐援大骂，"大胆！竟然敢拿我和桀、纣相提并论，我看你是找死！来人！"

"在！"

"给我将这狐援赶出王宫，以后都不准让他再进入半步！"

"是！"

于是，在两个侍卫的生拉硬拽下，老迈的狐援被扔出了王宫。

按说狐援既然已经尽到心意也就行了，他齐湣王不听就是他个人的问题了。

可狐援对齐国是真的忠诚。他跪在王宫门外，大哭了三天三夜，其间滴水未沾，还反复重复着，"齐国的人民啊，你们赶紧逃吧，现在离开齐国还能活命，再过一段时间想逃都逃不了了。"

那狐援的下场如何呢？我们来看看吧。

开始，齐湣王虽然生气，但并没有要杀狐援，以为他哭几个时辰也就完事儿了，可没想到这狐援没完没了，一直到第三天都没有停止的迹象。

这下齐湣王可怒了，他招来狱官问，"我问你，为国家哭丧该当何罪？"

狱官犹豫片刻，无奈道："罪该当斩。"

齐湣王冷哼一声，"好，既如此，就把狐援给我抓起来，斩了！"

说罢，拂袖而去。

这个狱官知道狐援是一个忠心为国的好臣子，所以不忍心杀他，可齐湣王的命令已经下达，如果自己不照办，不但救不了狐援，自己也会跟着送命。

这可怎么办呢？

就在狱官不知如何是好的时候，突然看到王宫东门有一座私人刑台（王宫处罚太监宫女的地方），这刑台很高，足以让周围的人看得清清楚楚。

于是，狱官命人在这座刑台上放了一把很大的斧头，就是想让狐援看到大斧以后赶紧逃走。

狱官相信，在齐湣王的内心深处也是不想杀狐援的，只不过这次狐援实在有些过激而已。

可是如果狐援怕死的话他就不会去劝谏齐湣王。更不会在王宫门前连哭三天三夜。

果然，当狐援看到高高的刑台上放着一把大斧以后，非但没有逃走，反倒是飞奔过来求死。

狱官当即大怒，指着狐援骂道："狐援！齐王要杀你，我不想残杀忠良，这才在这里立了个大斧头来警告你，可你非但不跑，还过来送死。"

狐援怒哼，回嘴道："想当初商有比干劝纣王，吴有伍子胥劝夫差，虽然最后全都被杀了，但他们都是千古之臣。如今齐有我狐援劝齐王，我一定会青史留名的！来吧，杀了我吧！"

就这样，狐援从容赴死，可他的死非但没点醒齐湣王，反倒是加速了齐国灭亡的步伐。

因为狐援的名气非常大，所以他死后，齐国九族心寒，百姓不附，至此，齐国表面上虽然强大，可实际上已经到了动荡不安的境地了。

就在这时，苏秦也写信至燕昭王处，说时机已到，可以行动了。

燕昭王大悦，遂派乐毅出使列国游说，打算联合秦、三晋共同攻击齐国。

为什么燕昭王不找楚国来帮忙呢？按说楚国虽然在前些年被四国（秦、齐、魏、韩）疯狂围殴，可已经过去很多年了，军力应该恢复了才对啊，再说楚国和齐国接壤，绝对是攻打齐国的第一帮手才对。

就因为楚国实力不俗，且挨着齐国，燕昭王才没打算去找楚国帮忙。因为一旦牵出楚国，到最后瓜分齐国的时候便会出现不可确定的因素。

就在乐毅打算挨个儿去诸侯国游说的时候，却没想到只第一站赵国就将所有的诸侯国全都搞定了，那这是怎么回事儿呢？

因为乐毅来到赵国以后，发现秦国使者也在这一时间面见了赵惠文王，所说竟也是共同攻打齐国。

那秦国和齐国相距甚远，就是拿下了也属于飞地，根本守不住，他为什么要攻击齐国呢？

原因很简单，在整个华夏大地，秦国真正看得上的对手只有两个，那便是齐、赵二国。然而齐国击溃宋国以后，齐湣王志得意满，又"残杀忠良"，这使得齐国凝聚力大降，此为攻打齐国之绝佳时机。如果此时不攻，等齐国人喘过气来，那可就不好打了。

所以，秦国也派人来说服赵国结成联军。

那赵惠文王本来是犹豫不决的，可就在这时，乐毅也来说同样的事情，赵惠文王便同意了，毕竟本国的中山地区挨着齐国边境，打败齐国以后赵国也会得到不少甜头。

于是，秦、赵、燕三国联军在瞬时之间就形成了。

紧接着，乐毅又和秦国使者前往咸阳面见秦昭王，商讨了下一步的计划。秦昭王当即决定，主动出使联系魏、韩两国。

韩国不用说了，夹在秦国与赵国中间，人家说什么它就得照办，魏国就更不用说了，它连接着齐国，只要齐国一亡，自己的好处定是少不了的。

于是，五国联军伐齐之事已成定局。

可决定是决定了，紧接着又有难题了，那便是哪国为本次五国伐齐的盟主国。

要知道，从有夏以来，任何一次联盟作战，盟主国出兵是最多的，损失是最大的，可所得利益也是最多的，这其中就包括地盘、名声和物资。

因为本次联盟各国都是被秦国说服的，再加上它本身的实力也是最强大的，所以严格来说，盟主国就应该是秦国才对。

可齐国对秦国来讲属于飞地，就是拿下齐国秦国也守不住，只是白白为他人作嫁衣，所以秦昭王不想当盟主，那么就要将盟主的位置交给第二发起人了，而这个第二发起人是谁呢？那便是燕国。而燕昭王也很乐于当这个盟主。

于是，联军敲定，各国秘密集结军队，于次年某月某日同时行动，对齐国发动突然袭击，而这一切，齐湣王全然不知。

公元前284年的某日，燕昭王突然倾全国之兵，以乐毅为主帅，从国都出发，越过燕长城一路向南，经河间、平原，至济水以北平原处驻扎。

与此同时，秦国与三晋也相继出兵，五国大军几乎同一天到达了济水以北平原处。

至于联军兵力史无记载，《战争史》通过多方面分析应该在三十万人左右。

身为联军总司令的乐毅在联军集结完毕之后首先誓师，并命令大军休整一日后即刻攻击齐国。而直到大军完成集结以后齐湣王才知道五国伐齐这码事儿。

其闻讯大惊，赶紧召开国会，仓促集结兵力，倾全国三十万之兵西行迎击联军。

两军于临淄以西，泰山以北之平原相持。

这场世纪大战的详细过程我所观之史书无半点记载，只记录了结果"齐大败"。

其实这也不难分析，按照《孙子兵法》所述，但凡大集团军决战，有几点要求必须满足。

第一，提前几个月就要展开全国总动员，其要点便是要民心所向，鼓舞士气，而齐国则是仓促调动，这第一点就输在了起跑线。

第二，粮草装备必须提前准备妥当，以应对消耗战所需，而齐国则是仓促调动，此项还是输。

第三，大集团军作战以前必须向敌国出动五间，在战斗之前探查敌军虚实，正所谓知己知彼百战不殆，齐国也没有。

第四，战前通过所要应对之对手、地形等条件选择恰当的主将，而齐国还是没有。

综合以上四点，齐国不败才怪。

而齐国到底是谁带的兵，史书上并没有什么记载，不过《战争史》有两句话值得推敲，"齐湣王亦尽起齐国之兵，渡济水西进以拒之"，还有"齐湣王率残军退守临淄"。

从以上两句话可以得出结论，本次齐军的主帅大概率就是齐湣王本人。齐国在如上四点缺陷的背景下，盖此时齐国亦无名将，又属仓促调动，所以齐湣王为了满足军队士气的需要，只能亲自带队。

可纵观历史，史书上从没记载过齐湣王统率大军作战的事迹。可以说，齐湣王毫无军事经验。

兵圣韩信曾经评价刘邦，说他能统率十万大军作战。其实，这已经是对刘邦的一个称赞了。要知道刘邦打了一辈子的仗，其军事统率能力足以列入名将之列。而一个从来都没有统兵作战经验的齐湣王却带三十万人，齐军能不败吗？

所以，齐军被联军打败，齐湣王率领残兵退守临淄。他知道，单凭临淄的这些残余部队根本就不是联军的对手，便一边布置城防一边遣使者前去楚国求救。

那楚顷襄王又答应了，且真的派兵了。

再看看联军方面。

联军歼灭了齐国有生力量以后，乐毅在进军临淄之前召开了一个战前会议，他在大会上非常郑重地感谢了秦国和韩国的友情帮助，并给了两国军队相当可观的谢礼，后以齐国为秦、韩两国之飞地为名劝两国的军队撤兵回国。

两国将领也觉得有些道理，收了好处后便领军撤退了。

之后，燕、赵、魏三国开始了疯狂瓜分齐国的行动。

乐毅令魏军南下，攻打原宋国，令赵国攻打河间地区（中山东疆）。如此，边边框框都被分完了，剩下的齐国大馅饼就是他的了。

于是，燕、赵、魏三国大军分兵而进，燕军直抵临淄城下。

可当乐毅准备制造攻城器具攻打临淄之时，却惊异地发现，临淄城门已经被城内的老百姓打开了。

临淄，这个千年古城，自从为齐国之都以后从未被攻陷过，然而如今也逃不过陷落之局。

那一座好好的临淄城怎么就不战而降了呢？

原来，齐湣王逃回临淄以后，本来是想在临淄城抵挡燕军的进攻的，可一看自己现在可用之兵实在太少，恐怕抵挡不住燕军的猛攻，便在燕军到达以前就弃城而逃了。

而城内的大臣和士兵们一看大王都跑了，也放弃抵抗，便也跟着逃了。

如此，标志着齐国辉煌的国都就这样成了空城。乐毅不费一兵一卒便入驻了临淄城，并将临淄王宫金银珠宝全都输送回了燕国。

紧接着，乐毅继续部署作战，打算一举灭了齐国这条东方之龙。

其副将剧辛吓了一大跳，赶紧劝道："元帅不可！齐大而燕小，咱们就是因为各大诸侯国联合在一起才能击败强齐，想要将这个万乘之国一口吃掉简直太不现实！依末将看，应该在齐国还未恢复元气之时，出大军占据靠近咱们燕国边境的地区，这样才会保险。大帅要知道，齐国自姜太公建国已近千年，百姓们对其的依赖早已到了根深蒂固的程度，这样的老百姓想要让他们归顺燕国，简直是天方夜谭。如此，还不如给齐国留一口气，这样两国以后还有得谈。"

剧辛此话其实并不是没有道理，属于求稳派，他就是怕乐毅太激进。

可乐毅却不以为然，他回答道："齐王自从灭宋以后，废除贤良、信任奸邪、政令暴力，可以说是民心尽失，如今他的主力已经损失殆尽，正是一举平定齐国的绝佳时机。如此，燕国必为天下第一强国，统一天下也不是梦。剧兄，现在天下纷乱，秦国已经太过强大，时不我待，如果再不做些什么的话，怕是再也没有机会了。"

剧辛听罢默默点头，算是认可了乐毅的说法。

在继续向齐国内部深入以前，乐毅决定给予齐国的政治与文化以激烈的打击，要不然就像剧辛所说，就算拿下齐国也会遭受到无尽的抵抗。

于是，乐毅在临淄城颁布如下政令：

一、禁止军队掳掠。

二、提拔齐国之前被齐湣王废除的齐国本土人才，或者隐居的所谓贤者，并尊而礼之。

三、减少老百姓的赋税。

四、齐湣王曾经的暴令全部废除。

五、修齐国旧政（齐桓公和管仲当初立下的政策，具体怎么修改的无可考）。

六、废除田氏宗庙，祭祀姜氏宗庙。

七、善待姜齐后人并厚葬王蠋。

那么王蠋是什么人呢，乐毅为什么将这么一个人单独厚葬呢？

这王蠋乃是齐国出名的贤者，齐国百姓都很尊敬他，当初他也曾像狐援一样劝谏齐湣王，可齐湣王不听，这才隐于市井之间。

乐毅攻入临淄以后，为了收买人心，亲自前往王蠋住处拉拢他为燕官，可王蠋毫不犹豫地拒绝了乐毅的邀请。

乐毅冷哼道：“不答应？行啊，你要是不答应，我就将临淄城的男女老少全部杀绝，我看你到时候怎么办！”

乐毅这话说得吓人，可王蠋根本不为所动，他与乐毅道：“正所谓忠臣不侍二主，烈女不侍二夫，想当初齐王不听我劝，我才隐退市井，但我的心只忠于齐国。如今齐国已破，你还以武力来威胁我，我要是答应你便是不忠，我要是不答应你便是不义，与其背着那不忠不义之名，还不如一死了之！”

话毕，不等乐毅反应，王蠋直接撞墙而死。

乐毅怕激怒临淄百姓，所以才厚葬了王蠋。

乐毅颁布新政令以后立即昭告齐全国。

第一条到第三条基本全是为了收买民心所用，只要燕国人能做到，那么齐国人就不会全国抵触燕军，毕竟都是中华人，谁统治谁都没差别。

第四条到第五条是改变原有齐国政令，让齐国人从此过上不同的生活，从政治上一点点地适应燕人的生活。

第六条到第七条就更狠了，那就是告诉齐国的老百姓，这齐国本就是姜氏的，并不是田氏所有，他们也只不过是篡国的强盗而已。所以你们做燕国的子民也不算亡国奴，因为你们早就亡了。

按说这一招确实阴损，可乐毅忽略了一点，那就是田齐篡国以后并没有改变国号，国家依然叫齐，可燕国占领齐国以后，这些老百姓只能身为燕国人而活，这是不可改变的事实。也许齐国的旧官员们会跟着顺从，但齐国的老百姓是不可能全盘接受燕国的。

乐毅布置完政令以后，直接将燕国的大军分为五军四面出击，争取在最短的时间内彻底灭掉齐国。

第一军向胶东东莱方向进攻。

第二军向南进击，连接魏军，争取也能瓜分一些原宋地。

第三军南下泰山，然后向东进击，至琅琊。

第四军从临淄出发，直线向东进击。

第五军镇守临淄，稳住齐国那些不安定分子。

如此，燕军五路大军各司其职，如旋风一般横扫齐国，短短六个月的时间便拿下齐国七十余城。

可城邑陷落以后，齐国一些有志之士并不甘愿充当亡国奴，他们秘密收拢百姓，组织军队，组成了华夏有史以来第一支"地下游击队"，不停地和齐军展开抗争，争取光复齐国。

那么现在齐国是不是所有的城邑都被攻下来了呢？

不是，因为还有莒和即墨未被攻下。

那么这两座城池怎么就攻不下来呢？它们有什么特殊的呢？在解释这两个地方之前，我们还是先看看齐湣王的最终下场。

3.22　落水狗

齐湣王从临淄出逃以后，知道现在的齐国并不安全，便打算前往他国避难，以待时机成熟再杀回齐国。

那么他去了哪里呢？卫国。

如今的卫国早已成为最小诸侯之一，已不复当初春秋之勇。自从卫嗣君以来，卫国便依附于齐国抑或赵国，直到卫怀君依然如此，侍奉齐国如同臣子侍奉主人。

如今齐湣王虽说是落难而来，可卫怀君依然不敢怠慢，对其如臣子一般恭敬，居然率卫国所有官员出城相迎。

这还不算，他还将自己的官殿让出来给齐湣王住，只要齐湣王想做的，他都会想尽办法来满足齐湣王。

按理说，齐湣王现在充其量也就是一条落水狗，卫怀君如此对你，你至少应该表示感谢吧。

可是齐湣王没有。

他认为，卫怀君就是自己的臣子，臣子为大王做些事那不是应该的吗？

所以，齐湣王非但没感谢卫怀君，反倒是对卫怀君指手画脚。只要有什么事儿做得不合意了，轻则责骂，重则直接殴打。

终有一日，卫怀君爆发了。

话说一日，齐湣王坐在官殿主座之上，以高高在上的口吻对卫怀君道："你，去！再到城内给我寻摸几个女子去，本王我今儿个兴致勃勃啊。"

卫怀君没有动弹，只是看着齐湣王冷笑不止。

齐湣王大怒，"和你说话呢！没听见？我让你赶紧去给本王……"

没等齐湣王说完，卫怀君已经闭上了眼睛，冷冷地道："滚出去。"

齐湣王一愣，如遭雷击，他不敢相信一个小小的卫怀君胆敢和自己这么说话，于是不可思议地问，"你说什么？再说一遍。"

卫怀君将双眼缓缓睁开，冰冷地道："我让你这条大狗带着你的小狗滚出我的城邑，再敢有半句废话，我现在就扒了你的皮！"

看着卫怀君如冰一般的双眼，齐湣王不自觉地一个哆嗦，无奈下，只能领着自己的"心腹们"离开了卫国。

那他们下一个目的地是哪里呢？齐湣王犹豫再三，选择了鲁国。

鲁国　这个西周初期最强大的诸侯国，这个从建国之初便素质很高的国家，经过优胜劣汰，早已经成了三流小国。反而是素质最差的秦国成了天下第一强国。

这鲁国自从变弱以后也逐渐从了齐国，虽然没有像卫国那样称臣，但实质上也差不了多少了。

所以，齐湣王选择了鲁国。

为了怕再遇到卫怀君那样的君主，齐湣王便提前派出心腹夷维子通告鲁国，说自己要来造访，看看这鲁湣公会是个什么态度。

那鲁湣公一听齐湣王手下的红人夷维子前来造访，赶紧在正殿召见。他很客气地对夷维子说："大人，不知这次来我鲁国有何要事呢？"

夷维子下巴抬得老高，傲然道："鲁公你也知道，我们齐国现在正逢燕国攻击，虽然他们很快就会被我齐国猛士打退，但我家大王乃是万金之躯，受不得一点儿委屈，这就想到你们鲁国来避一避，顺便和鲁公你亲近亲近，不知鲁公打算用什么规格来接待我家大王呢？"

鲁湣公心中冷哼，可表面依然客气地道："我打算每日给齐王以十副太牢的餐饮标准，不知道这样贵使可还满意？"

那太牢是什么呢？就是祭祀天神用的华丽菜肴，一般用猪、牛、羊肉再配以配菜，应该有十道菜左右。十副太牢就是一百道菜，乃是西周最鼎盛之时天子的待遇，鲁湣公如此招待齐湣王可谓相当周全了。

可这夷维子不但对鲁湣公这话表示不满，还满是不屑地道："这怎么可以？我家大王乃是天子，天子巡视诸侯，诸侯必须让出宫殿，还要将国库的钥匙交出来，我家大王吃饭的时候你必须掀起衣服恭候，这样礼数才算周全。"

这话一说，鲁国下面的大臣们气得全身哆嗦，鲁湣公也是青筋暴起，要不是他鲁国乃是礼仪之邦，他们鲁国人个个讲素质，肯定将这个夷维子乱棍打出去。

于是鲁湣公强装客气地道："大人，不好意思，我们鲁国现在盗贼横行，恐怕迎不了您和您家大王这两尊大佛，还是请另谋高就吧。不送！"

说罢，拂袖而去。

夷维子一看鲁湣公不接纳自己的大王，气得大骂，"鲁君！你不要不识抬举，想想这么做的后果是什……"

不等夷维子说完，他突然看到四周的卫士正逐渐向自己靠拢，眼光极为不善，估计自己要是再敢多说一句就逃不出被乱棍打死的下场。所以夷维子很是"识相"地闭了嘴，灰溜溜地逃了。

见到齐湣王以后，夷维子只字不提自己的过失，只说鲁湣公拒绝齐湣王入鲁，态度极不友善。齐湣王无奈之下只能前往邹国去了。

在进入邹国以前，齐湣王再次派夷维子前去邹国面见邹君，并千叮咛万嘱咐这次态度一定要好一些。因为齐湣王也是没辙了，如果邹国也拒绝他入境的话，他真的就只能返回齐国了。

然而夷维子根本改不了傲慢的态度。

夷维子前去邹国的时候正好赶上邹国国君卒了，邹国新一任国君正带着大臣们吊丧呢。

一见夷维子前来，邹国国君轻轻一拜，"禀告贵使，父君刚刚亡故，未及相迎，还请贵使赎罪。"

夷维子很是不屑地道："算了算了，谁家还没个白事，卒就卒了，不过你要赶紧派人去边境接我家齐王，我脾气好，不挑理，可我家齐王我就不敢保证了。"

新任邹君赶紧一拜，"多谢贵使提点，我这就去安排。"

"嗯，快去吧，咦？等等！"

就在夷维子想要转身离去之时，突然看了一眼棺材，然后道："你！去把你爹的棺材给我掉转个方向，我家大王是天子，天子是要坐北朝南的，你把棺材头朝南是怎么个意思？别到时候再让我家大王沾上晦气。"

本来夷维子的傲慢态度就引得邹君和下面的大臣诸多不满，只是碍于齐国的强大，怕它死灰复燃，这才处处忍让没有发作，可夷维子这话一出，邹君和邹国臣子们彻底怒了，这些臣子们一个个目光不善，慢慢逼近夷维子，夷维子吓得慌忙大叫："干什么？你们要干什么？"

眼看夷维子免不了被围殴的下场，邹君赶紧抬了一下手，下面蠢蠢欲动的官员这才停住了步伐。

只见邹君冷冷地道："你这不知天高地厚的狗东西，就凭你也配对我父棺指指点点？要不是看着齐王的面子我现在就杀了你，你赶紧给我滚，回去告诉你家大王，我邹国不欢迎你夷维子，如果他想来，让他自己带队来，如果硬要让你也来，对不起，我们邹国不欢迎你们君臣！"

夷维子想出口反击，可看下面充满杀气的眼神，他赶紧闭住了嘴，跑回齐湣王身边胡编乱造去了。

齐湣王无奈，只能率队返回了齐国莒城。

这期间，看着本国一座一座城邑陷落，齐湣王绝望了，现在的他毫无抵抗能力，只能等着楚国来救援。

那么楚国来没来呢？来了。

楚顷襄王命淖齿打着救援齐国的口号率领一路大军北进，直奔齐湣王所处之莒城。

齐湣王一听楚国派人来了，如同抓住了一棵救命的稻草，亲自出城十里相迎。可他也没思考一下，为什么淖齿军毫无阻碍地通过了魏军的阻挡，直接就到了莒城呢？

原来，楚顷襄王答应齐湣王出兵援助以后马上写了一封信给燕昭王，说他现在有理由出兵援助齐国，可如果燕昭王能在灭掉齐国以后拿一点儿好处（地盘）给自己，自己不介意取了齐湣王的命。

现在正是灭齐的最佳时机，燕昭王不想节外生枝，便答应了楚顷襄王。

于是，在这一刻，齐湣王的命运就已经注定了。

齐湣王一见淖齿，还没等客气一番，只见淖齿一声大吼，"来人呀！给我将这昏君绑起来！"

楚国士兵闻声而动，利索地把齐湣王给绑了起来。齐湣王被这一幕给整蒙了，于是吼道："淖齿！你为什么抓我？"

淖齿故做愤怒状，"昏君！你们齐国千乘与博昌之间数百里天降血雨这事儿你知道吗？"

齐湣王一愣，心说："下血雨和我有啥关系？"但是现在命悬一线，只能瓮声瓮气地道："知道。"

"好，知道就好，那嬴、博之间的大地震，地下泉水都被震出来了你又知道吗？"

"我知道。"

"那临淄王宫曾经出现怪事，半夜有人哭，可到了发出哭声的地方又找不到人，当人离去之时哭声又传出这事儿你知道吗？"

"我知道！"

"行，你都知道就好，我告诉你，天降血雨那是上天的警告，地震是大地的警告，宫中有鬼神哭声那是人的警告，天地人全都警告你改掉坏毛病，积极从善，可你呢？非但不改，反而变本加厉，你说你该不该死！"

于是，战国时代大昏君齐湣王就这么死于非命，列国疯狂抢夺齐地的时代就这样开始了。

而齐国，也进入了从开国到现在最大的危机之中。

然而值得一提的是，杀掉齐湣王以后本该继续攻打齐国的楚国却突然退兵了，因为淖齿也随着齐湣王的脚步到阴曹地府报到去了，那这是怎么回事儿呢？是谁杀了淖齿呢？

杀他的是个年轻人，名叫王孙贾。

3.23 太史女儿

这王孙贾原是齐湣王手下的一名侍卫，对齐湣王忠心耿耿，他和齐湣王回到莒城以后，没过多长时间楚军就来了。齐湣王为了表示自己的诚意，只带了部分卫士前去见淖齿，而王孙贾就因为这一点捡回了一条命。

可齐湣王自从见淖齿以后就没有再回来，这让王孙贾十分担心，他的母亲见自己的儿子这般担心便问何事，王孙贾遂将自己担心之事告诉了母亲。

王母一听此事大怒："混账！我王家全都是忠心不二之人，如今齐王生死未知，你怎么还好意思回家呢？赶紧去给我探查齐王下落，快去！"

就这样，王孙贾走出莒城，四处搜寻齐湣王的消息。终于探听到齐湣王被淖齿所杀之事。

王孙贾如遭雷击，愣愣地站在原地。之后，他如同疯了一般嘶吼，直接跑到了莒城闹市中央。他将自己右边的袖子撕了下去，露出健壮的手臂，然后站在高台之上嘶吼道："众位乡亲，那淖齿杀我国君，乱我齐国，如今大营还在莒城十里之外尚未撤离，我现在就要去手刃这个凶残的刽子手，有愿意和我同去的便露出右臂，如没有人愿意和我同去，我就是单独一人也要尽到身为齐人的责任！现在！想和我去手刃仇人的露出右臂！"

话毕，哗啦啦的一片手撕袖子的声音，不一会儿的工夫，王孙贾就凑了一支四百人的队伍去杀淖齿。

按说淖齿的军队最少也上万了，四百民兵对上万的正规军怎么可能成功刺杀淖齿呢？但根据史书记载，王孙贾最后也成功了。

齐湣王死了，凶手也死了，大家都知道国不可一日无君，莒城的百姓便立了齐湣王的儿子田法章为王，这便是齐襄王了。

话说齐湣王死后，田法章生怕自己也遭遇不测，便隐藏了身份，在莒城太史家里当用人。可这田法章生在帝王之家，不管是气质还是一举一动，都散发着贵族的气息，再加上长得帅，便被太史的女儿看中了。

于是，太史女儿成天给田法章偷送衣服、食物等生活必需物资。

久而久之，田法章也对太史女儿情根深种。然后，两人总是在月黑风高的时候于家中假山处私会。

太史女儿对田法章是越来越喜欢，就想嫁给他，可生怕太史爹爹嫌田法章家境差，不同意。而田法章也喜欢太史女儿，便不顾自身安危，将自己的真实身份告诉了太史女儿。

太史女儿一听喜欢的人是个"贵族"，顿时大悦，便直接领着田法章去找太史。

此时，太史正在屋中研读史书，忽听咣当一声，自己屋中的大门被一脚踹开，太史刚要发作，就见自己的女儿牵着一个仆人的手风风火火地跑进屋子。太史如被五雷轰顶，直接将手中的书冲田法章扔了过去，"畜生！你敢骗我女儿，看我不扒了你的……"

没等太史骂完，太史女儿吓得赶紧道："爹爹，爹爹，休要打，你可知这人是谁啊？"

太史怒道："哼！我管他是谁，今日他别想再出这个门，来人呀！给我将这不知……"

"爹爹！这是咱们齐国的太子田法章啊！"

太史一听这话，赶紧将嘴边的话憋了回去，可这一憋不要紧，一口气儿没上来，差点儿憋死。

缓过气来的太史再仔细看了看田法章，不管是从气质还是举止都有一股贵族之气，这气质让太史信了五成以上，于是赶紧一拱到底，"老臣不知是太子驾到，还拿书丢太子殿下，真乃死罪！"

田法章一看未来老丈人对自己如此愧疚，赶紧上前一把将其扶起，连说"无碍。"

太史呵呵笑着起身。

可就在这时，自己的女儿蹦蹦跶跶地跳到了田法章身边，直接便将手挽住田法章胳膊，还将脑袋靠在了田法章的肩膀上，老太史见状，只能弱弱地问，"敢问太子，您和小女这是？"

太史女儿傻呵呵地笑道："哎呀爹爹，还敢问什么呀，这都看不出来？我俩早就好上了。"

老太史被自己这个闺女臊得无地自容，又对田法章一拜，然后把自己的女儿生拉硬拽到内室，恶狠狠地问道："说！你和太子殿下进行到哪一步了？"

太史女儿一听这话，脸也有些变红，扭扭捏捏地道："爹爹说什么呢？人家哪有……"

太史怒道："别和我在这绕弯子，赶紧说，哪一步了？"

"哎呀……就到了那一步了嘛……"

老太史听了大怒！

他并不是生气门不当户不对，女儿嫁给太子也是自家祖坟冒青烟才有的好事儿，他恨的是自己闺女不守妇道。

于是大怒的老太史也不管太子能不能听到，破口骂道："你这个贱女，你和太子好我不反对，可你不能不等媒人介绍和聘礼到来就自己嫁了啊。你！你简直是厚颜无耻！我们家没有你这种女儿，滚！你给我滚！我以后再也不想见到你！"

就这样，太史女儿被赶出了家门，老太史终其一生也没有再见自己的女儿一面，不过他可没得罪太子，反倒倾家荡产给太子盖了一座"小型行官"，并在选新齐王的时候推荐了田法章为齐王，这便是田法章成为齐王以前的事迹了。

现在齐国又有新的国君了，那些不愿意投降的齐国顽抗分子一听，纷纷齐聚莒城与燕军抗衡，这就是莒城能够抵挡得住燕军攻击的基本因素之一。

那齐国以后会怎么样呢？莒城能抵挡得住燕军进攻吗？即墨又是怎么抵挡得住燕军的进攻的呢？这事儿还要等个几年，我们后面再说。

值得一提的是，齐湣王死后，身在魏国的田文发现了一个绝世良机，他禀告魏昭王，弃魏之相而返薛邑，趁着齐国人心不稳之际将薛邑周围的村邑全部拿下，从此自立为一个势力，并保持中立。

因为田文大名在外，再加上没有利益关系，所以没有诸侯去进攻他，但田文从此也再无作为。

田文死后，其后代也是一代不如一代，最终也逃不过灭亡之命运。

第四章

西北二狼终于秦

4.1 完璧归赵

同年，眼看着齐国即将灭亡，苏秦的任务已经完美告终，是时候离开齐国了。

可就在苏秦即将逃亡的同时，他与燕昭王平时的密信也被齐国人发现，结果苏秦一去不返，这名杰出的纵横家、政治家、间谍就这样被车裂而死。

廉颇，赵国著名战将，生卒年不详，山西太原人，战国四将之一，以运用冲击骑兵而闻名于天下。据说，廉颇可在没有马鞍的情况下双手持长枪四面飞舞，几十号人近不得其身。

公元前283年，赵国开始疯狂攻击齐国西北边境，派廉颇首先攻取阳晋，然后以此为据点一路狂攻，攻下齐国西北边境大片土地。

廉颇率军攻势如火一般迅猛，一走一过就是杀人，赵惠文王因此非常欣赏廉颇，遂拜其为上卿。

现秦国视为对手的国家只有两个，一个齐国，一个赵国，如今最大对手齐国已经灭亡，只剩下赵国了。所以，秦昭王要对赵国动手了。

那么和赵国这等军事强国作战就是不死不休之局，双方必定都会损失惨重，所以必须要有口实，以利于军队的士气。

那么拿什么口实来攻打赵国呢？

简单得很，秦昭王的进攻口实其实就是那块著名的和氏璧。

话说秦昭王为了找寻一个攻打赵国的口实，遂将目光放在和氏璧身上。和氏璧被万人追捧，赵惠文王对此璧爱不释手。

所以，秦昭王写了一封信给赵惠文王，信上明确说明，要用十五座城邑换取和氏璧。

十五座城邑，相当于一个中小型的诸侯国了。秦昭王怎么会这么傻呢？

其实，秦昭王的想法是，用十五座城邑换取和氏璧，这已经是相当有诚意了，如果赵惠文王不给自己和氏璧的话，他就有了口实攻击赵国，就说赵惠文王破坏两国邦交。如果赵惠文王给自己和氏璧的话，自己到时候就反悔，不给那十五座城邑，那时赵惠文王一急，来个主动出击，自己不就更有口实了嘛。

面对着秦昭王的阴谋，邯郸王宫中一片愁云。

赵惠文王坐于大殿正中，一脸苦闷，下面的大臣也是寂静无声，没有一个说话的。

又过了一会儿，赵惠文王实在忍不住了，对下面的大臣道："各位，你们倒是给个说法啊，这事儿到底该怎么办？嬴稷那厮的德行大家都知道，他是一定不会给咱们城邑的，和氏璧没了还是小事，关键是有失我赵国的颜面，那时候赵国就成为天下的笑柄了。而不给他又会有口实出兵我赵国，诸位！你们倒是拿个主意出来啊。"

话音落，下面还是一片寂静，没有一个人能拿出主意，就连勇猛善战的大将廉颇都不敢说一句话。

看到下面还是没有声音，赵惠文王无奈地道："算了算了，没主意也就算了，我就当白送给嬴稷那厮一个宝贝也没啥，那你们谁能当咱赵国的使者呢？只要不让咱们赵国失了面子就行。"

一看下面还是一片寂静，赵惠文王一声叹息，"散朝吧！"

散朝以后，赵惠文王唉声叹气地往内室走，心里琢磨着到底用什么办法来对付秦昭王呢？

就在赵惠文王犯愁时，宦者令缪贤突然拦住了赵惠文王的去路。把赵惠文王吓了一大跳，他心情本来就不好，这缪贤又吓了他一下，使得赵惠文王更加怒火中烧。

可缪贤嘿嘿一笑，"大王可是为派谁出使秦国而忧虑？"

"当然！"

"既如此，大王不必担心，我可以推荐一人出使秦国，保准完成任务，最起码不会折了赵国的面子。"

赵惠文王一声冷哼，很不屑地道："就你还认识这等能人？说说吧，谁呀？"

缪贤也不管赵惠文王那不信任的眼神，自顾自地道："那就是我的舍人

（门客）蔺相如。"

赵惠文王依然很不屑地道："说说吧，那个叫什么蔺相如的有什么能耐？"

缪贤所答非所问，他挠挠脑袋，很不好意思地问道："大王，您还记得当初我收受贿赂的事儿吗？"

赵惠文王想了一想，"嗯！记得，是你主动向我认错我才原谅的你。"

缪贤微笑道："没错，就是那次，可是大王您知道吗？实际上我当初没打算向您自首，而是想逃往燕国去的。"

赵惠文王一听这话，顿时又来了火气，"什么？你小子原来不是……"

没等赵惠文王说完，缪贤赶紧道："大王大王，您先别激动，听我把话说完。"

"哼！你说！"

"当初我确实是想逃到燕国来着，却被人阻止了，这人便是蔺相如，您猜他怎么对我说的？"

到这儿，赵惠文王的好奇心也被勾起来了，一个犯了重罪的人，这个叫蔺相如的到底用什么方法让他去主动认错的呢？

于是非常好奇地问："他是怎么说的？"

"他对我说：'您怎么知道燕王会收留并善待您呢？'我说：'我曾经和大王去边境与燕王双边会晤，会后燕王握着我的手说很高兴认识我，他对我这么好肯定是非常看重我，所以我断定燕王一定会收留我的。'您猜他说什么？"

这时候缪贤已经完全勾起了赵惠文王的兴趣，于是他停下前往寝宫的脚步，"他怎么说的？"

"他说：'那时候燕弱而赵强，燕王想尽办法想要结交大王，而您又是大王所宠幸的人，所以，燕王为了以后方便办事，这才和您结交的，那都是因为大王的缘故啊，可您现在属于白身，对燕王已经没有了半点儿利用价值，我想燕王不但不会收留您，还会将您五花大绑地还给大王，到时候等着您的就是死路一条了，您还不如主动去向大王承认错误，大王很有些先王的品相，相信您会有活命的机会的。'他说完以后，我觉得很有些道理，这才前去向您主动承认错误的。"

话毕，看到赵惠文王已经陷入了沉思，缪贤便趁热打铁，"这蔺相如曾经是一个江湖大侠，剑术上很有些造诣，我认为他是一个有勇有谋的勇士，并且才思敏捷，应变能力超强，是绝对可以胜任入秦之职的！"

赵惠文王想想也是，反正现在没人敢去秦国，就死马当作活马医吧，于是召见了蔺相如，进行最终的考核。

蔺相如进宫之后，本来想对赵惠文王行一个拜礼，可赵惠文王给了他一个不必如此的手势，单刀直入便问："我相信缪贤已经把事情的经过和你说了，我想问问你，秦王想用十五座城池换我的和氏璧，我到底换不换？"

蔺相如从容地道："我有上下二计，大王想听哪个？"

"嗯，先听下计吧。"

蔺相如对赵惠文王深深一拜，"大王英明，从明面上来讲，秦强而赵稍弱，再加上秦王嬴稷的德行，他是绝对不会拿十五座城邑换和氏璧的，无非就是想空手套白狼，所以，不能给！给则受辱。可这并不适合现在的赵国运用。"

"哦？上计呢？"

"大王要知道，现今之秦国已经不是以前的秦国了，他坐拥巴蜀二地，并有河西河东广袤土地，可谓粮草无忧，其西众戎皆从，亦无后顾之忧。而我赵国虽然国力强盛，可并不如秦国，两大强国一旦开战，那势必是一场长期拉锯战，所需粮草、兵器、兵源、劳力，以及供应以上所需的钱币绝对是一笔天文数字，请问大王，咱们赵国能耗得过秦国吗？"

赵惠文王想都不想，"耗不过！"

"那就对了！所以，现在我赵国最佳方针乃是趁着齐国国虚，进而扩张地盘，积攒底蕴，等时机到了再和秦国开战也不迟。然而秦国是绝对不会让咱们顺利发展的，哪个国家排老二他都会全力打击，所以才用此事来找碴儿，借机攻打咱们赵国。所以，陛下一定要和秦昭王换取！"

"唉！你说这些我又何尝不知，可就像你说的，如果那嬴稷不给咱们城邑可怎么办啊？那咱们赵国的面子就白丢了？"

"大王，秦国要求交换，如果咱们不给，那就是理屈，可如果他们不给城，那就是他们理屈，以后就更没有借口来攻打咱们赵国了。所以，必须要给，这才是上策！可大王也不必忧虑，如果能派一个智勇双全的勇士前往为使，我想既能让他们理屈，又能拿回和氏璧。"

听到这儿，赵惠文王眼睛一亮，赶紧问道："先生认为谁能出使秦国呢？"

蔺相如毫不犹豫，斩钉截铁地道："我！"

看到蔺相如锐利的双眼，赵惠文王被震撼住了。

就这样，蔺相如带着和氏璧，组成使者团前往秦国。

到了秦国以后，秦昭王于章台会见蔺相如，蔺相如非常恭敬地双手捧着和氏璧献给秦昭王。

得到了这块华夏瑰宝，秦昭王自然高兴万分，并将和氏璧传给妃子和大臣们看，这些大臣们看到赵国被逼得献出了和氏璧，全都振奋地对秦昭王吼道："万岁！万岁！"

直到传完一圈，和氏璧又回到了秦昭王的手中，他还是没提给城邑的事儿。

蔺相如冷哼，心想："果然！"

于是，蔺相如迈着小步子慢慢上前，对秦昭王一拜，然后道："外臣启禀秦王，此璧虽然名声响亮，可并不完美，它身上有个小小的瑕疵，不注意是看不出来的，一般人我家大王都不告诉他。这不，因为我家大王尊敬秦王，特意将此瑕疵告知于我，叮嘱我告知秦王。"

听了这话，秦昭王一愣，拿着和氏璧左看看右看看，还是没发现有什么瑕疵，便将和氏璧交给了蔺相如。

岂料蔺相如拿到和氏璧转身就往后跑，秦昭王一愣，"要干吗？要跑？"

反应过来的秦昭王赶紧对卫士大喊道："给我抓住他！别让他跑了！"

周围铁鹰锐士闻声而动，嗖嗖地奔向蔺相如，可就在这时，已经跑到一根大柱子前的蔺相如拿起和氏璧，做出要往柱子上砸的动作对铁鹰锐士大吼道："都给我站住！"

看着双眼通红的蔺相如，这些铁鹰锐士真怕他一下把和氏璧给砸了，便站在原地，虽说两眼杀气弥漫，但也不知如何是好。

蔺相如一看这些铁鹰锐士已经被吓住了，便依然保持着要砸璧的姿势和秦昭王道："秦王！当初您说要用十五座城邑换取和氏璧的时候，我家大王和群臣没有一个相信的，他们都说您贪得无厌，毫无信誉，您一定是要空手套白狼，骗取和氏璧。"

被说中了心事，秦昭王满脸通红。

蔺相如继续道："可我不这么认为，我对他们说：'你们不要胡说，哪怕是贫民交往还讲究个信誉呢，更何况是大国之间的交往呢，我想大家都误会秦王了。再说，和氏璧是强大的秦王所喜欢的东西，如果将和氏璧交给秦王，秦赵两国必定会永结同好，我们不能为了一块和氏璧而丢了和秦国的感情啊！'就因为我这样说，我家大王这才答应了交换和氏璧，为了尊重您，他斋戒五天之后才派我出使，并将礼仪国书与和氏璧恭恭敬敬地给了您，这是为什么呢？因为他尊重您！可如今鄙人来见秦王，秦王您竟然只在一般的台观来接见我，这就是不讲礼仪，不尊重我们赵国和我赵国之王。这还不算，您又将和氏璧挨个传给嫔妃和大臣们看，这简直就是戏弄我家大王。所以，我看您根本就没有诚意！如此，我在无奈之下才施计将和氏璧取了回来，大王您也别逼我就范，那没有用。逼急了，我的脑袋与和氏璧一起撞碎在这柱子之下！"

秦昭王开始本来只想激怒赵国，制造个"合法"进攻的口实，可当他看了和氏璧以后直接被惊艳了，喜欢得不得了，所以是真想要了。再看蔺相如那双目欲裂的德行，这明显是真急了。秦昭王毫不怀疑，只要自己一下令强抢，蔺相如的脑袋和和氏璧定会碎于那根柱子之下。

想到这儿，秦昭王赶紧吼道："下去下去都下去！看把我家先生弄得，都急了！"

等这些铁鹰锐士下去以后，秦昭王赶紧嬉皮笑脸地道："先生不要生气，本王是个粗人，平时就喜欢舞枪弄棒的，对很多礼仪都有所疏忽，这才得罪了先生，可本身并没有侮辱赵王与先生的意思，您误会我了。我身为秦王，怎么可能不讲信誉呢？我现在就和您换。来人！来人！"

话毕，一名宦者赶紧小跑着过来，秦昭王道："快点！去把我国的地图拿来！"

宦者不敢怠慢，一路小跑将地图拿了过来。

秦昭王笑道："先生你看！这就是我大秦地图，寡人现在就将城邑划给你！"

说罢，一个城邑一个城邑地在地图上点，生怕蔺相如一个没拿稳，将和氏璧给掉到地上去，于是双眼紧紧盯着和氏璧。

最开始的时候秦昭王还挺靠谱，一个一个指着边境的小城，可他因为心不在焉便越来越不靠谱，等到第十个城邑的时候已经把手指头指到关中去了，最后一个城邑更是没看，习惯性地将手指头指到了咸阳，还嬉皮笑脸地道："先生，这行了吧？"

蔺相如大怒，心想，"这明显是在欺骗我啊！竟然连咸阳都比画进去了。"

于是道："尊敬的秦王！和氏璧乃是天下之珍宝，因为秦国非常强大，我家主公这才答应交换，并斋戒五天。按照周礼，您也需要斋戒五天，之后在王宫正殿正式交换，这才符合礼法。"

秦昭王气得青筋暴起，可他真不敢得罪蔺相如，只能无奈答应，先是斋戒五天，之后在咸阳王宫隆重接待蔺相如。

可接待当天，连秦昭王在内，所有的秦国人都傻了，只见蔺相如表情轻松，迈着四方步便进了王宫正殿。

人来了，却没见和氏璧。

秦昭王非常纳闷儿地道："先生，和氏璧呢？"

蔺相如微微一笑，"尊敬的秦王殿下，请恕外臣直言，您秦国自从商鞅变法以后从来就没守过诺言，再加上您前几日的作为，所以外臣认为您并没有诚心换璧，这就在五天以前命人将和氏璧偷偷送回去了。大王也不必再追，他走的是小道，料想现在应该到赵国了，不过秦国要比赵国强大得多，赵国是怕您的，如果大王真是诚心交换的话，可先给我赵国十五座城邑，到时候我赵国定会将和氏璧双手奉上。再说赵国从来没做过不讲信誉的事儿，是不会不守诺言的。"

这话一说，整个咸阳王宫哗然一片，秦昭王也是气得再次青筋暴起，正要办蔺相如，可蔺相如却率先发言，"殿下，外臣知道欺骗您应该杀头，我也心甘情愿，不过这事儿想到底谁有理您不会不知道吧？您的风评怎么样您也不会不知道吧？如果您认为杀了小人能挽回您的名誉的话，那您请尽管杀吧。"

说完就风轻云淡地站在那儿，好像不是即将赴死之人。

秦昭王被气得哭笑不得，经过权衡，秦昭王决定不杀蔺相如了。

可是大殿下面那些大臣受不了了，有脾气暴的直接撸胳膊挽袖子就要教训蔺相如。

秦昭王一声吼，"行了！俗话说两国交战不斩来使，既然和氏璧已被送回赵国，还杀他有什么用。"

话毕，拂袖而去。

蔺相如就这样安全地回到了赵国。

本来，当蔺相如的手下将和氏璧完璧归赵的时候，赵惠文王等一干赵国大臣都以为蔺相如必死，可没过多久蔺相如却安全地回来了！

一听到这消息，赵惠文王高兴得不得了，直接封他为上大夫。蔺相如从此进入了赵国的政治中心。

4.2 田单和即墨

然而就在蔺相如成功返回赵国以后，秦昭王却在秦、楚边境与楚顷襄王开了一次秘密的双边会议，会议的具体议程是什么史书上无据可查，不过估计是为了稳住楚国，因为秦昭王要对赵国动兵了。

双边会议结束以后，秦昭王为了在攻打赵国以前彻底断了后顾之忧，便命大军东出猛攻魏国，又夺了大片领土，一直打到大梁才算告终。

如此，中原和南方没有威胁，秦国要进攻赵国了。

公元前282年，秦国出兵赵国，对其发动了试探性进攻，并夺取了两座小城邑。

公元前281年，秦昭王看赵国方面并没有什么太剧烈的反应，便起大军攻陷了赵国与秦国边境的重要军事要塞——离石（今山西省吕梁市离石区）。

这离石对赵国来说实在是太重要了，它前有蔺地和中阳合三角共击之势，后有皋狼为援，是防御秦国鬼子重地之一。此要塞一没，赵国西边腹地尽收秦国眼底。

所以，在本次战役中，赵国必定严防死守，战斗过程必定精彩至极！可遗憾的是，史书上却没有半点儿记载。

据笔者分析，秦军虽然拿下了离石要塞，但付出的兵力也绝对不在少数，要不然也不会让白起于次年为主帅攻击赵国了。

白起是何人？那是魏冉的铁杆心腹，秦昭王要不是逼不得已是绝对不会用白起为将的。历数往年之战役，除了极重要的战役，白起从未被重用，目的其实就是不想让白起功劳太大，进而使魏冉权力过重。

好，秦、赵之事咱先放在一边，再回头看看如日落西山之齐国闲杂的状况吧。

齐国现在的状态之前也说了，乐毅六个月攻下七十余城，只剩下莒城和即墨未能攻下。当然了，还有一些"地下党"反抗势力也未能尽除。

莒城为什么没能拿下之前也说了。那即墨是为什么没能拿下呢？

要说这即墨就必须说一人，田单！

田单，生卒年不详，属于田氏旁支，和王室血缘八竿子打不着。

这人很有些才能，鬼点子也多，可无人推荐，便只能在临淄城内做一个小小的市掾（市掾：负责市场的城管大队长）。

当临淄即将被乐毅围困的时候，齐湣王率先逃走。而城内的士兵一看齐湣王都逃了，也是逃的逃，降的降。而田单也在逃亡的队伍之中，逃回了自己的老家安平。

后来燕军狂扫齐国，安平也自是不能保全，老百姓听说即墨守得很严，便拖家带口地逃往即墨。

当时难民极多，每个人都惊慌失措，人挨着人，车挨着车，很多车都会相互碰撞，导致报废。

因为当时的马车车轴都是用木条做的，而木条一端凸出车轮之外。平时还没什么，可在大逃亡中，车挨着车，难免就会发生两车相碰的情况，而首先碰到的便是凸出来的那一端木棍，那碰到了自然是先裂后碎，进而导致车轴掉落。

于是，田单便建议安平的老百姓，让他们用锯子割下那凸出的一端，并用铁皮包裹好，这样车就不会出问题了。

百姓们感觉田单这小伙子说得靠谱，便都用这一招。

果然，很多地方的百姓们都因为车轴问题导致马车报废，进而被追来的燕军抓了回去。只有安平的马车因为改造没有碎裂，安平有车的百姓因此成功逃至即墨。而田单的名望也因此大增。

即墨大夫（太守）闻听难民中有这么一号人物，便招他为自己的参军。

田单自从入了军以后如鱼得水，常常帮即墨大夫出一些"馊主意"，使得燕军一次又一次无功而返。

可没过多久，即墨大夫在一次守城的战斗中被流矢射中，不幸身亡。

正所谓国不可一日无主，军不可一日无帅，即墨大夫死后，大家共同推荐了田单为代理大夫。而田单也确实厉害，他不知用什么方式，利用了两军相持的时机，集结了七千逃亡的技击大兵，并加以整顿、扩充。

他让这些技击大兵训练城中的百姓们，使他们也能在短时间内拥有一定的战力。这还不算，田单还增修城垒，加强防务。他和军民同甘共苦，不是领导即墨人守城作战便是亲自带领即墨人在城内开地耕田。

田单为了鼓舞士气，还将自己的妻妾和族人也都编入了守城大军，并尽散饮食给士卒，深得军民信任。

所以，即墨城内不管是士气还是战力都非常了得，不是一天两天能拿下的。再加上齐国境内总有反动势力袭击燕军，使得乐毅不能拿出全力来对付即墨。

可随着时间越来越久，齐国很多老百姓都被乐毅的腐蚀战略所同化，"地下党"组织也一个接一个地被乐毅扫除，越来越多的燕军向莒城和即墨靠拢，就连乐毅都带着主力部队前往了即墨。

他的图谋很简单，现在齐国只有即墨与莒城并立，相互观望、打气。此二城只要除其一，另外一城便会士气溃散，到时候所有的问题都会迎刃而解。

田单也知道这样下去不是办法，必须将敌人击溃才有机会反败为胜，可想要击溃敌军就必须要主动出击，主动出击又有名将乐毅坐镇，田单可没有信心靠手上的这点兵打败乐毅的军队。

那怎么办呢？必须想办法将乐毅弄走才行。

所以，在稳定内部的同时，为除掉最难对付的敌手乐毅，田单决定派人入燕行离间计，命其于市井之间诈称乐毅名为攻齐，可实际上却是想要自称齐王，这才故意延缓攻打即墨。如果燕国另派主将，那即墨便指日可攻下，齐国便会被瞬间拿下。

一时之间，燕国国都谣言四起，朝野动荡，还有大臣向燕昭王进谗言，"大王，乐毅半年之内就拿下了齐国七十多城，只有莒城和即墨这两座城邑这么长时间都没被拿下，其想当王之心已经昭然若揭，大王不能不早做图谋啊！"

所谓三人成虎，燕昭王渐渐地心里打起鼓来。

但燕昭王毕竟是历代燕王中最杰出的，他没有直接回答进谗言的大臣，而是在此之后大宴群臣，当着满朝文武的面和进谗言的人说，"先王曾经将燕国禅让给了子之，那是因为先王认为子之是一个贤能的人，可最后所托非人，子之的才能并不能统领燕国，这才使得燕国大乱，齐国才能趁机侵略，以至于燕国差点儿亡国。寡人继位后每想起此事都心痛欲裂。我为了报仇雪恨，这才广招人才。当初寡人也说过，如果有人能使燕国强大，帮我报了仇，我情愿与他共同治理燕国。如今乐毅帮我灭了齐国，帮我大燕报了血海深仇，我就是退下来将王位让给他也不为过！那齐国本来就是他打下来的，我就是给他齐王之位也是他应得的！我愿意以后和乐毅同列诸侯，永为联盟。而你敢向我进乐毅的谗言，你其心可诛！"

于是，在一阵求饶的嘶吼声中，这名进谗言的大臣直接被斩首。

之后，燕昭王将自己的衣服（王服）交给了乐毅的妻子，将太子的衣服交给了乐毅的儿子，用一百辆豪华马车，并加军队护送乐毅的家眷至齐国，意思就是告诉乐毅，让他不要有所顾忌，在前线想怎么干就怎么干。

当乐毅得知了这个消息以后，感动得老泪纵横，他致信一封于燕昭王，宣誓自己绝无二心，请燕昭王等着齐国灭国。

从此以后，燕国再也没人敢向燕昭王进谗言了，田单的阴谋宣告破产。

那田单究竟能不能抵挡住燕军的进攻呢？齐国最后的命运又将如何呢？这个后面再说，我们还是先看看楚国吧，因为就在田单阴谋失败这一年，身为秦国小弟的楚国开始不安分了。

而这一切都源自一个楚国的神箭手（史无其名）。

4.3　冲动是魔鬼

话说楚国有一个神箭手，箭无虚发，据说但凡他走过的地方都没有大雁。楚国人都称赞其箭术无双。

神箭手的大名很快传到了楚顷襄王的耳中，而楚顷襄王也是个射箭发烧友，遂将他请到了王宫之中，问他到底是如何做到箭无虚发的，有没有什么小窍门。

可神箭手所答非所问，反而道："大王，我觉得，现在您所要做的并不是如何射箭，而是如何报仇！"

楚顷襄王皱着眉头道："哦？报什么仇呢？"

喱！神箭手双膝而跪，激动地道："大王，您还记得吗？当初先王被嬴稷那条老狗所骗，死于咸阳，这是什么？这是国仇啊！就算是一名普通的楚国百姓也无时无刻不思报仇，何况您这位万乘君主呢！当年的白公胜、伍子胥多伟大啊！他们起初实力有限，可到最后没有一人不是成功报仇的，如今楚国面积五千里，兵百万，足可纵横天下。可大王却甘愿做嬴稷那老狗的小弟，恕刁民直言，我真替您不值！"

说罢，跪在地上闭起双眼，作受死状。

可楚顷襄王并没有杀他，而是拉起了他，并激动地道："你说这些我又何尝不知呢？可多年以前我大楚被四国连番攻击，军力早已大不如前，所以只能隐忍。可如今不同了，经过多年的战备，咱楚国虽然没有你所谓的百万大军，可也具备和秦国一较长短的实力了。但我现在心里还是没底，所以才一直未对秦国发兵，如今听你这一席话，使我茅塞顿开。我决定，从即日开始筹备伐秦事宜，并暗中联络各大诸侯国，只等时机成熟便出兵伐秦！"

就这样，头脑发热的楚顷襄王自此以后暗中派遣使者游走各国，准备着伐秦事宜。

神箭手说得好听，但事情真是如他所说的这么乐观吗？楚国现在真的强大了吗？答案当然是否定的。

第一，政治方面。

楚国贵族什么状况之前已经说过，不再重复。

第二，军事方面。

当初吴起曾经为楚悼王训练出了一支铁军，此铁军纵横百越难逢敌手，可最后随着楚悼王的死，吴起变法夭折，他的训练系统也应该没有留下。如此，楚国的军事力量又衰落下来。

直到楚威王上台，楚国的军事力量又有些许回升，之后的楚怀王还运用这些力量拿下了越国，使楚国地盘大范围扩张。

可后来楚国被四国围攻，使得主力损失殆尽。虽然之后急速扩军，使兵力急速回升，可毕竟是一些新兵，面对比较狠的正规军根本不是对手，只是平白增加自己的经济压力而已。

这些道理楚顷襄王没看出来，可是有人看出来了，这便是楚国封君庄辛（一说庄辛是楚庄王之后）。

庄辛一看最近楚顷襄王派遣使者在中原活动就感觉要有动作，便前来面见楚顷襄王，且拜礼之后单刀直入，"大王您现在是不是要联合中原诸侯国攻击秦国呢？"

楚顷襄王也没想瞒，直接回道："没错，我就是想攻击秦国，怎么了？"

庄辛一听这话，赶紧道："不行！现在并不是和秦国交战的良机啊！还请大王三思！"

楚顷襄王眉头一皱，"为什么不能攻打秦国？我楚国现在国富民强，兵源甚众，怎么就不能和秦国交战了？"

"大王，您要知道，但凡两国交战，都要讲究政治、军事与民心的总筹合理性。恕我直言，秦国的政治系统要比咱们楚国合理得多，军事上更是没法比，按照咱们现在士兵的精锐度，就是再多一倍都不是秦国虎狼的对手。还有，最重要的便是民心所向，可咱们楚国的民心……"

庄辛欲言又止，楚顷襄王气愤地道："民心怎么了？你什么意思？"

庄辛一声叹息，"恕微臣直言，大王您从继位以来就宠信周侯、夏侯、鄢陵君、寿陵君四人，这四人全都是花丛中打滚的角色，大王您和他们在一起整日寻欢作乐，虽然没怎么耽误政事，但民心也是极差的，有些老百姓都暗地里叫您昏君。您想，有这种民心怎么可能打败秦国呢？秦国不来打咱就不错了。"

一听这话，楚顷襄王大怒，"放肆！你根本就不知道现在楚国有多么强大，只会长他人志气，灭自家威风，我看你是不想干了！"

楚顷襄王骂得凶狠，可庄辛并没有因此畏惧，只是继续道："臣不敢，我只是提前看到了悲惨的结果而已，既然大王不听，我也没什么办法，还请大王让我辞职，我想离开楚国，前往赵国避难，我可不想等秦国人攻到国都那一天被秦国人杀掉。"

"好！你爱去哪儿就去哪儿，我楚国没你庄辛照样强大。"

如此，庄辛逃到了赵国避难，楚顷襄王依然我行我素。

4.4 凶悍的收税官

公元前280年，继上一年被秦军攻下边境重地离石要塞以后，赵国并没有报仇，而是继续按照蔺相如的作战方针狂殴齐国，准备将可攻陷的齐国领土全部拿下后再和秦国决战。

之前，赵国派遣攻齐的大将是以运用冲击骑兵而闻名天下的廉颇。而这一次，赵国派遣攻齐的是名将赵奢。

赵奢得令以后，兵锋直指齐国麦丘（今山东省商河县以西），并以此为根据地夺取了齐国北面的广袤平原。

赵国兵团逐渐向齐国腹地挺进，一路连战连捷。

赵奢，生卒年不详，嬴姓，赵氏，东方六国（齐、楚、魏、赵、韩、燕）八名将之一（吴起、孙膑、带佗、倪良、王廖、田忌、廉颇、赵奢），用兵以凶狠的正面突击辅以两翼游击而闻名天下。其做事一丝不苟，秉公办事，乃是文武全才之人。

那这个赵奢又是怎么发迹的呢？

要说这事儿，还真有个小故事。

话说赵奢在成为将军以前，并没有像别的统帅那样混迹于军界，而是赵国一个收田租的小官。

有一次，赵奢收田租收到了到平原君赵胜家里。

赵奢很谦卑地叩了叩门。不一会儿，有一名家丁将门打开，一看赵奢的行头就知道是一个收租小官，便不耐烦地道："找谁？"

赵奢微笑地道："鄙人想寻公子胜商讨收租问题。"

"我家主人不在家！再说了，我家主人哪是你这种小官能见的，走吧走吧！"

说完，哐当一下就把门给关上了。

那平原君究竟在不在家呢？他是在家的，可他是战国四公子之一，赵惠文王的兄弟，在赵国权力极大，就连赵惠文王也是要给他几分面子的。

所以，平原君仗着自己的权势总不缴税，反正也没人敢得罪他，一般家丁将门一关，收税的也就不敢再敲门了，只能自认倒霉。

可这次平原君却碰到狠角色了，赵奢看了看门口正在清洗豪华马车的家丁，再次敲了敲门。

不一会儿，门又打开了，开门的还是刚才的那名家丁。这家丁一看又是赵奢，气便不打一处来，"怎么又是你！不是告诉你我家主人不在家嘛，你这人怎么这么烦？"

赵奢微笑道："小兄弟，我想请问，公子平时出门都不坐车吗？"

家丁一听这话怒了，"我家主人那是什么身份？怎么可能出门不坐车？我家主人不但坐车，还只坐自己的专用车，你还有没有事儿？没事儿赶紧滚！"

说罢，又要关门。

可就在这时，赵奢用一只手将正在关闭的大门挡住，微笑着看着家丁，"这位小兄弟何其着急，我还没讲完话怎么就关门了呢？"

家丁大怒，"好大的狗胆，你这是来找事了是不是？"

赵奢还是没有动怒，依然微笑着道："小兄弟言重了，此地乃是公子府邸，我岂敢造次，不过据我所知，门口的车便是公子专用的吧？那既然他只坐自己的专用车便一定是在家的，还请小兄弟禀报一下，下官回去以后也好交差啊。"

家丁闻言大怒，正想咆哮赵奢，可就在这时，突然一个声音道："怎么回事儿？吵吵闹闹的成何体统？"

家丁一回头，正好看到了府中管事，便马上换了一副嘴脸，嬉皮笑脸地道："管事大人，本无大事，奈何这个收租的小子非要见咱家主人，我说主人不在，他还以马车为由说我骗他。"

听了这话，管事冷笑地对赵奢道："小子，你想见我家公子？"

赵奢对管事一拱手，微笑着道："只想收租。"

管事闻言哈哈大笑，"收租？你小子是想借收租之事面见公子而谋得前程吧？我告诉你，别白日做梦了，识相的赶紧走，可别逼我动手。"

赵奢微笑道："收租是鄙人的职责，实在不敢不收。"

话毕，管事的表情由冷笑转到微怒，"哼！给你脸你不要脸！来人呀！"

"在！"

管事话音一落，突然窜出了七八个手拿棍棒的家丁。

管事看着赵奢道："再问你一遍，走还是不走？"

赵奢也不笑了，而是冷冷地问，"这位管事，您现在的行为是在抗租犯法，这你知道吗？"

管事猖狂大笑，"哈哈，我就抗了，你能拿我怎么着，还看什么？给我往死里打！"

话毕，这群手拿棍棒的家丁如狼似虎地冲向赵奢。

赵奢冷笑一声，突然抽出宝剑直奔人群，只见赵奢行动迅速，手中宝剑如空中银蛇来回闪动，然后就听扑哧扑哧，九名家丁随即全部命丧当场。

一身是血的赵奢冷冷地看着被吓呆了的管事，"还有你这个主谋，你也逃不了，必须要死。"

管事平时仗着平原君的威势作威作福惯了，什么时候见过这等狠人？所以直接蔫儿了，双腿哆嗦地道："大，大人，啊不是，大侠，豪杰，大兄弟，我，我有眼不识……"

没等管事求饶完毕，就听一声暴喝："谁人敢在我府中撒野！"

伴随着暴喝的声音，平原君以及好几十名持剑卫士冲了出来。

家丁一见主人来了，连忙跑了过去，然后凶狠地道："主人！他，这个收田租的小官在咱们府邸突然行凶，连杀好几人，这小子胆大包天，我建议主人直接杀了他，给死去的……"

没等管事说完，平原君冷声对管事道："滚！"

管事一愣，之后不敢犹豫，转身离开了。

平原君并没有直接对赵奢发飙，而是将门外那个擦车的家丁叫来问话，家丁将事情的经过一五一十地告诉了平原君，平原君当即大怒，对下面人吼道：

"将这个不知死活的小官抓起来，如果他敢反抗，原地诛杀！"

卫士一听这话，直接便奔赵奢而去，赵奢并没有反抗，而是将剑往地上一扔，束手被擒。

赵奢被擒住以后，平原君面色不善地对其道："你一个小小的税官，竟然敢在我府上行凶，虽然他们确实霸道，但制裁他们的也该是我，而轮不到你。说吧，你该当何罪？"

赵奢毫无惧意，依然不卑不亢地道："公子，您杀我赵奢如同碾死一只蚂蚁一样简单，可难道您不知道，如若有人带头抗税，那就是死罪，而您这几个家丁如此抗税，难道我身为赵国税官不应该杀他们吗？"

赵奢占理，这使得平原君有些皱眉，其实平原君也知道自己这几个家丁嚣张惯了，确实犯了死罪，可被一个小税官杀了，他自觉面子大失，有些下不来台，就想惩罚一下赵奢。但赵奢占理，这事儿确实不太好办。

就在平原君不知如何是好之时，赵奢又道："您是贵公子，您的权力在赵国很大，更代表了赵国形象，如果连您这么尊贵的人也纵容家人不守法，那么赵国的法律将被削弱，国家也就会衰弱。而国家衰弱，周边各国就会前来侵犯，到时候赵国就有被灭亡的风险。试问，如果赵国灭亡了，您能到哪里享富贵呢？可如果以您尊贵的身份带头守法，赵国便会上下一心，国家也会慢慢强大，您是王族贵戚，在赵国拥有十足的话语权，到时候赵国强大了，天下诸侯全都要尊敬您，这难道不好吗？"

话毕，平原君大惊，因为赵奢的话说的有道理。一个眼光如此宏远的人定然不会是一个平庸之辈。

所以，平原君当即将捆住赵奢的绳子解下，然后恭敬地一拜，并想将赵奢请到屋中详谈。

可赵奢并没有马上随平原君进屋，而是恭敬地道："公子，您管事犯了法，如若不除，对您名声的影响实在是太恶劣。"

平原君默默地点了点头，紧接着立斩了管事。

平原君和赵奢进入内室以后谈了很多，而平原君也被赵奢的才华所惊艳，便将他推荐给了赵惠文王。赵惠文王任命赵奢总管国家税务，从此，赵国收税顺利，国库充实。

再后来，通过深入了解，赵惠文王发现赵奢在军事上也有相当的造诣，便经常命他外出战斗，赵奢也确实争气，他所领导的战斗罕有败绩。

所以，赵奢便一步一步地当上了将军。

以上，便是赵奢的发迹史了。

4.5　前功尽弃

赵国那边狂殴齐国，扩大地盘，争取在和秦国决战之前能拥有足够的战略资本。然而秦国呢？自然不会给这个头号大敌扩张的机会。

秦昭王趁着赵奢出兵攻击齐国的时候打了赵国一个时间差，派遣白起率大军攻赵，目标直指赵国南边境重要的军事要塞——光狼。

光狼要塞位于现今山西省高平市以西，是当初特意为防守魏国所建，如秦国能打通光狼，便可直面长平，进而直入赵国腹地，和上一年拿下的离石两点协同作战。

可光狼当初不知道打退了多少次魏武卒进攻，其城高墙厚，粮草充实，再加上赵国为了防范秦国，有大军驻扎在此，想打下来太难。

可最后，白起还是拿下了这座坚城，史书上并无线索，只有一句——公元前280年，秦白起攻赵，取代、光狼城，斩敌两万余首。

不只是光狼城，还有代。

不过代没过多长时间就被赵国给拿回来了，毕竟这地方实在是太重要了，这个是以后的事儿，咱暂且不表。

白起的大举入侵使得身在齐国的赵奢紧急回赵，赵国准备倾全力抵抗秦国的入侵，可本以为会继续进攻的白起竟突然从赵国撤退了，这让全国一级戒备的赵国人百思不得其解。

原来，就在白起大军连下光狼与代之时，秦昭王突然从在楚国的间谍处得到消息，发现楚顷襄王现在在中原各国之中上蹿下跳，很有些不轨之念。

所以，秉着"攘外必先安内"之念，秦昭王决定先除了这块心腹大患，遂让白起回国防守，同时派司马错从巴蜀之地出兵，采用长途奔袭的战术，突然袭击楚国边境。

而事情果然如庄辛所预料，楚国边防士兵从来没见过真正的大场面，外加上被突然袭击，所以毫无抵抗能力，基本可以称得上是一触即溃。

就这样，司马错迅速攻下了楚国黔中之地，使得楚国朝野震动。

懦弱的楚顷襄王不敢和秦国交战，只能割地求和，将上庸和汗北之地全部献给了秦国。

秦昭王本来想收了地盘后继续进攻，可突然从前线传来了噩耗，年迈的司马错病重，已经不能再带领秦军作战了。

所以，在没有司马错帮助的情况下，秦昭王只能收了土地以后答应楚顷襄王的求和请求。

不过，楚顷襄王的野心已经露出来了，并且通过一场大败，使得秦昭王知道了楚国的真实实力。楚国，离灭亡不远了。

说完楚国，咱还是再看看东边的齐国。不知道这条东方巨龙被燕国围攻五年以后现在是个什么样子了。

公元前279年，莒城和即墨已经被燕军围了五年之久，全齐国，甚至全天下都在看着二城，看看结果到底会怎么样。

乐毅为了感化齐国百姓，前两年就已改变对二城的强攻策略，而是做出了以德服人的战略措施。

具体办法很简单，就是依然继续围城，然后经常往里面射劝降的弓箭，并想尽办法分化城中百姓，让他们相信燕军是好人，是可以依赖的部队。而田单呢？他不识时务，非要破坏主流大势，阻碍了人类发展的可持续进程。

开始的时候，即墨官民没理会乐毅，可随着时间的慢慢推移，齐国"地下党"被一个一个地解决，官民们就开始出现动摇了，因为燕国人确实善待了齐国人，从来没听说过燕军入齐以后虐待齐国人的事儿。

看到百姓们开始动摇，田单都快急疯了，如果照此下去，用不着燕军攻城，自己的即墨就会彻底分化。

可就在这危机之时，燕军后方却突然传来惊天噩耗。

原来燕国从建国以来最伟大的君主——燕昭王崩了！新上任的是他的儿子燕惠王。

听闻这个消息后，田单简直乐疯了，为什么呢？因为燕惠王还是太子的时候，和乐毅就有过矛盾。

田单利用这一点，将大批的间谍往蓟城送，然后在蓟城造谣，说乐毅之所以这么长时间还没攻下即墨和莒城就是因为自己想称王，他现在最害怕的就是燕王派别的人来顶替他。

那燕惠王本来就和乐毅有矛盾，再加上年轻气盛和能力问题，还真就相信了，并用骑劫代替了乐毅。

当骑劫至燕军说明交替事宜以后，燕军士兵极为气愤，这些年来跟随乐毅行军打仗，燕国的士兵们早就习惯了乐毅的套路，且对乐毅情感深厚，一听说骑劫要来顶替乐毅，他们都十分生气且士气低落。有的士兵甚至还想劝说别的士兵一起去逼走骑劫，可最后乐毅阻止了这种兵变的苗头，并和骑劫顺利交接。

乐毅害怕回燕国以后会遭到燕惠王的迫害，便想中途逃奔赵国，毕竟狡兔死走狗烹，曾经吴之伍子胥，越之文种，这种事儿太多了。

所以，乐毅没有回燕国，直接便逃亡赵国了。

现在的乐毅可谓威震天下，哪一个国君不对其另眼相看？那赵惠文王一听乐毅来投，别提多高兴了，直接把观津封给了他，用以震慑秦国。

可自从这以后乐毅便再也没有过什么作为。

乐毅走了，骑劫来了，田单的计谋成功了。

就在乐毅被调走的同时，田单敏锐地发现，燕军正处于士气低落期，他觉得时机快成熟了，便开始了动作。

那么田单的动作是什么？那就是用迷信的方式欺骗敌人。（注：骑劫在进攻以前安排在田单身边的内奸，田单一直没杀他，就是想留着用）

田单命令所有即墨官民在吃饭的时候都必须先祭祀先祖。他在城中摆了好多灵位，并用食物祭祀。此种行为进行多日以后，引得天上黑压压的群鸟环绕，准备伺机偷取食物。

这种"怪象"不管燕军还是齐军都感觉很奇怪，不知道为什么会突然多出这么多鸟。然而更邪乎的还在后面，就在鸟群越来越多之际，田单在饭前大放厥词之时，突然，田单眼皮一翻，紧接着倒地抽风，口吐白沫。

这突然发生的一幕可把即墨官民吓坏了，他们能抵挡燕国这么多年的进攻，可全都靠着田单的能力，如果田单一死，他们可真不知道怎么办了。这要是以前的乐毅还能投降，现在新换了一个什么劳什子的骑劫，也不知道这个将领会不会残杀百姓。

所以，临淄官民十分着急，赶紧上来给田单拍背捶打。

又过了大概一炷香的时间，田单终于慢慢稳定，醒来以后的田单和个神经病一样，砰地一下跳了起来，然后对下面的"观众"惊喜地说："各位乡亲父老！各位战友同人！我刚才做了一个梦，有一个神仙给我托梦，说将有一个大神来做咱们的军师，咱以后只要听他号令，定能战胜燕军！"

话毕，下面的"观众"们先是一愣，然后哄笑。他们都以为田单是犯了病。殊不知这都是田单在演戏，这之后马上就会出现一个号称大神转世的人出现，然后田单再用此人行大事！

这即将出现之人乃是田单心腹，田单唯一怕的就是燕国间谍和官民们不信这人的真实性，那可就坏了，自己的全盘计划都会报废。

可田单的运气实在太好了，还没等他那个托儿上来，有一名士兵却哈哈调侃地道："哈哈，我说将军，我就是那个大神降世，将军直接用我得了。"

话音一落，下面哄堂大笑，都以为这个士兵是在开玩笑。

可田单却眼睛一亮，"好啊，正愁找不到大伙儿信得过的人你就送上门来了，我不用你用谁？"

于是，田单迅速从高台上下来，将这名士兵扶到元帅主座之上，并恭恭敬敬地对这个士兵一拜，一拜之后竟然还要跪下。

这可把这名爱调侃的士兵给吓蒙了，他赶紧上来将田单扶了起来，并说："田大将军，田大将军，我，我就是一句玩笑话，田大将军您怎么还当真了？您让我打仗耕田我可以，可您让我出谋划策，哎呀，您还是杀了我……"

不等这名士兵将话说完，田单赶紧道："请不要再说了，您就是我们的大神，以后我田单还有全即墨的人民全都听您调遣。"

"将军，我确实……"

"来人呀！将大神给我请到内室，用你们的生命保护大神，千万不能让他受到一点儿伤害！"

"是！"

话毕，好几个膀大腰圆的技击生拉硬拽地将所谓的大神"请"到即墨行宫内室。

这要是别人这些士兵有可能会疑惑，但这个士兵是土生土长的即墨人，和田单没有半点儿关系，甚至双方连接触都从未有过。

于是，打这之后，田单便将这名士兵雪藏起来不准他抛头露面，整天好酒好肉地伺候，但凡田单自己出谋划策都对外宣称是神人的谋划。全城官民（也包括那名内奸）因此对大神深信不疑。

话说一日，田单召开了一次军事会议，他特意大声地说，"众位听了，大神说了，如果燕军硬攻的话，咱们即墨是肯定能守住的，唯独怕燕军将俘虏们的鼻子割下来摆在阵前，这样大家都会害怕，咱们的即墨便可被轻易攻下，所以大家都记牢了，不可将此信息泄露出去，要不可就危险了。"

按说这么拙劣的计谋骑劫是不应该相信的，可这骑劫好似没长脑子，当内奸将消息传到燕军以后他竟然信了，并将之前乐毅抓到的齐国俘虏全部割下了鼻子摆在前线，堆成了一座鼻山，然后便直接发动攻击。

看着燕军阵前的鼻山，听着不断靠近的喊杀声，即墨城墙上的齐军毫无动静，但他们每个人眼睛都是血红的。如果说之前乐毅率军围城的时候他们有了投降的打算，现在也不会再投降了，而是转为誓死守城。

就这样，齐军拼了命地守城，将燕军一拨又一拨的攻击顶了下来，如果有从即墨城上掉下来没摔死的，便会扑向燕军搏命，决不投降。

面对这样一支守城军队，骑劫有些胆寒了，直到现在才知道，此城为什么五年都没能被攻下。

遂鸣金收兵，打算等待时机再对即墨进行攻伐。

而齐国其他城邑的人听到骑劫的暴行以后也都对燕国人充满了愤怒，质疑之前乐毅的仁政是不是真的，大有叛乱之势。

这还不算，田单在这次以后又用了同样的计谋。

又一次军事会议上，田单和众位将军道："各位，大神可又说了，现在即墨官民最怕的就是燕国人挖咱们的祖坟，那样我们的士兵必定会心寒，便会因此丧失斗志，所以大家都把这个秘密守好了，千万不能泄露！"

按说骑劫之前已经中计，这回应该有些戒心了，可他竟然又信了！遂派人掘了即墨人的祖坟，还将尸骨挖出来用火烧了个干干净净。

俗话说"人死为重，死者为大，入土为安。"

所以，即墨的那些官民听说此事以后气得都快疯了，一个个血红着双眼找田单要出城决战。

田单看到一个个士兵杀气冲天，就知道转守为攻的时机已到，便打算出兵。可燕军人数众多，是自己的几倍有余，如果正面硬碰必败无疑。所以，想要战胜多倍于自己的部队就必须打突袭战。

可打突袭战也是有前提的，那就是必须趁敌不备才能成功。

骑劫不聪明，但布置营防并不松懈，燕军营地的防守很是严密。

不过这难不倒田单，他为了使燕军放松警惕，便派使者前往骑劫处，说因为祖坟被刨，城中将士已经毫无斗志，想要次日投降。

这还不算，田单为了让骑劫相信自己的诚意，还在派使者以前派了即墨的很多有钱人前往燕军营地贿赂燕军将士，说让他们进入即墨以后手下留情，不要让士兵抢夺自家的财产。再加上间谍送回来的情报，使得骑劫断定田单投降为板上钉钉之事实。

所以，骑劫毫不犹豫便答应了田单的投降请求。

而燕军呢？围了即墨五年，一个个早就想家了，听说即墨即将投降，便高呼万岁，遂放松了对即墨的警惕。

而此时的田单正在即墨城中冷笑，"来人！"

"在！"

"给我将所有将领都召唤过来，我要召开军事会议。"

"是！"

不一会儿，一群将领走进大厅，分左右站好。

田单呵呵一笑，指着门口的一名守卫道："来，你过来！"

门口的守卫一看田单让自己进去，心里不由得就是一惊，再看周围将领一个个看自己面带讥讽，就感觉要坏事。但现在在即墨城中，自己无处可逃，只能硬着头皮走进大厅。

当这名守卫站好以后，田单笑道："小伙子，你为我即墨立了大功，我要赏你啊。"

守卫莫名其妙，心说："我一个间谍，犯了死罪还差不多，怎么会立功呢？"

看着莫名其妙的守卫，田单哈哈笑道："看来你还不明白，那我就让你当一个明白鬼，你个齐奸，为了自己的荣华富贵便背叛祖宗，背叛生你养你的齐国，你有什么脸面见你的列祖列宗？知道我要赏你什么吗？"

此时守卫的额头上已经布满了冷汗，下意识地摇了摇头。

田单接着道："赐你一死，仅此而已。"

话毕，冲上来两个技击大兵，直接将这名守卫砍头了事。

之后，田单继续道："将军A！"

"在！"

"命你即刻准备千头公牛，今夜我有大用！"

"是！"

"将军B、C、D、E、F！"

"在！"

"命你等一人带领一千技击，尾随于公牛之后，待时机成熟便突袭燕军大营！"

"是！"

公元前279年某日夜里，月黑风高，正是杀人放火之绝佳时机，此时的即墨城中聚集了千头公牛，每一头公牛身上都披了红布，上面画着五彩龙纹，牛角上绑着锋利的短刀，牛尾巴上全是沾满油脂的芦苇。

田单亲自率领B、C、D、E、F五将及五千精锐技击偷偷将城墙凿开多个小洞，然后从此处将公牛悄悄放出去，方向正对着燕军大营。

当所有事宜都准备完毕之后，田单突然下达命令，令手下士兵分出千人齐将绑在牛尾巴上的芦苇点着。

齐军令行禁止，几乎在同一时间点燃了芦苇。

如此，公牛受到了惊吓，飞一般地向燕军大营狂奔。

而此时的燕军全无防备，都在做着美梦，想着五年未见的妻子和天真可爱的孩子，整个内心都被幸福所填满，所以一个个睡得很香、很甜。

可就在这时，燕军突闻轰隆隆如同地震一般的声音，他们被惊醒，慌忙跑到帐外，只见无数火光冲自己而来，火光之下还有庞大的黑影闪动。由于天黑的缘故，燕军根本就看不清到底是什么冲自己奔来，只知道不是人。

又过了一会儿，这群"怪物"冲入了燕军大营，燕国士兵只要被这庞大的黑影沾到就死。因为这种怪物穿着龙纹红布，燕军还以为是传说中的"年"前来入侵，遂大乱。

而紧随公牛群后面的田单一看时机已到，当即命令全军对燕军展开残杀。此时燕军已经大乱，完全丧失了抵抗能力，与其说是残杀反倒不如说是"收割"更为恰当。

就在这时，即墨的城门也被打开，无数的民兵冲向燕营，和技击士兵合兵一处，打算一举灭掉燕军。

即墨城中的老人和妇女们也在此时登上即墨城头敲锣打鼓为正在前线的士兵们加油鼓劲儿。

骑劫也在此战中被乱军所杀。

他一死，本来就混乱不堪的燕军更是乱上加乱，紧接着开始出现逃兵，一个、两个、几千个……

他们逃亡的线路几乎全是西北，那个让他们朝思暮想的燕国老家。

可如今大势已成，田单是绝对不会放过任何一名士兵的，于是他令全军将士随自己追击敌兵，但凡追上的，全部诛杀，一个不留。

就这样，千里追击开始了，而田单沿途路过的城邑一听田单大军已到，全都趁势叛乱，斩杀控制城邑的燕军守将，然后组织民兵投靠田单。

如此，只有一万多的田单军如同滚雪球一般越滚越大，到最后竟达到近十万之众。

最后，燕军被堵在黄河以南无法渡河，被紧追上来的田单军全部诛杀。

这消息一传开，整个齐国其他城邑全都在瞬间反叛，紧围住莒城的燕军一看大事不妙，也赶紧率领军队逃回燕国去了。

就这样，身在齐国的燕军全都被赶回了燕国，田单一人力挽狂澜，拯救了整个齐国。

驱赶燕军以后，田单一刻也不耽搁，直接前往莒城迎接齐襄王回临淄主持国政，齐国复国。

可历经了五年的折腾，齐国生力军几乎全军覆没，金银财物也都被运往燕国，田地也被败退的燕军焚烧，再加上赵国、魏国、楚国的不断瓜分，齐国地盘已经严重缩水。

所以，继魏国以后，天下最强的齐国也从此永远失去了强齐这个称号。

值得一提的是，燕军失败以后，燕惠王非常后悔让骑劫代替乐毅，导致兵败将亡，丢掉了到手的齐国，同时又非常怨恨前去投奔了赵国的乐毅。

不知燕惠王是想泄愤还是想再拉回乐毅，总之他写信给乐毅道："先王将全国的军队全都委任给将军，而将军不负所托为先王报了仇，大败齐军，使得天下诸侯无不震动。而我本人也没有一天敢忘记将军的功绩，将军一定是误会我了，我之所以让骑劫前去顶替将军您，那是因为将军常年在外辛劳，我想让您回去见见家人，好好休息休息才这样做的。可是，将军竟然听信谗言，以为我是要公报私仇才会如此，遂抛弃了燕国转而投靠赵国。将军如果为自己打算是可以的，但您这么做拿什么来报答先王的知遇之恩呢？您还有什么面目见九泉之下的先王呢？"

乐毅又怎能看不懂燕惠王的胡说八道，但出于对燕昭王的忠心和怀念，还怕燕惠王将自己的家眷都杀掉，乐毅还是给燕惠王回了一封信，信的大致内容是这样的：

"臣无才无能，没能接受大王的命令，顺从您谋士们的心愿，我唯恐回到燕国会被杀掉，从而影响了先王有知人之明的声誉，也连累您陷于不义，这才逃到的赵国。

现在，您派人来数落我的罪过，我深恐您并不了解先王之所以信任我重用我的原因，又不明白我之所以侍奉先王的用心，因此才冒昧地写这封信回复您。

我听说，圣贤的君主不拿国家的禄位徇私，只有立功多的人才能够得到赏赐，能力相当的人才能够授予官职。所以，善于考察一个人的能力而后委任以官职的君主，才是能够成就功业的君主；善于估量审察对方的品行而后与之结交的士，才是能够扬名后世的俊杰之士。

我私下里观察先王的举止行为，觉得他有超越世上任何君王的雄心，所以就借为魏国出使的机会来到燕国，以便亲自查看。

承蒙先王错爱，安排我于宾客之中，提拔我位居于群臣之上，也不和宗室长辈们商议，就任命我做了亚卿。

先王曾命令我说，'我对齐国有深仇大恨，不管我国国力怎样虚弱，我都决心要把讨伐齐国作为我人生的终极目标去实现。'我说：'那齐国于中原数代争霸，强国雄风犹在，且屡战屡胜，大国余威仍存。大王如果想要讨伐他，那么就一定要联合天下诸侯共同应对。'

后来，您也知道，我成功了，先王认为他壮志已酬，因此划出一块土地分封给我，使我也像一个小国诸侯一样，我恐怕是因为缺少自知之明，自以为只要一切遵从先王的命令，听从先王的指挥，便可以幸而无罪，所以也就接受了分封而未加推辞。

我听说，贤能圣明的君主，建立了功业能够不让它衰败，因而青史留名；远见卓识之士，获得了荣誉，能够让它不被损坏，因而扬名后世。像先王那样报仇雪耻，征服最强大的诸侯国，缴获其积蓄八百多年的珍宝，直到辞世之日还留下谆谆教诲，让执政理事的大臣修整法律条令，谨慎地处理宗室内部的关系，恩惠遍及小民奴仆，这些都是后世应当永远牢记的遗训。

我听说，善于创造的人不一定能够取得成功，生下来本质很好的人到以后也不一定是好人。以前伍子胥的话被吴王阖闾所采纳，吴王因此能够远征楚国，踏平郢城。而后来的夫差却不是如此，他赐给伍子胥一把宝剑让他自杀，把他的尸体装进皮袋丢入长江任由其漂流。吴王夫差根本就不理解伍子胥的远见卓识，所以将他丢入江中而毫不后悔。

而我呢，要保全性命，免遭灾祸，这样就会让先王的功绩彰显，可如果我遭到侮辱，那样就会坏了先王的名誉，这是不应该发生的。由于我被加上了意想不到的罪名，现在得以保全性命就很满足了。

我听说，古时候的君子，虽然与人绝交，但绝不说人坏话；忠臣虽然被迫离开国家，但绝不为自己的行为辩白，我虽然无才无能，但也是受教于君子，我担心的是您只听得进左右亲信的说法，不能理解我的出走，所以冒昧地写信说明，恳请您留意地读一读吧！"

读了乐毅这封信，燕惠王心中五味杂陈，最后还是册封乐毅之子乐乘为昌国君，并释放了乐毅的家眷。

如此，乐毅又恢复了与燕国的往来，但是绝对不是效忠燕惠王，而是同时兼任赵国和燕国两国的客卿之位。

4.6 渑池之会

强齐灭亡了，天下至强之国现在只剩下秦国和赵国这两个国家。秦昭王想在灭掉赵国之前先解决楚国这个后顾之忧，又看赵国攻打齐国甚紧，便想要和赵惠文王签订停战盟约。约定秦攻南楚，赵攻东齐，这段时间谁都别打谁。

赵惠文王当然愿意如此行事，便欣然应允，两国就差签字盖章便谈判完成。

按说这虽然是大事，但由双方国相主持也就行了，根本用不着国君亲自出马，可秦昭王前些年在蔺相如身上吃了哑巴亏，不将面子赚回来他绝不甘心，便一定要与赵惠文王当面签署约定，地点就选在了第三国，韩国的渑池（今河南省渑池县以西）。目的就是要在会议上羞辱赵惠文王。

此时的邯郸王宫中，赵惠文王愁眉不展，下面一众大臣鸦雀无声。和前几年的和氏璧事件一样，赵惠文王在犹豫到底去还是不去。

那渑池虽然属于第三国，可距离秦国武关比赵国最近的关卡要近，若去，万一秦昭王将自己擒住，怕是插翅也难逃回了。

所以，赵惠文王是不想去的。

可秦国的国力完全可以一边和楚国交战一边和自己交战，而自己的国力却没有秦国那么强大，所以必须将东边战线彻底放下才有可能和秦国一战。

那怎么样才能既保证自己的安全还能成功达成外交目的就成了一大难题，这也是赵惠文王愁眉不展，下面大臣鸦雀无声的根本原因。

又过了一会儿，廉颇站了出来，对赵惠文王一拜，"大王，微臣觉得您是一定要去的，打仗打的是什么，那就是钱粮物资，而钱粮物资从哪里来？自然是土地和人民，而现在赵国的国力不如秦国，差的就是地盘。所以，为了咱赵国的未来，大王，您还是去吧。"

赵惠文王看着廉颇，心里骂道："真是站着说话不腰疼！"

看到赵惠文王还是在犹豫，蔺相如也走了出来，先是对赵惠文王一拜，然后复议廉颇之请。

可赵惠文王依然愁眉不展，很明显是犹豫不决，蔺相如于是道："大王您就放心前去！这一路我随同大王共赴渑池，一旦发生事端，我陪大王一起赴黄泉。"

赵惠文王听前几句的时候心里还有些底气，心想："嗯，这个蔺相如靠谱，他能保住和氏璧，应该也能保住我。"可听到下一句之后赵惠文王心一沉，又在心中骂了蔺相如一顿。

廉颇又继续和赵惠文王道："大王无须太过担心，请给我三万胡刀骑士，三万边民冲锋骑兵，我就在南国境等待大王，用以震慑秦人，如果嬴稷敢对您出手，我便迅速带领大军和他们秦国拼命。"

听了这话，赵惠文王叹息一声，虽然廉颇这招属于远水救不了近火，但为了赵国的长远发展只能如此了。（注：春秋战国以前的两国或多国高峰会议都是带兵参加的，可自从春秋时期齐桓公开了不带兵会议之先例，各诸侯国便都不带兵参与大会了，基本全都将兵驻扎在边境。）

就这样，廉颇用六万精骑护送赵惠文王到了赵国边境等待。

辞行前，廉颇问赵惠文王，"微臣死罪，可有一事必须对大王先行讲明。"

"你说。"

"大王，按照前去渑池之路程时间、会前典礼时间、谈判所用时间、归程所需之时间来算，三十天之内您就应该能回来了，可如果您三十天还不回来，请允许我赵国大臣直接立太子为赵王，断了嬴稷以您胁迫赵国之念头，之后再领兵向秦国复仇！"

赵惠文王思考一番，只能无奈点头应允。

如此，赵惠文王和蔺相如，还有百名胡刀骑士共同前往渑池，参加了这个千古流芳的渑池之会。

当赵惠文王一行人到了渑池的时候，秦昭王早就率领百名铁鹰锐士恭候大驾了。

秦昭王意气风发，本想见面就给赵惠文王一个下马威，可一看到他身边的蔺相如，心中不由得咯噔一下，"他怎么也来了？"

想到这儿，秦昭王没敢在第一时间给赵惠文王下马威，而是按照周礼和赵惠文王相互见礼。

之后，典礼开始。

一开始，赵惠文王的心里是非常紧张的，可随着典礼落幕，条约签订结束，赵惠文王紧绷的心才稍安。因为秦昭王也是按照礼仪只带了百名铁鹰锐士。

那胡刀骑士的单兵作战能力虽然没有铁鹰锐士强，可是这种轻骑兵最适合小集团作战，所以也不怎么怕铁鹰锐士，哪怕打不过不是也能逃吗？这天下谁敢和赵国的胡刀骑士比快呢？再加上从典礼开始一直到结束，秦昭王始终都对赵惠文王礼遇有加，完全看不出找麻烦的样子，这就使得赵惠文王天真地认为秦王并无他念。

可令赵惠文王万万没想到的是，秦昭王早就把坑挖好了，就等着他往里面跳了。

话说双方条约签订完毕以后，开始了两国国君的会后国宴。酒过三巡，秦昭王开始表演了，他装着喝醉的样子借酒撒泼，"我听说赵王对于弹琴有很高的造诣，寡人闻名已久，很想听听赵王的琴声，不知赵王可否赏脸，给寡人表演一段儿呢？"

按说秦昭王这么做是很不讲礼仪的，二人都是国家君王，凭什么给你弹琴呢。赵惠文王本不想给秦昭王表演弹琴，可一看秦昭王醉成那副样子，不愿与其一般见识，便勉为其难给秦昭王抚琴一首。

赵惠文王的琴弹得如行云流水，听得周围一干人等如痴如醉。

可秦昭王是个粗人，他根本无心赏乐，而是想羞辱赵惠文王，仅此而已。

所以，当赵惠文王琴毕之后，秦昭王便冲下面的史官使一个眼神儿。秦国史官便走上来，拿着一本史册，一边写一边大声说："某年某月某日，秦王于渑池会见赵王，宴会上命令赵王弹琴。"

这话一说，赵惠文王大怒，如果条件允许的话，他恨不得现在便冲上前去，拽住秦昭王的脖领子教训其一顿。

可因为形势所迫，所以赵惠文王不敢发作，只能忍气吞声，只想着会议赶紧结束，自己也好回国。

可赵惠文王不敢发作，有人敢，这便是蔺相如。

当秦国史官记完之后，蔺相如腾地一下站了起来，拎着一个青铜盆便直奔秦昭王而去。

那秦昭王一看蔺相如拎着大盆冲自己过来，顿时紧张起来，而秦昭王左右的铁鹰锐士也在这同一时间站到了秦昭王的身前，且绷紧了神经。

可当蔺相如走到大概离秦昭王十步的时候却停住了，然后弯腰对秦昭王一拜，道："尊敬的秦王，我家赵王曾听说秦王擅长秦地歌曲，而秦地音乐以敲击而闻名天下。所以，请秦王为我家大王献上盆击，用以娱乐。"

秦昭王一听这话，怒不可遏。冷哼一声便将脸往旁边一撇，那意思很明显——不可能。

本以为蔺相如会识趣退下，可没想到他非但没退，反倒嬉皮笑脸地又往前走了五步，并跪在地上道："还请大王击盆！"

秦王还是没回应蔺相如。

这时候，原本嬉皮笑脸的蔺相如突然将面色转为阴冷，"我现在和大王相距不过五步，大王就不怕我的血溅到您身上吗？"

左右铁鹰锐士闻命而动，拿起短剑直奔蔺相如，直接就要砍死他，只见蔺相如嗖地一下跳将起来，瞬间便从腰间拔出短剑，其出手极快，啪啪两声，两名铁鹰锐士的短剑应声坠地。

身为用剑专家的铁鹰锐士被蔺相如的身手震住了，因为他们没见过出手这么快的剑客。还没等这两名铁鹰锐士反应过来，蔺相如阴冷地对着两名铁鹰锐士道："滚！"

天不怕地不怕的铁鹰锐士一时吓得退后两步，完全将秦昭王暴露了出来。

蔺相如看着秦昭王，冷冷地道："请秦王击盆！"

逼于无奈，秦昭王只能用筷子敲击两下，之后就将筷子扔到一旁，那样子好像在说，"杀了我吧，杀了我我也不敲了。"

蔺相如要的就是他秦昭王敲的那么两下，别管敲多少，好不好听，只要敲了就行。于是转身便往回走。

当他走到赵惠文王身边的时候，大声吼道："我大赵史官何在？"

话毕，一名史官赶紧走了出来等待命令。只见蔺相如嚣张地吼道："来！给我写上！某年某月某日，赵王会见秦王，命秦王为赵王敲击洗脸盆娱乐！"

秦昭王气得脸都绿了，而在下面坐着的赵惠文王可高兴坏了，心里暗暗地给蔺相如竖了大拇指。

只有秦昭王冷冷地看着蔺相如和赵惠文王，心想："你们就尽管得意吧，这事儿没完！"

果然，秦昭王又给了下面的文官一个眼神，这文官立马站起来高声道："启禀赵王！今日正好是我秦王大寿，请给我秦王十五座城邑当寿礼。"

这就是赤裸裸的威胁了，只要你赵惠文王敢不给，我就能直接将你擒住，或者对赵国发动攻击。

可还没等赵惠文王回答，蔺相如又站起来，一声大吼，"没问题！"

这一声吼全场都愣住了！就连秦昭王和赵惠文王都愣住了，可蔺相如接着又道："为了秦赵两国的双边友好，区区十五座城邑又算得了什么？只不过今日也是我们大王生日，我们就不要十五座城邑那么多了，尊敬的秦王陛下只要给一座城邑意思意思也就行了。"

秦昭王几乎是下意识地道："哪座？"

蔺相如一笑，"嘿嘿，给我们赵国咸阳也就行了。"

秦昭王当即大怒。

蔺相如也冷声道："哼！恕外臣直言，外臣觉得您秦王殿下实属过分，十五座城邑？不如直接把赵国给你？"

至此，秦昭王真是被蔺相如气得七窍生烟，然而这时候，秦昭王的手下受不了了，一名武官突然吼道："来人！"

话音一落，百名铁鹰锐士呼啦啦地上来了！

蔺相如一声冷哼，"哼！怕你不成？来人！"

蔺相如一声怒吼，呼啦啦……百名胡刀骑士也骑着马冲了过来，每个人手中骑弓满弦，只等一声令下便百箭齐发。

秦昭王看出来了，这赵国的君臣一个个都是不怕死的，这要是打起来，自己也保不准会受伤，甚至被射死，于是开始打退堂鼓了。

可反观赵惠文王，那是异常兴奋，心里琢磨着，"这要是能拉着嬴稷一起死我也算没白活。"

于是，场面一时寂静，针落可闻，遂有一触即发之势。

不一会儿，秦昭王一看这样下去不行，直接发话，"行了行了，都退下，两国邦交有点儿言语冲突也是正常的，你们这是干什么？"

铁鹰锐士闻言散开，赵惠文王也在此时挥了挥手，胡刀骑士也跟着落弓散开。

两个国君又开始了酒宴。

可事情闹到了这等地步，这饭已经吃出了火药味儿，再吃下去也没意思，便草草结束了本次会议。

如此，赵惠文王安全返回赵国，秦赵暂时的秘密同盟达成。

4.7　将相和

回赵以后，赵惠文王别提多高兴了，所以，在回国后的第一次朝会上，赵惠文王便封了蔺相如为上卿，甚至位次排在廉颇之上。

可这一下廉颇却是怒了，之前他和蔺相如相处得还凑合，但那是因为蔺相如官位不在他之上。

散朝以后，蔺相如先走了，廉颇则待在原地半天没动，和廉颇关系比较好的官员全都来煽风点火。

"廉大人，您说这叫什么事儿啊？他蔺相如凭什么在您之上？"

"他蔺相如算什么，也配和咱们廉大将军相提并论？"

"我说廉大将军，就这事儿您这暴脾气能忍？您还是不是我认识的廉颇了？"

……

终于，廉颇被激怒了，他吼道："我廉颇身为赵国大将，攻无不克战无不胜，从小兵一步步做起，在死人堆中打滚，在鬼门关中散步，场场战斗冲锋在前，这才靠着战功一步步成为上卿，他蔺相如何德何能？就凭一副嘴皮子就当上了上卿？还排在我之前？这蔺相如不过是一个出身低贱之辈，凭他也配和我比身价？他也配位次在我之前？下次再让我见到这个蔺相如，我直接吐他一脸口水，他若还手，我定要他好看！"

"好！"

"真英雄！"

……

在一片叫好声中，廉颇走了，准备在下一次见到蔺相如的时候好好教训教训他。

不巧的是，这事儿让一些好事之人透露给了蔺相如。

可蔺相如和廉颇的冲突却迟迟未见发生。

原来，蔺相如自从知道廉颇对自己的不满以后便借口身患重病而不上朝，以避免和廉颇发生正面冲突。

有一次蔺相如出门，远远便看到了廉颇的车队。这要是按照规矩，廉颇是要给位次在自己之上的蔺相如让道的。

可蔺相如看到廉颇的车队以后，连忙命令手下急转到一旁的暗巷之中。

蔺相如的动作被廉颇看到了，他极为得意。当路过暗巷的时候还特意大声说道："懦夫！这也配当咱们赵国的上卿？哈哈哈哈……"

廉颇的车队走了以后，蔺相如的宾客们被气得双手发抖，之后回到府中，他们一起去找蔺相如，群情激愤地道："大人！我们之所以离开亲人来投靠您，不是因为想要什么荣华富贵，而是因为您有崇高的理想和不惧强权的气魄，可如今，您与廉颇同为上卿，排位还在廉颇之前，这廉颇不识好歹也就罢了，可您非但不敢与其相见，还处处躲着他，您的这种行为就算是普通人也会感到羞耻，更何况是通晓大义之人呢？对不起了蔺大人，我们自认为没有能力继续留在您的身边，您还是另请高明吧，请允许我们辞职！"

蔺相如听了这话并没有生气，而是微笑着道："各位想走我不会强留，可能否在走之前听听我的心里话呢？如果我说完还留不住你们的心，那你们再走我绝不强留。"

这群宾客你看看我我看看你，终于有个领头的走出来对蔺相如生硬地一拱手，"您说吧。"

蔺相如道："各位，我想请问，廉颇和秦王嬴稷相比谁更强更可怕呢？"

这宾客毫不犹豫地道："那自然是秦王。"

蔺相如微笑着道："那秦王威风凛凛气场逼人，可我却在秦国宫廷当众斥责他，在渑池之会上威胁他，各位说说，我怕秦王吗？"

"不怕。"

"那么我连秦王都不怕，怎么会怕一个廉颇呢？"

说到这儿，这些宾客都愣住了，那名领头的宾客这时候对蔺相如一拱手，"大人说得是，可您既然都不怕秦王，为什么却要躲着廉颇呢？"

蔺相如严肃地说，"各位，说句自夸的话，秦国不敢攻打咱们赵国就是因为咱有人才啊，而我和廉颇将军就在这人才之列，我们两个就好像赵国的两只老虎，如相互合作便可震慑强秦，可若相互撕咬，最后便会让猎人得逞，而我之所以躲着廉颇，就是不想两虎相争，让秦国这个猎人得逞啊！"

话毕，下面的宾客们都感到非常羞愧，一个个赔罪告退。

自从这以后，这些宾客再见到廉颇宾客也不羞愧了，而是昂首挺胸地正面路过。

这回廉颇的宾客可就觉得奇怪了，"你家主公都被我家主公羞辱成什么样子了？你们反而还骄傲成这副样子，真是奇怪！"

宾客们感到很奇怪，便将这事儿告诉了廉颇。

廉颇听罢也是眉头紧皱，和自己的宾客一样感到奇怪，遂派人前去打听情况。

不久，被派出去的宾客回来了，走的时候兴高采烈，回来以后愁眉不展，廉颇问为何，此人遂将蔺相如和门下宾客的对话原封不动地转告给了廉颇。

听毕，廉颇呆坐在凳子上，憋得半天说不出话来，那名宾客也没言语，对廉颇一个拜礼，默默地走出了大厅。

那廉颇就这么呆呆地坐在原地，久久不能言语。

大概又过了一个时辰，让人惊叹的一幕出现了，在廉府突然出现了一个雄壮的身影，这人赤裸着上身，用麻绳将自己捆了一圈儿，后面背着带刺的荆杖，将其后背扎得鲜血点点。这人是谁呢？正是廉颇。

只见廉颇向蔺相如的府中大步迈进，根本就不受邯郸城内那些惊叹的目光影响，不一会儿便走到了蔺相如的府邸。

自然，邯郸城内的老百姓们也全都跟在廉颇之后，想看看他到底要做什么。

正午，艳阳高照，蔺府守门的家丁正百无聊赖地打着呵欠。可就在这时，这名家丁突然看到一片黑压压的人群朝蔺府拥来，这使得家丁如临大敌，再一看领头人赤裸着上身，一身无形的煞气弥漫。再仔细一看，这不是廉颇又是何人？

就在这名家丁不知如何是好之时，走到门口的廉颇咣当一下跪在了蔺府门前，大声吼道："罪人廉颇，前来向蔺大人请罪！"

这家丁什么时候见过如此场面？当时就被吓得六神无主，"廉……廉……廉……廉颇来了！"一边喊着一边向里跑去向蔺相如汇报。

蔺相如一听这话，赶紧一阵风似的跑了出来，一看廉颇上身赤裸，背后鲜血淋漓地跪在地上，一瞬间就明白了。

他飞速上前，跪在廉颇面前，双手颤抖着扶着廉颇道："将军快快请起，你这是干什么？"

廉颇并不起身，而是红着双眼道："蔺大人！我廉颇读书少，是个粗鲁浅薄之人，不知大人您高义，竟能宽恕容忍我到这种地步，这让我无地自容，廉某今日来此不是为别的，就是前来向您请罪的，现在我背上了荆条，还请大人用此荆条抽打我，就算是今日将我打死在这，廉某也绝无半点怨言！"

看着廉颇的诚意，听着廉颇的肺腑之言，蔺相如双眼含泪，迅速将腰中短剑取出，切断了绑着廉颇的绳子，小心翼翼地将廉颇背后的荆条取下，看着廉颇一后背的鲜血，蔺相如颤抖着对廉颇拱手道："将军休要再提认错之事，这里不是说话的地方，如果将军肯赏脸，还请入室一叙！"

看着蔺相如一脸的真诚，廉颇慢慢站起，对蔺相如一拱手，"大人先请！"

"不！将军先请！"

"一起！"

"一起！"

如此，蔺相如和廉颇肩并着肩走进了蔺府。

当日，从来不沾酒的蔺相如和廉颇喝了个酩酊大醉。

当日，赵国多了一对生死之交！

这就是将相和的故事。

咱们再转头看看秦、赵两国是如何瓜分天下的吧。

4.8 侵楚

这一年（前279），秦国命白起为秦军统帅，起大军南征，打算一举将楚国老家郢城拔掉。

白起因为这一次伐楚战役迅速爬到了人生的巅峰，因为他打击了楚国，使得楚国以后再无绝对优良地利防守秦国。

且在打残楚国以后，秦昭王为了表彰白起之功，给他列地封侯，使白起成了武安君。

可这真的是白起一个人的功劳吗？恐怕不是。

要说这白起成功吞掉了郢城，有很大程度是沾了司马错的光。

我们看看秦、楚南边境的地理图形和作战方略就知道了。

上一年，秦趁着东方巨龙齐国被灭，天下大乱之际，派遣司马错攻击楚国，企图断楚国三山之地，围歼郢城，进而将长江以东的楚国地盘全部拿下。

可楚国虽内政混乱，任用奸臣（令尹子兰等辈），但依然强盛，士兵总数据保守估计也不下五十万。史书上说楚国"带甲百万，车千乘，骑万匹，粟支十年（粮食可连续供应战斗十年）"。

这虽说有些夸张，但也有一定道理。而且楚国还有群山河流阻碍秦国。如此，想一口吞掉楚国绝不可能。

所以秦昭王伐楚战略措施为蚕食，盖先将楚国势力赶出襄汉上游之地，使秦巴蜀水路能在毫无阻碍的情况下东出长江，向楚国内部逼近，之后拔掉楚国国都郢城，楚国便能一举而定。

郢城，楚国之都，西有巫巴之险（夷巫郡和巴地部分），北有桐柏之固，且南控湘黔，东制吴越，处于江汉咽喉之地，确实为强国之雄都。

所以，想要靠蚕食方略拿下楚国就必须先攻略郢城，逼其东迁，使其失去抵抗能力。

而郢城的北、西、南都有群山环绕，每个山群的必经之路都有关卡设重兵把守，如果想跨过山群对郢城进行打击，就必须要同时占据北、西、南三路。因为如果要从一路或两路进行打击的话，势必会被其他方向的驻扎楚军不断骚扰，这是攻坚之兵家大忌。

而楚人擅长水战，想要从水路进攻无异于痴人说梦。

所以，想要拿下楚都郢城就必须要同时攻下三方山地，进而对郢城形成合围之势，这是基本。而秦国想要同时拿下这"三山之地"实在是太难。

可就在这种情况下，司马错依然在上一年攻陷了"三山之地"，不愧为秦国数一数二的名将。

前280年，秦昭王命司马错攻击楚国。

司马错秘密集结士兵，分一路先至武关东南之紫金关，打击目标为上庸，自己则带领主力部队入蜀，然后从成都方向一路向南，以群山为掩护，顺着长江一路向东，并在现今重庆东北区域将大军分成两路，一路北上跨过群山攻扦关，一路南下跨过山群攻黔中，之后约定时间于紫金关三点同时进攻"三山之地"。

由于司马错从调兵到出击的行动都太过隐秘，再加上秦国不宣而战，使得三山之地的守关将士全无防备，遂全部告破。

可就在司马错打算再次出击的时候，年迈的他突然身患重病，甚至不能下地行走。再加上楚顷襄王割地求和，秦昭王遂批准出征之秦军撤退，并派大军驻守攻下的三山之地。

那么秦昭王会这么放过楚国吗？当然不会。

前279年，秦昭王再次命白起领兵攻击楚国，势必要将郢城拔掉。

而现在对楚国有绝对优势的三山之地已经全被司马错打通，楚国还能防得住白起的进攻吗？

按理说，现在北、西、南的山脉已经全被打通，由北、西二路进攻是最为合理的，因为想要从南进攻楚国的话，须由巴地南下越过武陵山脉，再由沅江通过黔中之地，之后再进入平原向北攻郢城，这条路不仅路途遥远，且必经之路还属于当时未开化的百越蛮族所居，是最为艰难的进攻路线。

所以，除了上一年被司马错攻下的黔中以外，楚国基本上都不在这里设兵驻守。

可白起却偏偏从这里走了，还因此创造出了"声东击西"的经典战例之一。

白起认为，郢城以南之百越早就被楚国给收拾得服服帖帖，说是藩属也不为过（吴起伐百越之功），而郢城作为楚国的百年雄都，必然是城高粮多，如果与郢城形成长期对峙，南方百越便有八成以上概率会出兵帮助楚国抗击秦国（或游击骚扰秦军，或通过长江支援郢城粮草），而秦军还不能去攻击百越，因为百越会仗着长江与洞庭湖之地利抗击秦军。秦军陆战虽猛，可水战绝对不是这些水鬼的对手。

基于此，白起决定分出一支部队南走攻楚，分三路攻击郢城，这样做既能切断郢城和洞庭湖一带百越的联系，又能达到出其不意的偷袭效果。

所以，当白起取得兵权以后，他先在最受楚国重视的西线布置少量士兵，但却插满旌旗，成天敲锣打鼓，貌似要举大军进攻的样子，而实则派遣主力部队于紫金关向南发起进攻。

这支部队攻势极为凶猛，满军的白字大旗，是给楚国最大震慑的主力部队。

到这儿，楚顷襄王算是看出来了，秦国果然如他所想，是从西线和北线同时向他进攻，遂派出大军布防于邓、鄢（此二地可对秦军形成夹击之势）、西陵、夷陵（此二地可以驰援郢城，并防止西线秦军之侵攻）。

凭着这四座城邑顽强的抵抗，秦国侵略者延缓了进攻的步伐。

可正如前些年庄辛所说，楚国的将领不行，士兵不精，士气还低，怎么抗衡秦国侵略者？

如此，只抵抗了一年，这些城邑便被一个一个地侵占了。

楚顷襄王感觉到了秦国的强大，只能将这四座城邑的士兵全部调回郢城集中防守，想凭着郢城之坚和秦军进行一场防守战。（注：这时候，洞庭湖一带的百越已经被秦军一个又一个地端掉了）

公元前278年，拿下四城的秦军出兵郢城，将其团团围住，可楚顷襄王仗着郢城城高墙厚、粮草充足，愣是和秦军拼了个旗鼓相当（历经一年的征战，秦军已疲）。

可就在这时，突然南面杀声震天，再一看，如同神兵天降一般的秦军呼呼啦啦地杀奔郢城，由于在南面未有设防，所以这突如其来的进攻弄得这些没有训练过的郢城士兵大乱，而其他围城之军也趁着这个时机狂攻郢城，楚军士气一泻千里。

楚顷襄王一看败势已呈，便领着心腹大臣和少许精锐士兵向东突围后北上至陈地（今河南省淮阳市附近），并暂且在此立都。

秦国行动迅速，立即以郢城为中心设置南郡，之后以巫地为中心设置巫郡，以黔中为中心设置黔中郡，采用迁移政策同化三地。

至此，楚西江汉湘黔之地已经完全被秦国占领，楚国再也没有如此好的地形来抵御秦国的进攻了。

4.9 屈原之死

然而就在楚顷襄王被迫东迁至陈时，一名一身白衣，满脸沧桑的文人来到了汨罗江畔，这人便是屈原了。

一名老渔夫完成了一天的工作，正打算收网回家，因为去过郢都，更巧见过路过的屈原，所以惊奇地道："这不是三闾大夫吗？你怎么到这种地方来了？"

屈原看着这个老渔夫微笑道："呵呵，整个世界都是污浊的，唯独我是清净的，所有人都沉醉着，只有我是清醒的，所以便被流放至此。"

老渔夫看着屈原一脸的沧桑和悲伤，叹息一声道："唉，我说三闾大夫呀，圣人对事物的认识不固执，而能够顺应世俗的变化，举世混浊，你为什么不随波逐流呢？所有人都醉了，为什么你不醉呢？何必洁身如玉，自找被放逐的命运呢？"

屈原惊奇地看了看老人，之后哈哈笑道："老丈高见，可原却不以为然。我听说，刚洗过的头发一定要弹一弹帽子再带，这样就不会使头发污浊，刚洗过澡，一定要抖一抖衣服再穿，这样会使身体保持清洁，这天下谁喜欢肮脏呢？而我屈原更是如此！我宁可跳江，也不愿崇高的品质受到污染。"

老渔夫又是一声叹息，摇了摇头便走了。

老渔夫走了以后，屈原悲伤地写出了千古绝唱——《怀沙》。

紧接着，屈原抱着石头便跳入汨罗江自杀了。

屈原自杀以后，当地人民自发地前去打捞屈原的尸体，可汨罗江那么大，上哪儿去找呢？人们怕江里的鱼虾将屈原的尸骨啃食殆尽，便将糯米做成团抛入江中，希望江中的鱼虾们不要吃屈原的尸骨。

然而屈原的死只不过是让楚国的老百姓多出了一份忧伤而已，根本改变不了天下大势。

4.10 豪侠公子魏无忌

公元前276年，秦昭王继续向东扩张，他命白起集合大军向北继续攻打魏国，争取在和赵国决战之前再多一些底气。

而白起幸不辱命，不到一月便夺取了魏国两城。

同时，那边将挨着赵国的齐国边地都占得差不多的赵惠文王转而和秦国争抢魏地。他命大将廉颇攻打魏国，瞬间拿下了魏国一地，并打算继续进击。

眼看自己的国家被赵国和秦国蚕食，魏安釐王无奈重用弟弟魏无忌（信陵君，战国四公子之一），让他执掌魏国兵权，以防秦、赵侵略。

魏无忌是魏昭王的小儿子，魏安釐王同父异母的弟弟，其为人宽厚，能和比自己地位低的人交往，无论才能高低他都会以礼相待，从来不会因为自身的富贵而对别人骄傲蛮横，所以周围千里之地的人全都依附于他，其门客竟然直追当初之孟尝君，达三千有余。

关于他爱才方面有一件事情是可以证明的。

话说那魏国有一名隐士叫侯嬴，都已经七十岁了还依然是一个守城门的小吏，他胸中虽然满是文韬武略，可并不暴露在外，也乐于带着这一肚子文韬武略入土。

那是为什么呢？因为这个侯嬴也想向管仲、乐毅、吴起、商鞅等人那样，找到真正看重他，全心全意信任他的主公。

可是被动等待能被发现的可能性微乎其微。

果然，等到了七十岁也没等到明主找他，侯嬴便觉得天下诸侯王都是有眼无珠之辈，这便打算直接带着自己的学识等死了。

而魏无忌非常看重人才，当他听了门客的介绍之后，断定侯嬴是一个大才，便准备了厚礼，驾车前往城门亲自去请侯嬴，并且态度极为谦卑。

可谁料侯嬴不但没有感激魏无忌，反倒是极不在乎地道："我几十年来修身养性，敦励品行，功名利禄早已与我无缘，我可不会因为贫穷就接受公子如此厚礼，公子你还是拿回去吧。"

魏无忌赶紧一躬身，"先生说的哪里话，我魏无忌是真的看重先生您，这才出重礼来请，还请先生能为了魏国的社稷着想，和我回去吧！"

侯嬴哈哈大笑："笑话，老朽我现在都七十了，您魏大公子才知道我，魏王更是知道都不知道，凭魏国这种人才挖掘能力，还有什么社稷可言，公子无须多说，请回吧！"

魏无忌就这么被侯嬴赶回了府中。

可魏无忌并没有因为侯嬴的傲慢而生气，反倒是想出了一个破天荒的办法来招揽侯嬴。

这一天，魏无忌大摆筵席，邀请了整个魏国有头有脸的人物来参加宴会，说自己得了一个大才，要给大家认识。

魏无忌在魏国名声响亮，权力很大，所以这些大臣们非常赏脸，就连国相魏齐都早早地来到了魏无忌府中。

又过了一会儿，所有的宾客全都到齐了，而魏无忌身边最近的两个位置，一个是相国魏齐所坐，还有一个则是空着的。

在场的宾客都感觉非常奇怪，不知魏无忌要介绍何人。

这时，魏无忌站了起来，对场下一拱手，"今日叫大家来，一是要痛饮入夜，二则是要给大家介绍一位大才，可现在这大才还没有答应投靠我，鄙人这才邀请大家前来给我摆个排场，然后我再去请他，逼他就范，还请各位不要怪罪，权当是给我魏无忌一个面子。"

场下的众多人士一听这话都哈哈大笑，有的甚至大喊道："公子放心，你尽管去请，我们就在这给你压阵，我们也想看看您所谓的大才究竟是何模样。"

话毕，场下所有人几乎同时回答，"公子尽管前去！"

就这样，魏无忌亲自驾着自己最豪华的驷马之车，空出身边的位置，并带领众多门客前去邀请侯嬴。

在距离侯嬴大概五十米左右的时候，魏无忌一个手势，所有的门客全在这时停下了，然后他一跃下车，非常有礼地走到侯嬴身前躬身一拜，"先生，现在全大梁的官员都在我府中等您入府，上至魏国国相，下至总门吏长（侯嬴的顶头上司）。"

说完笑着看着侯嬴不言语。

侯嬴这时候就是再不想去也不行了，得罪了总门吏长，以后自己哪还有好日子过，再加上魏无忌的诚意确实太足了，这才抖了抖衣服，迈着四方步，坐上了魏无忌身边的空座。

魏无忌哈哈大笑赶紧上马，和侯嬴并排而坐，并为其赶车。

可就在魏无忌打算往府中方向狂奔的时候，侯嬴突然说，"公子你先等会儿。"

魏无忌一愣，之后赶紧谦卑地道："先生还有何见教？"

"我有个朋友叫朱亥，他在市场屠宰坊当屠户，我希望在彻底成为您的门客以前去和他说一声，劳烦您和您的这些门客去一趟吧，再让那些官员们也等一等，反正也不差这一会儿了。"

面对如此要求，魏无忌不但没有发怒，反而谦卑地对侯嬴一个躬身，然后道："悉听尊便！"

紧接着，魏无忌的车队如同迎亲队一样往屠宰坊奔去。

到了屠宰坊以后，只听侯嬴道，"朱亥！朱亥！老头我侯嬴来了，你小子赶紧出来迎接！"

话毕，只见一个一身是血，虎背熊腰的大汉裸着上身乐呵呵地跑了出来，可当他见到衣着华贵的魏无忌一行人以后，笑着的脸立马变成了风轻云淡，而当魏无忌和朱亥一对眼儿以后，见惯了沙场厮杀的魏无忌竟止不住地一哆嗦，因为这朱亥眼中的煞气实在是太浓了，只有杀了不计其数的人才会拥有这种煞气。

就这样，侯嬴走上前去，和朱亥交代了很多事情，并且故意放慢了说话的节奏，实际上眼睛却在时刻瞄着魏无忌，看他表情的变化。

可从谈话开始到结束，大概一炷香的时间，魏无忌的表情都没有一丝变化，反倒是后面的门客们气得咬牙切齿，侯嬴这才满意地点了点头，在交代完事情以后，侯嬴走到魏无忌面前，头一次对魏无忌躬身一拜，"主公，咱们走吧！"

魏无忌大笑一声，豪爽地道："这就走。"

魏无忌府中。在一片目瞪口呆和唏嘘声中，侯嬴被请到了魏齐对面那空着的座位上。

下面的宾客实在搞不懂，魏无忌费了这么大劲儿，就为了请这么一个行将就木的老人，这到底是为了什么？

酒席散后，魏无忌给侯嬴安排了最好的客舍，并吩咐下人从此要对侯嬴恭恭敬敬。

侯嬴对魏无忌深深一拜，"公子不必如此，从今天开始您便是我侯嬴的主公，如果对我太尊敬会有失您尊贵的身份。"

"那怎么行，先生可是我好不容易才请回来的。"

侯嬴摇了摇头，"我侯嬴难为您其实并不只是我不想做官，还有其他的缘故。"

"哦？那是什么呢？"

"我侯嬴只是一个看门之人，而公子您的身份尊贵，本不应该对我有过分的礼节，可如今您却一而再再而三地对我大礼相迎，我为了感激您，便故意让您在屠宰坊等待良久，一是可以观察您对我的态度到底如何，二是可以提高您的名声，因为这样一来，所有的人都会认为我侯嬴是一个小人，而主公您才是真正的爱才贤士。您的爱才之名也会传遍天下，从此以后天下的各路人才都会来投奔您了。"

魏无忌恍然大悟，"哦，原来你还有这层考虑，可我今日观先生的朋友朱亥好像不是一个普通的人物啊，不知他有何来历？"

侯嬴一愣，之后哈哈大笑，"主公果然慧眼识人，这朱亥确实不是一般人，身为他的朋友，他的来历我不会和您说，可我建议您多去拜访他几次，哪怕他最后不会投靠您，也会给您带来绝大的好处！"

魏无忌默默地点了点头，次日便去拜访了朱亥。

可朱亥只是和魏无忌相互见礼，并没答应投奔他，只想在屠宰坊工作至死。魏无忌并不气馁，又是多次前去拜访，可皆以失败告终。

最后，魏无忌没辙了，只能放弃了招揽朱亥的想法。

除了爱才，魏无忌本身的统兵能力也相当不俗，打仗很有一手，有一件事便能说明。

有一日，魏无忌正在和魏安釐王下棋，突然有下人来报，"报大王！赵国现在正于边境集结兵力，意图不轨！"

魏安釐王听罢大急，打算找大臣们来商议对策，可魏无忌却在一旁哈哈笑道："大王不必惊慌，这是赵王在打猎，并不是进攻，坐下坐下，咱们继续下棋。"

看着魏无忌那自信的表情，魏安釐王将信将疑地坐下和魏无忌继续下棋，可他的心思并不在棋盘上，总是担心赵国会对自己进行军事打击。

可不过一会儿，又有一位下人来报，"报告大王，赵国于边境集结士兵确实是因为赵王在打猎，并不是侵略我国。"

魏安釐王吃惊地问魏无忌，"我说弟弟，你可真是神了，快告诉我，你是怎么知道赵王要去打猎而不是侵略我魏国的。"

魏无忌微微一笑，"大王，凡是行军打仗，最重要的便是知己知彼，所以情报很重要，绝不可缺，而臣弟我的情报网遍及天下，各国君主有什么行动尽在我掌控之中。"

听了这话，魏安釐王惊叹魏无忌的能力，再加上其在魏国的声望和势力，所以便对这个弟弟产生了畏惧与防范之心。

可是现在魏国国土被秦、赵两国连连攻破，再不重用魏无忌这种军事人才就不行了，所以魏无忌得以被推上了魏国政治中心。

可这又有什么用呢？凭现在魏国的实力拿什么抵抗秦国和赵国？别说魏无忌了，就算是魏文侯在世也休想拯救现在的魏国。

然而，就在秦国想继续攻击魏国的时候，楚顷襄王却在此时召集了西部士兵十多万人组织反击秦国，并一举收复了黔中十五个城邑。

此时的秦昭王正在和赵国争抢中原之地，没空理会楚顷襄王，便只从蜀地和关中调集军队防守黔中，防止楚国继续侵略，等着白起的军队平定魏国之后再攻击楚国。

4.11　华阳之战

公元前275年，秦国大军兵分三路进击魏国，上路由胡伤（一说名为胡阳）带领，主要攻略目标为南阳和刑丘，之后越过济水，直插大梁东面；南路由白起带领，由襄城直奔大梁南；中路主力部队则由秦国丞相魏冉亲自带领，攻略目标为大梁东。

这三路大军齐出，不到两个月的时间便打到了大梁城下，大有一举灭魏之势，而身为魏国邻居的韩釐王感到了唇亡齿寒的危机，知道魏国如果被灭，下一个恐怕就要轮到自己了，遂命暴鸢为将，领军向东从背后攻击秦军，打算打秦军一个措手不及。

可无奈魏冉的谍报工作甚是精密，那边韩国一出兵，这边就被魏冉探听到了。

得知韩釐王的意图以后，魏冉命胡伤、白起继续围城，自己则带领中路大军回头反击，并大败韩军，斩杀四万余人。

魏安釐王一看最后一根救命稻草都被秦国人给打掉了，便放弃抵抗，派遣使者前去面见秦昭王，献出温地八城求和。

按照秦国传统，秦昭王必是答应了，正好他也想借此时机好好休整一下部队，等待次年再继续进攻魏国。

魏安釐王也终于松了一口气，以为自己可以好好休息休息了，然而秦国那边刚走，赵国这边又来了，廉颇的突骑大军好像一把烈火，迅速攻取了魏国房子（今河南省安阳市南）和安阳（今安阳市），给魏国造成了极大的军事压力。

公元前274年，赵国又用燕周为将，攻取了齐国的昌和高唐。

同一时间，秦国再次攻击魏国，夺取中阳、蔡等四城。

魏安釐王快疯了，这几年被秦、赵连番进攻，魏国土地严重缩水，继续这样下去必定亡国。怎么办？魏安釐王苦无良策，最终他算是看明白了，现在天下的强国只有秦国和赵国，现在的魏国只有两条路可走，不是投靠秦国，就是投靠赵国，除此以外，别无他途。

而秦国言而无信，所以只能投靠赵国，再怎么说也都是三晋之国，曾经的情谊多少还有那么一点儿。

可现在的秦国和赵国正在开展决战之前的军备竞赛，都抢着扩张地盘，所以没有足够的礼物赵惠文王是不可能答应魏安釐王的请求的。

所以，魏安釐王打算送给赵惠文王一块肥肉，那这块肥肉是什么呢？

韩国。

魏安釐王的如意算盘打得很响。那就是只要和赵国联合攻击韩国，再把拿下的韩国领土全部交给赵国，赵国就会在魏国前面堵住秦国，以后便可安枕无忧。

这种想法实在是太无耻了，韩国之前还冒着被秦国攻打的风险救你魏安釐王，你怎么能恩将仇报呢？

可为了自己与国家的生存，魏安釐王管不了那么多了。

所以，魏安釐王直接派使者前去见赵惠文王，将自己的谋划和盘托出，并且保证以后跟着赵国，只求赵国能饶它魏国一命。

而赵惠文王呢？欣然应允。

公元前273年，赵、魏两国组成约十八万大军于大梁集结，打算攻打韩国的华阳，再以此地为根据地南下，攻取韩国首都新郑，并一举灭掉韩国。

韩釐王听说此事以后，大骂魏安釐王，又拿不出什么高明的策略来对付赵、魏。于是，韩釐王只得无奈遣使前往秦国，打算说服魏冉使秦军救韩。

韩釐王派了好几拨使者都没劝动魏冉，最终全以失败告终。

魏冉之所以没答应韩国人的请求是因为他想通过这件事儿提高价码，让韩国人割地求援。

果然，由于魏冉数次拒绝，那韩釐王确实急得像热锅上的蚂蚁，甚至动了割地求援的念头。

可在割地之前，韩釐王还想再努力最后一下，便去找了当时韩国最出色的纵横家——陈筮。

因为陈筮年岁已高，疾病缠身，所以之前韩釐王都没去找他，但现在正是韩国生死存亡之际，这时候要是再不找就来不及了。

于是，韩釐王派韩国国相亲自去陈筮家中探访，并传达了韩釐王的意思。

陈筮也知道现在的情况危急，所以没有拒绝，直接披挂上阵。

临走前，韩釐王亲自送陈筮至新郑城外，语重心长地道："爱卿啊，这次就靠你了，实在不行就答应给魏冉点儿地吧，这次要是还办不成，咱们韩国就真的危险了！"

陈筮只是微微一笑，很是自信地和韩釐王道："大王不必如此，我保您不费一点儿的地也能将他秦国援军请来。"

于是，陈筮前去秦国面见魏冉。

双方见面以后，魏冉笑着和陈筮道："呵呵，你们韩国现在形势危急了吧？"

陈筮装着糊涂的样子问："瞧丞相大人这话说的，怎么就看出我们韩国形势危急了呢？"

魏冉心中暗骂"老狐狸"，表面却不阴不阳地道："先生不用在这和我揣着明白装糊涂，你以为我不知道吗？你现在重病缠身，如果韩国不是形势危急，怎么可能让你这个老人家来出使我们秦国呢？"

魏冉本以为揭了陈筮的老底会让这个老家伙处于下风，可谁料到陈筮还是不慌不忙地道："咳咳，丞相大人多心了，我确实是身患重病，但是我们韩国可一点儿都不危急哦！"

魏冉怒道："哼！你少在这儿胡说八道，你们韩国之前来的那些使者全都说韩国现在面临被灭国的危机，可你却和没事儿人似的，还是对你们韩国现在的危机根本毫不关心？"

听罢，陈筮哈哈笑道："我们韩国之前确实很着急，且派使者前来丞相处求救，可数次请求您都不救，所以我们现在就不着急了。"

魏冉听得直犯糊涂，不知道这老家伙玩的什么花样，便问道："这话怎么说？"

"启禀丞相，我韩国其实是可以自救的，那就是给赵国割地，并从此宣誓向他们效忠，之前之所以没有这么做就是因为我家大王想要找魏王报仇，可您一而再、再而三地拒绝救援，我王无奈，只能做投靠赵国的打算了。而我今天前来实际是想和秦王说明此事的，见您是完全出于礼貌和对您的尊重，既然您还是不肯出兵，那就算了，我直接去向秦王说明此事。"

这话一说，魏冉吓了一大跳。要知道，逼韩国割地可全是他一个人的主张，这要是真将韩国逼到赵国那边去，自己可就成了罪人了，那还不从此让秦昭王抓住小辫子啊！

所以，他赶紧拦住正欲离去的陈筮，换了一副嘴脸道："先生别激动嘛，咱们两国的关系一直都是不错的，前一段时间之所以没去救援是因为部队还没整备好，现在我大秦雄狮已经准备完毕，随时可以救韩国，您不用去找大王了，我这就亲自带军前去救援。"

于是，魏冉再次分兵三路，上路胡伤秘密向华阳东北的卷地进军，下路白起秘密向韩国首都新郑进军，自己则亲率中路主力部队大张旗鼓地直逼华阳。

三路大军同时从函谷关出击，距离目的地相差二百余公里，再加上粮草辎重的行进，竟然八日便到目的地，这简直就是神一般的速度，由此可见秦军之精锐，秦国之行动效率。

而这时候赵、魏联军还在慢腾腾地往华阳走呢。

可当联军统帅赵贾闻听魏冉的部队已经先一步到达华阳便加速前往，也在两日之内到达了华阳。

到了战场以后，赵魏联军隔着秦营在五里之外布营，并命使者挑战。

可魏冉一改之前的刚猛军事作风，非但没有接受联军的挑战，反倒是命大营士兵严密防守，敢提出战者，斩！

赵贾一看秦军不出兵，料定魏冉没有信心在平原和自己的胡刀骑士对决，便令赵、魏步兵猛攻秦营。

可秦营被魏冉布防得滴水不漏，赵贾连攻数天都攻不下，这便使得魏、赵联军士气渐衰，而魏冉察言观色，感觉攻击时机已到，便派出密使分向南北，命胡伤和白起迅速出征，定要在次日拂晓之时抵达战场，进而包夹联军。

白起、胡伤得到命令后不敢有半刻拖延，直接率军出击，并早于约定时间一个时辰到达距离战场二十里处。

拂晓之时，柔和的阳光照耀着大地，此时的联军将士正在酣睡，守夜的士兵也双眼迷离、昏昏欲睡。

拂晓，这是人一日中睡得最熟的时候，可秦军营地却并不是如此，里面可谓杀气弥漫。每个人都手拿兵器、盔甲齐身。

突然，华阳平原的北面和南面同时传来轰隆隆地震一般的声音。

闻听此声，秦军营门大开，全副武装的秦军冲出大营，直接对联军大营展开突击。

而北面的胡伤军和南面的白起也加速行动，争取和魏冉于同一时间到达目的地。

震天一般的杀声响起，还在美梦中的联军主帅赵贾被惊醒，他慌忙跑到外面，看到自己已经被三方面秦军包围突击，遂急忙命人敲响战鼓。

联军闻听战鼓声响起，赶紧穿衣服、戴盔甲。可秦军的进攻速度实在是太快了，这些士兵在慌忙之下有的连盔甲都没穿上秦军便杀过来了。

联军阵营顿时乱作一团。

赵贾一看联军乱至如此程度知道必败无疑，再打下去无疑是徒增伤亡，遂急调五万胡刀骑士向东北突围奔逃，其他的赵魏步兵他也不要了。

魏冉一看赵贾撤得如此果决，再加上胡刀骑士的机动速度，料想也追不上，便没有去追，打算歼灭联军残兵便算完事儿。

于是，秦军开始残杀剩余的赵、魏联军。不管投降与否全部诛杀，竟斩杀十三万人。

大胜以后，魏冉大笑，正打算召集众将来它一个庆功会，却突然发现白起的部队不见了。

魏冉大急，忙命人四处寻找。

然而就在魏冉苦寻无果的时候，突然有人来报，说是白起部队杀完敌人直接率领本部轻骑兵团前去追杀逃兵了。

原来，自从胡刀骑士扬名天下以后，各个国家想了各种方式应对，其中秦国的办法就是以轻骑治轻骑。

这些年秦昭王也培养出了一支庞大的轻骑兵团。当然了，这其中最少一半的人马都在魏冉手中。

而魏冉看重白起，便将这些轻骑兵交给了他。

那么这些轻骑兵有多厉害呢？他们和胡刀骑士比起来怎么样呢？

他们当然是比不上赵国的胡刀骑士的。秦国轻骑兵经过多年训练，虽然近身肉搏不输于胡刀骑士，但是衣着的限制使得他们只能拿着骑弓在奔跑中向前射击，无法做到像胡刀骑士那样左右开弓，甚至向后射击。

不过秦国人认为这就够了，因为正面突击秦国一点儿都不逊色于赵国，而一旦赵国败退，这些轻骑兵便可边追边射，使胡刀骑士最大的优势变成鸡肋。

果然，白起这次的追击取得了相当不错的成果，他们一直追一直射，直到追至济水岸边才算告终，并杀胡刀骑士两万余人，赵贾也差一点儿被擒获。

经此一战，胡刀骑士无可追之神话被打破，天下震动。

魏安釐王大惊，为怕秦国回来复仇，将南阳一带（今河南省修武县一带）地盘割让给秦国，并发誓从此以后向秦国效忠。

秦昭王现在正想收拾南面不安分的楚国便答应了魏安釐王的请求，延缓了攻打魏国的时间。

值得一提的是，赵国的失败使其西北面的东胡天真地认为赵国军力已大不如前，遂对赵国边境展开掠夺，杀边民数百而去。

赵惠文王大怒，命廉颇率大军猛攻东胡，并血洗欧代之地。

这一战，东胡被打得头破血流，欧代的东胡百姓被赵军残杀殆尽。

自此以后，三胡再也不敢轻易对赵国动兵了。

所以，血债终须血来还，只有这样才有效。

4.12　结盟

公元前272年，秦昭王转头对付楚国。

他命白起为大军总帅，集结秦、魏、韩三国之兵南侵，想要将楚国一举歼灭。

那楚顷襄王自从之前抢回了十五座黔中城邑以后，便时刻关注边疆动向，一看边境有三国联军频繁调动，猜想这应该是要进攻自己的，遂大急。他连一个秦国都还搞不定呢，就更别提三国联军了。

于是，楚顷襄王派黄歇前往咸阳探听动静，一切见机行事。

黄歇，原楚属国黄国人，也是以后的春申君，战国四公子中最后出现的一个。他年轻时拜访各地名师，出师以后投靠了楚顷襄王。

他见多识广、知识渊博，十分得楚顷襄王青睐，慢慢地便成为楚顷襄王身边的红人。

楚顷襄王认为黄歇辩才了得，这才让他去秦国见机而事。

果然，一到咸阳，黄歇便感受到了浓重的战争气氛，再一打听，秦昭王确实是想进攻楚国了。

然而凭楚国现在的实力，在没有外援的情况下根本就不是秦国的对手，黄歇写了封信给秦昭王，信的内容大概是这样的：

"天底下没有谁比秦国和楚国更加强大的了（这里是指地盘），我现在听说大王要进攻楚国，这就如同两只猛虎相互争斗，最后不用说猎人（赵国），就算是猎狗都能取得好处（其他国家）。所以，您还不如和楚国亲善，这样才是正理。请允许我说自己的意见给您参考：我听说物极必反，冬天和夏天的更替变换就是这个道理，如今大王您的秦国贵为天下第一强国，您的领土占有天下西北两大边，这是自有人类以来都未有过的壮举啊！大王自从继位以来，秦国领土不断扩张，秦国大军罕有败绩，大王如能保持住已有的威望和功绩，减少征伐的念头而让自己充满了仁义，那么凭秦国之强大，以后便再没有祸患了。您的功绩就算是三王五霸也无法比较了。可如果您还要仗着兵多将广而攻打楚国，那怕是就要有祸患了。《诗经》上说：'凡事无不有好的开头，但很少会有好的结局。'《易经》上说：'狐狸渡河的时候难免会弄湿尾巴。'这些无不说明凡事开头容易结尾难，那为什么会这样呢？从前智伯只看到了进攻赵国的好处，却没料到自己反被三晋偷袭。吴王夫差只看到进攻齐国的好处，却没想到越王勾践会趁机攻击自己的大后方。这些曾经雄霸一方的角色没有一个不是贪婪过剩而最后失去了生命，然而如今大王记恨楚国的存在，却忘记了一旦毁灭楚国就会使韩国和魏国更加强大，我为大王考虑，您还是不要这样做为好。《诗经》上说：'大规模的军队是不应该远离自家的驻地去征战的。'从这个观点来看，楚国不但不是您的敌人，还应该是您的朋友，而与秦国相邻的与国家才应该是您的敌人。您不如从此以后与楚国亲善友好，这样天下还有谁是您的对手呢？"

秦昭王听了这话，深感有理，最关键的是现在已经和赵国撕破了脸，两国已经是战争关系。楚国实则不足为惧，然而秦昭王就怕在攻打楚国的时候赵国再在后面攻击，那可就被动了。

经过考虑，秦昭王将黄歇召入宫，和其提出条件，"和你楚国结盟不是不行，可你楚国必须遵守一条，那便是派你国当朝太子前来我秦国做人质，这样便可结盟，否则一切免谈，直接战场上见！"

黄歇不敢回嘴，连连称是。

等他回国以后，将此事禀告了楚顷襄王，楚顷襄王怕自己的儿子和当初的自己一样冲动，便派黄歇陪同一起前去秦国为质，以免自己的儿子干出什么傻事儿来。

从此，两国盟约订立。而秦昭王也命白起撤兵，并厚赏谢过了魏、韩两国军队。

4.13　色字头上一把刀

那现在已经和楚国结盟了，周围已经没有对手了，是不是应该和赵国决战了呢？不是。因为秦国还有一个真正的后顾之忧没有解决。这个后顾之忧便是和秦国打了几百年的义渠国了。

就在这一年（前272），义渠被秦国所灭，秦昭王将大部分义渠人迁往秦国，然后从关中调往义渠旧地很多秦国百姓，并在义渠旧地设置陇西、北地、上三郡。

那义渠怎么这么容易就被灭了呢？

这就不得不提一下宣太后了，因为义渠实际上就是死在她手上的。

宣太后，原来的芈八子，可谓战国第一女政治家，生活荒淫无度。

秦武王死后，宣太后还很年轻，当她夺得政权以后，在秦国只手遮天且养了很多男宠和情夫，这男宠中最有名的是魏丑夫，情夫最有名的便是义渠王了。

话说公元前306年，正是秦昭王元年，那时候的秦昭王根本连国事决策权都没有，所有事情都是由宣太后一手操办，而眼看着秦国一天天强大，位于秦国西边的义渠国也越来越不安了。

为了改善义渠与秦国的关系，义渠王派使者前往秦国，寻求与秦昭王展开"双边会谈"，而秦国此时的国策在于中原，也不愿与义渠闹得太僵，便答应了义渠王的请求，只不过代表秦国出使的并不是秦昭王这个表面上的一把手，而是宣太后这个背后真正的一把手。

宣太后那时候虽名为太后，可实际上却不到三十岁，再加上天生丽质，遂有少妇之迷人风采。

而义渠王高大威猛，于是此二人一拍即合，一场高峰会谈遂变成了二人的私密之会。

从此以后，义渠王有事没事就往咸阳跑，明面上是为促进两国邦交，实际上则为二人私会。

所以，义渠国多年没有进攻秦国的真正原因刨去秦国本身的强大之外，与宣太后的关系也占了很大的因素。

可到了公元前272年，秦国和赵国开战的趋势越来越明显，义渠国就成了秦国现在必须铲除的后顾之忧。然而和国家大事比起来，义渠王就是再有魅力也只能铲除。

所以，宣太后动手了。

和往常一样，义渠王兴高采烈地来到了咸阳。

可谁料到宣太后并没有和往常一样温柔以待，而是要和义渠 王共同前往甘泉，说那里更有情调。

义渠王自然是乐意之至。

可到了甘泉以后义渠王蒙了，因为宣太后早就在此地埋伏了大批兵马，只等义渠王一到便乱军出击，直接将义渠王当场砍死。

此时义渠国无主，秦国自然不会放过这种天赐良机，便趁势出大军进攻。

这便是义渠国被灭亡的原因了。

灭掉义渠国之后，秦国的国土已经占据了全华夏的三分之一左右，甚至超越了楚国，成为名副其实的华夏第一大国，秦赵之战已经越来越近了。

然而就在义渠国被灭后，燕国发生了政变，燕惠王被国相公孙操杀死，燕武成王继承了王位（史书上虽然没有详细描述这次政变，不过燕武成王是绝对脱不了干系的）。

秦国以此为名，联合楚国，以燕武成王不义为名攻伐燕国，并将拿下的土地全都赏给了韩、魏两国，算是给所谓的小弟一点儿甜头。

公元前271年，看到秦国一天天强大，赵惠文王也不甘示弱，继续派廉颇攻打齐国。

那廉颇进军神速，不到一月便连下齐国数座城邑，一直打到平邑才算告终。

如此，齐国西以及西北千里边境土地已经全部沦为赵国所有，赵国算是初步完成了对秦国开战前的战略扩张。

可就在秦赵彻底爆发战争之前，有一个声名不显的人成了秦国客卿，就是他的出现使得秦昭王加速掌握秦国大权；就是因为他的出现，一个名为远交近攻的外交名词诞生于世，他的名字叫范雎（抑或张禄）。

4.14 柳暗花明

范雎，魏国人，战国杰出纵横家、政治家，年轻时便四处拜访名师，想要在学艺有成以后回到祖国，使自己的祖国更加强大。

多年以后，范雎正式出师，他怀揣着梦想走进了大梁城，似乎光明的未来已经在向他招手。

可多日以后，残酷的现实却将他的信心击得粉碎，因为身无分文，疏通不了关系，所以没门路得到魏安釐王的召见，魏国所谓的招贤馆更是如同摆设，递上去的履历魏安釐王看都懒得看。

所以，范雎只能先去投奔魏国权贵，希望最终得到推荐。

可像相国那样的高官他还是够不着，便只能投奔中大夫须贾，就这还是费了好大的劲才得以成功。

本以为这样慢慢发展自己早晚有一天能够得到魏安釐王的赏识，可令范雎没想到的是，紧随着而来的并不是天堂，而是让他生不如死的地狱。

范雎投靠须贾以后，凭借着出色的口才和政治天赋迅速打入了内部，成了须贾身边的红人，名声也渐渐响了起来。

一次，须贾出使齐国，便将范雎也带在了身边。

可到了齐国以后，他根本就没有得到齐襄王的召见，齐襄王只说很忙，让他等一等。可这一等就是好几个月，就在须贾心急如焚的时候，突然门外有人来报，说齐襄王送了一大堆礼物来。

须贾一听大喜，遂出门迎接使者，"哎呀，齐王实在是太客气了，怎么还送礼过来了？"

齐襄王的使者看了须贾一眼，非常客气地道："先生可是范雎？"

须贾一愣，莫名其妙地道："范雎？我不是，我是魏国中大夫须贾，范雎是我的门人，不过这事儿和他有什么关系呢？"

那名使者对着旁边的范雎很客气地一躬道："先生有礼了，我家齐王听说范先生辩才无双，特意派我送来十斤黄金、牛肉和酒慰劳先生，希望先生在齐国玩得愉快。"

一听这话，范雎吓得亡魂皆冒，赶紧推辞道："不敢领受！范某人谢过齐王，可无功不受禄，我和齐王全无瓜葛，是没有理由收下齐王的重礼的，还请大人将礼物送回去还给齐王殿下，就说他的好意范某人心领便是。"

话毕，使者为难地道："先生，您就收下吧，这样我回去也好交差，我就是一个跑腿的，您就别让我难做了！"

可范雎依然不收。

看着这二人互相推让，须贾气得脸都黑了，从这开始便恨上了范雎，最终生气地道："你俩都别推了，范雎，你把酒和牛肉收了吧，黄金就别要了！"

说完，拂袖而去。

又过了几日，须贾终于得到了齐襄王的招待，可齐襄王不冷不热的态度更让须贾恼火，而这些恼火一股脑地全转到了范雎的身上，"凭什么我一个中大夫没得到礼遇，而一个小小的范雎就得到了如此礼遇？哼！"

回到魏国以后，须贾前去向国相魏齐汇报工作。当然了，范雎也随行在后。

而这时的魏齐正在家中招待宾客吃酒，酒已过三巡，魏齐喝得有点儿晕，便让须贾也入席一起。

可须贾并没有马上入席，而是对魏齐一拱手，"国相大人，在吃酒以前，有一件事情我必须先行汇报！"

魏齐将了将胡须道："嗯，这里都不是外人，有什么事儿你就直接说吧！"

"是，这次我出使齐国，并没有得到齐王的礼遇，而我手下门客范雎反倒被齐王礼遇有加，又是赠黄金又是赠酒肉，鄙人猜想，这范雎十有八九是收了齐王的贿赂，从而出卖了咱们魏国的国家情报，要不然不可能得到如此程度的厚赠。"

魏齐一听这话大怒，连查都不查，直接便命人将范雎擒到了大厅之中。

范雎被擒之时，一脸疑惑，根本就不知道为了什么。可当他看到须贾那一副冷眼旁观的嘴脸时，心中便有了一个猜想，于是高声喊道："国相，敢问范某究竟犯了什么大罪，为何要将我擒拿？"

魏齐冷笑道："哼，你还敢明知故问？我今日就让你当个明白鬼，你收受齐王贿赂泄露国家机密，你以为我不知道吗？"

这话一说，范雎瞬间什么都明白了，他恶狠狠地瞪了一眼须贾，准备辩解。

可魏齐哪会给范雎这个机会，直接便命令下人杖责范雎，并且说没有自己的命令不准停手。

最要命的是，魏齐一边命人痛殴范雎一边和宾客吃酒，那样子根本就是不在乎范雎的死活。

范雎的皮肤从正常的黄色变成了红色，紧接着转为紫色，再接着一块肉一块肉被打了下来，鲜血不停地往出蹿。

范雎知道，再这样下去自己必死无疑，便当即装死，闭起眼睛不吭一声。

又过了一会儿，魏齐一看范雎被"打死了"，便嫌弃地对下人说："行了，别打了，将他扔到茅房里去！"

话毕，下人连忙用竹席将范雎包了起来，直接扔到了茅房。

范雎依然在茅房里一动都没动，因为他知道现在还不是逃跑的最佳时机。

两个时辰以后，天色已黑，相府酒席结束，陆续散去的宾客们来到茅房解手，他们进了茅房以后，直接冲着范雎的"尸体"方便且肆意侮辱，任意嘲笑。

面对这种侮辱，范雎的心在滴血，可他依然没动，因为他知道，还不是时候，还不是时候……

大概又过了一炷香的时间，宾客们都走了，魏齐也准备睡觉了。

就在这时，卷着范雎的席子悄悄地打开了，一身尿臊气的范雎吃力地站起来，慢慢走向那昏昏欲睡的看守，"兄弟，兄弟。"

范雎拍了拍看守的肩膀，看守揉了揉迷糊的眼睛，不耐烦地道："谁呀！"

回头一看，正好看到了披头散发的范雎，直接吓得一抽，便要大喊有鬼。

范雎忙蹿上去，捂住了守卫的嘴，低声说道："兄弟，我不是鬼，也没有死，我刚才一直在装死，我恳求你帮我出去，我之前在须贾门下做事，家中很有些钱币，只要能成功逃出去，我所有的钱便全都给你！"

一听这话，看守的眼珠子滋溜溜地一转，然后道："你先回到席子里去，等我消息。"

这之后，看守直接找到了魏齐，并建议相府始终有尸体不是一件好事儿，希望魏齐能允许他将这个臭气熏天的尸体给弄出去。

魏齐喝多了，也没多想，便随口答应了看守的要求。

就这样，看守扛起裹着范雎的席子便往外走。

将家中所有积蓄交给看守以后，范雎知道此地已不宜久留，便逃到了朋友郑安平的家中。这郑安平在大梁"外事处"当班，平时接待各国使臣很有些门道，便将范雎藏了起来，并让他改名叫张禄。

次日，那魏齐醒来后果然后悔昨日之事，便命人前去寻找范雎的"尸体"。可翻遍了整个大梁城都没能找到范雎，魏齐以为他让野狗给吃了，便不了了之了。

张禄本以为从此以后将过着这种躲躲藏藏的生活，可没想到的是，当他彻底绝望的时候，幸运之神却向他伸出了双手。

话说一日，秦昭王派谒者（国君左右传达命令的侍从）王稽出使魏国进行正常的外交访问，而郑安平正是这次接待王稽的小厮。

按照秦法，身为秦国人是不允许读书的，所以秦国本土出来的都是将军或者猛将，并没有多少饱读诗书的政治人才。

所以，秦国绝大多数的政治家都是从外国挖来的。

这就使秦国有了一个不成文的规定，凡是外出别国进行邦交的，其中一项重要任务便是在外国挖掘人才并带回咸阳。一旦人才可用，挖掘人也会得到不菲的赏赐。

王稽见郑安平谈吐不俗，便抱着试一试的心态问："你们魏国有没有人才能和我向西面走走呢？"

说罢，手中还拿着一块黄金晃了起来。

郑安平一听这话眼睛一亮，赶紧道："小人的乡里有个叫张禄的很有才华，可因为在大梁有势力很大的仇人，所以不敢白天行动。"

王稽深深地看了一眼郑安平，点了点头道："那好，晚上你带他一起来我这儿吧。"

入夜，郑安平果然带着张禄至驿馆。

王稽也不绕圈子，直接考问张禄，而张禄迅速作答，所说之道理全是王稽闻所未闻的。

结果，还没等张禄的才华展现完，王稽便站了起来，对张禄道："先生不必再说了，像您这样的大才不是我所能对话的，还请先生在城外三亭的南面等我，现在就去！"

话毕，张禄对王稽深深一拜，转身便走了。

王稽很干脆，直接收拾车马便打算回秦国，连和魏安釐王打声招呼都免了。

出城的时候，魏国守卫按规矩盘查，看王稽一行人确实没多一人没少一人，便放其出城了。

之后不必多说，在路过三亭的时候王稽便直接将张禄接走了。

走的时候，张禄意味深长地瞄了一眼大梁！

那么张禄以后便会一飞冲天了吗？当然不是，前方还有一个更大的麻烦在等待着张禄。

直到王稽一行人进入了秦国国境，张禄悬着的心才放下，可就在路过湖县的时候，前方突然尘土飞扬，近千名铁鹰锐士护送着一人向前行进。

张禄一看这架势就感觉来人非等闲之辈，便问王稽，"王兄，前面是何人？"

王稽道："这便是咱们秦国的当朝丞相魏冉，我估计他现在要去巡查东边的县邑。"

听到这，张禄心中一惊，马上和王稽道："我听说丞相在秦国独揽大权，憎恨接纳别国文人，如果让他见到我我就死定了，一会儿他过来的时候我藏在车中，王兄可千万别说漏了嘴！"

一听这话，王稽无奈地想："哪儿有那么夸张，张禄定是让人给打怕了。"

于是道："好吧！"

果然，魏冉远远地看到王稽一行人便策马前来问候，王稽赶紧对魏冉一个拜礼，"下官参见丞相。"

魏冉轻轻地点了点头，"嗯，关东有什么变动吗？"

"没有。"

"你没有带东边文人来吧？那些人对于我秦国没有半点儿好处，只会祸害我们的国家。"

听到这儿，王稽心中暗骂："你不就是外来的吗？"且同时赞叹张禄的睿智，赶紧说："丞相放心，下官并没有带别国文人回国。"

魏冉点了点头便策马离去了。

当魏冉的背影彻底消失以后，张禄赶紧从车中钻了出来并焦急地道："王兄有话请过会儿再叙，那魏丞相极为多疑，刚才是碍着面子才没进行搜查，但过一会儿一定会派人来仔细搜查。"

说罢直接从马车上跳了下来，往一旁草丛中一边跑一边说："我先在一旁草丛中躲一会儿，你先前行，躲过了盘查以后再回来接我。"

王稽现在对张禄可谓信服有加，听了这话以后毫无迟疑，策马便走。

果然，他还没走多远，后面便有两名魏冉的门客策马而至，王稽对二人拱了拱手，"不知丞相大人还有何贵干？"

二人并没有再多说什么，直接将车中门帘拉开，看到里面并没有人，这才又对王稽回了一礼，便策马而去了。

就这样，王稽和张禄有惊无险地回到了咸阳。

王稽回到咸阳以后的第一件事便是前去王宫向秦昭王汇报。

秦昭王此时正在批阅公文，头也没抬便问："外交可还顺利？"

王稽一躬身，回答道："还行，就是走的时候没向魏王辞行。"

"嗯？"

听到这儿，秦昭王抬起头，疑惑地看了看王稽问："为什么没向魏王辞行？"

王稽微笑道："因为微臣挖到了一个大才，生怕有变故，这才不辞而别。"

秦昭王一乐，"哈？什么大才？说来我听听。"

"魏国有位先生叫张禄，是我见过最能言善辩之人。他还对外交策略和治国纲要有很高的造诣，且和我说，'秦王朝现在就好像堆积起来的鸡蛋一样危险，但如果能用我的话就安全了。'所以我就把他带来了。"

听到这儿，秦昭王本来微笑的脸渐渐冷了下来，"呵呵，这可真是太搞笑了，难不成不用他我秦国就要灭亡了？我就不用他，我倒想看看，秦国是怎么灭亡的！"

打这儿以后，秦昭王一直没搭理张禄，让他住客舍中最差的房子，吃最低等的饭菜。就这样晾了他一年多。

然而这段时间，在宣太后的庇护和白起的拥护下，魏冉的功绩越来越大，声望也越来越高，有很多事情都自己直接决断而不去找秦昭王。

反之，秦昭王的存在感却越来越低。

这还不算，因为魏冉的封邑在东边的陶邑，所以他总想越过韩、魏去攻打齐国的纲地，打算扩大他的封地。这就属于越国攻击了，乃兵家之大忌，而魏冉这种用国家的兵肥私地的做法说白了简直就是无法无天。

秦昭王对于此举自然是大恨的，可他虽然在这些年暗中培养了不少将军，军事力量甚至比魏冉更强，可现在还不是动手的时候。

要知道，秦国最硬的后台（宣太后）和最能打的将军（白起）都在魏冉那边呢。自己原来还有一个司马错，可早就病死了，现在手中没有能替自己撑门面的大将，所以大战役只能依靠白起，更兼缺少能为自己谋划之人，便只能生气而不敢得罪魏冉。

此时，张禄感觉时机已到，便通过王稽给秦昭王递了一封密信："启禀大王，我认为聪明的君王治理政事时，有功劳的人不该不给奖励，有才能的人不该不给官做，功劳大的人的俸禄要优厚一些，战功多的人的爵位应该更尊贵一些，会管理官员的人他的官职应该更大一些，所以没有才能的人便不敢去任职，而有才能的人就不会隐藏起来。假如您认为我的话可以采纳，那就请推行这种任命理念，如果您认为我的话不对，那我久留于此也没什么作用。俗话说：'不高明的君主赏赐他所喜爱的人，处罚他所厌恶的人；高明的君主会赏赐对国家有益的人，处罚那些对国家没有好处的人。'大王崇尚武力，不喜欢我这种文人，从而冷落于我，这无所谓，可推荐我的王稽您也不信任吗？况且我听说有很多种宝玉都是从土中挖掘的，它们刚开始的时候都是又脏又硬的石头，可在刨开之后便知道这其实是无价之宝。当初的和氏璧不正是如此吗？既如此，大王都不用我，怎么就知道我不是宝贝呢？我听说秦国善于使国家富裕的人都是从别国挖掘过来的，而有为的君主就必会使诸侯不独自富有，这又是为什么呢？因为他们一旦富有了，便会分割国家的权力。那么应该怎么处理这些人呢？再深的话也不适合在信里说了，再浅的话又不值得您听，所以，我希望您能给我哪怕几次呼吸的时间得见您的天颜，如果见面的时候我说了一句废话，那么请您杀了我！"

秦昭王收到这封信以后非常高兴，当即就命宦者宣张禄进宫。

张禄进了王宫以后，直接从更宽的大路往里面闯，然而秦宫有规矩，臣子所走的道路和秦王所走的道路是不同的。张禄走的就是君王之道。

宦者一见大急，可他又不敢走君王之道，便在一旁的官道上一边跟张禄保持平行一边道："我说先生，先生！你应该走我这条道，而不应该走大王的王道啊，这是犯法的！"

可张禄好似没听到一般，依然不管不顾地向前走，不管宦者怎么说都不好使。

在即将到达正殿的时候，正殿大门也有很多人在等着求见秦昭王，看着有一人无法无天地从王道前来，无不震惊。

要知道，秦朝依法治国，这走王道可是灭三族之罪啊！正巧，秦昭王也进入了正殿。

宦者一看秦昭王来了，吓得赶紧跪地，并和张禄大吼道："别再走了，大王来了！"

本以为张禄听了此话以后会吓得赶紧跪地，岂料他竟然张狂地大笑道："哈哈，什么王？秦国哪里有王？我只知道秦国有宣太后和魏冉丞相而已，哪里听过什么秦王？"

这话一说，不管是宦者还是周围的官员们都蒙了，杵在原地半天说不出一句话。

而秦昭王也是一愣，可他没有马上发怒，而是低头沉思了一会儿，之后急忙从正殿走出，对张禄深深一拜，"我知道先生是在生我的气，寡人也早就该接受您的指导，可前一段时间正巧处理义渠的事务，需要早晚请示太后，便没有腾出时间，现在义渠之事已解，我这才有时间召见您。所以，之前的事是寡人愚钝了，寡人现在恭恭敬敬地向您行宾主相见之礼，希望您不要再因为此事生我的气！"

听了这话，张禄的第一个目的达成，也在同时探知了秦昭王真正的心思，便对秦昭王同样一个躬身道："不敢！"

紧接着，两人并肩而入正殿。

其实一开始，秦昭王虽然答应面见张禄，可并没认为张禄能帮上他多大的忙，毕竟凡事都要靠自己，之前也有很多文官前来投靠自己，可最后没有一个是能派得上用场的。秦昭王需要的是那种机智过人、行事果断的大才。

可当他在正殿看到张禄喊出了那么敏感的口号的时候，秦昭王眼前一亮，认定凭此人的魄力定然能助自己一臂之力，这才有了之前的那一幕。

两人进入大殿，宾主落座，秦昭王坐在椅子上和其他官员道："我和先生有话要说，各位有什么事明日再说，都散了吧。"

话毕，那些官员各有心思地退下了。

王宫正殿现在只剩下秦昭王和张禄两人，一时之间针落可闻。张禄没有说话，只做低头沉思状，因为他要说的都是要离间骨肉的敏感话题，所以打算等秦昭王向他多次发问之后再说出自己的心里话。

可左等右等不见秦昭王提问，这使张禄感到非常奇怪，可当他抬头之时却是吓了一大跳。

原来不知道什么时候，秦昭王已经从椅子上走到了自己的身前，并瞪着一双大眼睛直勾勾地看着自己。

被天下第一强国的君主注视着，张禄一时发蒙，不知该如何是好，可更吓人的还在后面。只见秦昭王猛地一下跪在了张禄面前，双手一拱道："先生，之前是我误会您了，以为您帮不上我什么忙，可是我现在知道先生是真正明白我苦难之人，我到底应该怎么做，还请先生教我！"

张禄彻底蒙了。

春秋战国以及之前的夏、商、西周都没有跪拜这一说，连臣子都不用跪拜君王，更何况一个君王去跪拜他人了，这是从来都没有发生过的事。

所以秦昭王这一举动给张禄弄得脑袋嗡嗡作响，一时间不知该如何回答，只是下意识地道："是，是。"

可当他说完两个是以后却没了下文，秦昭王以为他还在和自己耍脾气，便继续跪在地上对张禄再次一拜，"请先生教我。"

这时候，张禄也确实反应过来了，他心中被秦昭王的诚意感动得五体投地，真想向秦昭王马上道出心中想法，可想想自己即将要说的事情的敏感程度，又硬生生地憋了回去，他不得不为自己留一条后路啊！

便再次说："是，是。"

只不过这次的回答并没有上一次的惊慌，而是非常淡定。

而秦昭王也没有对张禄发火，而是依然跪着道："难道先生始终不肯指点我吗？"

这一次，张禄赶紧将秦昭王扶起，并道："大王，我这次来秦国的目的就是全力辅佐您，怎么会不和您推心置腹呢？可您也知道，从前吕尚（姜子牙）遇到文王（姬昌），开始的时候两人交往并不密切，文王也不对吕尚说真心话，直到后来吕尚多次在战场中取得胜利，使文王与其同车而行，并立吕尚为太师之时才同他交心。现在我是从魏国逃过来的外臣，以前从来没和大王有过一丝交际，彼此关系疏远，而我讲的还是离间骨肉之事，因为我不知道大王到底是怎么想的，所以才被您问了三次而不敢作答。"

一听这话，秦昭王再次对张禄跪了下去，"先生这是什么话？我秦国乃是偏远小国，我嬴稷又愚笨不堪，有幸使先生来到这里，这是列祖列宗保佑我大秦啊！我有幸接受先生教诲，这是上天恩赐。所以，上至太后，下至重臣您都可以随便发表自己的看法，请不要怀疑我！"

其实秦昭王将话都说到这种地步就等于明说了，就是让他说说宣太后和魏冉的事儿，可现在朝中多有宣太后和魏冉的耳目，张禄不敢明说，给了秦昭王一个恐怕隔墙有耳的眼色，然后开始大谈远交近攻的战略方针，而远交近攻在秦惠文王时代实际上就已经开始运用了，这次再一次提出实际上有两层目的，一是告诉外面的耳目，他张禄并没有说要扳倒宣太后和魏冉，只是大谈国事，让安其心；二是防止魏冉向东隔着魏、韩扩张自己的领土。

谈完这些以后，秦昭王邀请张禄继续入内室详谈。

而外面的那些卫士一听两人说的都是国事，便放松了警惕。

可当秦昭王和张禄进入内室以后，秦昭王急迫地道："先生现在可以说了！"

只见张禄突然重重地跪在了秦昭王面前，一拱手道："大王，我住在山东时，听说过齐国有田文（孟尝君），没听说过他们有齐王；听说过秦国有宣太后、穰侯（魏冉），没听说过还有您。要知道，只有能独断国事的君王才能叫王，可现在宣太后独断专行，魏冉做事不用请示国王，华阳君、泾阳君等四贵人士随意刑罚他人而毫无顾忌，再这样下去国家就危险了！"

秦昭王不断点头，进而继续道："您说的这些我也知道，但到底应该怎么办呢？"

张禄微微一笑，"这事儿说难不难，说简单也不简单，这些人虽然权势滔天，可都有绝大破绽，宣太后明却淫，魏冉果断却贪婪，其他几人更是劣迹斑斑。大王现在要做的就是暗中培养自己的势力，然后不断搜集这些人的罪证，等时机成熟以后将这些罪证拿出来昭告天下，那时候您不废他们他们都会自己退位了，因为秦国的老百姓也不会饶了他们，而收集罪证这些事儿您可以全权交给我来处理！"

秦昭王听罢哈哈大笑，当即便封张禄为秦国客卿，开始了铲除宣太后与魏冉的计划。

那么他二人会成功吗？我们后面再讲。

公元前269年，咸阳王宫正殿。

那日是正式朝会的日子，秦昭王听取各位大臣的汇报以后对所有人宣布了远交近攻的作战策略，并看着魏冉道："丞相大人，现在楚、魏、韩三国皆臣服于我大秦，是到了正式和赵国决战的时机了，而齐国中间隔着魏、韩两国，对于咱们而言属于飞地，我认为是不能进攻的，还望丞相以国事为重，不要介意。"

秦昭王说得句句在理，魏冉哪敢有半点儿反驳，便对秦昭王一躬身，"微臣不敢，但请问大王何时进攻赵国呢？"

秦昭王微微一笑，"时不我待，近日就要进攻赵国！"

"进攻何地？"

秦昭王站了起来，抽出袖中的匕首对着地图上赵国的一个地方就是一刀。

匕首插到地图里的同时，秦昭王阴狠地道："阏与要塞（今河北省武安市西五十里）！只要将这里拿下，就可以直逼武安，之后邯郸就暴露在我大秦眼前，之后再不断向前线支援便可一举拿下邯郸，进而灭赵！"

魏冉微微点头，他也认为这个战略思想很靠谱。于是道："大王英明！"

紧接着回头对一名将领道："白起。"

毫无表情的白起听到魏冉在叫他，不紧不慢地走了出来，淡声道："末将在。"

"这次进攻阏与要塞的任务就……"

可还没等魏冉说完，秦昭王却是突然道："丞相且慢！"

魏冉疑惑地看了看秦昭王，秦昭王接着道："丞相可是要让白起将军前往攻击阏与要塞？"

"正是如此。"

"哎，杀鸡焉用牛刀啊，再说了，楚国现在虽明面上与我方结盟，可一旦和赵国开战，谁敢保证楚国不趁机侵略我大后方呢？所以，白起将军还是带兵驻扎南郡以防止楚军吧！"

话毕，魏冉眉头紧紧皱起，问秦昭王，"那大王觉得派谁为将领更合适呢？"

秦昭王很豪爽地道："这我就不关心了，全权交给丞相任命便是，反正丞相手下强将无数，绝不仅仅白起一人，不是吗？"

魏冉深深地看了一眼秦昭王，内心冷哼，表面上却是又对秦昭王一躬，"遵命！"

4.15　阏与之战

同年，秦国东北边境人头涌动，魏冉命胡伤为大将，秘密集结十万锐士于阏与要塞西南之黎城，并向阏与要塞发动突然袭击。

阏与要塞虽然被打了一个猝不及防，可因为城防坚固，兵多粮厚，持续防守几个月还是没有问题的。

但此时的邯郸王宫却炸了锅，邯郸这些大臣们一听秦国来犯，全都高度紧张起来，而一听敌军进攻之地竟然是阏与要塞便都如同泄了气的皮球一般，全都低了脑袋不敢说话，甚至就连蔺相如和廉颇等人也默不作声。

赵惠文王因此大急，看向蔺相如和廉颇方向问："大家不要不说话啊，哪怕是不要阏与要塞也要拿出个办法才行啊！"

蔺相如和廉颇一看不能再沉默了，便只能无奈地道："大王，阏与要塞距我邯郸路途遥远，道路险阻，最重要的是那附近全是山地。大王也知道，咱们赵国唯一能胜秦国的地方就在骑兵，可山地不适合骑兵作战，以步兵对步兵我们根本不是秦国锐士的对手，所以现在最好的策略便是派遣主力兵团西出邯郸，占据武安附近的平原地带，于此地抵挡秦军入侵。"

一听这话，赵惠文王怒目圆睁，"难道就眼睁睁地看着阏与要塞拱手让与秦人？"

话毕，廉颇和蔺相如都没有说话，那意思大概就是这样了。

赵惠文王无奈，只得低头沉思放弃阏与要塞之事。

可就在这时，一名将领突然站出来一声爆吼，"阏与必须要救！"

这一声爆吼对赵惠文王来说如闻天籁，他抬头一看，喊话之人不是别人，正是赵奢，赵惠文王眼前一亮，赶紧问，"将军有什么好办法吗？"

赵奢对赵惠文王一抱拳，"回禀大王！在山地中作战就好比两只老鼠在洞穴中相互撕咬，没有什么具体战术可言，就是狭路相逢勇者胜！谁的毅力强，谁下手狠，最后的胜利就是谁的！我们赵国步兵也不是无能的！怕他秦国锐士什么？"

这话说得铿锵有力、信心十足，赵惠文王和众多文武都被赵奢一往无前的气势所震慑，遂派赵奢为主帅出兵抵抗秦军。

赵奢这次一共带了多少人史书上并没有记载，但由于是仓促集合，猜测兵力应该不会超过十万。

秦军方面，胡伤闻听邯郸派赵奢领兵来救，便留了两万人继续围住阏与要塞，自己则亲率主力部队越过要塞前往东边的涉地集结，准备利用周围山地来一次围城打援。

可胡伤的部队就这么等啊等，等了二十多天也没见到赵军踪影，这是怎么回事儿呢？

原来，赵奢部自从出邯郸向西走了三十里以后，便在此平原之地扎营不走了，并下令："鼓动出兵者，斩！"

看这样子应该是畏惧秦军转而用蔺相如之计了。

胡伤虽然有这层考虑，但他也是带兵多年的沙场宿将，对于战阵之事不会轻易下结论，便分出几万部队前进，作势进攻距离赵奢不到二十里之武安的样子，看他赵奢有什么反应。

那秦兵进军迅速，没几天便杀到了武安，据史书说秦军喊打喊杀之声震得武安民居上的瓦片都不断颤抖。

而这时候的赵军阵营终于有人看不下去了，一名将领冲进了赵奢的大帐，"元帅！不能再这样待着了，秦军已经进逼武安，而武安一下，国都就危险了，还请将军迅速调集军队前去救援武安。"

话毕，这名将领直直地看着赵奢，等待着他的命令。

可等到的不是赵奢的出兵动员，而是赵奢无尽阴冷的表情，他对这名将领道："可还记得我之前说的什么吗？"

"记、记得，可是现在情况危急，不能继续停……"

赵奢一声爆吼，"来人！"

"在！"

"给我将这个违抗军令者拉出去斩了！"

话毕，外面的两名卫兵架着这名将领就往外拉，这名将领一边被往外拉一边叫喊，"元帅！元帅！此时不出兵，武安必危！那时候大王也饶不了你啊！"

伴随着一声惨叫，这名将领被斩首。

自此以后，再也没人敢劝赵奢出兵了。

就这样，赵奢部二十八天未动，只在邯郸三十里处不停加盖防御工事，貌似只想守住这一段的平原地带，不想再有任何作为。

而身在涉地的胡伤实在拿不准这个赵奢到底什么意思，为了更进一步确认赵奢的作战意图，胡伤派了一名使者前往赵奢大营，表面上是去找赵奢约战，可实际上却是探听赵军虚实。

然而使者到了大营以后，赵奢大酒大肉地招待使者，并表达不想决战的心思。这还不算，赵奢还带领使者参观了自己大营的布防。

当使者将事情的经过原原本本地禀告给胡伤以后，胡伤一边沉思一边道："这赵奢离开邯郸三十里便按兵不动，还增加堡垒，嗯……"

想到这儿，胡伤终于哈哈大笑，一拳头打在桌子上，无不得意地道："阏与要塞是我的了，哈哈。"

于是，令身在武安的部队急速撤退，等围攻阏与之兵之后便总攻阏与要塞。

可就在秦军撤出武安的一瞬间，赵奢动了，他当即命令大军偃旗息鼓，跟在秦军的后面急速行军，一天一夜就到了武安西二十多里处（距离阏与要塞还有五十里）。

赵奢本来打算趁着秦军防御松懈偷袭秦军，可是那胡伤早已提前部署，沿途设置多处密哨，没等赵军发动攻击便识破了赵奢的阴谋。

此时两军相距还有十多里，胡伤迅速组织大军准备回击。

计谋被识破，赵奢急令军队迅速扎下营地，修建壁垒，准备先坚守阵地，将敌军士气磨没以后再进行反击。

这时，赵奢军中有个叫许历的小将请求面见赵奢献上军事建议。

赵奢没有拒绝，宣其进入。那小将进入中军大帐以后没有半点啰唆，直接便进入主题，"元帅！秦步兵精锐无比，突击能力极强，我方设置营寨必须小而集中，一旦营寨过长，绝对挡不住秦军的突击，到时候必被拦腰截断受两面夹击之势。此势一旦形成，我军必败！"

赵奢点了点头，和善地道："你的建议非常好，我会照此实行！"

话毕，许历对赵奢一拜，紧接着道："末将触犯了元帅的军规，还请治罪！"

赵奢哈哈大笑，"以前是以前，现在是现在，你的建议很好，我现在不只不罚你，还要奖励你，你先下去吧。"

这话一说，许历心里的一块大石落了地，可他并没有出去，而是接着道："既如此，末将还有一个不成熟的建议。"

赵奢眼前一亮，"哦？什么建议？你说吧！"

"不知元帅注意没有，我大营正北有一山，名北山，此山不是很大，一万兵马即可全盘占据，我军可分一军迅速抢占北山，到时候成两面夹击之势，还有从上至下之冲击力，不管他胡伤攻打我军大营还是北山都必被我军所败！"

话毕，赵奢激动地站了起来，深深地看了一眼叫许历的这名小将，只说一字，"好！"

如此，赵奢迅速行动，一面令全军将士将正在设置的大营收缩近三分之一，一面分出一万士兵迅速抢占北山高地驻守，而带着一万士兵的将领正是许历。

这一切做完之后，胡伤的大军也已经开到了战场附近。

那胡伤乃是沙场宿将，一看北面的山上全是赵军旌旗便知大事不好！因为他知道有北山在北面，自己攻打赵军营地的时候定会被北山赵军夹击，到时候自己便必死无疑。

所以，胡伤当即决定，利用秦国锐士之精锐狂攻北山，先将此地拿下再攻赵军营地。

可令胡伤没想到的是，北山那一万赵卒是赵奢军中最精锐的战士，再加上北山道路崎岖不平，使得胡伤多次攻击而不下。

如此，秦军士气渐渐低落。

赵奢闻听此事，急令全军出营，迅速向北山挺进。

此时的北山顶，一包又一包的沙包被架设起来，赵国步兵手拿长枪，在沙包上狠狠刺击冲上来的秦国锐士，而后面的赵国弓箭手则不断向山下放箭，双方喊杀声震天，可秦军却一点儿攻下北山的势头都没有，这让身在山下的胡伤大急。

本以为可以轻易拿下的北山却这么长时间都没有攻下，这要是等到赵奢主力兵团一到，自己被两面夹击，那时候就回天乏力了。

就在这时，突然在秦军南方传来了轰隆隆的大军行进声，胡伤心里一惊，"来得好快！"

遂对手下传令兵吼道："快！给我传令下去，分四万锐士向南摆阵，尽力阻挡赵军的攻击，正在攻山的三万人缓缓向后撤退，争取完好无损地撤出北山！"

"是！"

秦军令行禁止，那传令兵一下令，秦军本阵便迅速出动四万部队向南架阵，准备对迎面而来的赵军进行防御，而正在攻山的秦军锐士也缓缓而退。

可就在这时，正在山上指挥赵军防守的许历敏锐地察觉到了战机，他对手下士兵狂吼道："兄弟们！元帅已经亲率大军从敌军后方杀上来了，秦军自知不是对手，已经开始退后防守，他们现在已经疲惫且士气松散，正是我们进攻的大好时机！兄弟们，荣华富贵就在这一次了，现在我命令你们所有人跟我向下面的秦国士兵杀过去！"

话毕，爆吼一个杀字，便身先士卒地从山顶冲了下去。

赵军其他将士被许历所感染，再加上抵挡了这么长时间也没让秦军杀进来，士气与信心皆大增，遂红着双眼和许历一起疯狂向下冲杀。

胡伤没想到那一万赵军敢在这时候从上面杀下来，遂在毫无防备之下被趁势而下的赵军杀得大乱。

可许历并不恋战，而是继续对士兵们吼道："兄弟们，不要恋战，给我向下杀过去，目标为秦军主帅胡伤之人头！"

"杀！"

这些从山上向下狂奔的赵军如同奔腾的洪水，根本无法阻挡，再加上现在的秦军几乎全都是背对着赵军，所以赵军根本没怎么费力便杀进了秦军本阵。

前方正在向前的四万秦军一看本阵被攻入，大急，一时之间竟不知如何是好，遂有大乱之势，而此时的赵奢也率领着主力大军杀奔过来，见秦军现在如此情况，他根本毫无犹豫直接就令大军对秦军发动总攻击。

现在秦军本阵被突入，四万将士和本阵失去联络，再加上赵奢的狂攻，使得秦军大乱。胡伤一看败势已呈，不敢恋战，急令全军将士迅速撤离，并命传令兵迅速前往阏与，让正在围城的两万锐士分出一万断后支援。

就这样，一方跑，另一方追，从北山到阏与的路上遍布着秦国士兵的尸体，直到秦军到了阏与，赵奢这才止步，因为负责断后的一万秦军拼死力战，以自己的生命力保主力部队安然撤退。

4.16 鬼神廉颇

阏与之战，秦军大败，损失精锐锐士五万有余，而赵军损失竟只有一万出头，这不得不说是以弱胜强的一次史诗级战役。

赵奢凯旋了，而胡伤呢？真的狼狈回秦了吗？

自然没有，因为胡伤知道，这时候回国自己必死无疑，还会丢了魏冉的脸，让其在秦国声望大跌。如此，胡伤打算拼死一搏，准备转而南下进攻魏国，夺取几个城邑以将功抵罪。

那么胡伤会成功吗？这个后面再说，还是先将目光转向邯郸吧。

此时的邯郸王宫那可真是热闹非凡。秦国锐士，自从魏武卒以后便是战国步兵之神话，除了多年以前败给孟尝君的三国联军以外无一败绩。今次，竟被赵奢单对单大败，使得赵国朝野振奋，威震天下。

那赵惠文王极为兴奋，为了表彰赵奢的功绩封其为马服君，并给其封地，赵奢也算是走上了人生的巅峰了。

可就在这时，突然有传令兵来报，说胡伤的军队并没有撤退回国，而是转而向南，看样子是要对魏国动手了。

听了这话，赵惠文王也没当回事儿。

可有的人不打算就这样放过秦军，只见蔺相如慢慢地走了出来，对赵惠文王一拱手，"大王，山地是咱们的弱势，可是平原却是咱们赵国骑兵的强项了，现在秦军南撤，必攻山阳（今河南省焦作市东），我军可出动骑兵部队疾行至中牟后向南斜插，阻断秦军退路！然后向其发动攻击。秦军现在疲惫不堪，定可一举而灭！到时候天下各路诸侯王还有谁敢再和我大赵叫嚣？"

闻言，赵惠文王不断点头，并和蔺相如道："好，那相国以为何人可为帅？"

蔺相如想都没想，只二字，"廉颇！"

"好！准了！廉颇何在？"

话毕，只见廉颇走了出来，啪地一抱拳，声震寰宇地道："末将在！"

"我给你四万边民冲骑兵，两万胡刀骑士前去追击秦军，务必给他们一个深刻的教训！"

"是！"

于是，赵惠文王命廉颇为大军统帅，率七万全骑部队由邯郸出发，然后按照原定路线疾行，前去围堵秦军。

此时的秦军果然如蔺相如预料，正在向山阳方向行走，准备攻击魏国北部重地怀地（今河南省博爱县东南）。

可就在秦军到达雍地（今河南省焦作市西南）之时，突然从后方传出了轰隆隆如地震一般的响声，胡伤闻听大惊，迅速跳下马车附耳贴地，然后一下跳将起来，惊恐地吼道："快！快给我摆防骑方阵！"

秦军闻讯，近五万部队迅速行动，摆出了秦军传统防骑方阵。

就在秦军准备完毕的同一时刻，只见前方尘土飞扬，廉颇大军已到，廉颇并不啰唆，左右两手向前一挥，只见两翼的胡刀骑士迅速出击，绕着秦军方阵就是一顿骑射，廉颇则亲领四万冲骑兵如虎一般慢慢前行。

见此，胡伤爆吼，"全军稳住，绝不可以慌乱，弓箭手给我四散开来，将那些胡刀骑士给我射回去！"

如此，呼呼的弓箭不停向胡刀骑士射去，双方开始了对射战，可由于秦军弓箭手四散，箭矢无法集中，所以不占优势，阵形也开始有些松散开来。

廉颇见状，抓住时机一声大吼，"散！"

话音一落，四万冲骑兵分成三路，左右各一万冲骑兵奔向秦军两翼，中间两万主力冲骑兵则伺机而动，遂成合围之势。

紧接着，廉颇继而爆吼"冲！"

话毕，两万冲骑兵轰隆隆地向秦国方阵的正前方冲杀而去，左右两翼同一时间冲击秦方阵侧翼，其兵势如火焰一般，让人畏惧。

而两翼的胡刀骑士也在瞬间绕到了左右突骑背后，收起骑弓，拿起胡刀，准备收割秦军人头。

那胡伤也杀红了眼，对着手下吼道："令！弓箭手不间断放箭，前排锐士架枪阵，给我顶！顶住了对方的第一轮冲击我们就有反败为胜的机会！"

胡伤的精神还是值得赞赏的，可他忽略了一件事儿，便是他面对的将领乃是全赵国最具侵略性的廉颇，他的突骑乃是全战国最精锐的突骑军。

唰唰唰！箭矢如雨一般冲向了赵国骑兵团，可冲在前面的突骑连人带马全都是一身铁甲，所以箭矢的效果不甚理想，再加上代马强悍的机动性，所以弓箭只射出一轮，赵军的突骑就好像坦克车一样杀到了秦军面前。

整个阵地血雾一片，残肢鲜血漫天飞舞，那廉颇冲锋在前，手中的大铁枪被抡得呼呼作响，但凡被抡到的秦兵都是非死即残，秦军中央大阵一瞬间就被突成了"凹"字形。

尽管胡伤嘶吼着鼓励大军，力图稳住阵势，可秦军经过阏与之战，再加上连续不断的长途奔袭，已经是人困马乏，便是有心亦也无力矣。

如此，当他们面对廉颇大军那无与伦比的突击力的时候，几乎一下子就被突成了两半，而此时赵军左右两翼的骑兵团也已经杀到，面对着已经被廉颇分成两半的秦军，他们毫不费力便杀了进去。

胡刀骑士也在这时候冲到了前方，用那银光闪闪的胡刀不断收割着秦军锐士的生命。

虽然胡伤已拼命指挥防守，可大军已乱，败势已呈，你就是天神下凡也救不了秦军了。

所以，在万般无奈之下，胡伤只能带领铁鹰锐士突围而逃。

主帅一逃，全军无胆，秦军锐士们也在这时候四散而逃。

可廉颇岂能放过这些秦人，他将大军分成一股大部队、三股小部队，分四个方面对秦军展开追杀。

结果，雍地一带被血腥所染，整个雍地全都是被扒光铠甲的无头死尸。

本次出征的十万秦军，除胡伤和几百铁鹰锐士成功逃亡以外，全军覆没。

到这，秦国本次对赵国的军事打击行动以完败告终，魏冉也因为这次心腹的失败而声望大损，赵国则威震天下。

4.17　触龙说赵太后

公元前268年，秦国转而对魏国发动了军事打击，邻近赵国的怀地被轻松拿下，使得秦国能够攻打赵国的据点又多了一个。

不过值得一提的是，这次发动进攻的并不是魏冉派系的将领，而是秦昭王所培养的众多将领之一。

时间直跨到公元前266年。

这一年，秦昭王对宣太后和魏冉动手了，宣太后和魏冉在同一时间被赶下了秦国的政治中心。

宣太后被赶到了后宫，从此不得参与政事，而魏冉则被赶回了自己的封邑——陶邑。

据说魏冉离开咸阳的时候，自家财富竟然高达千车黄金，这怎能不让人唏嘘？

魏冉被赶下台以后，丞相的位置算是彻底空出来了，那么下一任的丞相应该是谁呢？必然是这些年为秦昭王忙前忙后的大功臣张禄了。

这还不算，为了表彰张禄的功绩，秦昭王还给张禄封了应地，使其一跃之间变成了应侯。

如此，属于张禄的时代来了。

公元前265年，战国第一女强人宣太后病逝。

宣太后死后，秦昭王彻底大权在握，正巧这一年赵惠文王也随着宣太后去世了，其子赵丹继承了王位，是为赵孝成王。

而秦昭王抓住了赵国新君继位且年幼无知的大好机会，再次对赵国发动了攻击，并一举夺取了三座城邑。

因为现在的赵孝成王尚年幼，所以赵国真正掌权的乃是赵孝成王的母亲——赵太后。

而赵太后只是一个普普通通的妇人，根本就没有宣太后那些政治手段和野心，所以没敢直接派兵抵抗秦军，只能派遣使者前往齐国求救。

这一年，各国君王陆续离世。齐国的齐襄王也在这一年归西，新继位的是齐襄王的儿子田建，这便是齐王建了。

那齐王建也是刚刚继位，年龄不大，可也知道应该给秦国一些压力，便答应了赵太后的请求。可有一点赵国必须服从，那便是要赵国公子长安君来齐国做人质，这样他齐王建才肯发兵救赵。

那长安君乃是赵孝成王的亲弟弟，赵太后最小的儿子。

赵太后非常偏爱这个小儿子，便打算拒绝齐国的"无理要求"。

而赵国的大臣们都知道，现在赵国虽强，可强不过秦国，最重要的是现在赵国实际上是属于"无主"的状态，那赵太后只是一个很普通的女性，并没有什么野心，一切也都以"小家"为重，如果按照她说的来办，那赵国可就危险了。

现在的齐国虽然土地严重缩水，国力也和以前差了十万八千里，但起码算得上是传统强国之一。所以，这个盟国是必不可少的。

基于此，这帮大臣便一天到晚地去劝赵太后，说什么以国为本，不能亲小家而弃国家之类的话。

赵太后一开始也只是拒绝，可架不住这些人一天到晚地劝说，最后赵太后也急了，对着下面的大臣们爆吼道："滚！都给我滚，以后谁要是再敢因为这事儿找我，我直接吐他一脸口水！"

就这样，大臣们全都被赵太后给撵走了。可就在众人不知该如何是好的时候，左师触龙一瘸一拐地走了进来。（注：左师，俸禄很高却并无实权，养老官职）

看到触龙来了，有的官员上前问道："左师大人，您这要去干什么啊？"

触龙奇怪地道："这时候去找赵太后还能是干什么？当然是劝她放长安君去齐国当人质啊！"

"唉，大人来得晚了些，有可能不知道现在的情况，刚才赵太后已经说了，要是有人敢再去和她说这事儿，她就直接吐来人一脸口水，左师大人年事已高，就别去找这份儿辱了吧！"

这好心劝谏之人本以为触龙会悬崖勒马，可谁料到触龙却满不在乎地道：

"嗯，没事儿，吐谁她也不能吐我，各位就等好消息吧。"

如此，触龙进入了王宫大殿。

此时的赵太后并没有离开大殿，还在为刚才的事情气愤。

就在这时，突然有一个小内侍从门外跑来，对赵太后道："禀告太后，左师触龙请求面见您。"

话毕，赵太后一声冷哼，"见！为什么不见！有主动来受辱的我还不见？去把他宣进来！"

"是、是！"

不一会儿，触龙走进了大殿，可当他看到赵太后以后心里一惊，因为这时候的赵太后那是满脸的不善，嘴唇还在不停地蠕动，很明显是在准备啐口水。

触龙见状，赶紧减缓了前进的速度，花了好长时间才走到了赵太后身前三米之外，不等赵太后"开口"，便赶紧道："太后啊，老臣我这腿脚不好，很久没来面见太后了，并常常因此而自责，如今不知太后身体如何，老臣挂念得紧，这才前来看望太后。"

太后一听这话，愤怒的心情缓解了许多，同时，喉咙也哽咽了一下，然后说道："唉，多谢左师的关心了，老婆子我现在身体也是大不如前，行动只能靠下人推车喽。"

看到了赵太后喉咙的动作，触龙这悬着的心才算是放下了，然后慢慢向前，走到了赵太后身前一米内入座，故作担心状，"饭量呢？是不是也减少很多呢？"

赵太后悲伤地道："唉，是呀，现在只能喝粥了，肉食根本进不得半点儿。"

到此，赵太后已经彻底被触龙带入了闲聊模式，心理防线崩溃，触龙继续道："唉，太后啊，我儿子舒祺是我众多子女中年龄最小的，也是我最喜爱的，可是这小子不成器，我观他以后不会有什么作为，便想让他进宫做个黑衣卫士（王宫侍卫），不知太后能否给老臣开个后门。"

赵太后一听这话，慈祥一笑，"当然可以，天下哪个父母不是为了自己的孩子呢？那你的小儿子今年多大了？"

"十五岁了，虽然还年轻，可我想趁着我这把老骨头还没入土的时候为儿子谋一个前程。"

赵太后笑着说："你们这些大丈夫也知道疼爱自己的小儿子吗？"

触龙哈哈一笑，"当然了，甚至比妇人还厉害呢！"

赵太后摇了摇头，"才不是，还是我们这些妇人疼爱小儿子更厉害一些。"

触龙接着道："太后您还真别不信，我认为，您对女儿燕后就要胜过自己的小儿子长安君。"

赵太后有些不乐意了，"净在这儿瞎说，我对我女儿远不及对长安君好。"

触龙轻轻地摇了摇头，"父母疼爱孩子，就要为他的以后考虑，太后您当初送燕后出嫁的时候，甚至都伤心地跌倒，抓着她的脚而不忍心放手，等到她真的嫁到了燕国以后，您每逢祭祀都会祈愿，千万别让燕王将燕后给休回来，您难道不是希望燕后的孩子以后会成为燕王吗？这难道不是为了燕后的长远所考虑吗？"

赵太后沉思了好久，这才点了点头，"确实如你所说。"

触龙继续说，"那您仔细想一想，三代以前被封侯的赵国公子们还有人在吗？"

"好像是没有了。"

"对，那这说明什么呢？他们又为什么被赶下了侯爵，或者被杀害呢？难道只是因为他们德行不够或者贪污受贿吗？不是！那是因为他们没有功劳、没有声望却独享荣华富贵，所以才会被周围的贵族所忌妒。如果这些公子都像当初的孟尝君一样拥有大功，试问还有谁敢谋害公子呢？当初齐湣王那么想杀了孟尝君，不都是因为孟尝君的功绩这才没有动手吗？如今长安君并没有丝毫功劳，可您却给他最好的封地、最多的珠宝，还有高官和良田美宅，您敢说赵国的这些贵族就没有怨言？您现在在世，所以这些贵族们才不敢对长安君动手，可一旦您有一天不在了，长安君的结果会是怎么样呢？"

听到这儿，赵太后一个激灵，"那、那该如何是好啊！"

"我看，现在最好的办法便是让长安君前去齐国做人质，这样，齐国大军一来就全都是长安君的功劳了，而拥有如此功劳您还怕以后长安君被贵族们迫害吗？"

赵太后听得连连点头。最后，终于下定决心道："好！就按你的意思行事！"

如此，长安君被派到了齐国做人质，而齐国也信守诺言，派出了精锐部队前来支援赵国，狡猾如狐的秦昭王一见齐国大军正源源不断地向赵国开进，又见赵国人头涌动，无数的骑兵团向邯郸集结，立马将进攻方向改为南方，直接攻取了韩国的少曲和高平。

至于秦国为何由进攻魏国转向进攻韩国了呢？

那是因为，张禄终于在秦国为自己正了名，也终于报了仇，秦国因为此事才暂时饶了魏国一命。

4.18　睚眦必报

话说张禄在秦国成为丞相以后，按照远交近攻的大战略方针对周边列国展开了蚕食。不用说，和他有仇的魏国肯定是排在第一个被打的位置上。

通过秦国的连番打击，魏国土地再次缩水，可这不是让魏安釐王最郁闷的，他最郁闷的是为什么这秦国只挑魏国打呢？韩国他就不管了？

于是，疑惑的魏安釐王将间谍成批成批地往咸阳派，就想查出个原因。

结果，间谍的回报让魏安釐王更是疑惑，因为回报说秦国攻打魏国就是因为丞相张禄在一旁怂恿秦昭王。

大梁王宫中，魏安釐王问群臣，"你们有谁听过张禄这个人？"

堂下无一人回应。

魏安釐王眉头微皱，"魏齐。"

"老臣在。"

"可有法子应对？"

魏齐微微一笑，"大王勿忧，从古至今就没有无法用金钱攻陷的堡垒，不管他张禄是何方妖孽，只要金钱给得足，魏国危机自解。"

"嗯，有道理，那这事儿就交给你全权负责，可别让寡人失望！"

"是！"

如此，魏齐遂遣魏国"著名"外交家须贾前往咸阳，意在贿赂张禄让他别再拿魏国开刀了。

须贾秘密潜入咸阳以后，没有直接去找张禄，而是住进了客栈，想要通过多方打点，找人推荐自己面见张禄。

可令他没想到的是，自己一进咸阳就被张禄发现了。

张禄对须贾来咸阳的目的了如指掌。按说大仇人前来，直接找人将其抓来一刀杀了也就完了，可这张禄非但没派人去抓须贾，反倒是穿着一身破衣前去面见须贾。

须贾看到一身脏臭的张禄以后，大惊，"范雎！原来你还活着！"

张禄对须贾微微一欠身，"托大人的福，我确实还活着。"

须贾想到当初就是自己陷害范雎使他遭了大劫，如今再看他这一身，动了些恻隐之心，便将其招进了客栈之内，点了一桌子的饭菜，并一边陪着张禄吃一边问，"范雎啊，你跑到秦国一定是为了服侍秦王吧？不知有没有进展呢？"

张禄惨笑，"我是因为得罪了魏相才逃到咸阳的，只想苟活到死，哪儿还敢有半分当官的念头。"

须贾默默地点了点头，"那你现在靠什么生活呢？"

"唉，我现在是给咸阳的富贵人家做用人，以此过活。"

"唉，没想到你如今穷困到了这种程度，来人呀！"

"在！"

"将我的皮袍拿出来。"

"是。"

过了一会儿，一个下人手中捧着一件新鲜靓丽的皮袍走了出来。

须贾将皮袍取下，交给了张禄，并说道："范雎啊，当初是我一时糊涂，想事情没有想得太完善，这才误会你是齐国的间谍，现在看你如此潦倒，我这心里也有些过意不去，你将这皮袍收下吧，算是我的一点儿心意。"

张禄收了皮袍以后并没有作声，看了看皮袍，又看了看须贾，本来是想戏弄一下须贾，然后直接杀之，可是现在……"唉！"范雎心中一声叹息，绝了杀须贾之念。

看到张禄半天默不作声，须贾以为他被感动了，微微一笑，"范叔不必如此，这也是你应得的，另外我还有些事儿想问你。"

张禄对须贾一拱手，"大人请说！"

"我听说，现在秦国的丞相是一个叫张禄的，这人现在在秦国权倾朝野，就连秦王也事事都听他的，这人你熟悉吗？"

张禄嘿嘿一笑，"大人说笑了，张禄乃秦国丞相，岂是我这种用人所能认识的？不过我主人和他私交不错，如果大人想见丞相的话，我可以为您引荐我的主人，之后再通过他见丞相。"

其实须贾的意思只不过是想知道这个秦国丞相是个什么样的人，根本就没指望能通过张禄见到秦国丞相，可张禄竟然一口答应了，须贾心中不免鄙视，"呵呵，现在还装呢，就一个奴仆而已，你家主人能听你的话见外国使臣？再说，靠你引荐？也不符合我的身份。"

于是推托道："范叔的好意我心领了，可这事儿还是算了吧，我的马病了，马车的车轴也坏了，你知道的，不是驷马大车拉我我是不会出门的，第一会丢了我大魏国的面子，第二我自己也丢脸不是？"

谁知须贾这话刚刚说完，张禄拍着胸脯说，"大人放心，我和我家主人关系处得不错，一辆驷马大车我很快就能给你借来。"

话毕，张禄风一般地跑了，不一会儿便牵来了一辆驷马豪车。

这车装饰得非常漂亮，四边都是用黄金镶嵌的。须贾只看过魏齐坐过这种马车，自己是实在没坐过的。

看着这辆豪华马车，须贾极为惊叹，心想："看来范雎在秦国还是很有些能量的啊，说不定真能成事！"

于是，须贾在范雎的搀扶下坐上了马车，而范雎则亲自当他的御者直奔秦相府。

一炷香以后，马车的速度渐渐减缓，须贾心里想着估计是快到了，便掀开车帘打算看一看。

可这须贾不看不要紧，一看吓了一跳，只见正对着自己的是一个非常阔气的大宅，大门之上"相府"二字极为耀眼。

须贾赶忙大吼，"范雎！你这是往哪里跑，咱不是要上你主人家里吗？你把我带到相府干什么？"

张禄回头对须贾嘿嘿一笑，"哎，大人不必多疑，我家主人已经先一步来到相府向丞相推荐您了，并让我直接领您来相府。"

听了这话，须贾明显一愣，呆呆地道："真的假的，这么容易就把事情办好了？秦国人素质这么高？"

须贾虽然表示怀疑，可是已经到了相府门口，无法回头，便只能由着张禄带自己前行了。

本以为到了相府以后张禄就会停下请见，可谁料到他竟直接闯入相府。

更吓人的是，所有的下人全为张禄让道，没有一个上来阻止，这一幕可把正在车里的须贾吓蒙了。

等马车停到中央以后，还没等须贾开口询问，就见张禄道："大人请稍等片刻，我现在便去通报丞相。"说完，一转身便进入了相府深处，只留须贾一人在原地不知所措。

一炷香过去了，两炷香过去了，大半个时辰过去了。

张禄一去不复返，须贾急得直跺脚。

眼看这么等着也不是个办法，于是须贾看到一个正在扫地的下人，赶紧上前客气地问道："这位小哥，请问范雎咋还不出来呢？"

那下人一听范雎二字一愣，"你说谁？"

须贾一躬身，"范雎。"

"范雎？俺们这儿没有这个人。"

话毕，转身就要离去。

须贾赶紧将这下人拉住，"小哥别忙着走，你刚才明明看到了，就是和我一起进来的那个人。"

下人一听这话，赶紧道："你不要命了！那哪是什么范雎，那就是我们大秦丞相张禄！"

一听这话，须贾轰的一下如同五雷轰顶。再一想曾经的一幕幕，须贾一个超大的激灵给一旁的下人吓了一大跳。

那须贾也是个反应迅速之人，他知道现在身在相府，范雎想杀他是易如反掌，之所以现在还没杀他肯定是还在犹豫，那他须贾就有一线生机。所以，须贾果断决定以退为进。

他脱去衣物，裸露上身，直接跪在地上，将一小包金子塞给了一旁的下人，"小哥，我这有一包金子，全都交给你了，我不求别的，只求小哥能通报丞相一下，就说罪臣须贾前来谢罪。"

那名下人犹豫片刻将金子收好，直接前去向张禄汇报。

此时的张禄已经穿好了衣服，正在大厅和自己的一帮门客闲聊。听得下人来报，微微一笑，"来吧各位，跟我一起去看看我当初的仇人现在是什么德行。"

说完，直接起身而去，呼呼啦啦的一群门客全都跟随其后。

看着衣着光鲜的张禄，赤裸着上身的须贾砰砰地磕头，一边磕头一边哀号，"我须贾没想到大人您能青云直上，从此我不敢再读天下书，不敢再参与政事了，请您将我驱逐到偏远的胡人之地，是生是死皆由您处置。"

看着额头上鲜血淋漓的须贾，张禄身边的门客无不动容，而张禄则是冷笑一声，"行了，别跟我演苦情戏了。"

须贾赶紧停下了磕头的动作，只跪在地上噤若寒蝉，貌似是要等待着张禄的裁决。

张禄对须贾的表现很满意，点了点头道："你只说让我惩罚你，可并没有说你有什么罪过，弄得好像我欺负你一样，现在你就当着众人的面说明白了，你到底有多少罪名。"

须贾哆哆嗦嗦地道："大人别这么说，我的罪实在是太多了，您就是把我的头发都拔下来一根一根地数都数不过来。"

张禄微笑道："呵呵，既然你不愿意说，那我就告诉你好了，你的罪则一共有三条。第一，你忌妒我的才能而陷我于不义，让我几乎死去；第二，我在茅房百般受辱，你却根本不加制止；第三，你不制止也就算了，竟然也跟着众人往我身上撒尿，我曾身为你的门客，便是没有功劳也有苦劳啊，你怎么就这么忍心？本来我真该千刀万剐了你，可你还算念及旧情给了我饭吃，还给了我皮袍，所以我不打算杀你了。"

话毕，须贾继续磕头如捣蒜，连连称谢。

可张禄一笑，之后道："可死罪可免，活罪难逃，你就先别回魏国了，在驿馆等着我的召唤吧！"

"是，是！"

须贾连声称是，哆哆嗦嗦地回驿馆去了。

须贾回到驿馆以后，张禄并没有干别的，而是直接进宫前去面见秦昭王。

张禄现在可是秦昭王眼前的第一红人，秦昭王对待他简直就像对待自己的恩师一般，所以也没有顾及什么礼节，直接便问，"丞相今日来此，不知有何要事？"

张禄没有回话，只是一下子跪在了秦昭王的面前，"大王！微臣有欺君之罪，请大王责罚！"

秦昭王一愣，紧接着关怀地问道："丞相您这是什么话，我受丞相大恩，报答您都来不及呢，又怎么会怪您，您说吧，不管是什么罪我都会原谅您。"

张禄对秦昭王深深一拜，然后道："大王，微臣本名并不叫张禄，而是范雎。当初为逃避仇家这才改名叫张禄，而咱们秦法严厉，我那时候并不敢将名字改回来，这才犯了此大罪。"

话毕，秦昭王哈哈大笑，"我还以为是什么事儿呢，无他，您是我的恩人，是大秦的恩人，一个名字无所谓，我是不会怪您的，您下去吧！"

本以为张禄会转身离去，可谁知道他并没有离开，反而还在原地未动。

秦昭王疑惑地看着张禄，"丞相还有事儿？"

张禄又对秦昭王一拜，然后将自己在魏国怎么被魏齐痛打侮辱的事情和盘托出。

秦昭王听罢大怒，"什么！还有这样的人？丞相是否想用国家之力报私仇呢？"

张禄抬起头来看着秦昭王，坚定地道："是！"

秦昭王想了一会儿，又看了看张禄，直接道："好！你是秦国的恩人，这也是秦国应该为你做的，想怎么报仇就随你去吧，从现在开始一直到你报了仇，你的决定就是我的决定。"

张禄谢过秦昭王，慢慢地退了出去。

等回到相府以后，张禄大摆筵席，几乎将秦国所有权贵全都请到了一起进餐。等所有人都到齐以后，张禄便命人前去驿站召见须贾。

不一会儿，须贾飞奔而来，可当他看到满朝权贵全都会聚一堂之时，竟愣在原地不知如何是好。

张禄淡淡地道："你还愣着干什么？今日叫你来就是想请你吃饭的，怎么还不坐呢？"

听到这番话，须贾对张禄连连称谢，可当他寻找座位的时候却发现，四周根本就没有一个空座，便弱弱地问，"请问丞相，我坐哪里？"

看着呆呆的须贾，张禄轻蔑一笑，"来人！"

"在！"

"给须大人赐座！"

"是！"

话音一落，只见两名相府下人往大堂之外的台阶下摆了一个如同马扎一样的破凳子和一个不到一米的小破方桌。

看到此情此景，须贾瞬间明白了，这是张禄要羞辱于他，可现在人在屋檐下他哪敢有半分抵抗，只能连番道谢，然后快速地坐了过去。

酒宴开始了。

可屋内的那些大臣身前不只有美味佳肴，身边还有美女陪同，只有须贾坐在外面，别说侍女了，就连一碗稀粥都没有。

张禄故作不满意的样子对下人道："哎，你们都怎么做事儿的，为什么不给须大人安排美食和奴仆？快去安排！"

"是！"

不一会儿，两个黥徒（脸上刺字的罪犯）从幕后出来，至须贾身边，一左一右地"服侍"须贾。

大概又过了一会儿，须贾的"美味佳肴"也上来了。只见一个下人捧着一捆马饲料朝须贾走来，砰地一下就将马饲料扔到了须贾身前。

须贾这下算是明白了。

看到愣愣盯着马饲料却没有任何"行动"的须贾，张禄给两个黥徒使了一个眼色，这俩黥徒二话不说，一个用手掐住须贾的下巴逼他张开嘴，一个抓起马饲料就往须贾嘴里面塞。

等都塞进去以后，须贾趴在地上连连干呕，狼狈不堪。

见此景，张禄哈哈笑道："哈哈哈，告诉你家魏王，近期之内给我将魏齐的人头送过来，不然我便要血洗大梁。"

须贾跪在地上连连称是，可张禄根本没给他一点儿好脸色，直接道："不用再演戏了，赶紧滚吧！"

"是、是！"

于是，须贾落荒而逃地溜出了咸阳。

酒宴结束以后，宾客们基本全都回去了，只有王稽还在原地未动。

王稽是当初救张禄并且举荐他的那个人。如今的张禄已经成为大秦的丞相，可王稽还和从前一样是一名小小的谒者。

酒宴结束后，王稽并没有走，而是在宾客都离开以后对张禄道："丞相大人，在咱们秦国不可预知的事情有三个，而这三件一旦发生却又没有任何办法，您知道都是什么吗？"

张禄疑惑地问道："哦？都有哪三件事呢？"

王稽一拱手，微笑着道："君王说不定哪天就死了，这是不可预知的第一件事情；您说不定哪天就死了，这是不可预知的第二件事情；我说不定哪天就死了，这是不可预知的第三件事情。如果君王有一天死去了，您因为我没有得到君王的重用而感到遗憾，那是毫无办法的；您如果突然有一天死去了，因为未曾报答我而感到遗憾，这也是毫无办法的；而我有一天突然死去了，您因为不曾及时推荐我而感到遗憾，那也是毫无办法的。"

王稽说这些话其实是提醒张禄，报恩的时候到了。

张禄虽然对王稽这种做法不怎么欣赏，但他是一个有仇必报、有恩必偿的人，所以也没再和王稽废话，而是第二天便去找秦昭王，并和其道："大王，如果不是王稽对大秦忠诚，就不可能冒着风险将我带进函谷关，如果不是大王的圣贤，我就不可能拥有荣华富贵。现在我官至丞相，爵为应侯，而王稽还是小小的一个谒者。如此，我良心不安，希望大王能提拔提拔王稽，也了了我的一个遗憾。"

秦昭王现在对张禄是言听计从，听了他的请求考虑甚至都没考虑，直接就封王稽为河东郡守，并给他权力，许他三年不必汇报工作。

打这之后，张禄开始了报恩之旅，自王稽之后，又提拔了郑安平（当初帮自己藏身的人）为将军。

这还不算，张禄还分散了所有家财，平分给了那些帮助过他的人。

从此以后，大家都说张禄是一个请吃过一顿饭也报恩，瞪过他一眼的仇也报的人。

而睚眦必报这个成语就是从这来的。

咱还是言归正传，再说说魏国的国相魏齐吧，现在的魏齐可是倒了霉了。

4.19 奔命

须贾归魏以后，将张禄要魏齐项上人头之事告知了魏王。

魏齐闻知十分恐惧，弃了相印，星夜逃往赵国，并私藏于平原君赵胜家中。现如今天下能挡住秦国的也就只有赵国，那张禄的权力就是再大，魔爪也伸不到赵国去。张禄成天犯愁，食量都因此而下降不少。

秦昭王听说此事以后很是心疼，决定助他一臂之力。

他派使节和赵国交好，并写信给平原君，"赵胜，听说你有崇高的道义，天下闻名，而我嬴稷就喜欢你这种人，我诚恳地邀请你前来我们秦国，寡人要与你畅饮十天，指点江山，共谈天下之大事！"

收到秦昭王这封信的赵胜哭笑不得，这明摆着是阳谋，要的就是你将魏齐交出去，如果你聪明的话，直接将魏齐的首级带过来，可如果不带过来，或者是你赵胜不来，那我嬴稷便有借口出兵攻击赵国。

赵国现在是真的不想和秦国开战，因为赵孝成王现在在赵国还没有绝对的权威性，一旦开战，人民的凝聚力肯定要差一些。所以，只要不给秦国以进攻的口实，赵国都忍得了。

所以，赵胜就算知道去咸阳有危险，他也是一定要去的。而结果也不出赵胜所料。他到了秦国以后，秦昭王直接就将他囚禁起来了，并和其道："从前周文王得到了吕尚以后称他为太公，齐桓公得到管仲以后称他为仲父，现在张禄就是我的仲父，他的仇人就是我的仇人，魏齐如今正躲在你赵胜的家里，我希望你能将他的人头给我送过来，不然的话你就别想再回赵国了。"

本以为面对这种危机赵胜一定会欣然应允，可赵胜并没有如秦昭王所料，只是微微一笑，"呵呵，大王此言差矣，你有你的理由，我也有我的道义，人在富贵的时候结交朋友是为了在艰难的时候有所依靠，那魏齐是我的朋友，就是真在我家我也不能交出来，更别提他现在还不在我家，真不知道大王是从哪里听到的假消息。"

一看赵胜"食古不化",秦昭王冷哼一声便拂袖而去,从此便囚禁赵胜于咸阳。

这之后,秦昭王又给赵孝成王写了一封信,"赵胜现在在我手里,我大秦的仇人魏齐在赵胜府中,请赵王将魏齐的人头献上,不然的话我就先杀赵胜,后打赵国。"

这封恐吓信看得赵孝成王大怒,可这又有什么用呢?如果赵胜被秦昭王囚禁,而身为赵王的他又不管不问,那他在赵国的威信可真是受损了。

所以,赵孝成王派兵包围了赵胜府,大喊着要生擒魏齐。

值得一提的是,赵军只包围了赵府,并没有发动进攻。赵府内的魏齐本来都打算引颈受戮了,可左等右等不见赵军进攻便明白了赵孝成王的意思,那就是不想杀他,可也不想再留他。

于是,魏齐在夜晚偷偷地"逃离"了赵府,那些赵兵也故意像没看到魏齐一样。

那魏齐下一步打算去哪个国家呢?

他哪个国家都没去,而是逃到了老友赵国宰相虞卿的家中并和虞卿道:"虞卿兄!秦国和赵国早晚一战,而我在魏国的圈子很广,一定会促成赵魏联盟,使魏国成为赵国强有力的后盾,到时候秦王一定会畏惧,不仅不会打赵国,还会放了赵胜,我求您劝劝赵王,让他收留我吧!"

话毕,虞卿摇了摇头叹息一声,"唉,现在全赵国的官员都想拖延秦赵决战的时间,此为众意,不可违!赵王虽然英明,但他为了维护自己的地位和声望一定会听取众人之意,所以我就是去了也是白去,还会搭上你的性命。所以,现在摆在你面前的只有一条道路,那就是逃往他国!"

听了这话,魏齐是真的绝望了。可正当他想转身而去的时候,虞卿却拉住了他,并和他道:"魏兄不必匆忙,兄弟我说这话并不是为了敷衍你,而是事实确实如此,但身为朋友,我是绝不会舍弃你的,从今天开始,赵相我也不做了,我和你一起逃亡。"

说罢，将相印往桌子上一扔，和魏齐一起跑了。

出了邯郸以后，魏齐问道："虞兄，现在我们应该往哪个国家跑呢？"

虞卿说道："除赵国外，现在最强大的国家便是楚国了。楚国表面上虽然屈服于秦国，可报仇之心从未有半分减少。所以，只有逃到楚国才有可能捡回一条命。可问题的关键是想要前往楚国必须过江，而各国畏惧秦王的淫威合伙通缉你，大道港口都是各国的士兵，你成功逃脱的可能性也很低。所以，我建议你马上前去魏国，通过熟人将你偷渡到楚国去。"

魏齐默默地点了点头，和虞卿道："我在魏国的朋友很多，和魏无忌（信陵君）交情更是没得说，他现在在魏国权力很大，我找他助我偷渡楚国是绝对不会被盘查的。"

于是，二人前去大梁，准备求魏无忌帮忙。

此时的大梁，魏无忌正在家中与众门客观看地图，研究在什么地方抵御秦国更加合适。然而就在这时，门外有人来报，说魏齐和虞卿前来拜访。

魏无忌一听魏齐来访，心里一惊，赶紧说道："去！就说我外出公干不在家。"

下人听罢赶紧去了，巧的是，侯嬴从茅房回来，看着下人匆匆而去，疑惑地问道："大人，出什么事儿了？"

魏无忌满不在乎地道："也没什么事儿，就是魏齐领一个叫虞卿的人来见我，我想到现在魏齐的敏感程度也就没有见他。"

话一说完，侯嬴大急，"大人！您怎么这么糊涂？那魏齐还好说，可您连虞卿都赶走了，那就是损失了一名大才啊！您爱贤的声望也会因此而受到打击的！"

魏无忌疑惑地道："虞卿？不就是一赵国的弃相嘛，哪有先生说得那么严重。"

听了魏无忌这话，侯嬴一愣，紧接着气愤地说："大人啊，人是不容易被了解的，想要了解一个人是需要相当长的时间的，可那虞卿当初穿着草鞋，背着雨笠前去见赵王，赵王第一次见他就给他白璧一双、黄金百镒。第二次见他便封上卿。第三次见他直接便封为国相万户侯，这说明了什么？说明这虞卿乃是一绝顶大才。现在天下大乱，正是需要人才的时候，而你却不知道虞卿的能力，这还不算，虞卿为了朋友舍弃了相印，这又说明什么？说明虞卿不只有大才，还有最纯洁的忠义之心，这种人才你上哪儿找？而现在他是白身一具，此时正是登用他的时候，你却问我他有什么能耐！"

侯嬴这话一说，如同当头棒喝，魏无忌大急，亲自领人去追。可当他追到魏齐的时候彻底蒙了，因为此时的魏齐已经死了，而虞卿正用冷冷的眼神看着魏无忌，之后便抱着魏齐的人头走了。

原来，魏齐听说魏无忌不愿意见他，又是羞愧又是愤怒，又一想因为自己已经连累了太多的人，便对虞卿道："虞兄，我死以后，请拿我的人头救平原君！"

说罢，根本不给虞卿反应的时间直接抹了脖子。

虞卿抱着魏齐的人头回到邯郸以后，赵孝成王直接命使者将人头交给了秦昭王，秦昭王放了平原君赵胜，张禄大仇这才算报了。

然而张禄报仇只是战国小事，不足以改天下之事，秦国的侵略也永远都不会停歇。按照远交近攻的大方针，既然暂时放过了魏国，那秦昭王的第二个进攻目标便是韩国了。

4.20 历史的转折点——决战长平

韩国，占有现今山西省部分土地与河南省部分土地，当时已经是七雄中最弱的国家了。

公元前264年，在张禄和秦昭王共同谋划下，秦国出动大军，打算一举灭了韩国。

其战略大方针为先向北攻山西，拿下陉城，然后继续向北逐个将韩国之城拿下，最后攻下上党，彻底平了韩国山西地盘，断了赵国援韩之路。之后再一路南下，攻陷韩国河南之地，彻底灭了韩国。

可想要完成这个大战略方针就要有一个前提，就是要快！

那如何才能做到快呢？

第一，不宣而战，秘密集结军队突袭韩国，打它个措手不及。

第二，以数倍于韩军的力量碾压韩国。

第三，由超强将领带领大军，这样战略方针才不会有偏差。

如此，秦昭王秘密调集十多万锐士，命白起为全军统帅，秘密集结大军于边塞，突然对陉城发动攻击。

由于韩国没想到秦国会不宣而战，再加上秦国的调动迅速、隐秘，所以陉城被打了一个猝不及防，轻易便被白起拿下。

之后，白起采用多点开花的战略将主力大军分成数个部队对周围城邑同时打击，两个月不到便攻陷了九座城邑且斩首五万韩军，封死了赵国西南援道。

之后，白起集合军队一路向东，于公元前263年攻下了韩国的南阳及附近城邑。

再后，在公元前262年攻下野王，一步步向最后的上党挺进。

至此，韩国在山西之地只剩下上党和其一带十七座城邑。因为南阳野王被灭，上党和韩国中央断了联系，呈"孤城"之势，白起遂命军队整顿一个月，等养精蓄锐以后继续进攻上党。

而此时的韩国朝野震动，韩桓惠王被打蒙了，现在摆在他面前的只有一条路，那便是臣服于秦国，并承诺将上党地区的所有城邑全都奉献给秦国。

上党地区乃韩国数一数二的富庶地带，此地土地肥沃，每年进账中央的粮食都不可胜数。

然而最关键的是，此地还是战略要地，一旦占领此地便可从此四面出击，不管是攻赵还是攻韩都有绝对的战略优势。所以，秦昭王想都没想便答应了韩国的请求。

韩桓惠王此举也并不难理解。现在的韩国对秦国已经没有任何抵抗能力，其主力部队全在之前被白起歼灭，他不屈服于秦国就只能被灭国了？并且，秦国占有了上党，那战略目标很有可能会转移到赵国的身上，自己的韩国就会多活几年，甚至还有可能出现变故（秦国失败的可能）。所以，韩桓惠王此举也属无奈。

可韩桓惠王的算盘虽然打得响，但上党军民却是十分不愿意的。

因为秦国的酷法虽然使得国力大增，却严重地限制了人民的思想自由和人身自由。六国的百姓们都自由惯了，谁愿意受秦国的管制呢？

所以，上党一带的军民们对于韩桓惠王的这项举动都义愤填膺，而上党大夫冯亭更是将前来收地的秦国官员赶出了上党。但是他也知道，凭自己一个上党想抵挡秦国虎狼无异于痴人说梦。

于是冯亭想出了一个奇招，决定将上党一带地区全部献给赵国。

冯亭如此做法主要有两层考虑：

第一，赵国虽然也是一个尚武的国家，但它的制度比秦国要"自由"很多，百姓们也没那么排斥。

第二，如果将上党地区交给赵国的话，凭秦昭王的脾气一定会倾全国之力攻打赵国，如此，韩国就能活得更久一些。

于是，冯亭不顾韩桓惠王的命令，亲自前去赵国面见赵孝成王，提议将上党及周围十七座城邑全部交给赵国。

而此时的赵国正值早晨，赵孝成王突然从梦中惊醒，连脸都不洗便喊道："来人！去！快给我把筮官叫过来！"

不一会儿，一名筮官急匆匆地跑了过来，还没等给赵孝成王请安，赵孝成王便道："行了，不用见礼了。寡人刚才做了个梦，梦中我乘着黄龙飞上了九天，可走到一半却突然摔了下来，但没摔死，直接落在了金银堆中，不知此梦是何解释？"

筮官皱了皱眉道："大王啊，这梦并不是什么太好的梦啊，从黄龙身上掉下来说明你有气势但没实力，这是上天的一个提醒，让你不要得意忘形，而堆积如山的珠宝说明有忧患。总的意思就是您将要有大灾祸，此灾祸要是能扛下来你将会权势滔天，可这灾祸要是扛不下来……"

话毕，筮官就站在原地不言语了。

可没等赵孝成王继续发问，突然有下人来报，说韩国上党大夫冯亭前来拜见。

一听这话，赵孝成王很是不耐烦地道："来干什么？求援？告诉他，我现在分不出兵力帮……"

不等赵孝成王说完，那名下人赶紧道："不是，大王您误会了，冯亭此来并不是向咱们求援的，而是想将上党及周围十七座城邑全都献给咱赵国啊！"

一听这话，赵孝成王一下蹿了起来，给筮官一个退下的手势，然后大笑，"哈哈哈，太好了！真是得来全不费功夫！"

本来，赵孝成王想马上就接见冯亭，可就在这时，他步伐一顿，突然想到，"嗯，我娘之前还政于我的时候说过，我还太年轻，凡决定国家大事前都要问问朝中大臣。"

想到这儿，赵孝成王直接命下人去通知那些在朝中举足轻重的大臣们来商量此事。

第一个来到的是平阳君赵豹。

赵孝成王单刀直入地道："爱卿，冯亭打算将上党十七城全部给我赵国，对于这事儿您怎么看？"

赵豹开始一愣，然后又仔细想了想，皱着眉头和赵孝成王道："大王，这天下没有平白无故得来的好处，凡事有因必有果，上党这甜头太大，但是紧接着而来的便是无尽的灾祸了。"

听到这儿，赵孝成王有些不高兴了，脸色微黑地道："怎么能说是平白无故呢？上党十七城之所以前来投靠我，那就是因为仰慕我赵国自由的制度，仰慕我的为人，这是上天给咱们的机会啊！"

赵豹对赵孝成王一拜，然后道："大王，实际上并非如此，那冯亭是想嫁祸给我赵国才对啊。您想想，那秦国费了两年多的时间，所用财物无数，这才逐渐要拿下上党，而我赵国不费一兵一卒就拿下了上党，天底下有这样的好事吗？我方一旦将上党收取，必定会面对秦昭王的滔天怒火，并且让他有了进攻咱赵国的口实，必倾举国之力攻我赵国，到时候必是不死不休之局。大王啊，我赵国虽然强大，但恕我直言，国力和秦国根本就不是一个档次的。到时候两国拉锯战一开，我赵国必败无疑！"

听到这儿，赵孝成大怒道："胡说八道！难道不要上党之地它秦国就不会打我赵国了？"

这话一说，赵豹沉默。

赵孝成王继续道："我们赵国攻打别的国家多少年都不一定能拿下十七座城邑，这一下不费吹灰之力就能得到如此多的地盘，这难道不好吗？既然早晚要和秦国决一死战，为何不现在就决战呢？我们赵国人，从上卿到平头百姓，从小便人人习武，怕它秦国什么？"

看着赵孝成王如此义愤填膺，赵豹还想说话，可赵孝成王已经不给他机会了，直接开口道："我意已决，不必多言！"

如此，赵豹只能叹息一声便走了。

这之后，平原君赵胜和赵禹两人来到了赵孝成王面前。他俩纵横官场多年，一看形势就知道现在的赵孝成王主观意识全在占领上党身上，根本就劝不了。再加上两人根本也没想劝，他们也说觉得现在正是占领上党和秦国决战之时。

于是，赵孝成王召见了冯亭，接受了投诚，并派赵胜去接收上党并在上党一带张贴告示，"你上党大夫冯亭已经向我投诚，我也答应了他。现在，上党人便都是我赵国子民，为了表彰你们的功劳，特封冯亭为万户侯且凡是上党一带官员统统加爵三级。如果上党百姓和派来任命官员相安无事，那么上党每人都会被赏六金！"

赵孝成王这土豪撒金一招果然好使，上党一带的百姓特别高兴，人人都乐意转为赵国人。

而赵孝成王也有充分的准备，他派使者前去西北方之三胡与匈奴给了大批的黄金，警告他们如果敢在和秦国交战的时候从赵国背后捅刀子，那就要承受赵国的滔天怒火。

三胡和匈奴也知道现在正是赵国和秦国的敏感阶段，如果自己在这时候捅赵国一刀，赵国很有可能不要上党而倾举国之力攻打自己。如此的话，还不如给赵孝成王一个顺水人情，到时候等两国拼个两败俱伤之时再从中取利。

如此，赵国断了后顾之忧，可以全力对付秦国了。

而此时的咸阳王宫，秦昭王高高在上，大臣分两列站好，下面一名士兵正滔滔不绝地说着些什么。

等到这名士兵说完之后，秦昭王阴冷地笑道："哼，既然你自己找死，就别怪寡人无情了！"

第二天，整个秦国的大街小巷全都贴满了告示，告示上痛斥了赵孝成王的无耻。秦国人因此举国皆愤，人人欲讨伐赵国。

又过了几天，全秦国总动员，蜀地、巴地、蓝田大营、义渠旧地、北边塞等，全国七成之兵皆往咸阳附近集中，且后勤之粮草调动更为夸张，整个秦国东、南、西、北的粮食全往咸阳集中，车队千里而不绝。

最后，秦国一共调集了四十余万大军，粮草无数，兵峰直指上党。

可现在有一个问题摆在了秦昭王面前，那便是这大军应该派谁为将领。

按理说，这么重要的战役应该是秦国第一元帅白起，可自从秦昭王赶走魏冉以后，白起和秦昭王各自心里就有了疙瘩，再加上白起和秦昭王身边的第一红人张禄不和，张禄说什么白起都要提反对意见。

至于此，秦昭王相当不喜白起。但白起的军事才能实在是太过突出，秦昭王现在还不能没有他，所以双方的关系十分微妙。

为了解决依赖白起的这个问题，秦昭王培养了很多年轻将领，可这些将领现在还不能独当一面。所以，秦昭王决定用老将王龁为帅，统四十万大军打击赵国，而让白起军团在外围游走，以策应王龁。

王龁，号信梁，历经秦惠王、秦武王、秦昭王，乃秦国三朝宿将。虽然在之前并没有出现过，但仗肯定是没少打且经验丰富，秦昭王就是打算用此经验丰富之老将，凭秦军的人数和质量压死赵国。

而此时的赵国是什么形势，赵国间谍此时正向赵孝成王汇报秦国的情况，赵孝成王心一狠，同样调集举国之兵集结于邯郸附近，兵力竟达三十余万。如果秦军胆敢进犯，就会出军痛击。

如此，纵观整个春秋战国最具决定性的史诗级战役——长平之战要开打了。

可在长平之战开打之前，还是先把长平之战期间以及之前没说的其他琐碎事儿说完。

我们先把时间往前挪一年（前263），话说这时候的楚顷襄王已经病重，甚至到了不能自行行走的地步。

按说现在楚国的继承人是太子完，他也应该准备继位的事宜了。可直到现在，太子完还身在秦国为人质，没法回国。

太子完身边的黄歇早就料到会这样，所以这些年一直让太子完尽其所能地与应侯搞好关系，两人关系处得也不错。而现在正是关键之时，太子完晚回去一会儿都有可能发生变故，毕竟楚国的公子实在是太多了且人人都是野心家，所以太子完很担心，整日愁眉苦脸不知如何是好。

这时候黄歇却让太子完勿要担心，说他有办法解决这个棘手的问题。

于是，黄歇找到了张禄，并和他说道："丞相大人真的和太子完很要好吗？"

张禄乃是睚眦必报之典范，太子完这些年不知贿赂了张禄多少，所以张禄想都没想，便说："是的。"

黄歇对张禄深深一拜，然后道："如今楚王一病不起，大有驾鹤西游之势，大人不如劝劝秦王让太子回去得了，如果太子完能够成功回楚定会继承楚王之位，且会更加努力地侍奉秦国，对您也会更加感激，丞相也会因此而多了一条后路。可如果不放，那太子完便没有什么用处了，充其量就是咸阳一个普通百姓，楚国必改立太子。到时候，新太子一定不会侍奉秦国，甚至还会在背后捅秦国一刀。试问，如果秦国和赵国决战正酣之时，楚国在背后来那么一下……"

这话没说完，可张禄完全明白了黄歇的意思，并且感觉很有道理，便去和秦昭王说了太子完这事儿。

秦昭王也觉得很有道理，可不知楚顷襄王这病到底是真是假，便想先派人去楚国探听情况，如果情况属实再放了太子完也不迟。

如果照这种情况下去，秦国应该能放了太子完，可耽搁的时间实在是太长了，万一楚顷襄王在这中途就归天了，太子就真的完了。

所以，黄歇和太子完道："太子！秦国扣留太子就是想得到好处，可您现在拥有的力量并不能给秦国带来任何好处，秦国绝不会放了您。而大王如果在您回去之前归天，太子您又不在国内，那其他公子定会继承君位。不如咱们拼一次，您就装成百姓逃回楚国，我则在咸阳给您打掩护，出了事我担责任！"

黄歇明知楚顷襄王病重，秦赵决战在即，秦国一定会放了太子完，哪怕是太子完提前跑了秦昭王现在也不能怪罪，所以才这么和太子完说，就是要将其感动，以后自己也会有个好前途。

果然，听了黄歇这话，太子完大受感动并发誓如果黄歇能活着回楚国，他定会让黄歇有花不完的财富和一人之下、万人之上的地位。

就这样，太子完跑了，黄歇则留守咸阳，但凡有访客前来，黄歇总会以太子完有病推托不见。

一段时间以后，黄歇估计太子完已经回国，且秦昭王派出去探查楚顷襄王病情真伪的人也该回来了，便亲自前去找秦昭王，并对其道："大王，外臣有罪，如今太子已经偷偷回到楚国，而这一切都是我的主意，和太子无关，请大王赐我一死！"

秦昭王一听这话可真是怒了，眼见秦昭王就要发作，张禄在这时给了秦昭王一个眼神儿。

秦昭王感觉张禄是有话要对他说，便让黄歇先跪在那等着，自己和张禄移步侧室。

张禄和秦昭王说："大王，黄歇是太子完身边最重要的臣子，两人同生死、共患难，如同亲兄弟一般，再加上这次黄歇愿为太子完而死的事情，太子完一定会更加器重黄歇。所以大王要是杀了黄歇，太子完一定会与我秦国不死不休。现在马上就要与赵国决战了，楚国可是得罪不得啊！再者说，前一段时间派出去的使者不是已经探听回来了楚王病情的真伪嘛。既然如此，大王也不算丢了面子啊！"

听了张禄这话，秦昭王点了点头，算是采纳了张禄的提议。

就这样，黄歇安全地回到了楚国。

三个月以后，楚顷襄王去世，因为太子完回来得很早，所以顺利地继承了王位，这便是楚考烈王了。

楚考烈王为了感激黄歇的忠心便任命其为楚国宰相，并给淮北地区十二个县为其封地，封其为春申君。

公元前261年，就在秦国和赵国于长平开战之际，楚国趁机讨伐鲁国，夺取了其在徐州的大片土地。

现在我们来详细说说长平之战。

长平之战，秦国对赵国。

战前对比：

一、国力及粮草后勤。

秦占有今陕西省、四川省全部土地，山西省、河南省、湖北省、甘肃省部分土地，拥有完善的法家制度，能征善战之将数以百计。粮草可支撑十万大军连续作战五年而不绝。

赵则拥有如今之山西省、河北省、山东省、河南省部分土地，具体政治制度史无详细记载，可从赵孝成王及长平之战的结果来分析，粮草大概可保十万大军征战将近四年。

二、兵力及兵种之对比。

秦之具体兵力实际上史无记载，到底是多少众说纷纭，有说六十五万的，有说五十万左右的，还有说十来万的。但从钱穆等史学家，以及多位草根史学家通过各方面的分析，其兵力应该多于赵军，所以笔者分析秦国前期的兵力应该在三四十万，加上最后阶段白起军队加进来的总和应该能达到五十余万。

兵种则有铁鹰锐士、锐士、战车兵、普通步兵，以及弓弩手、床弩手若干。

赵国方面，兵力为三十余万，兵种有胡刀骑士、边民突骑、步兵、弓弩手若干，以及上党军民十多万，总兵力为四十五万。

三、统率全军之将领。

秦为宿将王龁，拥有绝对的野战经验且不乏斗狠之能。所以，统率能力为九十分左右，进攻组织能力大概在八十分左右。

赵为宿将廉颇，如今之廉颇具体年岁多无可考，可据公元前244年廉颇为七旬之说法推算，如今之廉颇应在五十二岁上下。廉颇的组织进攻能力可位列战国三甲，且随着年龄的增长，大局观也越来越宏大，统率能力亦随之增长。所以，廉颇之统率能力大概在八十八分左右，组织进攻能力则高达九十五分。

四、幕后总指挥。

秦昭王，敢于用人和决断且阴谋诡计层出不穷，其人虽卑鄙无耻，可一切决定都是为了秦国的长远发展，不失为一代明君。

赵孝成王乃年轻有为之君，励志振奋赵国，打击秦国。可此人太过年轻，阅历尚浅，虽有宏图之志，但锋芒毕露，且容易相信他人，不"深"知何人可用，何人不可用。

故，秦昭王的智谋水平为八十五分上下，政治水平则在九十分以上。赵惠文王之智谋与政治皆为七十分左右。

五、两军地形适应能力。

上党与长平大部分地区皆为山地，其由五台山脉、太行山脉、太谷山脉及中条山脉汇聚而成之高台山地，只有上党与长平附近小段地区路途稍平，可容骑兵作战。外加赵军乃是本土作战，所以占据了地势最好的工字山（长平关以北，壶关以南）。此山为天然的防守山脉，前段放置三十万人，后段设十万人可将此山脉守得固若金汤。以此弥补了骑兵在山地作战的劣势。

所以，地形上，秦军适应能力优于赵军。

公元前261年，秦国表面上还在关中地区不断地集结兵力，可实际上这都是给赵国放的烟幕弹，因为这时候的王龁已经率领大军向上党方面出发了。

王龁将大军分为两路，一路从太行道疾行，直接突袭上党，主力大军则沿着黄河西段大举东进，至野王后，分两万军守刑丘、两万军守南阳、一万军于武修以北之山脉驻防。且命白起军拿下缑氏与蔺地，在缑氏与荥阳方面成掎角之势布防，为的就是防止在和赵军对战之时背后遭袭。

当这一切都布置完毕以后，王龁率主力大军与分军于上党之地整合，打算大举攻赵。

然而上党地区的军民一看秦国军队已经攻了过来，竟然连抵抗都未有一点便举族往赵国大迁移，所以上党被秦军轻易拿下。

赵国方面：

赵孝成王当即命赵国大将廉颇率三十余万军前往救援上党。

然此时上党地区已经完全被攻克。廉颇便守长平附近之工字山，并于山上、山下架设多座营垒驻守，以挡秦军之攻势。

据《中国历代战争史》所载，廉颇在收容十五万上党军民以后，兵力已达四十五万左右（此十五万没什么战斗力，正规军大概只有不到两万人，其他的应该都是青壮年的百姓而已）。

秦国本次起大军攻击上党本就是醉翁之意不在酒，主要目的就是全歼赵国之有生力量，进而灭掉赵国统一天下，所以未在夺得上党以后撤军回国，而是转而北上直攻长平，力求全歼廉颇军。

王龁过了长平关以后直接面对廉颇，一看廉颇采取守势，也没立即进攻，而是命秦精锐斥候兵团不停袭击骚扰工字山下的赵军壁垒，主力大军却静观其变。

廉颇见王龁主力未动，顾忌之下也没调集工字山的主力下山营救。

然秦斥候兵团之战法酷似义渠、三胡及匈奴之法，其来去如风，骚扰不断，几日便攻下工字山下二垒，且杀一裨将、四尉。

廉颇见势微有不妙，遂撤山下壁垒赵兵于工字山上，依托地利加固壁垒而防秦军。

那王龁本打算二话不说直接进攻。可当他看到廉颇布置的防御以后，打消了这种念头。

因为廉颇布置的营防实在是太合理了，只见赵军的大营环环相扣，毫无破绽，且借助工字山的地势，进可攻、退可守，实在不是轻易能攻下之地。如果强硬攻山的话，弄不好最后死的就是自己。

基于此，王龁令手下能说会骂之士于工字山下挑战，希望廉颇能和自己在野外决战。

可廉颇知道山地作战赵军根本就不是秦军的对手，所以根本理都不理秦军的叫嚣，来一个叫骂的便射死一个。

这使得王龁眉头皱，遂放弃了野战的想法。

那么现在摆在王龁面前的道路只有一条，便是拖！

于是，王龁在正对着工字山的南部高山布置了营防壁垒，因为此山的地形并没有工字山合理，山脉太长，使得秦军布防过于分散。

如此，王龁只能在布置壁垒以后在左右两翼山脉布置骑兵掩护，以防廉颇最恐怖的拦腰截断突击法。

就这样，廉颇和王龁谁都不进攻，就这样对峙上了。

这一对峙就是四个月。他俩倒是乐得清闲，可秦昭王和赵孝成王着急了。

一方四十五万人，一方五十余万人（秦军还有白起十万人驻守南面）。战争打的就是钱粮。为了长平之战，秦昭王都开始带头简餐少食，多余的粮食全给长平送过去。那就更别提国力不如秦国的赵国了。

说实话，现在的赵国已经陷入了危机之中。赵孝成王这时候才知道，之前自己想和秦国单挑确实有点儿痴人说梦了。

可战争一开便是不死不休之局，并不是那么好结束的。这可怎么办呢？

于是，不知如何是好的赵孝成王找来了自己最信任的两个大臣，楼昌和虞卿商议对策。

楼昌建议，应该派使者前往秦国求和，结束这场荒唐的消耗战。可这话刚一说完，一旁的虞卿便说道："此举不可！大王，您要知道，战争一旦开始就不可轻易结束，只有一方失败，或者付出了相应的代价才能结束，而现在长平双方主力都在，胜负未明，咱们去了秦国就等于向秦王示弱，从而丧失了主动权，那是对战争无益的行为。请大王设身处地地想一想，现在的秦王是想全歼咱们赵军呢还是结束战争呢？"

赵孝成王听罢皱眉，低头沉思了好一会儿才道："嗯，秦国国力强于我赵国，我要是秦王必定会以全歼赵军为目的。"

虞卿点了点头，"这就对了，所以秦王是一定不会答应咱们求和的，我看，咱们不如派遣使者携带重礼前去各国求援。现在秦国绝大部分的士兵都在长平，如果这时候各路诸侯前来支援，秦军必败无疑！可如果大王派遣使者前去秦国求和就坏了，因为现在各国使者都在秦国，准备庆贺秦国的胜利，如果这时候咱们前去求和，各个国家就会觉得您打退堂鼓了，并判定赵国现在外强中干，以后也不会再来援助咱们了，等到那时候便一切皆毁。"

赵孝成王听罢点了点头，看样子好像听取了虞卿的建议，可最后不知道赵孝成王是怎么想的，还是派遣了外交官郑朱前往秦国求和。

秦昭王一听赵国求和使者前来，还不是蔺相如，高兴得差点儿跳起来！当即宣布，让郑朱于驿馆等候召见，并选定良辰吉日于咸阳大殿会见郑朱。

赵孝成王听到此消息很高兴，认为这次求和是可以成功的，无不得意地问虞卿，"先生啊，现在郑朱已经被秦王召见，我想他一定会成功的，您认为呢？"

虞卿长叹一声，"大王，并不是微臣败您的兴，而是郑朱一定会失败。因为我方是主动求和的一方，所以，秦昭王要是真有诚意的话，一定会要求咱们赵国割一两块地来求和，可他却没有这么做，那便说明他没有一点儿诚意，再加上郑朱乃是我赵国之重臣，代表了赵国脸面。我想，秦王一定会在其中大做文章。"

果然，几日以后，秦昭王于王宫正殿隆重地接待了郑朱，并在同时邀请了其他几国使者一起来见证这一刻。

那秦昭王指着郑朱，故意放大声音和各国使臣道："大家看了，这便是赵国的大臣郑朱，因为现在的赵国已经扛不住了，所以才派郑朱前来救和。"

各国使臣一听这话无不动容，郑朱也没有蔺相如的能耐，为了完成求和任务他也不在乎秦昭王所说的话了。

秦昭王一看没人吱声，心里乐开了花，继续和郑朱道："嗯，你家大王的诚意我收到了，可至于和不和寡人还不能做决定。因为我还要和朝中的众臣商议才能得出结论。所以，郑大人你就先回去吧，告诉你家大王，和平的机会还是很大的，让他不用着急，不用害怕，耐心等待吧！"

就这样，列国使者赶紧将当天的事情写信回报给了各国君王。那些君王一看赵国国君尿了，再加上两国也有握手言和的可能性，就使得以前有点儿其他心思的君王也都不打算再援救赵国而得罪秦国了。

再说赵国。

赵孝成王一看外交失败了，便再行虞卿之计，遣使者走动楚、齐、燕、魏、韩求援。可因为以上的原因，列国君王全都不援助赵国了。

如此，赵国势单力孤，形势不容乐观。

再看赵孝成王那边，随着长平之战时间的不断延长，整个赵国的经济都崩溃了，粮仓的粮食早就已经见了底，赵孝成王都开始向赵国的百姓富户们借粮食以求前线之安稳了。再加上廉颇只是死守，并没有什么建树，赵孝成王便开始对廉颇有了埋怨。

而秦国同样不轻松，哪怕有"天府之国"的粮草支援，可是现在粮仓依然快要见底，由此可见长平之战对国家的负担有多重。

秦昭王因此和张禄道："丞相啊，我看那廉颇确实不是王龁能对付得了的，不如还是用白起吧！"

张禄道："陛下明见，现在用白起也确实是唯一的出路，但在这之前我们必须做一件事儿，这样才能给白将军铺出一条平稳的制胜之路。"

"哦？做什么？"

"那就是在白起领军之前先将廉颇从赵军统帅的位置上给拉下去。廉颇的能力太强，防守滴水不漏，照他这个防守法，就算是白起过去，也是同样的消耗战，根本无法改变现状。"

听了这话，秦昭王深以为然，点了点头道："你说的没错，可是用什么办法才能将廉颇给拉下去呢？要知道，他在赵国的威望可是一点儿不低于白起在秦国的威望啊！"

张禄嘿嘿一笑，之后阴险地道："这事儿并不难办，咱们只需……"

话音一落，秦昭王大喜，连连称善。

于是，公元前260年的某一天，很多身在秦国的"赵国人"前往邯郸，并散布谣言，说秦国人只惧怕赵国的赵括而不怕廉颇，如果长平的赵军统帅换成了赵括，那秦国人就是吓也被吓破胆了。

赵孝成王早就对廉颇在前线的保守表示不满了，如今一听这话，直接便命赵括替换廉颇，成为赵军统帅。

那这赵括何许人？为什么秦国人会"怕"他，赵孝成王会相信他呢？

要说这赵括在赵国确实出名，其中一个原因便是他是赵国大兵法家赵奢之子。

但这不是最重要的，最重要的是他爹和他谈论兵法的时候总是输给赵括，这使得赵括在赵国声名大噪。且自赵孝成王继位以来，官场大换血，廉颇、蔺相如等老一辈大臣都逐渐被取代，赵孝成王就更看重这个年轻有为的赵括了。

可赵括他爹并不这么看，反而始终看不上自己这个大儿子。大家对于赵奢的态度都感到非常奇怪，便问赵奢："我说赵大人啊，您儿子这么优秀，您怎么就左右看不上人家呢？要是我有这么个儿子，我都得供着。"

赵奢嘿然，"你懂什么啊，行军打仗是置之死地而后生之事，为军之统帅必须要果断、睿智且战阵经验丰富，这才能带领大兵团对敌作战。我承认我儿子在这方面有些天赋，但那也要不断地累积经验才能成才啊，您听哪个人没领兵打过一次仗便能成为天下名将的？而我儿子呢？他却认为打仗只是动动嘴皮子的事儿，从来都不将天下英雄放在眼里。这种蔑视众生的态度怎么有资格成为一名杰出的统帅呢？所以，他绝不能带领大军团作战，一旦作战则必败无疑！而一旦他失败了，我们全家都会因此遭殃，所以我对他的评价一直不高，就是怕大王重用这臭小子。"

当然，这些事儿赵孝成王不可能知道，知道了也不会放在心上，现在在他心中只知道秦国怕赵括，只知道赵括是个年轻的战争天才，这便够了。

所以，赵孝成王便用赵括为将，代替廉颇。

临阵换将乃是兵家大忌，尤其是用毫无作战经验的将帅换作战经验丰富的大将军更是不可。

可是赵孝成王竟然如此简单便将这么庞大的军团交给一个没有一点儿实战经验的人来指挥！

那么赵孝成王做出了这么离谱的事儿就没有人阻止他吗？

有！第一个上来阻止赵孝成王的便是蔺相如。

蔺相如现在虽然不再受宠，但也是朝中重臣，还是有资格直接面见赵孝成王的。他对赵孝成王道："大王想任用赵括为将，无外乎是听说过他的声誉，知道他通晓兵法。我也承认此子有些天赋，可他欠缺带兵的经验，很难指挥大集团作战，还请大王收回成命，不然实在是太危险了。"

那蔺相如说得实在，可是赵孝成王对此却嗤之以鼻，因为天下人都知道他和廉颇的关系，所以赵孝成王认定了蔺相如是替廉颇说话的。

可紧接着又来了一个人阻止赵孝成王，他的话赵孝成王要是再不听可就说不过去了，因为这人不是别人，正是赵括的母亲。

赵母一看赵孝成王要用赵括为大军主帅，直接便找到赵孝成王，开门见山地道："大王！您不能用我儿啊！"

听了这话，赵孝成王一愣，然后疑惑地问道："我说老太太，儿子被提拔为统帅是无上的光荣啊，您老为什么要反对呢？"

赵母一把鼻涕一把泪地道："我家老头生前为将军的时候礼贤下士，并亲自捧上食物招待宾客有数十人，结交的朋友有数百人。大王的赏赐都没有私自留下，而是全都赏赐给了将士。这些将士对他生死相托，所以凡是战斗无不冲锋在前，悍不畏死。可赵括呢？自从您任命他为上将军开始，他就摆尽了威风，没有一个人敢正眼看他，大王赏赐的金银全都藏着，然后看到哪里有好地就赶紧买下。从这几点来看，他非但比不上自己的父亲，甚至都不是合格的将领。所以，这小子绝对不能用！"

赵孝成王听了这话哈哈大笑，"老太太，您多心了。将军们之所以不敢看赵括是因为军纪严明，而一支军队要想打胜仗，严明的军纪是必须要有的。至于其他的买地、买房那都是小事儿，无关痛痒。我意已决，老太太不必多言！"

赵母听罢叹了口气，"唉，既然如此，我也不再劝了，可有一件事儿大王必须答应我，不然老太太我今日就撞死在这儿。"

赵孝成王无奈地摇了摇头，"什么要求？您说吧。"

"您任命赵括为帅我不管，也管不了，可无论战争结局如何，您都不要连带了我的家人。"

赵孝成王觉得这是没什么大不了的事儿，便毫不犹豫地答应了。赵母这才叹息一声而离去。

就这样，赵括代替了廉颇，成了整个赵军的主帅。

那赵括成为联军主帅以后，废除了所有廉颇的旧制度，令工字山前后两部人马整顿休息，准备日后的决战。

然而就在赵国大张旗鼓用赵括替换廉颇之时，秦军也发生了人事变动，一个一身黑斗篷的人领着百名铁鹰锐士悄悄到了长平秦军大营并替换了王龁，成了秦军总帅。

当他将斗篷掀开的那一刹那，人们看到了这人一双淡漠的眼。他，就是白起。

几日以后，白起正和军士们在营中看地图突然有亲兵来报，"报告大帅！赵军营中旌旗频繁变动，布防范围在不断压缩，貌似正在集结部队。"

听罢，白起一声冷笑，"王龁。"

"在！"

"几日内赵军必定出击寻求决战，老将军现在就去凑集十万锐士，赵军一动你便出击迎敌。"

这话一说，王龁一愣，心想："十万？这不是找死吗。莫不是这个白起想要通过这件事儿整死我？"

想到这儿，王龁恼火万分，正想和白起好好理论。

可白起却在这时给了王龁一个"停"的手势，然后道："老将军勿要多心，此次战争你部稍微与赵军接触即可撤退，不用拼命。只需将赵军引来攻我南山壁垒就算你大功一件。"

王龁听罢领命而退。

白起继续道："A将！"

"在！"

"你率北山五万骑兵做好准备，一旦开战，分一半士兵于驻地东布兵，等我号令行事，另一半士兵借着山林之掩护绕到大后方突袭赵军壁垒！"

"是！"

"B将！"

"在！"

"你分南山一万铁鹰锐士为两部，一部于南山待机等待我的指示，另一部向东突袭赵军壁垒！"

"是！"

"其他将军，令士兵严防戒备，加固壁垒！"

"是！"

果然，几日以后，赵军战鼓咚咚敲响，赵国四十余万大军几乎倾巢而出，志在一举灭敌。整个长平战场横向几十里几乎全是赵国大军。

那赵括不愧为赵国"杰出"之将领，大军团作战竟然将绝大部分军队派出，一点儿后路都不给自己留，看似准备背水一战了。

而且，他竟然未派出骑兵于左右翼掩护，而是将所有部队整合在一条线上突击。

就在这时，王龁大军冲出迎战，赵括直接命前军冲出迎击，意图缠住王龁部，然后再令骑兵分左右包抄王龁部，进而全歼。

可让赵括没想到的是，王龁竟在此时失去了往日的雄风，一触即溃，直接落跑。

凶猛的秦兵一触即溃，这简直就是闻所未闻，实在是太过反常。可赵括不在乎，他直接命全军将士追击王龁，想要趁着这股胜利的士气一举拿下秦军壁垒。

因为秦军壁垒所占之山没有工字山地势好，并且范围极大，致使秦军布营过于分散。所以赵括将大军分成三部，好像三把尖尖的锥子一样对秦军壁垒展开了三点打击。他命左右两部攻打秦军北壁垒和秦军南壁垒，之后亲自引中军狂攻中央壁垒。

赵军来势凶猛至极，喊杀声震天。秦军的将领都很紧张，只有白起坐在高台之上，镇定自若，好像赵军的进攻和他没有关系。

看着赵军越来越近，白起默然道："来人！"

"在！"

"令，全军不可擅自行动，死守各自所占壁垒！"

"是！"

"另外，可以放箭了。"

"是！"

令旗挥动，秦军驻防弓箭手开始射击山下赵军，箭矢如乌云密布，黑压压地冲向赵军。

赵军高举大盾，一步步向秦军壁垒移动。

又过了一会儿，三部军团同时攻到秦军壁垒之下，架上梯子就往上冲。秦军在壁垒之上拿着大戟狠狠下砸，前线赵军脑浆横飞，到处血雾一片。可赵军悍不畏死，拼了命地向上冲。

不一会儿，随着第一个赵军冲上壁垒，第二个、第三个赵军也全都冲了上去，两军开始了惨烈的肉搏战。

开始，秦军还可以勉强支撑敌军的攻击，可一个时辰以后，秦军渐渐不支，因为赵军集中三点打击秦军，兵力源源不绝，攻势太猛。以至于北、中、西三点壁垒有被攻破的趋势。

虽然其他地方的秦军未受损伤，可碍于白起的军令，只能眼睁睁看着自己的战友一个又一个被杀。

白起一旁的将军着急地道："元帅！救援吧，现在北、中、西三点壁垒已经快撑不住了，再不救援就晚了！"

可听了这话，白起依然面无表情，只轻轻地道："来人！"

"在！"

"去，派传令兵于阵中叫喊，让正在战斗的将士想想秦国的法律，想想他们驻守的据点一旦被攻占，他们的家人会有什么样的遭遇。"

传令兵一愣，赶紧去了。而那些正在搏杀的秦军将士一听这话，蒙了，再转念一想家中的妻儿，一个个疯了一般反扑，竟然将就要攻占壁垒的赵军顶了回去。

战争就这样进行，一直打一直打，秦军三壁垒的士兵早已经疲惫不堪，之所以还能继续战斗就是精神支撑着他们，其他壁垒士兵则杀气弥漫，一个个眼睛通红，如同地狱魔鬼，他们想杀人！

然而就在这时，赵军阵中，一名后军士兵百无聊赖地等待着自己的任务，闲着没事儿便回头一看。可这一看不要紧，差点没吓蒙。因为他隐约望见赵军壁垒插满了黑色军旗。

那士兵狠狠地揉了揉眼睛，结果还是黑色的军旗。

因为距离实在太远，他怕自己看错了，便推了推旁边的士兵，那士兵不耐烦地道："干吗？"

"我好像眼花了，我怎么看到咱们的军旗换成了秦军的？"

"神经病！"

那名士兵骂完了一看，直接愣住了，然后发出了惨绝人寰的叫声。这一下子将周围士兵吓一跳，都往后看，紧接着一传十、十传百。赵军哗然。

再看秦军阵营。

一名传令兵正向白起说着些什么，结果从来都面无表情的白起眼里突然闪过一道光，对传令兵道："迅速传令，命攻下赵军壁垒的士兵死守工字山！"

"是！"

传令兵退下后，白起继续道："来人！"

"在！"

"命之前防守壁垒未动的士兵反击赵军！记住，让他们不要直冲，而是迂回合围之后再行进攻！"

"是！"

"再令北、中、南三壁垒士兵休息一日，之后为后军跟进！"

"是！"

咚咚咚！战鼓敲响，秦军于高地之上向下反击，那些之前未有战斗的秦军赤红着双眼，如同魔鬼，竟然连人头都不要了，见到赵军就是猛砍猛杀。

而此时的赵军士气崩溃，连连败退。就在这时，北山方向和南山方向轰隆隆震天响，只见北山两万五千秦军突骑和南山五千铁鹰锐士同时出现在赵军中段南北，对着赵军发动凶猛绝伦的冲锋。

赵军此时大乱，毫无抵抗能力，瞬间便被秦军骑兵一分为二。

完成任务以后，这些骑兵又和步兵配合直接包围赵国后军，让他们不能向南攻击原赵国壁垒。秦国步兵更是在这时候凶猛出击，先是残杀赵国一部分士兵，之后又迅速合围赵军，成四面包夹之势。

照这种情况发展下去，赵国很快便会溃散，进而陷入白起最擅长的追击斩杀陷阱。

可就在这时候，赵括嘶吼道："来人！"

"在！"

"速命重步兵于外部摆枪阵，内部弓箭手不得惊慌，给我狠狠射击秦军！"

"是！"

传令兵说完就要跑，可赵括这时又将这名传令兵叫了回来，"等会儿！赶紧派兵通知后军，让他们也依前军之计而行！没有我的命令，不得回军攻击失地！"

"是！"

传令兵跑了，赵军在赵括及众多赵国将领的指挥下，一边顶着秦军疯狂的攻击，一边有序地紧缩在一起，竟然真的顶住了秦军的第一拨进攻，并不断地在原地重新构筑壁垒。

见状，白起眉头紧皱，他亲自督阵，命士兵从四面八方出击赵军。

被四围合攻乃是兵家大忌，可这时候的赵括却如同天神下凡一般，一边指挥部队进行防御，一边指挥部队原地修筑壁垒，后军有样学样，使得秦军数次狂攻都未能攻破赵军阵营，反倒是损失不少。

白起遂停止了进攻，知道再这样下去损失先不说，单说士气也会受到很大的打击，最后甚至有可能被赵军反攻，再看赵括行云流水的营防布置，不由得让白起重新审视起赵括，遂命四周秦军加盖壁垒，堵死赵军退路，断绝赵军粮道，饿也要饿死赵军。

赵括则是死守阵营，等待援军来救。

赵军被围之事一时之间传遍天下。

这其中最着急的是两个人，第一个便是秦昭王。他之前以为赵括这等"纸上谈兵"之人来了，白起应该能够应对轻松，可没想到赵括在这种情况下竟也依然能守住白起的狂轰滥炸，且秦军经过长平之战的惨烈战役，损失也是相当巨大，士兵也已经疲惫不堪。

最重要的是，自己的国家都快被打空了，国家粮库的粮草也已经见底了。如果这时候其他国家来援，很有可能会导致长平之战的失败。如果长平之战失败，再加上国家空虚，如此其他诸侯来攻，拿什么抵挡？

秦昭王害怕了。

为此，他亲自来到河内，强征十五岁以上的青壮年开赴长平原来的赵军壁垒以东筑造防御工事，为的就是防止这时候其他诸侯国攻击。

第二个着急的则是赵孝成王，现在赵国所有可用之军都在长平，国家根本没有士兵可派，再加上国内彻底打空，一点儿粮食都没了。

所以，赵孝成王在无奈之下只能派使者向齐国求援，希望齐王建能派兵支援，并且援助赵国粮草。

赵国使者到了齐国以后，将赵孝成王的愿望表达完毕，可齐王建并没有当即回答使者的话，而是让使者去驿馆等候，自己和大臣们商议决定。

齐国大夫周子和齐王建道："大王，现在最好援助赵国，因为赵、楚、齐三国唇亡齿寒，赵国灭了，下一个就是齐国和楚国了，现在秦军已经疲惫不堪，此时援助定可获胜，一旦我齐军将秦军消灭，定会威震天下，重震当初威王之雄伟大业也绝不是梦想。"

周子这话说得很有道理，可是齐王建根本不听，他心里的算盘打得很明白，齐国经过多年以前的联军打击，所有生力军都被打没了，国土也严重收缩，经过了多年的努力，齐国好不容易攒了一点儿家底，是绝不能再拉出去糟蹋了。

所以，齐王建死活不肯援助赵国。这也使得赵国丧失了最后的机会。

如此，一天、两天、三天……四十六天转瞬即逝。

此时的长平战场，赵军将士已经皮包骨一般，有的甚至私下杀死自己的战友充饥。可他们双眼的战意并未泯灭，还想再做最后的冲击。

而赵括通过这么长时间的等待终于知道了，援军是不可能再来支援他了，想要成功活命，最终还是要靠自己才行。

所以，赵括准备突围了。

次日清晨，赵括站在高台誓师，"兄弟们！战事如今到了这种地步，全都是我一人的错！怪我大意轻敌，怪我冒进突击！如果可以，我愿意自裁谢罪！可现在并不是时候，因为我要带领你们突围，领你们活命！从我们被围困到现在已经过去了四十六天了！可列国的援军依然未到！这说明什么？说明天下诸侯舍弃我们了！而现在我们活命的唯一道路就是拼死突围，和后军的兄弟们整合为一，然后再次突围，向西南越过工字山，逃回邯郸。除此之外，无一活命之路！兄弟们！拼吧！杀吧！为了你们的妻儿！杀出一条求生之路吧！"

话毕，整个赵军的热情全被调动了起来，他们几乎不约而同地嘶吼着，"杀！杀！杀！"

赵括点了点头，看着东面的方向，几乎是以嘶吼的方式道："现在我命令，全军突击！"

话毕，赵军鼓声雷动，他们突然向后军方向发起了突击，企图迅速将二军合一后整合突围。

可白起的反应实在是太迅捷了，他一看赵军有异动，第一时间命原赵军壁垒的守军全部出击，猛攻赵后军壁垒，让他们不能向西策应赵括主力。之后让围住前军的秦军从三面发动攻击，让东面壁垒的秦军死守不出。

一时间，杀声震天，一具又一具尸体倒在冰冷的山地中，赵国人疯了，秦国人也疯了，这群杀魔不停地杀，不停地砍，鲜血染红了大地，死尸布满了山丘，可秦军壁垒守得太严谨，一时之间无法攻下，后军又被牵制，四周秦军还趁机掩杀，使得赵括无法放了全面攻击，再加上秦军东壁垒防守极为严密，竟一连三次都无法突破秦军的包围网，反倒是被秦军打得越来越收缩。

赵括一看大事不妙，便也拼了，亲自带兵攻打壁垒。

看到主帅亲自出击，赵军士气更盛，对秦军东壁垒展开了狂轰滥炸。

可就在这时，突然一支冷箭飞来，噗！这支冷箭从赵括的咽喉穿过，赵括死于非命。

而此时的赵括就是赵军精神支柱，是赵军的胆，是赵军的魂，赵括一死，全赵军一片寂静，士气遭受毁灭性打击。白起趁机全军出击，狂攻赵军。

最后，赵军抵不过白起的猛攻投降了。

长平之战，以秦军惨胜而告终。

此时的秦军大帐，白起正在召开战后会议，几乎所有的将领都在此，他们今天的议题只有一个，那便是讨论如何处理已经投降的赵国俘虏。

这些将领有说将这些赵国俘虏拉回咸阳充当劳动力的，还有说将他们直接充军的。只有白起一言未发。

大概又过了一炷香的时间，看到没人说话了，白起看了看众人道："各位，秦国攻克上党之后，上党百姓不愿意归顺秦国，从而投靠赵国。所以，这都是一些打心眼里不想当秦国百姓的人。因此，他们一定不会对我大秦效忠，而赵兵都是一群反复无常之辈，不管充军还是充当劳动力都是一大危险。因此，我决定，将这些俘虏全部坑杀！"

这话一出，下面的将领全都震惊了，因为不管是夏商西周还是之前的春秋，从来都少有大批量杀降之事。可白起却要一次性坑杀这么多人，这不得不让手下将领震惊，因为这是史无前例的。

最后，白起用诈术将所有的赵国俘虏全都坑杀了，仅将二百四十个未成年的童子兵放回了赵国。

第五章

一统六合

5.1 长平战后

长平之战过后，赵国有生力量几乎被全部消灭，而赵国也从此丧失了争霸天下的机会。

为了巩固战果，白起迅速行动，分兵三路。第一路命司马梗北定太原（今山西省太原市），准备以此为据点拿下赵国北部。

第二路命王龁攻陷武安和皮牢（山西省辽县和顺县间地），堵死邯郸外援之道。

最后，白起主力于上党修养，准备先端了邯郸，之后三军齐攻，一举灭掉赵国，成天下之伟业。

这下赵国朝野震动，赵孝成王蒙了，不知该如何是好，现在赵国要粮没有，要兵全无，拿什么抵挡秦国的进攻？

然而这时候，虞卿说话了，"大王不必着急，要我看还有生路。"

赵孝成王闻听此言，如同抓住了一棵救命的稻草，赶紧道："什么生路？快说！"

"白起虽然无敌，但和秦国丞相范雎却是关系微妙，咱们可以在这方面大做文章。我认识一人，名叫苏代，乃是相当有实力的纵横家，如果派他前去秦国，有很大的机会能化险为夷。"

赵孝成王之前没听虞卿的话，使得长平之战大败，这回他可不敢不听了。

因此，苏代带着全赵国人的寄托前往秦国，直接找到了范雎，单刀直入地道："丞相大人，如果赵国灭亡了，秦王确实能称王于天下，可白起本身就在秦位高权重，之前向南平定楚国，这回在北面又消灭了赵军，替秦国拿下七十余城，就是周公、召公、吕尚的功勋也不过如此吧？您与白起为政敌，他一旦灭了赵国便会在秦国只手遮天，恐怕您到时候也要听他的命令行事了。不如趁此机会，逼赵国割让土地，不要再给白起建功立业的机会了。"

范雎深以为然，遂前往秦昭王处，"大王，从之前上党百姓投靠赵国来看，天下之民好像不愿为秦国之民，如果灭亡赵国，其北方疆土之民可能会投靠燕国，东方疆土之民可能会投靠齐国，到时候咱们秦国可就得不偿失了，再加上经过长平之战，粮草已经告竭，士兵也损失大半，不如借此机会逼赵国割地，之后撤回大军、养精蓄锐，等国家恢复以后再行侵略，那时候其他诸侯就是借给他们胆量也不敢收下赵国的领土了，不然赵国就是他们的榜样。"

秦昭王感觉范雎这话说得很有道理，直接一个善字，遂派使者前往赵国，逼赵孝成王就范。

赵孝成王一看秦国人来要地来了，大喜，直接便割让了六城与秦国，而韩国也因为畏惧秦国，将垣雍割给了秦国。

交割结束以后，秦昭王直接命白起领兵撤回关中。

而此时的秦军阵营，白起已经准备完毕，正要出击。突然，从远处来了一名秦昭王的使者。看到这名使者离自己越来越近，白起的心没由来地紧了一下，那使者很客气，对白起一躬身，然后道："白起元帅，小人奉大王之命前来请您率秦军回国。"

白起被使者说怒了，但是他并没有发作，而是依然淡漠地问，"为什么？"

这要是其他将领敢对秦昭王的命令有异议，使者绝对不会客气，可白起不行，这是秦国军界的"一把手"，他可不敢得罪，只能客客气气地道："因为现在情况特殊，咱们秦国的国库已经打光了，士兵也损失一半之多，大王害怕其他诸侯国前来支援，这才命我前来请元帅回去。"

白起思考了一会儿，没有作声，可握着马鞭的手在不停地哆嗦。

过了一会儿，白起放开了马鞭，貌似已经下定了决心，遂带领秦国大军回关中了。

白起回到咸阳直接向秦昭王做了工作汇报，之后马上派人打听秦昭王撤兵的真正原因。

果然，过了一段时间后，内应来报，说这一切都是范雎在背后搞的鬼，致使白起千古之功化为乌有。

在听到这一消息以后，一向淡定的白起都不淡定了，他直接掀翻了身前的桌子，痛骂范雎卑鄙无耻，更怪秦昭王耳根子软，听信"小人"之言，从此更加憎恨范雎。

5.2 嬴异人和吕不韦

公元前259年，就在白起大军刚刚撤退以后，一个婴儿降生在了邯郸城，他的名字叫赵政，也是以后的嬴政和再以后的秦始皇。

而在嬴政降生的同时，有两个人也在商量如何逃出邯郸，回到秦国。其中一个名叫嬴异人，另一个名叫吕不韦。（注：嬴异人后来改名叫子楚）

嬴异人，秦国公子，以后的秦庄襄王，还是大名鼎鼎的秦始皇的父亲。他父亲是秦昭王的儿子嬴柱，由于嬴柱的儿子有二十多个，嬴异人还不是长子，所以不怎么受嬴柱的喜爱，多年以前就因为外交原因被当成人质送到了赵国。如果不出意外，他将被秦国人彻底淡忘，老死于赵国。

吕不韦，阳翟大商人，常辗转各地做低价进货、高价卖出买卖，家财不下千金。

身为商人的吕不韦是如何与秦国公子产生联系的呢？要详细说这事儿，我们还需要将时间往前稍微移一点儿。

几个月以前，长平之战结束，白起的大军刚刚撤退，整个赵国百废待兴，大家没有时间悲伤，为了抵挡秦国后续的进攻，赵孝成王带头劳作，整个赵国都处于一种新生的状态。

看着每个人都强忍着内心的痛苦，身在邯郸的吕不韦却露出了笑容。盘算着现在赵国缺失的资源，再看看自己一车又一车的粮食。吕不韦心中暗喜。

黄澄澄的黄金一块一块地落入了吕不韦的腰间。

可得到了黄金以后吕不韦又陷入了无尽的落寞，"呵呵，多漂亮的黄金，可这又有什么用呢？上天给了我无限的财富，却同样给了我一个低贱的身份——商人。"

就在吕不韦满心落寞之时，一抬头，看到了一个和他有同样表情却衣着华丽的贵人在不远处唉声叹气。有意思的是，每个赵国人看他的眼神都像带着火一般，却不敢动他。

感到疑惑的吕不韦连忙问一旁忙着盘点粮食的赵国官吏，"这位官爷，我想请问那个衣着华丽的公子是谁啊？"

那名官吏看了一眼吕不韦所指的那名公子，一脸鄙视地道："哼，他就是秦狗嬴稷的孙子，秦狗太子嬴柱的儿子嬴异人，这小子在国中并不受待见，这才被派到我们赵国当人质，我就纳了闷儿了，长平之战秦国已经将我们赵国打成这样了，为什么国君还不将他杀了呢？"

说完，便转头去忙自己的事儿了。

这名官吏不怎么在乎嬴异人，可吕不韦在此时看着嬴异人的眼睛都快冒光了，"哈哈哈，这可真是个稀罕物！绝对可以卖个大价钱！"

想到这儿，吕不韦直奔嬴异人而去。

再看嬴异人，看着邯郸川流不息的人群，看着他们向自己投来的憎恨的目光，嬴异人悲伤地道："想我嬴异人空有尊贵的身份，可如今身在赵地为质，住的是简陋的小室，出门靠的是走路，现在就连每个月的开销都成问题了，真是……"

这时突然一个声音响起，"公子不必如此悲伤，我吕不韦可以光大您的门庭！"

话音一落，嬴异人萧条的身影一震，他猛地回身看向吕不韦。可当他发光的眼睛看到一身布衣的吕不韦以后立马黯淡了下来，并面露嘲讽地道："呵呵，光大我的门庭？你还是先光大你家的门庭吧！"

然而吕不韦并没有因为嬴异人的嘲讽有任何的情绪波动，只是呵呵一笑，然后将一袋金子扔给了嬴异人。

嬴异人看了一眼黄澄澄的黄金，满眼惊异。

吕不韦微微一笑，"呵呵，我现在是没有光大的门庭，可只要你的门庭光大了，我的门庭也自然光大。"

嬴异人当然听得出吕不韦话中之意了，再看看他后面络绎不绝的粮车，再看看赵国官员一兜子一兜子给吕不韦管家的黄金。嬴异人再也不敢有任何小看吕不韦的念头，他紧紧握住手中的黄金，并对吕不韦一拜，"本人有眼无珠，顶撞了先生，还请先生不要介意。先生的心意我收到了，异人想请先生前往寒舍一叙，不知先生是否赏脸？"

这可正中了吕不韦的下怀。

吕不韦将所有生意上的后续事宜全都交给了自己的得力管家，便只身前往了嬴异人家中。

嬴异人的住所可真不愧寒舍二字，竟然连棚顶都有些许漏洞。

可吕不韦毫不在意，没等嬴异人这个主人家的开口询问，他便直接与嬴异人道："公子，现在秦王殿下已经老了，安国君（嬴柱）又是太子，极有可能继承王位。鄙人听说，安国君非常宠爱华阳夫人，而华阳夫人又没有子嗣，但绝对够分量忽悠安国君立谁为继承人。如今，您有兄弟二十多人，您又排行居中，不太受宠。所以，一旦秦王驾崩，安国君继承了王位，您就没有机会身处君王身边和长子及其他弟兄争夺太子之位了。"

其实，身处于赵国的嬴异人早就绝了自己能当上秦王的念头了，在吕不韦出现以前，他心中唯一的念头便是安稳地活一辈子便已足够。可如今吕不韦的出现，让本已经绝望的嬴异人又重新生出了成为秦王的野心。于是赶紧问道："先生说得没有半点儿错误，那我应该怎么办呢？"

吕不韦对嬴异人一拜，"恕鄙人直言，公子您现在财资贫乏，没有什么能够拿来奉献给双亲并结交宾客的。我吕不韦虽然也不是什么富有之辈，但我愿用千金为本，替您孝敬安阳君和华阳夫人，促成他们立您为继承人之事！"

话毕，嬴异人直接跪在吕不韦面前磕了三个响头，"如若您的计策真的能实现，鄙人愿与先生共享秦国！"

于是吕不韦将全部家产（史记记载吕不韦全部家财为千金）分为两半，五百金给了嬴异人，让他广结宾客，培养自己的势力。

很久以后，嬴异人的声望已经很高了，吕不韦便带着另外五百金置办奇珍异宝前往咸阳打点关系。

吕不韦这次前往咸阳的主要目的就是打通华阳夫人的关系，进而让她在安阳君身边吹枕头风，扶嬴异人上位。

可身为一个商人，想要面见华阳夫人简直比登天还要难。

如此，吕不韦走了另一条道。

他携带着大量的奇珍异宝前去寻找华阳夫人的姐姐。华阳夫人的姐姐收了吕不韦很多的好处，遂替吕不韦携带这些珍宝前去面见华阳夫人，并和其道："妹妹啊，你知不知道安国君有一个儿子还在邯郸当人质呢？"

华阳夫人想了想，"嗯，我记得好像有这么个人，可姐姐为何突然提起他来了？"

"哎哟，幸好我今儿个来了，要不你可就错过一个便宜儿子了。"

这话一说，华阳夫人大惊，"姐姐休得胡说，你知道的，我，我肚子不争气，哪里来的孩子呢！"

"呵呵，妹妹误会了，你容我慢慢给你道来。那嬴异人可是贤能聪慧得很！这两年，我听说他在邯郸广结宾客，已经打出了名堂，周围的人都说嬴异人贤能。最重要的是，这小子日夜哭泣，无时无刻不在思念安国君和妹妹，我感觉这小子很有些想认你当妈的意思，看到没有，我后面这些奇珍异宝全是嬴异人那小子奉献给你的。"

看到了嬴异人的心意，华阳夫人确实很高兴，可她也知道嬴异人心中的小算盘，所以还在犹豫到底应不应该帮嬴异人。

就在这时候，华阳夫人的姐姐想起了吕不韦之前教她说的话，于是赶紧道："妹妹你听我说，身为王室中人的宠妃必须要有自己的孩子，这样才能有所倚仗。安国君现在确实爱你，但那是因为你长得漂亮，如果有一天你的容颜衰老了，又没有孩子，安国君怎么可能还会喜欢你？到时候什么下场，那例子还少了吗？你何不趁现在容颜还未衰老，趁机在诸多公子之中选一个孝顺你的认作儿子且扶立为世子。那样的话，安国君在世的时候你没有什么祸患，等他薨了，你的干儿子成为君王，你依然可以享受荣华富贵。而嬴异人这小子在众多儿子之中排行中等，他母亲夏姬又不受宠幸，所以自愿依附于夫人，这是打着灯笼都找不着的美事儿啊，妹妹你还犹豫什么啊？"

听了这一席话，华阳夫人恍然大悟，从这时候开始便决定帮助嬴异人登上太子之位。

一日夜晚，安国君照常来到华阳夫人的寝室之中，可华阳夫人就是在"梳妆台"边梳理打扮，怎么都不肯上床。

安国君很是困惑地催促。华阳夫人却回过头微笑着对安国君道："夫君，您听说了吗？您的儿子，就是在赵国充当人质的那个嬴异人，我听说他非常有才能，来来往往的人全都对他赞不绝口。"

突然，那华阳夫人又流下了眼泪，哭哭啼啼地道："夫君！贱妾攒了八辈子的福，这一辈子才能有幸服侍您，可是，可是贱妾的肚子不争气，到现在还没给您生出一儿半女。我害怕，我真的害怕，我怕以后我年老色衰，您不要我了，我的后半生就没有了依靠。现在我想收了嬴异人当我的儿子，这样等我老了也会有所寄托。"

"嘻！我还以为是什么大不了的，那小子最近几年的状态我也知道了，混得不错，你不说我也对他有点儿想法，那既然你说了，我就答应你的请求，并立他为我的嫡长子，成为我的继承人，这下你满意了吗？"

"嗯，满意！"

那吕不韦回到邯郸以后，心情极好。嬴异人也知道事情成了，赶紧前来吕不韦府中和他共饮。

因为吕不韦实在太高兴，便将他的爱妾赵姬也叫来陪酒。

战国时代，赵国的美女那是天下闻名的，而这个赵姬更是其中的佼佼者，吕不韦在很早以前就已经纳了赵姬为妾，使赵姬有了身孕。按《史记》的记载，这个孩子便是以后的秦始皇嬴政了。

那嬴异人现在有了名声，有了身份地位，便开始琢磨起美人了。他一看赵姬这等绝顶姿色，眼睛都直了，便立马和吕不韦要了赵姬。

一听这话，吕不韦这心里立刻怒火中烧，他本想严词拒绝嬴异人的无理要求，可现在自己几乎把所有的积蓄全都投到了嬴异人的身上，如果这时候和嬴异人散伙，那自己就亏大了。

所以，吕不韦在万般无奈之下只能将赵姬给了嬴异人。

可就在嬴异人事业爱情双双得意的时候，灭顶之灾来了。

5.3　再攻赵国

公元前258年，经过一年的休整，秦国国库和军力都稍见起色，秦昭王便打算再次派白起进攻赵国，进而灭之。

可巧的是，白起这时候竟然病了，无法带领大军前去赵国作战，秦昭王无奈只能让王陵统军攻打邯郸。

可这时候的赵孝成王经过长平之战血的洗礼早就变成了政治高手。自从秦军撤兵以来，赵孝成王不但没有怪罪天下诸侯不援助他，还不停地派出使者前往列国，增进赵国和列国之间的邦交，他绝不会在同一个问题上犯第二次错误。

这还不算，他还亲自带头在王宫省吃俭用，将一切省下来的财富全都给了军队。

因此，赵国的军队和国力也在飞速恢复。且秦军一年前杀赵国数十万人，使得赵国人人对秦人恨之入骨，一听秦国又来侵略，一个个迫不及待地要上战场。

在这样的背景下，王陵碰钉子了。

邯郸不但没打下来还损失了五校之兵（每校八百人）。

消息传到咸阳，秦昭王大惧，正巧这时候白起的病也已经痊愈了，秦昭王便亲自下令，命白起即刻前往邯郸替换王陵。

可令秦昭王没想到的是，白起竟然拒不奉命，还言之凿凿地道："大王恕罪，并不是微臣不想灭掉赵国，而是现在的邯郸实在不容易被攻取，各路诸侯怨恨我们秦国已经很久了，援军正不断向邯郸开进，而之前的长平之战，使得我大秦士兵损失过半，国库也都打空了，虽然经过一年的治理，可新军尚未成熟，战斗力实在不敢恭维。如果我方将邯郸团团围住，而这时候各路诸侯大军开来，进而前后夹击我军，我军必大败无疑，所以这场仗我秦国是必败的，还请我王体会我的良苦用心！"

白起这话传到秦昭王的耳中以后，将其气得暴跳如雷，"你白起的想法就是对的，而我秦王的做法就是错的吗？好，既然这样我就让你看看，没有你白起，我大秦雄狮依然能百战不殆！"遂派老将王龁前去替换王陵，指挥秦军对邯郸的包围战。

要说这王龁也真是有些能耐的，他带领的增援士兵一到邯郸就使得战场形势发生了逆转，那么王龁的办法是什么呢？

还是老套路，三面围住邯郸。

王龁出兵三路，一路北出井陉关以攻邯郸之北；一路出皮牢黄泽关攻邯郸之西；最后一路出武安壶关攻邯郸之南。然后巩固营防，断其粮道，打算将邯郸的赵军活活饿死，如若不想挨饿也行，就只能野外决战。

而赵军的战斗力经长平一战以后已经是大打折扣，如果没有什么奇计的话根本就胜不了秦国，而王龁最厉害的地方就在于对敌作战经验丰富，做事滴水不漏，赵国根本无计可施。

于是，赵孝成王急了。他知道，如果再这样下去，邯郸城陷落也只是时间的问题。

所以，他一边派使者前往魏国求援，一边派遣平原君赵胜出使楚国求援。

值得一提的是，就在王龁包围邯郸的同一时间，赵孝成王也开始打算杀了身在邯郸的人质嬴异人了。可吕不韦人脉何其广大，早就在第一时间便得到了消息。

于是，在一个月黑风高的夜里，嬴异人抛弃了身在赵国的妻儿和门客，与吕不韦二人悄悄地来到了邯郸西城门，将剩余的钱财全部贿赂给了守城大兵。守城大兵见钱眼开，便私自打开城门将嬴异人和吕不韦放走了。

次日，赵王大怒，打算杀了嬴异人的一家老小，可是嬴异人的夫人是赵国的豪门望族，他们先是将嬴异人的妻儿全部藏起来，然后通过种种途径向赵孝成王求情。

最后，通过多方打点，赵孝成王才答应不杀嬴异人的妻儿，嬴政因此逃过一劫。

可在接下来的日子里，嬴政即将度过他人生中最黑暗的时光。一个拥有王室尊贵血统的孩子，从小到大，不管走到哪里都会遭受无尽的白眼。别人家的孩子都能跟着大人出去玩儿，可嬴政不敢，因为他"没有"爸爸，只要他一出门，很有可能就会被其他的孩子围殴。

所以，自家的那个小院子就是嬴政儿时唯一的天地。

可就是在这样的环境中，最终走出了果断、阴狠、多疑的秦始皇。

5.4　毛遂自荐

得到求援命令以后，赵胜不敢怠慢，在出使楚国之前打算选二十个文武兼备的门客陪同自己一起。

可选来选去只有十九个门客符合他的标准，还差一个却是怎么都选不出来了，加上那赵胜有强迫症，所以无论如何都要再挑一个。

就在这时，赵胜的门客中有一个叫毛遂的站出来说道："既然主公无论如何都要选出二十个随从前往，那差的那一个就让我上吧！"

赵胜左看看又看看都想不起这个毛遂是自己什么时候收的门客，便疑惑地问道："先生来我赵府多长时间了？"

"嗯，三年了。"

一听这话，赵胜不屑地道："呵呵，一个拥有能力的人就好像一把锥子藏在袋子里，尖头随时都会露出来，可你现在已经在我府中三年有余，我竟从来没有听说过你，也没有别人向我推荐过你，由此可见，你的能力是十分有限的，我看你还是留下吧，就别和我到楚国凑数了。"

可毛遂并没有在意，而是同赵胜一样不屑地道："呵呵，我本身就是一把锥子，之前没有露出来是我根本就不想，如果我想展示自己的才华，早就从你那所谓的袋子里钻出来了。"

一听这话，赵胜惊奇得很，再看毛遂那自信的脸，赵胜犹豫了，心说，"这毛遂难不成真有过人才能？嗯，反正现在也选不出另外的一个了，就用他吧！"

于是，这二十个人算是拼成了。

然而其他十九人听说这个叫毛遂的搞了一出自荐的把戏，都嘲笑他投机取巧。

一行人到了楚国以后，受到楚考烈王的友好接见，可当赵胜和楚考烈王谈及联盟救赵的时候，他却东拉西扯，半天不说联合的事儿。这一耗就是一整天，赵胜真的毫无办法。

此时，下面的门客也都看出楚考烈王根本没什么诚意，现在这种情况本就不是这些随从能够左右的，可那十九个门客都想看毛遂的笑话，便出言讥讽，怂恿毛遂去谈，他们本想等毛遂无地自容的时候再继续讥讽。可谁承想，那毛遂只是冷冷一笑，然后直奔楚考烈王和赵胜而去。

那毛遂站到赵胜旁边以后直接问道："两国是否结盟也就两句话的事儿，这怎么一天还没着落，你们到底谈的是什么啊？"

毛遂这一问不只是赵胜，就连楚考烈王也一愣，之后问赵胜，"请问公子，这位，这位先生是干什么的啊？"

赵胜尴尬一笑，"哦，这是我的门客毛遂。"

楚考烈王一听这话，大怒，直接指着毛遂怒道："什么东西，我楚国之王正在和你主人谈话，有你什么事儿？你也配插嘴？还不给我滚下去！"

可毛遂根本没被吓到，只见他将手按在剑柄之上，冷笑道："大王您之所以敢呵斥我，无非就是仗着楚国地广人多，可现在我和您的距离不过十步，不知还有谁能保护您？难道您不知道吗？您的性命现在就在我的手里，您还敢呵斥我？再者说，我听说当初商汤凭七十余里的土地就能得到天下，周文王凭百里之地便能使天下诸侯称臣，难道他们的士兵多吗？那是因为他们能够合理地利用形势，进而一统天下。然现在之楚国地广五千余里，持戟战士百万，这可是称霸天下的最好资本，以楚国之强大，试问谁能挡之？"

看着毛遂的手按在剑柄之上，眼神中有无尽的杀气，楚考烈王虽然恼怒，但也不敢当场发作，只能翁声翁气地道："可是秦国有白起，这天下谁能打得过他？"

楚考烈王话音一落，就见毛遂猖狂大笑，"哈哈哈，白起？他只不过是个卑贱的下等人，有何为惧？他之前一举攻下鄢、郢，而后烧毁夷陵，三战羞辱大王的先人，这是百世不解的冤仇，连我们赵国都替您感到羞耻，可大王您呢？不但不珍惜这次联合抗秦的机会，还在这为了面子而呵斥我，您觉得您应该吗？"

楚考烈王在众目睽睽之下被毛遂臊得满脸通红，并再次看了看毛遂腰间的短剑，赶紧站起来道："对，对，事情就像先生所说的那样，既如此，我便调动全国的部队和赵国联合抗秦。"

毛遂深深地看了一眼楚考烈王，"大王说话可还算数？"

楚考烈王郑重地点了点头，"当然算数，你以为我是秦国那些不讲信用的君主吗？"

话毕，毛遂直接对逐渐围拢过来的楚国卫士道："都听见了吗？你家大王已经答应两国结盟了，你们还看着我干吗，还不赶紧去准备鸡、狗、马的血来！"

下面那些卫士一听这话都愣住了，一时之间竟不知如何是好。楚考烈王对这些士兵点了点头，他们这才去取血来。

毛遂手捧装满血的铜盘，跪着进献给楚王，"既然盟约已经订立，那么大王现在就应该先歃血宣誓了，之后我家主人也会跟着歃血，然后是我和下面那十九个见证人。"

楚考烈王恨恨地看了一眼毛遂，只能歃血宣誓。

当赵胜、毛遂和堂下的十九个门客也都歃血之后，盟约成立。楚考烈王决定任春申君为楚军主帅，统楚国大军前往赵国救援。

事情办成以后，赵胜先一步回到赵国等待援军，并和赵孝成王道："我赵胜再也不敢观察评价别人了，我观察评价过的人最少也有上千了，可竟然将毛先生这等大才给看漏了。那楚王根本看不上我们赵国，所说之言全都是敷衍之语，可是毛先生一到，便使得赵国在楚国的地位更胜于九鼎和大吕。（注：九鼎乃是当初大禹建夏分天下为九州，共聚华夏各地之铜所造的大鼎，象征着天下霸权。大吕全名为大吕黄钟，象征着庄严、正大、高妙、和谐）毛先生以那绝妙的三寸之舌更胜过百万大军，这真是令人始料不及的啊！"

遂将毛遂列为上客。

5.5　再说称帝

赵胜顺利地完成了任务，接下来就看前往魏国的使者了。

使者前往大梁以后，痛说赵国灭亡后魏国的结果会是怎么样，魏安釐王确实觉得魏国和赵国是唇亡齿寒的关系，遂令大将晋鄙率魏国大军前往救赵。

可就在这时，秦昭王也发现了诸侯国的异动，他迅速发诏，派遣使者前往魏国和楚国威胁道："我现在正在急攻赵国，且朝夕可攻下，你最好老实点儿，如果敢在这时候给我找事儿，灭掉赵国以后就是你的末日。"

楚考烈王不愧为他烈字称号，听了秦昭王这番威胁不但没有害怕，反而被激出了血性，你秦王不是傲慢无礼吗？行！我再加派援军，我看你怎么来灭我！

可魏安釐王却不是这样了，秦昭王的威胁使得魏安釐王大惧，当即便后悔了援助赵国的想法，可是现在援军已经派出去了，如果这时候撤回来，不但名声不好听，这以后魏国遭受秦国的攻击也不会再有人来救他了。

所以，魏安釐王想出了一个折中的办法，那便是让晋鄙大军至邺县停止进军，那意思是援军我已经派出去了，这不算我失信了，可是我只在精神上援助你，想让我攻打秦军是想也别想了。

这还不算，魏安釐王还派遣客将军新垣衍潜入赵国，意图让赵国服从于秦国，尊秦国为帝，这样的话这仗就不用打了，他魏国的危机也自然而然地解除了。（注：新垣衍本是梁国将领，梁国国君为了和魏国保持友好关系，便派新垣衍来魏国为官，所以叫客将军）

于是，新垣衍到了赵国直接找到了平原君赵胜，且对他说："大人，我有一番话劳烦您转告给赵王。"

"什么话？"

"可还记得当初秦国和齐国打算相互称东西帝之事？"

"记得。"

"那嬴稷想称帝之心久已，而现在齐国已经衰弱不堪，对秦国构不成威胁了，大人何不建议赵王尊秦王为帝，这样的话秦昭王肯定会高兴，而他一高兴自然就不会再对赵国下手了。"

说实话，新垣衍这一席话简直就是废话，那秦国一统天下之心路人皆知，他自封为帝倒是无所谓，一旦被赵国尊为帝王，秦昭王便更有了一统天下的借口和气势，到时候天下诸侯那可成了土鸡瓦狗了。

可邯郸现在实在是危在旦夕，邯郸一灭，赵国也就危在旦夕了。所以，赵胜犹豫了。

然而就在这时，名嘴鲁仲连正在邯郸城内，他听说赵胜打算采用新垣衍之法，便找到赵胜想阻止这不成熟的办法。

鲁仲连，齐国人，战国著名谋士，以善于出谋划策而闻名于战国，他最奇特的地方在于经常游历四方为需要谋略的人出谋划策，以此来赚取咨询费，且不固定投靠于他人，实乃战国之一大奇人。

赵胜一听鲁仲连前来拜访，不敢怠慢，亲自出门迎接。鲁仲连也不磨叽，直接便道："大人，我听说您打算听取新垣衍的办法劝赵王尊秦王为帝？"

赵胜对鲁仲连微微施了一礼，然后道："是有这个想法，但并未实施，现还在犹豫。"

"那你究竟打算怎么办呢？"

"我赵胜在赵国身居高位，可上一年赵国损失了四十五万赵军，如今邯郸又被堵死，军粮殆尽且不知援军何时才能到达，而现在新垣衍就在我府中，我怎敢再谈论天下大事呢？"

赵胜不愧纵横官场多年，他非常巧妙地将"皮球"踢给了鲁仲连，意思就是想让鲁仲连来处理这个事儿。

他这句话实际上深层含义是这样的。"我也知道尊秦王称帝这个事儿不是好办法，可那又有什么用呢？如今的赵国经过了之前的长平之战实在是兵力不济，粮草缺失，再也抵挡不了秦国的进攻了，而这些列国援军又迟迟不到，我真拿不准他们到底会不会真正援赵（晋鄙之事），如果他们不出兵援赵，那我赵国只能从此服从于秦国了，总不能看着赵国被灭吧。现在那新垣衍就在我府中，我是没什么好办法了，您老口才天下无双，您自己看着办吧，我可不敢再谈论天下大事了。"

鲁仲连一看赵胜如此推脱，极为鄙视地道："起初我以为您是天下的贤公子，可经今日一看根本就不是那么回事儿，那新垣衍在哪儿呢？我去和他说！"

赵胜一听这话乐了，心想："不贤就不贤，我也不在乎那个了，反正现在别让我得罪魏国人就行了。"

于是，赵胜笑道："妥了！没说的，先生您先在这等会儿，我这就去给您引见。"

赵胜笑呵呵地对新垣衍道："新大人，有个叫鲁仲连的现在正在我府中，久闻大人之名想和你见上一面。"

新垣衍这次前来赵国最大的目的便是要劝赵国对秦国称帝，而鲁仲连乃是天下有名的名嘴，这次来见他绝对没有好事儿，他新垣衍在嘴上怎是鲁仲连的对手？所以赶紧和平原君道："不行不行！那鲁仲连乃是当世高士，而我新垣衍乃是人臣，奉命出使赵国，各司其职，怎能相见？这太不合规矩了，我不见。"

可这话一说，赵胜却故作吃惊地拍手道："哎呀！我怎么把这事儿给忘了呢，那我现在已经告诉鲁仲连你在这里了，这可如何是好啊，哎呀呀，我这可真是好心办坏事儿了。"

新垣衍愣愣地看了一眼装傻的赵胜，只能无奈道："唉，算了，您也是无心之过。那，那我就见上一面吧！"

如此，新垣衍只好和鲁仲连见面。可见面以后，鲁仲连却和新垣衍半句话不说，只是微笑着看着新垣衍。

新垣衍被鲁仲连看得浑身发毛，为了缓和这种气氛，只能问道："先生，被围在邯郸城的不是普通的老百姓就是有求于平原君的人，可我观先生尊容，并不像是有事儿要求助于平原君，那为什么还要留在邯郸而不肯离去呢？"

鲁仲连一看新垣衍"中招"了，微笑着道："秦国是个抛弃礼仪而崇尚战功的野蛮国家，历代君主都用权诈的手段来玩弄各路诸侯，用驱使奴隶的手段来驱使百姓。而如今，他竟还要肆无忌惮地称帝，如果让秦国成功称帝，他就会用卑劣的手段来控制各路诸侯，进而逐个击破，最终统一天下。我鲁仲连不愿做秦国的百姓，如果真有那一天，我宁愿投海而死。所以，我今天之所以来见将军，就是打算帮助赵国的。"

一听这话，新垣衍冷笑一声，"呵呵，那我可真想问问了，先生是要怎么帮助赵国呢？"

鲁仲连微微一笑，"那楚国和齐国本来就是赵国的盟友，这不用去管。但我可以让燕国和梁国也全都帮助赵国。"

"嗯，凭借先生的口才，使燕国帮助赵国我是相信的，可我本身就是梁国重臣，我倒想听听，先生打算如何让梁国也帮助赵国呢？"

"呵呵，梁国只是没看到秦国称帝以后的祸患罢了。如果他知道了，就一定会帮助赵国。"

"祸患？我怎么没看到呢？先生如果知道，还请为我这个粗鲁的人解惑。"

"那我问问将军，梁国难道甘愿充当秦国的仆从国吗？"

"没什么不愿意的。"

"哦，是这样，那我估计梁王和将军最后都不会有什么好的下场了。"

一听这话，新垣衍拍案而起，怒骂道："一派胡言！我敬你是个名士，这才对你一再忍让，可你竟然如此不知收敛，竟然说出如此大不敬的话语，你不觉得自己太过分了吗？"

然而面对新垣衍的怒气，鲁仲连非但没有半点儿慌张，反而异常淡定地道："将军急什么啊，我说的可都是大实话呀！"

新垣衍气呼呼地道："哼！好个大实话，我倒是想听听我梁国国君和我为什么没有好下场，你说的在理则罢，如果在这和我胡搅蛮缠，那就休怪我无情！"

说罢，将手放在了腰间剑柄之上。

可鲁仲连没有一点儿惧怕，反而笑呵呵地道："我当然可以说明，现在的秦国乃是万乘之国，你梁国虽然不及秦国强大，但也是一方之国，并且都是王的称号。可如今，只看到秦国打了一场胜仗就想尊其为帝，这简直就是懦夫的行为。且秦国贪得无厌，一旦梁国从属于它，它便会变本加厉，慢慢地腐蚀梁国，将其彻底变成自己的国土，到那时候，秦国必会撤掉梁国的国君和官员，之后换成自己信任的人为官。试问，到那时候，您和您梁国的国君还能有好日子过吗？将军要知道，您现在拥有的一切财富都是以梁国为背景才能够得到的，如果梁国不在了，您也会一无所有！"

听到这儿，新垣衍的脸上渗出了冷汗，立即对鲁仲连一拜，"起初我以为先生是个平庸浮夸之人，可直到现在我才知道先生才是天下大才，我现在就离开赵国，且再也不尊秦国为帝了。"

就这样，鲁仲连轻易便化解了尊秦昭王称帝之事。

而就在这时，魏国国内也发生了一场"内乱"，而此"内乱"的领导人便是信陵君魏无忌了。

5.6 秦国的"败退"

话说新垣衍虽然走了，可是秦国围邯郸之军并没有退去，依然断了邯郸的粮道，邯郸朝夕可下。而距离邯郸最近的晋鄙大军还在邺县原地不动，这让赵胜又恐又怒，遂派了一批又一批的使者前往魏国，埋怨魏安釐王和信陵君魏无忌。

他埋怨魏安釐王也是对的，毕竟魏安釐王言而无信，可他为什么要埋怨魏无忌呢？这事儿和魏无忌又有什么关系呢？

原来，为了两国关系能够更加友好，赵胜便娶了魏无忌的姐姐为妻，成了魏无忌的姐夫，且向魏国求援的时候魏无忌也在一旁帮着赵国使者说话，这才使得魏安釐王出兵救赵的。

可如今，魏国大军处于观望状态，迟迟不肯出兵援助。所以，赵胜连带魏无忌也一起给骂了。

他是这么写信说的，"我赵胜之所以愿意和你姐姐结为夫妻，就是因为公子你有崇高的道义，能够急人之所急，想人之所想，可现在邯郸都已经快被秦军给攻破了，你魏国大军依然在邺县按兵不动，这是为了什么？你信陵君的崇高大义又在哪里？好吧，即便你信陵君看不起我赵胜，抛弃了赵国，难道你就不想想你姐姐以后的幸福了？"

对于赵胜的误解魏无忌也真是无可奈何，他不是不想帮助赵国，可魏安釐王软弱无能也真是没办法，魏无忌曾多次前往魏安釐王处劝其赶紧出兵帮忙，可魏安釐王就是不下令。魏无忌因此决定率领自己的门客们组成一支一百辆兵车的"军队"前往赵国鸡蛋碰石头，哪怕是最后拼死了也不枉自己战国四公子之名。

在出征之前，魏无忌找到了侯嬴，并和其说出了自己的想法。魏无忌说得是壮怀激烈，闻者无不流泪。可侯嬴呢？非但没有半点儿伤感，还打着哈欠和魏无忌道："嗯，主公此举壮哉，你去努力干吧，我老了，就不和主公凑这个热闹了。"

说完，一转身直接回去了。

侯嬴这一下给魏无忌弄蒙了，愣在原地久久不能动弹。最后魏无忌一声怒骂，转身便领着百辆兵车走了。

可走了几里以后，魏无忌越想越憋屈，"我对这侯嬴的好天下就没有不知道的，而如今我就要去死了，这侯嬴却无一言半语的祝福送我，简直太过分了，不行！不骂他一顿我心气难平。"

想到这儿，魏无忌掉转马头，直接就回去侯嬴处，想要好好骂他一顿。

可当他到了侯嬴家门口的时候，魏无忌突然改变了主意，因为他发现侯嬴正在门口迎着他呢。

"莫不是他有好办法送我？"

不等魏无忌说话，侯嬴微笑着对魏无忌道："公子仁厚待士的品德天下皆知，可如今您有了困难，没有别的好办法才准备以这微弱之兵与秦军决一死战，这就好像拿着一块儿肥肉扔给了饿虎，有什么好处呢？能解决什么问题呢？如果您要这么糟蹋自己的生命，养我们这些门客还有什么用呢？所以，我就用这种办法来激怒你，让你走到半道再回来，也要让你知道，我这个即将入土的老头都知道爱惜生命，而你这个身份尊贵的公子为什么就要糟蹋自己的生命呢？"

听了这话，魏无忌怒火全消，马上对侯嬴一拜，"是我误会先生了，无忌错了，无忌再也不会不爱惜自己的生命了，可现在真的是十万火急，如果先生有什么好的办法，还请速速教我！"

"此事不可在此地说明，还请主公随我到内室一叙。"

话毕，侯嬴支开旁人，直接和魏无忌入了内室。

侯嬴在这时也没什么可藏着掖着的了，直接和魏无忌道："主公！我听说晋鄙的兵符就放在魏王的卧室之内，而魏王的小妾如姬最受宠爱，出入魏王卧室不必通报，如果是她，定能将魏王的兵符偷到手。"

"可，可我根本就不认识这个如姬啊，人家凭什么帮助这个有可能丢脑袋的大忙呢？"

"不！机会大得很！那如姬的父亲在很久以前被人杀害，如姬怀恨了整整三年，总想找一个武力高超之人为她出国复仇，可是武艺高超之人哪儿那么好找。如姬曾哭诉此事，发誓谁若能帮她报了杀父之仇，她定然为此人效力，所有的事情都绝不推托。如果主公能主动承担此项任务，那如姬定会为你偷到兵符！也就可以调动晋鄙之军了。"

魏无忌一听大为赞同，赶紧依计而行。

那如姬一听魏无忌应承了此事，想都没想直接便将魏安釐王的兵符偷出，交给了魏无忌。

魏无忌得到了兵符，一刻不敢耽搁，打算直接领几个门客前往邺县。可就在魏无忌要走之前，侯嬴拦住了魏无忌，并和其道："主公记住，您在外作战，为了国家的利益，君主的命令可以拒不接受！且主公哪怕是与晋鄙合了兵符，晋鄙也有可能因怀疑主公而拒不交兵，如果这时候公子派使者再请示魏王的话，那么不仅办不成事儿，主公自身也危险了。主公您还记得我那屠户朋友朱亥吧。此人可不是一般人，他臂力惊人，武艺高强，主公可让他与您一起前往邺县。多年前主公曾经礼让于他，朱亥一定不会推辞。等您到邺县以后，晋鄙如果交还兵权那还则罢了，如若他不交，你就直接让朱亥杀了他，然后强势接管兵权。"

话毕，魏无忌默默地流下了眼泪。

侯嬴一愣，"主公，您不是怕死吧？怎么还哭上了呢？"

"唉，侯老有所不知，那晋鄙是魏国少有的好将军，我这次前去邺县估计他是不会听从我的指挥了，一想到魏国即将因此失去一名优秀的将军我就悲伤地流下了眼泪，怎么会是怕死呢！"

之后，魏无忌前往市场寻求朱亥帮忙。

果然，那朱亥顾念多年前魏无忌对自己的礼遇，拎起自己那四十多斤重的铁锤便随魏无忌出发了。

望着魏无忌渐行渐远的背影，侯嬴在其身后深深一躬，默然道："主公！我本应随你一同前往，可因年老力衰而无法陪同，我愿意在此计算主公前往邺县的行程和日期，在您到达邺县的同时我会面向北方而自刎，以此来答谢您的知遇之恩！"

几日后，魏无忌一行人来到了邺县晋鄙大营，晋鄙一听是魏无忌前来，自然亲自相迎。两人见礼之后直接入得内帐，晋鄙对魏无忌深深一礼，然后道："公子，不知您独自前来我军中有何要事呢？"

"本公子这次是奉大王之命前来接管军队的，还请将军速速交割！"

"哦？还有这样的事儿？那请问公子可有兵符在身？"

话毕，魏无忌从袖子里拿出了兵符交与晋鄙。晋鄙也将自己手中的兵符取出，二符一对，正好形成了一个完整的兵符，确实是魏王兵符无误。

可是晋鄙还是对魏无忌抱有怀疑态度，直接问道："公子兵符确实无误，可我现在十万大军驻守在边境之上，担负着保卫国家的重要任务，可公子您不但没有大王的手书，还只带着一名随从，单枪匹马就来接管部队，这实在是太让末将不解了。所以，末将没有办法将军队交给您。"

一听这话，魏无忌大怒，"大胆晋鄙！兵符现在就在我手中，你竟然敢抗命不遵？岂不知兵贵神速？要是耽误了大王的军国要事，你几颗脑袋都不够顶的！"

魏无忌这话说得义正词严，可晋鄙依然坚持。没有魏王手书，休想让我交出兵权。

魏无忌大怒，"给你机会你不要，那就休怪我无情了！"

想到这儿，魏无忌给了朱亥一个眼色，只见那朱亥动若奔雷，瞬间将袖中铁锤抽出直奔晋鄙而去，晋鄙还没等将头回过来直接脑浆迸裂。

这一幕只发生在一瞬之间，门口的士兵甚至都来不及反应。

魏无忌对门口卫兵道："看什么！给我擂鼓！召唤军中诸将！"

"是、是！"

咚咚咚……鼓声敲响，魏军诸将一个个地进入了大营之中，当他们看到正中那无头死尸之时都是一个激灵，老老实实地站于两侧，等待魏无忌号令。

看到众人都已到场，魏无忌拿出手中兵符，大声喝道："众位！我奉魏王之命前来接管军队，可晋鄙以种种借口抗命不遵，意图不轨。所以，我便代魏王杀了这厮，还请各位将军服从军令，不要让我难做！"

说最后一句话的时候，语气极为冰冷，让下面这些魏将噤若寒蝉，于是一个个齐声道："不敢不听公子号令！"

"好！既如此，现在马上整顿部队，令父子都在军中服役的父亲回去，兄弟皆在军中服役的兄长回去，没有兄弟的独生子回去供养父母！"

于是，魏无忌精挑细选了八万精锐魏军，全军开拔，目标直指邯郸。

魏无忌的战略计划简单粗暴，那便是以雷霆之速袭击秦西军，断了北军和南军的联系，之后逐个击破。

因为他知道，现在的秦军已经没有多年前的威风了，之前的长平之战损失多少先不说，单说这次围攻邯郸就已经快要两年了，秦军早已经是疲惫之师且还将军队一分为三，正适合锐气正盛的魏无忌逐个击破。

然而就在这时，楚援军突然来到，春申君黄歇一看魏军如此气盛，二话不说，直接命楚军向东绕邯郸，直击秦军侧翼。

老将王龁的眼光何其毒辣，一看魏楚联军这架势就知道大势已去，于是第一时间便令三军急速撤退回国。

一看王龁这么果断便撤退了，三公子（赵胜、魏无忌、黄歇）眉头微皱，遂加速对秦军展开了追击。

可王龁撤得实在太早、太快，主力大军全都撤没了，只有没有任何军事底子的郑安平领导的秦军稍慢，和主力部队脱离了，最终被联军堵死。

按说，凭秦国的酷法，就是再险恶的形势也要拼死力战，不然身在秦国的家中老小便会被全部斩杀。所以，秦国从来都没出现过投降事件。

可郑安平一见被团团围住，二话不说，直接率两万秦军投降于赵国。

赵孝成王大悦，遂封郑安平为武阳君，赏千金，食邑几百户。

赵孝成王就是要通过此举让秦国人知道，投降我们赵国你们不但不会受到非人的待遇，还会过上比以前更好的生活。更通过这次战斗，使天下诸侯国明白了，秦国人并不是那么可怕，只要诸侯们联合在一起，他们也会输，也会投降！

如此，诸侯合纵之势又在暗地里有了起色。

5.7　白起之死

此时的咸阳王宫，秦昭王气得将正殿所有能拿得动的装饰品全都砸烂。堂下的文武大臣们噤若寒蝉，没有一人敢说半句话，尤其是范雎，跪在草席上吓得哆哆嗦嗦，冷汗一滴一滴往下落。因为郑安平正是他为了报恩而推荐的将军。所以郑安平投降的恶性事件使得范雎在秦国的威望急速下滑。

而且，春秋战国时期，如果推荐人推荐的人才不合格，推荐人是要负一定的责任的，而秦国这种法家之国的惩罚就更是严酷。

所以，郑安平此种行为足以判处范雎千刀万剐之酷刑。

可秦昭王对范雎实在是太倚重了，虽然发了脾气，但并未处罚范雎。只是骂道："郑安平，这个不知羞耻的畜生！来人！"

"在！"

"给我将郑安平一家从老到小都活剐了！"

"是！"

"白起，白起！要不是你抗命不遵，我秦军怎会有如此损失！来人！"

"在！"

"现在就给我前往白起住处，让他滚出咸阳！告诉他，从今天开始他就不是什么武安君了，而是一名普通的士卒，让他去阴密给我待着去！从今以后不准再踏入咸阳半步！"

"是！"

使者前往白起的住处将秦昭王的话原封不动地转告了他，白起闻言一口鲜血吐出，紧接着昏迷当场，转醒之后就是大病一场，甚至连床都下不了了。

而这一躺就是三个月，病情不见丝毫好转，秦昭王贬白起之意已决，遂强令白起带病滚出咸阳。

白起无奈，只能在下人的搀扶下哆嗦着走出咸阳。

因为白起身患重病，所以走得很慢，好多天才走出十多里。然而在这时候事情又发生了变故。

某一天，秦昭王正在用早膳，可不知怎么回事儿，突然想起了白起一场又一场的经典战例，心里突然出现一个可怕的念头，"如果这白起怨恨我而投靠他国，我秦国以后势必要和白起对决，我秦国有能打败白起的将军吗？整个天下有能打败白起的将军吗？"

想到这，秦昭王倒吸一口冷气，遂将朝中重臣全都召集到一起，"各位，我听说白起因为被流放很不服气，在前往阴密的路上诸多埋怨。这还了得？依我意，按照咱们秦国的法律赐死白起，不知各位有何看法呢？"

下面的那些官员们一听就知道秦昭王想要除掉白起，哪里敢有半句废话。

见殿下无人应声，秦昭王微微一笑，"好！既如此，来人！"

"在！"

秦昭王将随身佩剑交给了下面的卫士，然后道："和白起说，就让这把剑陪他一起上路吧！"

"是！"

如此，卫士持秦昭王随身佩剑，快马加鞭地追上了白起，并将秦昭王的话原封不动地转告给了白起。

拿着秦昭王的佩剑，白起惨笑着道："哈哈，哈哈哈，是呀，我本就该死，长平一战，我使诈术活埋几十万生灵，凭这一条，我就该死！哈哈，哈哈哈哈！"

噗！血浆四溅，白起自刎。

5.8　谦虚做人

说完了白起之死，我们再将目光转向邯郸，看一看战胜后的赵国。

击退秦军，魏无忌厥功至伟，要不是他反应神速、动若奔雷，哪怕有楚国的援军，其结果也是犹未可知。

为此，平原君连衣服都顾不得换，穿着战甲，背着箭袋，直接就去迎接魏无忌入邯郸。

邯郸王宫之中，赵孝成王走下台阶，亲自对魏无忌深深一拜，然后紧紧握住魏无忌的双手道："公子！我现在确定了，自古以来的贤者就没一个能比得上公子的！"

之后，赵胜又前去将春申君黄歇引进宫中，大摆宴席。战国四公子中，除了孟尝君以外全部到齐，就连赵孝成王都亲自作陪。

酒过三巡之后，气氛热烈至极，魏无忌趁机走上前台对赵孝成王深深一拜，然后道："大王，其实这次带兵前来，臣并没有得到魏王的允许，而是将兵符偷出，斩杀原大将晋鄙才能出兵来救，我自己心里也很难过，本打算回国受死，但我有一门客名叫侯嬴，他曾经告诉我，人一定要留有用之身以待后发。所以，我想派一名将军将魏国部队带回，自己和门客留在赵国，不知大王可否应允。"

赵孝成王非常感激魏无忌的大义，再加上魏无忌的军事统率能力非常高超，所以，不管是从感激的角度还是用人的角度上讲，赵孝成王都没有道理拒绝魏无忌的请求。

于是，赵孝成王当即便封给了魏无忌五座城邑，并给了大夫之位。

打这以后，每个赵人见了魏无忌都是尊重有加，这也使得魏无忌开始狂妄起来，脸上高傲的神情越来越浓。

然而身在局中的魏无忌并没感觉出什么，可是他的一个门客却发现了危机。这名门客对魏无忌说："主公啊，这世上的事儿有容易被忘记和不容易被忘记的。别人有恩于主公，主公绝对不能忘怀，而主公有恩于别人我希望您能将这件事儿忘掉。况且公子您想想，假传魏王的命令，夺取晋鄙的军队来保全赵国，这虽然对赵国是有功的，可是对于魏国来讲就是叛变！主公您因此事认为自己有功，我认为这是极不可取的。再这样下去，主公您的危险就要来到了。再者说，前一段时间赵王是在酒后答应您的请求，并赐予您五座食邑，可酒过以后，再看您如此狂傲，很有可能会对您保持警惕且收回封邑。主公您还是好好想想吧！"

门客这话一说如同当头棒喝，直接将魏无忌打醒。

打这以后，魏无忌时刻谨慎再也不敢张狂，见谁都是礼遇有加。

果然，又过了几天，赵孝成王对于给魏无忌五座城邑这事儿有些后悔了，便招魏无忌前来对话。

赵孝成王对于魏无忌依然礼让，亲自下殿迎接魏无忌。这要是以前，魏无忌肯定直接就上了。可自打那门客劝过他以后，魏无忌也不敢狂妄了，而是侧身谦让，无论如何都要赵孝成王先上，自己从东阶而上。

因为魏无忌一直都是谦卑的态度，所以赵孝成王和他交谈甚欢。

又过了一会儿，赵孝成王终于道出了自己的真实目的，"公子啊，前一段时间我不是给了你五座城邑嘛。这个……那时候我喝多了，所以说了大话，您看看……"

没等赵孝成王将话说完，魏无忌赶紧站起来对赵孝成王一拜，然后极为客气地道："大王不必再说，我魏无忌背叛了魏国，有很大的罪过，且对赵国也没有什么大功劳，没有什么资格接受五座城邑，还请大王将城邑全都收回去吧，我只求能在赵国安稳度日，此生足矣！"

赵孝成王一开始真就想全收回来，可看到魏无忌如此谦虚反倒不好意思了，于是改变了想法，对着魏无忌深深一拜，"公子说的哪里话，我怎会如此做呢？你就放心在赵国待着，肯定没人敢伤害你，我收回四座城邑便罢，但鄗地以后会一直作为你的封地，永不废弃！"

魏无忌这才在赵国真正站稳了脚跟，这一站就是十年之久。

5.9 西周的覆灭

公元前256年，楚、赵、魏、韩四国联军趁秦国新败狂攻之前被秦国占领的地盘，不但成功收复了赵国的新中，还将上党、晋阳以及一些之前被秦国侵略的地盘收复了。

自此，秦国的威望受到了毁灭性的打击。而秦昭王是绝不会允许事态继续发展下去的。在他和范雎的统一策划下，决定派遣摎出兵攻打中原各国。

这个摎之前的种种经历无史可考，但是他这次的军事行动可以说是非常惊艳。

摎先是兵出韩国，取阳城（今河南省登封市告成镇）负黍（今河南省登封市西南），斩首四万人。之后北上伐赵，一举攻克晋阳二十余城，杀死、俘虏九万多人，天下诸国闻之惊恐。

然而比诸侯国更慌的则是现在西周的君王。西周王觉得如果任由秦国这么发展下去，那么下一个要灭亡的就是自己了。

所以，他打算运用自己还剩那么一丁点儿的"威望"组织天下诸侯，以合纵的方式来阻击秦国。

然而联军想要组织和调动军力是需要时间的，可秦国的情报能力太强，秦军的执行力太过高效。秦昭王在第一时间就得知了合纵抗秦策略，便直接命令摎迅速北上，势必在联军形成以前便端了西周这个"罪魁祸首"。

摎的行动何等迅速，他率兵以疾行的方式侵攻西周，而西周王呢，当然不会眼睁睁看着自己的国家被毁，便御驾亲征，带领西周所谓的大军阻挡秦军。

可周朝自从东迁以来，不管是地盘还是军力都不断下滑，之后又经历了内部分裂，怎么会是秦军的对手？

两军交战时，西周军队几乎是一触即溃，西周王也被摎生擒入秦。

咸阳王宫之中，看着堂下跪着的西周王周围的大臣无尽唏嘘。八百年以前，周朝是多么风光，周文王姬昌奠定了坚实的基础，周武王姬发则横扫天下。可如今，早已物是人非。坐在高处的秦昭王极为蔑视地看着下面的西周王，"呵呵，周王，好大的威风，我是不是应该下去给你磕一个呢？"

此时的西周王早就吓得魂不附体，哆哆嗦嗦地道："不敢！"

"哈哈哈，不敢？我看你是敢得很啊，别的我也不多说了，现在只给你两条路走。第一，献出你西周所有土地，我给你些钱财，从今以后你就在我秦国当一个富家翁就好。第二，你可以不给，但我会慢慢地折磨死你且派摎继续侵攻西周。我相信，凭他的实力，一个月之内定拿下全周！"

西周王此时还能说些什么，投降也是被灭国，不投降也是被灭国，白白搭上一条性命而已。

如此，只能唯唯诺诺地答应了秦昭王的要求，尽献西周三十六邑三万户。

然而这一年就是毁灭的一年。就在秦国灭了西周的同一时间，南方大鳄楚国也行动了，楚考烈王派楚军东出击鲁，并一举而灭之。照这样的形势来看，现在天下能稍微阻挡秦国的国家看似也只剩下楚国了。

打服了天下诸侯，灭掉了西周，可此时秦国的国库也越来越空了。在此种情况下，秦昭王暂时停止了刀兵，准备等国库再攒满之后再对天下动兵。

为了使国家更为富有，秦昭王还派遣一人前往蜀郡任蜀郡新任郡守。他的名字就叫李冰，也是因为他，蜀地才能真正地成为天府之国。

5.10 都江堰

李冰（约前302—235年），著名天文学家和地理学家。秦昭王为了解决蜀地的水灾特意派李冰前往任郡守，治理当地水祸。

岷江是长江上游水量最大的一条支流，它出岷山山脉，从成都平原西侧向南流去，对整个成都平原来说是地道的地上悬江，而且悬得十分厉害。

岷江水患长期祸及西川，鲸吞良田，侵扰民生，成为蜀地生存发展的一大障碍。

秦昭王本次派李冰前往蜀国就是打算在此地建造水渠坝垒（都江堰），将岷江之水分流，一部分水让它重新流入长江，另一部分水则引入成都平原，这样既可以分洪减灾，又可以引水灌田、变害为利。

此水渠的建造过程大致是这样的。

首先，李冰父子邀请了许多有治水经验的农民，对地形和水情做了实地勘察，决心凿穿玉垒山将岷江之水给引过来。因为当时并没有火药，所以李冰便用火烧岩壁，使岩石干枯、爆裂，之后让劳工们用铁锤、榔头等工具狠狠敲击岩壁，终于将玉垒山凿出了一个宽20米，高40米，长80米的山口。因其形状酷似瓶口，所以李冰将此口取名为宝瓶口，并将开凿玉垒山分离的石堆叫"离堆"。

那么为什么要修建宝瓶口呢？将岷江一部分水引过来又要干什么呢？

那是因为将岷江之水引过来以后才可以减少西边的江水的流量，使西边的江水不再泛滥，同时也能解除东边地区的干旱、灌溉那里的良田。这是治水患的关键环节，也是都江堰工程的第一步。

宝瓶口引水工程完成后，虽然起到了分流和灌溉的作用，但因地势较高，江水难以流入宝瓶口。

所以，为了使岷江水能够顺利东流且保持一定的流量，并充分发挥宝瓶口的分洪和灌溉作用，李冰在开凿完宝瓶口以后，又决定在岷江中修筑分水堰，将江水分为两支：

一支顺江而下，另一支被迫流入宝瓶口。

由于分水堰前端的形状好像一条鱼的头部，所以被称为"鱼嘴"。鱼嘴的建成将上游奔流的岷江之水一分为二：西边称为外江，它沿岷江顺流而下；东边称为内江，它流入宝瓶口。

由于内江窄而深，外江宽而浅，这样枯水季节水位较低，则60%的江水流入河床低的内江，保证了成都平原的生产、生活用水。

而当洪水来临，由于水位较高，于是大部分江水从江面较宽的外江排走。这种自动分配内外江水量的设计就是所谓的"四六分水"。

为了进一步控制流入宝瓶口的水量，起到分洪和减灾的作用，防止灌溉区的水量忽大忽小不能保持稳定的情况，李冰又在鱼嘴分水堤的尾部、靠着宝瓶口的地方修建了分洪用的平水槽和"飞沙堰"溢洪道，以保证内江无灾害。

溢洪道前修有弯道，江水形成环流，江水超过堰顶时洪水中夹带的泥石便流入外江，这样便不会淤塞内江和宝瓶口水道，故取名"飞沙堰"。

飞沙堰采用竹笼装卵石的办法堆筑，堰顶做到比较合适的高度，起调节水量的作用，当内江水位过高的时候，洪水就经由平水槽漫过飞沙堰流入外江，使得进入宝瓶口的水量不致太大，保障内江灌溉区免遭水灾。

同时，漫过飞沙堰流入外江的水流产生了漩涡，由于离心作用，泥沙甚至巨石都会被抛过飞沙堰，因此还可以有效地减少泥沙在宝瓶口周围的沉积。

为了观测和控制内江水量，李冰又雕刻了三个石桩人像放于水中，以"枯水不淹足，洪水不过肩"来确定水位。还凿制石马置于江心，以此作为每年最小水量时淘滩的标准。

在李冰的组织带领下，人们克服重重困难，经过了八年的努力终于建成了都江堰。而就是从都江堰建成的时候开始，蜀地才真正成为天府之国。

5.11 范雎退位

同年，就在李冰前往蜀地准备建造都江堰的时候，有一个叫丰邑（沛郡属地）的小地方一农户家中，一个婴儿呱呱坠地。

门口的老农一听孩子的哭声，笑得合不拢嘴，这名老农叫刘煓，这已经是他的第三个孩子了。

可等刘煓看到孩子以后，直接傻了。为啥呢？因为这孩子全身上下全都是痣，好生瘆人。细数之下，老农发现一共有七十二颗痣。

他也不懂这七十二颗痣代表了什么意思，便找了一名算命先生给这孩子看了一下面相。

可这算命先生一看，就将这孩子视为天人，他对刘煓深深一拜，一脸感叹地道："刘老哥，您真是上辈子积了大德了，七十二乃是天宫凤星之总，为九五之尊，再观这孩子之面向，反正是一股王霸之气，刘老哥您一定要善待这个孩子啊，这孩子以后可了不得！"

刘煓听了算命先生的话别提多开心了，赶紧请教，"那您给我家这个孩子起个名吧！"

算命先生沉吟片刻，不无激动地道："哈哈，给未来的九五之尊起名，没想到我还有这个荣幸，嗯，他以后是要建功立业的大人物，我看就叫刘邦吧，定国安邦嘛，至于这个字，我看就为'季'得了。"

"好！好名字，先生，这是给您的看相钱。"

算命先生一看刘煓要给钱，一溜烟地跑了，一边跑还一边说，"等这孩子以后出息了别忘了照顾照顾咱们丰邑的老百姓就行了，我还哪里敢要什么看相钱。"

相士归去以后，刘煓拎起刘邦左看看又看看，纳闷儿地道："王霸之气？我怎么就看不出来呢？"

没错，这孩子就是以后的汉高祖刘邦。

公元前255年，王稽（范雎推荐的众人之一）眼看秦国在中原大败，便想给自己留一条后路。于是，他勾结其他诸侯国，很有些不轨的念头，可他还没等行动消息便泄露了出去，秦昭王大怒，遂杀王稽与其一家老小，范雎在秦国的威望也是一天不如一天。

一日，秦昭王在召见范雎的时候唉声叹气，范雎见秦昭王面色不对，便道："大王，我听说君王有了忧患就等于是大臣受到了侮辱，而如果君王受到了侮辱，那大臣就应该去死，而我身为秦国丞相看到大王如此忧虑，这让我心中很不好受，大王有什么忧心事儿能否对我也说说，这样也能共同想办法来解决啊！"

秦昭王深深地看了一眼范雎，叹息一声道："唉，我听说楚国的铁剑很锋利而歌舞却很差。而铁剑锋利士兵就会非常勇敢，歌舞拙劣就说明楚国的君王深谋远虑。而用深谋远虑来操控勇猛的士兵，我很担心楚国会成为秦国的心腹大患。丞相也知道，凡事平时没有充分的准备就不能够应付突然的变化。现在武安君已死，郑安平也叛变了，王稽等辈又是里应外合之徒，所以我很忧愁啊！"

这话说完，范雎这心里咯噔一下，冷汗刷刷地往下落。对秦昭王拜了一拜便匆匆退去了。

秦昭王这话什么意思？很明显是对范雎有了意见，这种意见现在也许还不算太严重，可如果让秦昭王这种心理持续"升温"，他范雎就危险了。

如此，范雎整日在家是愁眉苦脸、唉声叹气，就是找不出一个好的办法来化解自己的危机。

可就在这时，一个人来到了咸阳，就是他为范雎解决了这次的危机。那这人是谁呢？他的名字叫蔡泽。

蔡泽，燕国人，生卒年不详，他曾游学四方，之后在大大小小的很多诸侯面前求官，可也不知什么原因竟没有一个诸侯看中他，使得他每次求官都以失败告终。

后来蔡泽也对自己的人生产生了怀疑，便去相术大师唐举那里相面，希望求得一个前程。

蔡泽心里打算得很明白，只要唐举说他能成功他便继续走下去，如果唐举说他没有官运，那他就打算回家种地了。

可谁想到唐举看蔡泽相貌丑陋，遂起戏弄之言，"先生鼻子朝天，肩膀耸起，脸盘宽大，凹鼻梁，两膝蜷曲。我听说圣人是不能拘泥于相貌的，这大概说的就是先生吧！"

这句话表面上好像是在形容蔡泽有圣人之相，可实际上就是在说蔡泽丑。蔡泽也没当回事儿，呵呵一笑，然后道："行了，唐先生，您也别寒碜我了，我也不问你以后我会怎么样了，现在我也想明白了，所谓的富贵已经在我命中了，我就想问问现在我还剩多少年的阳寿。"

唐举点了点头，掐指一算，"从今日开始，还有四十三年的阳寿。"

蔡泽听罢哈哈一笑，对唐举一拜，转身便走了。

上了马车以后，蔡泽极为得意，大笑着对御者道："哈哈哈，我吃米饭肥肉，跃马疾驰，我身怀黄金大印，还有四十三年的阳寿可活，还有什么不能完成的？啊哈……"

"别动！把身上的钱都给我交出来！"

就在蔡泽得意之时，突然从一旁的草丛中蹿出好几个持刀劫匪，其中一个领头的站出来恶狠狠地道："你！是不是你刚才吼着有黄金大印？快！将黄金大印给我交出来！"

于是，黄金大印没了。

可蔡泽还有闲钱，他的壮志是不会改的，正巧现在范雎在秦国地位摇摇欲坠，蔡泽便抓住了这个最好的时机前往了秦国。

到了秦国以后，蔡泽直接命手下御者前往咸阳闹市之中散布消息，说："燕客蔡泽乃是天下见识高超、善于辩才的智士，他要是见秦王，秦王一定会直接剥夺了范雎的相位，而改蔡泽为秦国丞相。"

那么蔡泽这么做是为了什么呢？就是为了激怒范雎进而创造和范雎对话的机会。

果然，范雎听到了此种"猖狂"的言论以后大怒，"哼！五帝三代的历史、百家学术，这所有的一切没有我范雎不知道的，论辩才，除非张仪从地底下钻出来，要不谁能是我的对手？来人！"

"在！"

"你，去！将那个叫什么蔡泽的给我叫过来，我倒要看看他有什么本事！"

"是！"

就这样，蔡泽被范雎"请"到了相府之中。

二人身份天差地别，可蔡泽见了范雎以后只是略一拱手便站着不言语了。范雎生气地道："你就是蔡泽？"

蔡泽微微一笑，"行不更名坐不改姓，正是在下。"

"哼！就是你说要取代我丞相的位置？"

"正是。"

范雎冷笑，"呵呵，那我倒真是想听听你有什么高见了！"

蔡泽装出一副恨铁不成钢的样子道："唉，你这人怎么这么迟钝呢？四季完成它应该做的事儿以后就会离去，而人一直到晚年都能做到身体健康，手脚便利，耳聪目明，这难道不是做官的人最希望的善终之事吗？"

"废话！何止是当官的最大的愿望，就连普通的老百姓也是这么想的！"

"好，你承认就好，那么我就请问了，秦之商鞅，楚之吴起，越之文种，他们的死值得羡慕吗？"

范雎冷冷地看着蔡泽，终于明白他来找自己是干什么来了，这哪里是见秦王，分明就是奔自己来的。

范雎冷笑一声，"呵呵，有什么不值得羡慕的？商鞅侍奉秦孝公，终身没有二心，尽心为公而不顾私，设立法律来禁止奸邪，立信赏罚使得中央更有凝聚力。为了秦国，他甘愿忍受天下人的怨恨，进而欺骗了故友，俘虏了魏国的公子卬，之后拓地千里，起秦之基业。吴起侍奉楚悼王，使得私情不得危害公事，谗言不能陷害忠良，楚国也越发强大。他为了国家从来不躲避危难，这难道不是人们应该歌颂的吗？当初越王勾践受到了无尽的羞辱，可是文种依然对勾践忠心耿耿，从来都没有半点儿背叛之心。勾践成功报仇以后，文种也没有骄傲自夸，这难道不是我们应该学习的操守吗？虽然，他们三个到最后都死于非命，但为大义而死必定青史留名，又有什么不值得骄傲的呢？"

这话表面上虽然说得正气凛然，可范雎内心深处对于自己的话也是不赞成的。商鞅想死吗？他不想！要不然也不会往魏国跑了。文种想死吗？不想，要不也不会说出"狡兔死，走狗烹"这样的话了。大概这里面只有吴起一个人是真想和楚悼王共赴黄泉了。而他范雎想死吗？答案当然也是不。

果然，听了范雎"外强中干"的话以后，蔡泽冷笑着道："呵呵，说得可真鲜亮啊，那照你这么说，人只有死了才会成就功名？"

"这……"

"呵呵，如果人死了才能建立功名的话，那么微子也不足以称之为仁，孔子也不足以称之为圣，管仲也不足以称之为伟大了。一个人只有在活着的时候成就自己的身和名的，那才是真正的上等！"

范雎沉默了，蔡泽则继续说，"丞相，恕鄙人冒昧，我想请问您。您觉得秦王比秦孝公、楚悼王和勾践如何？"

"应该是不如吧！"

"好，那您比商鞅、吴起和文种又如何呢？"

"我也不如他们。"

"嗯，您还算是有自知之明，那么现在您的君王在亲近忠臣、不忘故旧方面比不上秦孝公三人，而您的能力又比不上商鞅三人，可您却是高官俸禄，私家财产远胜于商鞅、吴起和文种三人。如果这时候您还不隐退的话，我恐怕您的祸患就要超过那三个人了。"

这话一说，范雎是彻底被折服了，赶紧对蔡泽深深一拜，"承蒙先生教导，我范雎决定遵从您的意见！"

于是蔡泽入住丞相府，成了范雎最高贵的宾客。

几日以后，范雎找了一个合适的时机入朝求见秦昭王，并和其道："大王，我的宾客中有一个是从燕国那边过来的，叫蔡泽，这人很有能力，对于三王的事情、五霸的业绩、世俗的变化都了然于胸。我曾经见过很多的能人却没有一个比得上他的，我觉得，蔡泽完全可以将秦国治理得井井有条。"

看到范雎如此推荐一个人，秦昭王也很高兴，毕竟谁都不会嫌自己的人才多啊！

于是，秦昭王召见了蔡泽，并和他促膝长谈。

最终，秦昭王很满意蔡泽对他的应答，遂封蔡泽为秦国客卿。范雎借此机会向秦昭王归还相印，打算告老还乡。秦昭王半推半就地也就从了范雎。

范雎离开咸阳以后，秦昭王果然命蔡泽为新一任丞相，主管秦国大政。

可蔡泽在秦国根本没有半点儿势力，光动动嘴皮子就当上了丞相难免使秦国本土贵族对他有了很大的意见，遂于秦昭王面前时常诋毁他。

这使得蔡泽大惧，遂辞了丞相之职，自荐为秦国外交官，以后一直在秦国到死。这也算是善终了。

而范雎后来怎么样了史书上并没有记载，可民间关于他的结局有两种说法，一种说他归隐之后又活了好几十年，还有一种说法是他归隐后没过多久便死了。

5.12 鬼神再显威

秦国开始养精蓄锐，进入了长时间的"冬眠"状态。

这是暴风雨前的宁静，是要彻底扫平中原前的最后宁静，按说中原各国现在应该积极展开外交活动，共同商讨办法对抗秦国，可是他们根本就没有如此远见，一个个还在拼命地互相攻击呢！

公元前254年，魏国首先动手，出动大军攻打卫国，将这个从春秋便存在于世的老牌国家给灭了。

公元前253年，楚考烈王迁都巨阳（河南胜太和县东南），将国都又往东移了大概一百五十里地，彻底处于楚国中心部位，这充分地表明了楚考烈王对于中原各个诸侯国的不信任，做了全方位防御准备。

公元前251年，平原君赵胜卒。在秦国大位上待了五十六年的秦昭王嬴稷也随之而崩。其子嬴柱继位，这便是历史上赫赫有名的三日帝王秦孝文王了。

秦孝文王死后，他的儿子嬴异人正式继位，是为秦庄襄王。

赵国为了缓和和秦国的关系，特意将身在秦国为人质的秦庄襄王妻儿全部送回了咸阳，这里面便有秦始皇嬴政。

这时候的嬴政年仅八岁，可在他的眼神中看不到任何的感情，看到的只有无尽的冰冷与不信任，就好像一只苍鹰正在俯卧，只等时机成熟便一飞冲天。

同年，燕王喜派栗腹前往赵国进行友好盟约，并资助赵国五百金用于重建。

可当栗腹回国以后，却兴冲冲地和燕王喜道："大王！我这次前去赵国有惊人的发现！经过长平之战以后，赵国的壮年男子全都死得差不多了，而赵国现在的男子多数还没有长大成人。所以，这时候进攻赵国乃是天赐良机！"

燕王喜听了这话以后确实心动了。要知道，燕国虽说是老牌大国，地理位置也十分有优势，却一直都没什么能耐，从春秋开始就没有过什么战绩，除了乐毅靠联军伐了齐国那一次以外。

春秋时期被晋国欺负，战国初期被田齐欺负，后期又一直被赵国压着，这不得不说是一大悲哀。

所以，燕王喜一听这话便直接召来了朝中大臣，一起商议攻打赵国之事。

蓟城王宫中，每个大臣都激动得不行，赵国，这个军事强国占地千里，有肥沃的土地和优良的马源，要是能将赵国拿下，燕国极有可能在一时间成为天下仅次于秦国的第二强国！

可就在燕王喜跃跃欲试、众位大臣们兴奋无比的时候，一个不和谐的声音出现了。

"大王不可攻打赵国！"

这话一出，本来热烈的朝堂突然寂静无声。燕王喜很是恼怒，本想训斥一番，可一看说话之人却是将军乐间便不好直接训斥，只能黑着个脸道："赵国现在正是虚弱之时，乃天赐之绝佳良机，为什么就不能攻打呢？"

乐间也没管燕王喜的表情，只见他对燕王喜深深一拜，然后道："大王！赵国为四战之国，与秦、魏、韩、齐、燕、匈奴、三胡、中山皆相连，可为什么这么多年过去了，赵国不但没被消灭，反倒是越来越强大，甚至还吞并了中山国？那是因为赵国常邻外敌，为了自保人人尚武，那栗腹只不过是看到了赵国东部和邯郸附近的赵国男子，并没有看到驻守于西北边境之赵国代地守兵。大王，您要知道，赵国真正的精锐之师全都在西北长城！哪怕是长平之战也没有动用这支部队，因为它是防守匈奴和三胡的根本！是西北边境的精神支柱！可现在正是赵国的困难时期，如果咱们趁此机会出兵，赵国势必会动用这支部队，到时候大王您就是后悔也晚了！"

听到这话，燕昭王也是有点儿犹豫了，可转念一想不对，因为乐间虽然口口声声说这支队伍厉害，但是从来没说有多少人，于是燕王喜问道："那这支部队共有多少人马呢？"

乐间叹息一声，"唉，据我在赵国的间谍传报，这支部队挑选人员极为严格，并不是太多，总人数应在一万左右。"

"什么？一万？"

一听这话，燕王喜哈哈一笑，"就这么点儿人？就是再精锐又能怎么样？我用五个打他一个还打不赢他？"

看到燕王喜如此冲动，乐间急坏了，连礼仪都不顾了，急匆匆地道："大王！打仗并不是人多就能取胜的，想当初吴起凭借几万武卒就将秦国……"

没等乐间说完，燕王喜便示意他住嘴，然后道："你不要再说了，我意已决，即刻出兵攻打赵国！栗腹！"

"在！"

"给你一支兵马南下取鄗城（今河北省高邑县稍东），堵住邯郸方面的北援之路。"

"是！"

"卿秦！"

"在！"

"给你一支兵马向西直取代地，给我断了赵国的马源！"

"是！"

"乐乘！"

"在！"

"你乐家是兵法世家，凡是战阵之事少不了你的参谋，你就当卿秦的副将，多多给他出谋划策吧！"

"……是。"

"众位！这一次我大燕势在必得！你二将先行一步出兵，我再率领千乘军队于后跟从，势必一举灭赵！"

"大王英明！"

三军士气高涨，除了乐家两兄弟以外，其他将领更是撸胳膊挽袖子地准备大干一场，可就在出发当天，大夫将渠突然拦住了燕王喜的车驾，几乎是嘶吼着对燕王喜道："大王不可出兵啊！"

燕王喜听罢大怒，"大胆将渠，我大军正要出发，你却在这乱我军心，你究竟是何居心？"

将渠对燕王喜一拜，"大王！我燕国刚刚与赵国签订了友好盟约且送五百金与赵国，如果这时候发兵攻打人家，天下人会怎么看我们燕国？赵国的士兵也会因此义愤填膺，进而士气大振。如此，我军定无法获胜，还请大王收回成命，不要犯这错误了！"

燕王喜本来意气风发，正想好好干一番事业，可前有乐间，后有将渠，这让他大怒不止。

燕王喜指着将渠的鼻子骂，"我没时间在这和你废话！要不是看在你为燕国多年劳心劳力的分上，我今日就杀了你祭旗！滚！"

说罢，就要起驾。

可将渠是铁了心地不想让燕王喜出兵。只见他一下子扑到了车上，死死抱着燕王喜的大腿，痛哭道："大王！我并不是为了我自己才不让您去的，我是为了大王您着想啊！"

本来威风八面的出兵仪式，让将渠给弄得哭笑不得。燕王喜大怒，二话没说，一脚将将渠踹到车下，然后赶紧对御者道："赶紧！赶紧起驾！"

于是，燕王喜不听乐间和将渠的劝告就这样率兵前往了赵国。

然而，就在燕国士兵刚刚出兵之时，一名风尘仆仆的老将来到了赵国西北边境将调兵虎符交给了边境负责人。

从这一刻开始，赵西北边境的长城上拒绝任何人通关且插满了赵旗，看这样子好像是要大举向西北入侵一样，可实际上，正有一万骑兵跟着这名老将向东挺进。

这一万骑兵乍一看和胡刀骑士没有什么不同，可近距离一看就能看出有很多不同的地方。这些骑兵每个人的脸上和身上全都是骇人的伤痕，一看就是从死人堆里爬出来的百战之士，这还不算，这些骑兵每个人背后都有一把弓，腰间一把胡刀，马鞍下面还别着一杆突击长枪和十多个套马绳。

而这些骑兵就是乐间口中所说的赵国最精锐的骑兵团了。历史上并没有给这些骑兵什么不一样的称号，统称为胡刀骑士，可他们和赵国腹地的胡刀骑士有质的不同。他们生在边境，从小便只有当兵这一条出路且身体健壮。

在边境，骨骼优秀的孩子更是在小时候就已经被当成"苗子"挑选到胡刀骑士的队伍中去了。他们从小在马背上长大，一天到晚就是练习骑射和马上搏斗技巧。他们没有童年，有的只是不断与匈奴人和胡人搏斗。他们从来没出过边关，不知道外面的世界是什么样子。

刚刚被这名老将带走的时候他们还有些紧张，以为中原的敌人要比胡人更加恐怖。可他们不知道的是，他们才是真正的死神，他们才是当时世界上最强的骑兵战斗集团。而鄙人喜欢称他们为边境胡刀骑士。

而那个带领这些精锐的正是老当益壮的赵国第一将——廉颇。

公元前251年的某日，燕国前去攻打鄗城的栗腹部队还没有抵达鄗城，刚刚到达宋子（河北省赵县稍北）。可就在这时，一名传令兵匆匆赶来，"报，报告将军，前方二十里之外有一批近万的骑兵部队正在向我方快速接近，应该如何应对，还请将军示下！"

栗腹轻蔑一笑。"哼，这应该就是乐间口中所谓的赵国精锐骑士了吧，没什么可说的，就让这些乡巴佬好好看看中原战车部队的威风！来人！"

"在！"

"令，千辆战车全部出动给我摆横阵，只要看到赵国骑兵团，不要给他们半点儿机会，直接碾压过去！"

"是！"

"另外，让其余步兵排大横阵紧随其后，以防止他们左右绕开以机动力的方式拖垮我军战车队。"

"是！"

于是，燕军阵地之中，轰隆隆的声音不绝于耳，不一会儿，战车横阵就已经排列完毕，只等赵国军团自投罗网。

果然，不到半炷香时间，廉颇的部队已经开到了前线，隐隐看到了燕军车阵的身影。

栗腹想打廉颇一个措手不及，遂不给廉颇任何反应时机，直接令大军碾压过去。

本以为赵军会按照以往的套路分左右两翼游走对付战车，可没承想，廉颇竟然指挥骑兵团直奔战车冲了过去。

正面和战车互冲！这简直就是抱着必死的决心。甚至，这些胡刀骑士连自己最擅长的弓箭都没拿，拎着一根套马绳就冲过来了，这让栗腹百思不得其解。

可他很快就会理解了，并且是刻骨铭心的理解。

就在两军即将冲到一起的时候，这些精悍的胡刀骑士狠狠地拉了一下马绳，战马瞬间改方向为向横奔。然后，这些边境胡刀骑士将手中看似可笑的绳子扔了出去。再紧接着，恐怖的一幕出现了。

只见这些绳子好像长了眼睛一样，直奔牵着战车的战马而去，当这些套马绳套住战马的脖子以后，这些胡刀骑士狠狠地向横拉伸，战马瞬间失去了平衡，直接摔倒在地。

战车在急速运行，而战马却突然摔倒在地，这使得战车直接失衡。轰轰轰！无数的战车飞了出去，上面的御者、射手、大戟士全都被甩了出去，整整一千辆战车，在和胡刀骑士相互攻伐的一刹那便被打了个干干净净。

这一幕都把后面的燕国士兵看呆了，栗腹也同样如此，一时间竟不知如何是好。而此时的赵军根本没有半点儿懈怠，廉颇为沙场宿将，抓战机就和骑马一样简单，他一看燕军这神态便知道此时是燕军最为虚弱的时候。

于是，廉颇爆吼，"分！"

令行禁止，训练有素的边境胡刀骑士以极快的速度将本部兵马分成了若干个小队。

"冲！"

廉颇又一声爆吼，然后一马当先向前冲锋，边境胡刀骑士紧随其后，他们抽出了手中的突击长枪直奔燕军横阵！

边境突击骑兵的速度实在是太快了，再加上燕军还没反应过来，甚至连枪阵都没能及时摆开便被边境胡刀骑士冲到了近前。

砰砰砰！整个燕军横阵瞬间被斩为多段，指挥链完全失灵，进而大乱。

之后，边境胡刀骑士迅速将冲锋长枪收入马鞍的枪袋之中，然后从腰间抽出胡刀，对着下面的燕军就是一顿猛砍乱杀。

燕军大溃，顿时开始四散逃亡。

廉颇果断异常，直接下令，命全军将士直扑横阵后面的栗腹部。

栗腹一看败局已定，转身就要领着自己的近卫队逃窜，可一切都晚了。这些边境胡刀骑士如同旋风一般杀到栗腹附近，然后对着正在逃亡的栗腹部便是一顿骑射。

结果，近卫队连同栗腹全都被射成了刺猬。

紧接着，廉颇率众对逃亡的赵军展开了十里追击。过十里以后，廉颇命令众人停止追击，之后便向西北而上，直奔正在攻击代地的卿秦部队。

而此时的卿秦部队刚刚抵达战场，正在制作攻城器械。由于赵军的速度太过迅猛，所以卿秦军队还没等听闻栗腹之败讯便被廉颇从后方打了个措手不及。

一见己方援军已经从后面杀将过来，燕军又出现了混乱的态势，代地大夫直接率领守军出城迎击，和廉颇军两面合击燕军。

本战，燕军大溃，卿秦死于乱军之中，乐乘也被廉颇活捉为俘虏。可赵孝成王念及乐家在赵国的声望和多年以前乐乘为赵国做出的贡献（乐乘之前是在赵国为官的，为什么之后又跑回燕国无可考），遂重新起用乐乘，命他为廉颇的副将，辅助廉颇攻打燕国。

那么此时燕王喜千乘之军在哪里呢？

原来燕王喜本以为次战必胜，便领着千乘之军慢悠悠地跟随在后，可当他听闻南伐军和西伐军全部败退以后，哪里还敢有半分小瞧赵国的念头，赶紧灰溜溜地逃回蓟城了。

可赵孝成王岂会轻易放过燕王喜？他不但命廉颇继续东进攻打燕国，还给廉颇不断地增派兵力。

廉颇名声在外，再加上边境胡刀骑士通过这次战斗威震华夏，所以燕王喜根本不敢和赵军野战，赶紧收缩防线至蓟城。

廉颇将整个蓟城围了个里三层外三层且制作攻城器械，看似不日即将狂攻燕国。

燕王喜着急了，便派遣使者前去赵国，请求赵孝成王放过自己。

可赵孝成王根本就不吃那一套，直接放下狠话，"去！回去告诉你家燕王，想和解可以，可除非派大夫将渠来和谈，其他的人统统没有资格！"

使者不敢有一丝怠慢，赶紧跑回去将赵孝成王的话转告给燕王喜。燕王喜哪里敢有半点儿不愿意，直接封将渠为燕国上大夫，让他出使赵国和谈。

最后，燕国以五座城邑为代价换取了赵国的退兵，且威望狂跌，使得齐国也开始盯上燕国，打算报前几年的"一箭之仇"，燕国可真是赔了夫人又折兵。

5.13　豪侠公子显神威

公元前249年，秦庄襄王为了感激吕不韦对自己的帮助，任命吕不韦为秦国丞相。吕不韦从此一飞冲天，彻底从商人变成了权倾朝野的重臣。

与此同时，身在蜀地的李冰也完成了都江堰这个历史性的工程，使得巴蜀之地真正成为天府之国，粮草供应可用源源不绝来形容。

如此，秦国的粮仓又堆满了粮食，而中原的诸侯国又要遭殃了。

可让人跌破眼镜的是，首先遭殃的却是东周。

这一年，秦庄襄王命宿将蒙骜为主帅，统率秦国军团北上，直逼东周。

东周兵和秦军根本就是民兵和正规军之间的差距，再加上蒙骜用兵谨慎，很少有漏洞给敌人钻。

所以，东周被一战而定。

东周王的下场和西周王一样，被贬为了庶民。

至此，从建国到现在历经了三十七任王，屹立华夏八百七十四年（抑或八百六十七年）的周朝彻底灭亡。

那么秦庄襄王为什么要攻打东周呢？蒙骜又是什么人呢？

蒙骜，原本是齐国人，是否曾在齐国为官史无记载。秦昭王时代，他看到秦国一天比一天强大便拖家带口地来到了秦国。因为熟读兵法、用兵谨慎而被秦昭王喜爱，遂用其为将。

再加一句，他是秦国名将蒙恬的爷爷。

周朝，这个自从东迁成周以后大不如前的王朝，其实早在春秋末期的时候就应该灭亡了，可那时候《周礼》在人们心中根深蒂固，谁都不想在没有绝对实力以前推翻它，因为那样就会被天下诸侯找到攻击自己的口实，进而被围殴。

但是随着秦国越来越强大，东周王俨然成了天下合纵的中心点，有他的命令起码各国诸侯就有了名义上的结盟理由。

总之，不管是东周也好，西周也罢，全都占据着天下的中心位置。成周（洛阳）更是天下的中心点，将此地拿下以后，秦国的交通便可用四通八达来形容。

基于以上三点，东周必被秦所灭。

东周被灭以后，蒙骜毫不停歇，率兵继续出击，连下韩国的成皋和荥阳，将天下中心地带全部打通，并在此设置了三川郡。

公元前248年，蒙骜从三川郡继续出击，先是攻取了魏国的高都，又向北进击赵国拿下榆次周围三十七城，使得秦国的国土面积又有了大规模的提升。

公元前247年，秦国设置了太原郡（今山西省太原市一带）。这说明原中山以东的赵国地盘已经都被秦国给拿下了，也包含了赵国名城晋阳。

然而，秦国侵略的野心无穷无尽，那边刚刚打了赵国，蒙骜便继续南下攻打魏国。

他先是将大军囤积在上党，然后由此地出兵向汲，克之，遂渡白马津直逼大梁，有一举灭魏之势。

魏安釐王大惧，他一边派遣使者前往各国求援，一边组织军队抵挡秦国军团，可组织了好几拨军队都以失败告终，而周围各个诸侯国也不敢轻易得罪秦国，一个个全都作壁上观。

眼看蒙骜的军队一天天临近大梁，魏安釐王急得像热锅上的蚂蚁，无奈之下，魏安釐王只能再派使者前往赵国，请求魏无忌回国帮忙。

可无奈，不管魏安釐王派了多少使者前去请魏无忌回国，魏无忌都是严词拒绝，甚至直接放出话来，"有谁再敢放魏国使者进来见我的，直接处以死刑！"

下面的宾客一听这话全都沉默了，有谁会和自己的性命过不去呢？

可魏无忌手下的门客不敢劝谏，却阻止不了别人来劝谏。有两位出名的隐者就前来面见魏无忌了，他们分别是毛公和薛公。

魏无忌久闻二人大名，恨不能见面。如今听得二人前来拜访，如临上宾，将二人恭恭敬敬地请到了屋内。

双方坐定，魏无忌对二老施了一礼，然后道，"久闻二位先生大名，不知今日到访有何要事？"

薛公嘿嘿一笑，"啊，也没别的事儿，就是感觉公子您死期将近，我俩特来吊丧。"

这话一说，魏无忌的脸一下子就阴下来了，"哦？我死期将近？我怎么没感觉到呢？"

毛公推了一下薛公，微笑道："哈哈，薛公心直口快，不太会说话，公子不必在意，不过他说的的确是实话，您死期将近了。"

魏无忌越听越郁闷，可既然两人都这样说，那说不好自己是真有什么安全隐患，于是拱手问道："还请二位先生为我解惑！"

毛公微微一笑道："公子，您现在在赵国之所以受到尊重，那不只是因为您救援了赵国，还因为您的名声响彻天下。可您的名声又是从哪里来的呢？又是通过谁给您的呢？那就是魏国。"

说到这儿，毛公顿了一下，薛公继续道："毛公说得没错，因为有魏国的存在，公子才能有名声，才能受到赵国的重用，如今秦国蒙骜正在狂攻魏国，打算一举而灭，魏王又以一日三使的频率召公子回国，公子您却无动于衷。假如魏国最后真的被秦国所灭，您魏国老祖宗的宗庙社稷全都被夷为平地，公子您将要以什么样的面目立足于天下呢？"

听到这儿，魏无忌慢慢地低下了头，眉头紧皱地沉思。

毛公见状接着道："说得没错，一旦魏国被灭，而您又不回去帮忙，您的名声将会受到极大的打击。到时候，天下人都会痛骂您无情无义。赵王留着您最大的用处便是利用您的名声来证明自己的贤明，如果您的名声不在，赵王还留着您干什么呢？您多年以前得罪了秦国，这天下何处是您的藏身之地呢？所以我二人说您死期将近矣！"

这话说完，魏无忌激灵一下站了起来，对二人深深一拜，然后辞别了赵孝成王，火速回到了大梁。

此时的大梁王宫，魏安釐王正和自己手下的大臣们商讨如何抵御蒙骜之事，可看他们凝重的表情很明显是没有什么太好的办法。

魏安釐王更是一屁股坐在凳子上，低着头，用手捂着脸，惨淡地道："难道我魏国社稷就要在我这一代被毁了吗？"

下面的大臣们一个个低着头，没有一个人能在这时候帮他出主意。可就在众人心灰意冷的时候，突然有一内侍吵吵嚷嚷地冲了进来。一边冲还一边语无伦次地喊着，"来了！来了！"

魏安釐王正是窝火之时，又见平时非常沉稳的内侍如此德行，直接怒了，指着内侍骂道："混账！来什么来！秦军来了自有我亲自上阵，你喊什么！"

内侍没有管魏安釐王那愤怒的表情，直接跪在地上，无不激动地道："大王！公子无忌来了！现在正在殿外等候。"

"什么？"

魏安釐王一听这话，直接从椅子上蹿了起来，也不管什么排场了，奔跑着前往殿外。

此时的殿外，魏无忌正心情忐忑地等候着。他的心中十分不安，毕竟之前自己斩杀了魏安釐王的爱将晋鄙，现在已经回到了"虎穴"，如果魏安釐王趁机发难，他也是没有一点儿办法。

然而接下来的一幕彻底打消了魏无忌的忧虑。只见一衣着华丽之人挺着个大肚子，晃晃悠悠地冲自己跑了过来。

魏无忌定睛一看，这不是魏安釐王嘛。

那魏安釐王也不顾满头的大汗，跑到魏无忌身前就给魏无忌一个拥抱，他抱得很紧很紧，都快将魏无忌勒得喘不过气来了。

紧接着，魏安釐王竟然哭了起来。

这突然的一幕给魏无忌都弄蒙了，看看魏安釐王，又想了想曾经二人的关系，魏无忌的眼泪也一滴一滴地流了下来。两个人就这样相拥而泣，可没有一个人嘲笑他们，全都跟着流下了泪水。

大概小半炷香的时间，两人慢慢地松开了彼此，魏无忌直接就要向魏安釐王跪下谢罪，可魏安釐王早就防着这一手了。那魏无忌双膝还没等落地，魏安釐王就一把将魏无忌扶了起来，"兄弟你这是干什么？过去的就让它过去吧，我们谁都不要再提了！"

魏无忌对魏安釐王深深一拜，"是！"

就这样，魏安釐王将魏国上将军印亲自交到了魏无忌手中，并且当天对外宣称，"从今往后，魏国一切军情大事全由魏无忌一人掌权，任何人不得有异议，违令者，斩！"

魏无忌上任以后，立即开始调兵遣将，他一边派遣自己的门客前往列国求救，一边亲率魏国主力大军于济水以南造营列阵，打算硬抗秦军。

魏军闻得魏无忌被任命为大军统帅，无不欢声雷动，士气空前高涨。纵横无敌的蒙骜连续对济水南岸发动多次"抢滩登陆"，结果都以失败告终。

无奈之下，蒙骜只能列阵于济水以北，等待时机再行攻击。

如此，一个月转瞬即逝。

而这时候，五国联军也即将开到济水以南。一般情况下，但凡是联军作战总要先将联军集合完毕，之后再一鼓作气进行攻击。

可魏无忌用兵与人不同，他追求的是快、准、狠三字要诀，以动若雷霆之势突袭敌军，瞬间击溃敌军斗志为准则。

那魏无忌派出了多名使者前往赵、齐、燕三国联军处，告知三国统帅，让他们将所有的士兵集中在济阳以北的济水处，约定三日以后渡过济水，于秦军西方突袭之，而自己则率领楚、魏、韩三国联军于济水以南集结，之后两面夹击秦军，一举而定。

果然，三日以后，楚、魏、韩三国联军突然渡过济水，对秦军发动了潮水一般的进攻。蒙骜直接派前军前往迎敌，自己则亲率主力大部坐镇中央以防敌军有所图谋。

如此，才交战不到两个时辰，秦军西面沙尘滚滚，齐、赵、燕三国联军已经从侧翼飞奔而来。

蒙骜扫了一眼正在和秦军交战的楚、魏、韩三国联军，又看了看西边漫天的灰尘，估计六国联军要多出己方不少，再加上魏无忌机关算尽，已经在地理位置上形成了两面夹击之局。

所以，蒙骜当机立断，直接出一万骑兵策应前军，然后本部兵马迅速后撤。

魏无忌一看蒙骜想跑，直令大军加快进攻强度，势必全歼蒙骜部。可是秦军实在太过精锐，光是一个前军和一万骑兵就将六国联军抵挡半天而不溃散。

最后，秦国前军被魏无忌全歼，一万骑兵也损失殆尽，魏无忌直接令大军对蒙骜展开玩命追击，不歼灭蒙骜誓不罢休。

魏无忌一路狂追猛揍，蒙骜则是一路飞奔而逃。他们一个追一个逃，跨越了管地、华阳、荥阳、虎牢，飞过了孟津、成周、新安、渑池，直到一脚将蒙骜部队踹回了函谷关，魏无忌才没有再行追击。

可魏无忌没有撤退，而是屯大军于函谷关下，一边分出一部分大军向函谷关以东收复失地，一边派遣使者前往列国，让其他国家速速送来军粮，给秦国施加军事压力。

在这次军事行动中，魏无忌不但将蒙骜踹回了关中，还收复了多处之前被秦国占领的土地，在收复土地以后继续围攻函谷关，俨然有一举灭秦之架势。

魏无忌现在可真的是威震天下了，简直就是一人可撼强秦，俨然已经成为全天下的军事统帅。就连孟尝君田文的功绩和他比起来也是不值一提了。

这消息很快便传到了咸阳，那秦庄襄王一听蒙骜大败，怒不可遏，便想出举国之力与联军硬抗，将秦国丢失的威风一仗打回来。

可就在这时吕不韦站了出来，"大王，此事很容易解决，并不用如此麻烦！"

"哦？丞相有何妙计？快快说来！"

吕不韦微微一笑，从袖子里抽出了一块黄金，"请问大王，这是什么东西？"

"嘻！这不是黄金嘛。"

"没错。大王，这世界上没有什么堡垒是金钱攻不下来的。他们联军之所以能够如此团结靠的就是魏无忌主导，如果我们将魏无忌扳倒，联军必不攻自破！"

听着这话，秦庄襄王略有所悟，可还是有些疑惑地问道："丞相的想法是不错的，可这钱应该怎么用才合适呢？"

"呵呵，咱们就如此……"

话毕，秦庄襄王哈哈大笑，紧接着连连称善。

5.14 战国末期

次日，从咸阳向大梁方向出动了好几拨人，这些人的兜里都装满了黄金。他们前往大梁不是为了别的，而是寻找现在在大梁做官的魏国原大将晋鄙曾经的门客，给他足够的黄金让他在魏安釐王面前陷害魏无忌。

这门客本就憎恨魏无忌，现在又有大量的黄金送上门来，没有犹豫便答应了。

于是，此人在魏安釐王面前诋毁道："大王，公子无忌在赵国逃亡十年之久，早就对咱们魏国失去了从属感，现在他成了咱们魏国的上将军，而各诸侯国也只知道魏国有公子无忌，并不知道还有您这个王。大王您要知道，公子无忌自从用兵到现在，从来都是势如破竹，从来没有耽搁过片刻。快，就是他的用兵。然而现在呢？公子无忌并没有迅速攻击函谷关，而是用六国之兵疯狂瓜分中原之地。我看，公子无忌现在不是想要抗击秦国了，而是想要在西方自立为王了！大王，我要是您就会赶紧将兵符收回，遣散了联军，省得以后给自己找麻烦！"

魏安釐王也知道这个说魏无忌坏话的人原本就是晋鄙的门客，所以也没当回事儿，打发他走也就算了。

可让魏安釐王没想到的是，这晋鄙的门客只不过是一个开头。紧接着，一批又一批诽谤魏无忌的人跳了出来，撺掇魏安釐王赶紧收回兵权。

所谓"三人成虎"，来说的人多了，魏安釐王便信了，于是他派了一名新的将领前往前线代替魏无忌。

所以，联合部队就这么解散了。

之后谁也不愿意再搭理魏安釐王。

所以，秦国又出了函谷关将原本失去的土地又一个一个地夺了回来。

因此，魏无忌从此伤心欲绝，再也不去管魏国的那些破事了，只想活一天算一天了。

所以，他每天声色犬马，胡吃海喝寻欢作乐。

照此，他的命不久矣。

那边秦国刚刚重新收复了失地，可秦庄襄王却不知何故在咸阳王宫中一脚登了天。

秦庄襄王死后，其子嬴政继承了王位，这便是以后大名鼎鼎的秦始皇了。

说到秦始皇，首先想到的就是他真正统一了天下，成就了天之伟业。可有一件事不要忽略，那就是秦始皇继位的时候，天下都已经快要大定了，这并不是他一人的功劳，而是几代人共同创造的大业。因此，秦始皇横扫六合之前，先简单地介绍一下秦始皇继位之初的天下形势。

当时之秦国经历历代君王的扩张，北起上郡（今陕西省榆林县），沿太原郡（今山西省太原市）、河内郡（今河南省泌阳县修武县）、三川郡（今河南省洛阳市一代）、南郡（今河南省西南部），南至黔中郡（今湘西之地），还有甘肃、四川等地之前都已经说过，在此不再重复。

总之，现在的秦国已经占有天下一半的土地，所以在地理形势上已经有了一家抗衡其余六家的本钱。

此外，秦国政治制度科学严谨，文臣武将无数，后勤保障也是无人能比。故，秦国统一天下已经是时间问题。

赵：自赵武灵王胡服骑射以来，赵国不断开拓疆土且有廉颇、赵奢等名将，蔺相如、虞卿等贤臣，真可谓威风八面。可自赵惠文王以后，赵国君主统御无方，屡信奸臣谗言，导致决定性战役一败再败。现在的赵国太原之地和上党之地全部为秦国所得，仅剩下邯郸、中山、河间以及云中、代等边郡而已。

燕：除了燕昭王一代昙花一现之外，都是被欺负的角色。

齐：战国七雄中地理位置最好的国家，最为富有的国家，最有可能消灭秦国的国家，可齐湣王一代经营不善，差点儿被灭国，所以现今之土地也只有山东部分而已。

魏：这个天下最早的霸主，自魏惠王以后便开始走了下坡路，可到了魏安釐王一代，本有机会趁着联军大势正好之时重新夺回早些年失去的国土，但魏安釐王听信谗言替换掉了魏无忌，导致联军溃散，本已经夺回的失地又全都被秦国夺回，使得魏国一直到灭亡也再没有崛起的机会。而现在魏国的国土也仅剩下大梁及周边的二十邑左右，仅相当于现在秦国的一郡之地。

韩：曾几何时，韩国的劲弩也曾威震天下，可自从马陵之战以后，韩国被魏国几乎打成了落水狗，再也没能崛起，如今更是随着不断丢失的领土排在七雄的末位。

楚国：曾经地方近万里，有百万带甲，粮米可支大军连续征战十年不止，是除秦、齐以外的最强之国。可自从郢都被白起所拔，楚顷襄王迁都陈地后，又至楚考烈王时代为秦国之军事压力所逼迫，再次迁都于巨阳。在形势上已经是被动挨打的地位，可楚国土地依然广大，兵力甚众。所以，秦国虽然有以一抗六的实力，可还是不敢贸然对楚国动兵。于是，楚国被嬴政排在最后消灭的序列。

这便是中原大地此时的情况。

但有一点不得不说，那便是中原之外的各个民族。

匈奴、三胡、月氏：

就在中原民族经过了春秋战国时代的长期斗争，慢慢向天下大一统迈进的时候，同时生活在大漠南北和阴山山脉以东的戎、狄、胡各个民族同样着手准备塞外的统一。到了秦始皇元年，也就是战国末期的开端之时，这些部落从上千个各自独立的势力体变成了三个庞大的统一派系。他们分别是匈奴、三胡和月氏。

三胡主要活动在辽北、热河、察哈尔以东地区。而匈奴族群主要活动于察哈尔、绥远、宁夏、甘肃等地。至于月氏派系，则处于匈奴以西，大概在如今的祁连山和敦煌一带。

至于南方之百越，虽然人数众多，作战勇猛，可部落之间各自为政没有什么凝聚力，根本就不是中原诸侯的对手，不提也罢。

如此，嬴政继位之初的大致形势就是如此了。

从以上多方面来看，谁都阻止不了秦国统一的步伐了。

可事实真的是这样吗？嬴政真的就这样一帆风顺地统一了天下吗？绝对不是。因为就在此时，他遭到了和他太爷爷当年继位之初一样的待遇，他就好像一个木偶一样被人操控着，而这个人的名字就叫吕不韦。

这时候的嬴政刚刚十三岁，还没有到加冠之年（二十岁），没有资格独揽朝政。可他的心智却不是一般十三岁的孩子能比的，嬴政还小的时候就经常被邯郸的孩子们痛殴，被邯郸无数幽怨仇恨的双眼所注视。这使得他在很小的时候就不停地防着周围的人，他谁都不相信，只相信自己。

久而久之，嬴政练就了生性多疑、独断专行的个性，也很早熟。

5.15　老鼠理论

公元前246年，嬴政坐在王位之上，死死盯着下面的吕不韦滔滔不绝地演讲。相比而下，自己这个真正的秦王就好像一个摆设。

嬴政很想把这个令人讨厌的家伙除掉，可一是此人在秦国的势力太庞大了，二是这人和自己的母后赵姬不清不楚。还记得自己刚刚回到秦国的时候，这个大胡子叔叔没事儿就往母后的后宫里面钻，美其名曰"商量国家大事"。随着嬴政一天天地长大，这二人才算是有所收敛，可经过嬴政多方探查，两人的"联系"根本就没有断过，只不过转为"地下"行动而已。

那既然整不死吕不韦，嬴政就必须先要隐忍，稳住吕不韦。别在自己还没到加冠之年就被吕不韦给害死。所以，嬴政在吕不韦面前一直都是一副乖巧的模样，甚至称吕不韦为仲父，以示尊重。

可吕不韦却怎么看这个一脸鹰相的小子装乖巧怎么别扭。

"怎么就不像个正常孩子呢？"这就是吕不韦心中唯一的念头。

同年，一个年轻人默默地到了秦国，投奔吕不韦的门下当了个舍人。这人不是别人，正是以后的秦国名相——李斯。

李斯，楚国上蔡人，年轻的时候曾经是一个管粮仓的小官吏，李斯本来以为自己这一辈子也就这样了，可有一次，一只老鼠改变了他的命运。

话说有一次，李斯急着上茅房，正巧在茅房中看到一只老鼠，因为长期生活在茅房，所以这只老鼠非常瘦弱，它一看到有人来了吓得仓皇而逃。

可这一幕却彻底将李斯震撼，一时间，李斯陷入了久久的沉默，竟然忘了如厕。

因为长期把守粮仓，所以李斯总能见到"仓鼠"，这些仓鼠不知通过什么途径直接在粮仓里安了家，因为很少有人打搅，还有食用不尽的粮食，所以这些仓鼠长得非常肥大，生活极为滋润。

那人又何尝不是一个道理呢？他李斯现在只是一个管理粮仓的小吏，这就好像那个茅房里的老鼠，哪个官都能蹬自己两脚，可如果自己能在楚国当大官，那可就变成了粮仓中的老鼠了。于是李斯下定决心，自己这辈子一定要当个大官，这样才不枉活了一次。

有一句话说得好："人只有有野心才会有成功的可能。"李斯就是从这一刻开始产生了野心，并且他即将走上人生的辉煌之路。

下定决心的李斯当即辞去了"粮仓管理员"的工作，因为他知道，想要成为大官就一定要有本事，在当时那个年代，"本事"意味着要么你学富五车，要么能上战场拼杀。他李斯有多少料自己心知肚明。所以，李斯变卖了全部家财，用这些钱去投靠了当时的大学者荀卿（荀子）学习帝王之术。希望学成以后可以振兴楚国。

而李斯有野心、有恒心，这使得荀卿非常喜欢，便对李斯倾囊相授。

在众多弟子中，能让荀卿这样对待的大概也只有李斯和韩非这两个人了。

　　几年以后，李斯尽得荀卿真传。可这时候，他的世界观也发生了改变。有了学问的李斯清楚地知道楚国的政治弊端，这个华夏的庞然大物虽然地广物博、兵甲充足，可就如同一个被腐蚀的大象，早已经病入膏肓。

　　李斯觉得这个国家的腐败已经到了根里，是不可能有太大作为的，唯一能改变它的只有血的清洗。

　　所以，李斯放弃了最初回楚国为官的想法，而是选择了秦国作为自己新的东家。

　　主意已定，李斯就要走了，在临行前，他必须向老师告别。

　　荀卿问李斯打算去哪儿，李斯对荀卿一拜，然后道："老师，我听说过这样的一句话：'绝对不能放过任何机会。'如今天下经过多年不断的战争，已经慢慢出现了统一的趋势。自秦孝公以后，秦国历代君王都企图登基称帝，吞并天下。而现在的秦国正是我们这些布衣游说之士大显身手的黄金所在啊！"

　　荀卿微微点头，然后道："这么说，你是想去秦国吗？"

　　李斯没有作声，而是再次对荀卿微微一拜，表示默认。

　　荀卿继续道："嗯，我派帝王之术本质上也倾向于纵横，只不过略微多了一些治世之策而已，我本身并不反对你前往秦国，可你要知道，秦国属法家治国，是被中原多数人所唾弃的国家。凭你的能力，在秦国早晚会有出头的一天，但同样地，也会遭到中原诸多学派的唾弃。你，甘愿被历史所弃吗？"

　　听了这话，李斯微微一笑，"老师此言差矣，处于卑贱的地位而不设法有所作为的，这就好像只有一张脸皮的行尸走肉。所以，在这世界上没有比身份低贱更让人耻辱的了。而那些愤世嫉俗的儒家学派长久处于卑贱的地位、穷困的环境，却将自身寄托在无为自守的精神境界中，这不是人应该有的情怀。所以，我打算前去秦国奋斗之心已定，那里才是天下真正有才能的人所聚集的地方。"

　　如此，李斯辞别了荀卿，只身前往秦国。

　　而这时候，正好赶上秦庄襄王去世，年幼君主继位，吕不韦权倾朝野。所以，为了通过吕不韦这个渠道发展起来，李斯便去应聘门客了。

　　李斯有才学，有阴谋之术，还写得一手好字。这让吕不韦非常赏识，便收他为门客，同时保举他入宫为郎官。

可李斯的志向却不在此，他学的是帝王之术，是专门辅助帝王的，才不会只跟一个吕不韦便心满意足。

于是，李斯将目光瞄上了处于弱势期的嬴政。

一日，嬴政正和一个叫赵高的小太监游走于宫中，只见正前方突然来了一名大臣，远远地便对嬴政深深一拜。

嬴政知道这个大臣叫李斯，是吕不韦的门客，所以也没想搭理他，挥挥手让他让开。可这李斯就好像没看到一样，还是继续作礼拜状。

嬴政本来心情就不好，于是怒道："你眼睛不好使吗？我让你滚开，没懂？"

可这个李斯依旧好像没听到嬴政的话一般，杵在原地不动。

这时候嬴政感觉不对劲儿了，疑惑地道："有事儿？"

"有。"

嬴政眼前一亮，并没有声张，"嗯，跟我来吧！"

内室之中，四下无人，嬴政对李斯道："有什么话，说！"

李斯微微一震，这嬴政的气度一点儿都不像孩子，反倒是霸气逼人。这使得李斯震动，可他很快收复了心神，再次一拜，"陛下，一味等待的人会错失良机。要建立伟大功业就要敢于下手。"

听了这话，嬴政的心惊了一下，可他的表情还是没有半分改变，依然背着手道："呵呵，我不懂你说什么！"

李斯微微一笑，自顾自地又说了一堆大道理便走了。嬴政深深地看着李斯远去的背影，从此记住了这个人。

而李斯要的就是在嬴政心中种下一颗种子，仅此而已。

5.16　廉颇老矣，尚能饭否?

而就在这一年，韩国著名水利专家郑国被派到秦国任水利总监。

郑国建议秦国在关中地区修筑一条巨大的水渠，以此来灌溉大片田地。嬴政和吕不韦都认为这个提议非常不错，便从了郑国的言论，命他为总督，监督修建关中水渠。

那韩国人为什么这么好心呢? 凭什么白白给秦国这么一个技术型人才呢? 这不是会让秦国更加强大吗?

韩桓惠王哪儿有那么好的心，他之所以这么做无非就是想让郑国在主持修建水渠的时候消耗秦国的国力，进而拖垮秦国。

那么韩桓惠王能成功吗? 秦国会被郑国给拖垮吗? 这个后面再说。

话说现在的秦国不管是国土面积还是综合国力那都是全天下第一的，就是一对六也没有什么问题，然而现在幼主刚立，中原各路诸侯国正应该趁着时机抓紧联合，准备应付秦国的下一次大入侵。可是他们这时候却都在忙着内斗呢。

公元前245年，赵孝成王打算趁着秦国幼主还在熟悉秦国的时机吞并魏国，扩张国家地盘。他派廉颇出击，攻取魏国的繁阳，并想继续攻打魏国，一举灭之。

廉颇岂是一般小将能抵挡的。于是，魏安釐王大急，忙派人去找魏无忌帮忙。

可现在的魏无忌早已不是当初意气风发的那个魏无忌了。因为他的心已经死了。

魏无忌自从被魏安釐王从联军统帅的位置上拉下来以后，那是每天醉生梦死，早已经是行尸走肉一具。他醉醺醺地对魏安釐王派来的使者道: "去! 告诉我那大哥，不是怕我反吗? 不是怕我独立吗? 我现在这个德行了，他放心了吧? "

说罢哈哈大笑，然后倒头便睡。

使者无奈，只能回去复命。魏安釐王现在是整日唉声叹气，直后悔当初愚蠢的决定。因为别说魏无忌没想独立，就是真的独立了也有他在西边挡着秦国，自己能安枕无忧。

可现在后悔还有什么用呢？晚了！

就在大家都以为魏国即将灭亡的时候，事情却突然发生异变。赵孝成王崩了，其子赵悼襄王继承了王位。

那赵悼襄王不喜欢廉颇，认为廉颇已经是老朽一枚，马上进棺材的人了还在战场上折腾什么？于是便想起用新人，培植自己的势力。这个新人便是前些年被廉颇生擒活捉的乐乘了。

东南战线上，廉颇再一次打退了前来抵抗的魏军，别提有多高兴了，因为他喜欢打仗，更喜欢打胜仗，只有在战争中才能体现他的价值。

可就在廉颇自我陶醉之时，突然有传令兵来报，说乐乘正在率领大军前来，并且乐乘的使者已经在门外等候了。

一听这话，廉颇这心跳骤然加速，脸色逐渐阴冷，只一字，"宣！"

乐乘的使者入得大帐以后，对廉颇微微一拜，然后就要说话。可一看廉颇那慑人的面孔吓得直接说不出话来。看到使者半天整不出一个字儿来，廉颇冷哼一声，"哼，哑巴了？乐乘那厮让你来说什么？还不赶紧给我说！"

使者哆哆嗦嗦地道："将军，并不是我家乐乘将军让我来和您说的，而是大王让来……"

没等使者说完，廉颇一声暴喝，"少在这儿废话，什么事儿，说！"

"是，是，卑职这就说。大王说廉将军年岁已高，已经不适合继续在战场上征战了，特派乐乘将军前来接替您的位置，想让您回邯郸养老。将军，大王也是一片好意，您千万不要……"

"胡扯！"

老廉颇这一声吼简直震动天际，帐外千米都听得清清楚楚，帐内的使者更是差点儿吓尿了裤子，哆哆嗦嗦地一声都不敢言语。

廉颇急了，遥记得当初长平之战被免去将军之位以后，他的门客陆续都离开了自己，除了蔺相如有事儿没事儿来他家和他喝点酒以外，根本没有任何一个人来看他，廉府门口完全就是门可罗雀。

后来廉颇抵挡燕国大胜，赵孝成王大喜，再次恢复了廉颇的职位。于是没过几天，之前离开廉颇的门客便又回来了。廉颇哪是那么好脾气的人，指着这些门客便骂："你们这些忘恩负义的东西，你们来干什么？都给我滚！"

谁料到这些门客不但没"滚"，反倒是嘻嘻哈哈和廉颇道："哎，大人这话怎么说的，您为什么还有这么迂腐的思想呢？这天下的交友之道和市场买卖是一个道理，您没有权势了我们自然是离开的，要不然也拖累您不是？可您的权势重新回来以后我们还会继续跟着您，这难道不是真理吗？"

所以，廉颇最恨的就是临阵换将。这赵悼襄王一上台就要换了廉颇，不但不给廉颇丝毫面子，还触动了廉颇那根最敏感的神经。于是廉颇真的怒了。

只见廉颇一声怒吼，"来人！"

廉颇手下这群跟随多年的将领们也非常生气，一听廉颇叫他们以为廉颇不服从将令依然要用手中之兵灭了魏国，便一个个义愤填膺地站了出来，"在！"

"给我组织兵力！"

"将军您就说吧，往哪儿打！"

"往哪儿打？给我率军回头，狠磕乐乘那厮！一个手下败将也敢来接替我？他也配？新任赵王眼瞎了不成？"

听了廉颇的话，他手下的将军们一个个都蒙了，"这，这……"

廉颇圆目一瞪，"这什么这，老夫说话不好使？"

下面的将军们于是不敢多言，赶紧组织士兵。

没过多久，轰隆隆的响声震天，廉颇军如同烈火一般杀向乐乘。

乐乘本来兵力就少，能力和廉颇也比不了，几乎是一触即溃。

打跑乐乘以后，廉颇也知道闯了天大的祸，赵国也不敢回了，直接派使者前往魏国，说要归顺魏国。

可无情的现实彻底将廉颇轰得头破血流，魏安釐王是什么人啊？当初连魏无忌都怀疑，一个外国的廉颇就更不用说了。所以，廉颇到了魏国以后一直都没得到重用，只能赋闲在家，待遇还没有在赵国好。

时间匆匆而过，多年以后，赵国又连番被秦国攻打，赵悼襄王很后悔当时自己的做法，又有了重新起用廉颇之心，可那时候廉颇实在是太老了，赵悼襄王不怎么放心，便派使者去探望廉颇，看看他现在还能不能用。

谁料那使者在出发以前，和廉颇有私仇的郭开便贿赂了使者大批的钱财，郭开希望使者能在赵王面前诋毁廉颇，不想让廉颇再回来了。

那使者到了魏国以后，直接前往廉颇住处，廉颇别提多开心了，对使者好吃好喝好招待。为了向使者炫耀自己的身体，廉颇一顿饭吃了十斤肉、一斗米，且披甲上马，大铁枪让他抡得呼呼作响，简直就是宝刀未老。

而使者嘴上也没让廉颇失望，告诉廉颇，他回去以后一定向赵王如实禀报。

可当使者回到赵国以后，却是对赵悼襄王这么说的，"大王，那廉颇虽然老了，可饭量还挺好，勉强一用倒是也行。不过，这个老廉颇和我坐了一会儿就上了三次茅房，大王还是自己掂量吧！"

赵悼襄王听着这话，不再多言，从此也不再提用廉颇之事了。

可他不用，有人却用，楚考烈王一听名将廉颇在魏国没得到重用，便派人暗通廉颇，希望他能来楚国为官。

而廉颇此时也绝望了，他知道赵悼襄王是不会再重用他了，于是便答应了楚考烈王的请求，前往楚国当了一名将军。

可老廉颇指挥了一辈子的骑兵，对于步兵与战车的战术、战法实在是不甚了解，所以到了楚国以后也没什么建树，最后老死于楚国，并在临死前大吼："我真想再指挥一次赵国骑兵啊！"

5.17 神级将领——李牧

同年（前245），秦国再次向中原发动进攻，吕不韦命秦将麃公进攻魏国卷地，并一举斩杀三万魏人。

麃公，生卒年不详，此战之前毫无记载，此战以后亦无此人之记录，有人将他比作嬴政初年秦国三老将之一（王龁、蒙骜、麃公）。

同年，就在秦国于中原战场搅得天翻地覆之时，华夏西北发生了血腥大屠杀，十余万匈奴人惨死于赵国边塞，这使得天下震动。

所有人都在想，难道当初的赵国又回来了？

其实，并不是当初的赵国回来了，而是赵国诞生了一个和白起同级别的神级将领。

要说这个人，我们还要将时间往前挪一年。

匈奴是战国末期及秦汉时期汉族人最大的敌人。

西汉的时候，匈奴已经统一了整个北方草原，是当时世界上最强大的轻骑兵战斗集团，可用贾谊的一句话来说就是，"匈奴的总人口还不抵汉朝的一个州"。由此可见一斑。

匈奴是游牧民族，居无定所，他们不耕田，只放牧，只吃羊肉、奶制品。他们没有坚实的城墙，生活在恶劣的环境中，因此他们的儿童存活率很低，可只要匈奴的孩子能够成功生存下来，那他们将成为非常强大的战士，因为匈奴的孩子在刚会走路的时候便已经开始在羊背上练习骑马了，而不到十岁便开始真正在马背上练习了。

学会骑马之后，每个孩子都会配上一个短弓，让他们在马上可以随时随地地练习骑射。

可以这么说，每个匈奴男孩在长大以后的实力都和中原的胡刀骑士水平差不多。极个别的精英被称为射雕者，他们可以在马上持普通弓箭前、后、左、右四面开弓，且准度极高，与边境胡刀骑士类似。

匈奴的机动性极强，调动大军迅速，但凡大型决战一个个部落都能迅速向大后方迁移，避免被战争波及，而战士们则骑着马冲向战场。

如果战局对他们有利，他们比谁都凶狠，会拿敌人当畜生一样屠杀，以最快的速度结束战斗。可如果战争对他们不利，他们便四散奔逃，有组织性地撤回属于自己的部落。

因为机动能力超强，所以战败都不会有太大的损失，之后则可再次卷土重来。

那么这么强大的骑兵集团怎么就被消灭了呢？还一被消灭就是十余万人。

公元前276年的某一天，赵国边境长城下面黑压压的全都是匈奴骑兵，他们在长城之下来回不断地乱窜，口中不时传出污言秽语挑战城墙上面的赵军将士。

那些赵军士兵气得满脸通红，却没有一个人迎战。不是他们没有胆量，而是没接到命令不能动手。

此时，一个一身胡服、气质极不严肃的人横卧在城墙上，他毫不在意城下连绵不绝的谩骂声，反而还不断地打着呵欠，感觉好像要睡着了一样。

他擦了擦眼泪，看着蔚蓝的天空发呆，后面穿着盔甲的将领无奈立于此人身后，有人实在忍不住了，对这个躺在城墙上的人一拱手，"将军！出兵吧，我实在是忍不了了！这么躲到底要躲到什么时候才算完啊！"

那一身胡服的将领本来面无表情，可听了这话以后，直接回头看了一眼这名说话的将领，他不羁的表情瞬间全无，取而代之的是无比阴冷的眼神。

那将领吓了一跳，躬身一拜告罪，之后赶紧闭嘴。因为别看这名将军平时并不严肃，可谁要是违抗了他的命令他可是绝不手软。

如此来看，这名横卧在城墙之上的便是赵国边塞的最高统帅了。

大概又过了一会儿，匈奴人看赵国军队还是不出来，觉得这次也扑了个空，便在长城以外烧了一把火转身便走了。

那这个"胆小如鼠"的赵军统帅到底是谁呢？为什么面对匈奴的连番挑衅就是不敢动呢？他的名字叫李牧，就是以后让秦王嬴政头痛无比的赵国战神——李牧。

李牧，赵国柏仁人（现今河北省邢台市以北），对于他的前半生史书毫无记载，并不知是如何当上了边境一把手。

遥记得赵武灵王时期，不管是三胡还是匈奴都已经被打服了，可长平之战以后赵国战力猛降，北边的异族再次活跃，时常侵犯赵国边境，这其中就数匈奴最为频繁，赵国边塞因此损失惨重。

赵孝成王不断地换帅，可换来换去都没有什么用，该被抢还是被抢。最后换上的就是这个叫李牧的了。

那李牧上任以后效果非常明显，边境再也没遭受过任何损失，可是赵孝成王一点儿都不高兴。为什么呢？因为太丢人。

原来，这李牧上任以后，首先克扣了边关市场的租税，这些租税本来应该是送往邯郸的，可李牧非但没往邯郸送，反倒是全送到了军营，用这些钱每天给士兵们吃好的穿好的，只让他们刻苦训练。

这些士兵的待遇提高了，当然愿意全心全意为李牧效命，因此用心训练，从来不敢怠慢。

克扣关市租税，这赵孝成王也忍了，你只要能把匈奴给我打跑我也认了，可这李牧呢？他非但没主动攻击匈奴，还加重了烽火台的看守，并四处布置斥候，只要远远地发现了匈奴人就命所有的士兵和百姓全都撤回长城之内。

那匈奴野战虽然高超，可是攻城却是他们的弱项，便只能引李牧主动出击，力求在野战中全歼赵军。

可这李牧就好像滚刀肉一般，不管你匈奴人骂声如何震天，他始终稳坐长城之内。

匈奴单于无奈，只能骂完返回草原。来来回回好多次。

这赵国边塞从此以后还真没什么损失。

可这种战术让赵孝成王非常愤怒，这不是丢我们赵国的脸面吗？

因此，赵孝成王认为李牧此举非常不妥，遂派使者前往边塞训斥李牧。

使者来了以后，李牧对其毕恭毕敬，好吃好喝地招待，可面对一桌子的好酒好菜，使者并不买账，而是直接宣达了赵孝成王的旨意，指着李牧就是一顿骂。

而李牧呢？嬉皮笑脸地嗯啊答应，使者走后，还是老样子。这下可把赵孝成王给惹急了，"拿我的话当耳旁风了是吗？行！你给我滚吧！"

如此，边塞的李牧被赵孝成王给撤掉了。

新换的这名赵军将领确实符合赵孝成王的要求，一上任就领着边塞士兵和匈奴人死磕，结果却没有一次是获胜的，被匈奴杀得溃不成军不说，还数次被匈奴人杀进边关，损失惨重，这使得整个赵国北部动荡不安，老百姓别说是种田放牧了，还随时都有生命危险。赵孝成王无奈，只能再次派人去叫李牧上任。

那天，李牧正在府中练习射箭，闻听赵孝成王的使者来了，不敢怠慢，好酒好菜好招待，可听使者说明来意以后，李牧那脸唰地一下就变了，就见他直接走到屋子里，将被子一掀直接钻到了里面。

使者非常疑惑，"李将军，你这是干什么？"

李牧也没有好话，直接道："我有病，去不了！"

早知道李牧不靠谱，今日算是领教了。使者是百般劝告，硬软招数全使出来了，可李牧就是窝在被窝里连头都不露，还是那句话，"我有病，去不了！"

使者也是急了，怒哼，"哼！我看你也是有病！有神经病！"

说罢，头也不回地拂袖而去。

使者回去以后，将李牧的"德行"原封不动地转告给了赵孝成王。赵孝成王也是被李牧给气乐了，因为他不藏着掖着，闹矛盾也是明着闹。

所以，赵孝成王也没在意李牧的矫情，再次派了一名使者去请，可人家李牧还是那句话，"我有病，去不了。"

这次赵孝成王可有点儿生气了，心想，"不去？行！我亲自去请你！"

那李牧一看赵孝成王亲自来了，不敢再装病了，赶紧出门迎接。赵孝成王看李牧神清气爽，哪儿有半点儿得病的模样，便不阴不阳地道："嚯，病好了？"

李牧摸了摸鼻子，讪讪道："哦，还没好利索。"

赵孝成王一看李牧还想和自己胡闹，也不管他的脾气直接骂道："少跟我废话！你去不去？"

李牧对赵孝成王一拱手，脸上没有了玩世不恭的表情，异常严肃地道："大王，请恕末将无礼，要我去是可以的，不过大王必须答应我一个条件，如果不答应的话，大王就是杀了我我也是不敢去的！"

赵孝成王默默点头，"什么条件？你说说看！"

"那就是边关一切事宜还要按照我自己的套路来，你不能遥控指挥我，不然我是无论如何也不会去的。"

赵孝成王也不想再和李牧拉扯了，赶紧道："行，我再也不阻碍你了，你去吧，只要边境能安稳就行了。"

看着赵孝成王远去的背影，李牧微微一笑，"大王小看我了，怎么会只求边关安稳呢！"

如此，李牧再一次成为赵国边关的守将。

那匈奴单于一听又是李牧，马上挠头，"怎么这个滚刀肉又来了！"

果然，李牧一切都按照老套路来，不管匈奴如何挑衅就是不接战。单于亦无可奈何。

这一晃就是好几年，匈奴虽然挑战无数次，可边境无忧，战士们经过了这几年训练也变得相当精锐，他们打仗的心情极为迫切，都希望能建立功勋。

李牧深深地感受到了战士们求战的心情，再加上这些将士此时的精锐程度，（注：还有一条，那便是这时候赵悼襄王已经继位了，他是不可能像赵孝成王一样纵容自己的）于是，李牧打算动手了。

公元前245年（大概在这一年前后），李牧动用全边境之兵，挑选战车一千三百乘，边境胡刀骑士一万三千骑，边民重步兵五万人，（注：所谓边民重步兵乃是李牧独创之特种兵，他们并不像中原步兵那样使用长枪短剑等兵器，而是使用特别宽大的大刀作为兵器，此刀无名，但却是以后大环刀和斩马刀的祖宗，这刀一下去，不管是人还是马，断无活命之理）优秀弓箭手十万。

兵力组织完毕以后，李牧召开了军事会议，往日的放荡不羁在此刻消失得一干二净，取而代之的是一身的铠甲和威严的表情。

李牧一拍桌子，"全军将士听命！"

那些将士被李牧的气势所震慑，几乎异口同声地道："在！"

"全军北出边塞，咱们去放羊！"

这话一说，下面的将领全都蒙了。

有一个将领实在忍不住了，疑惑地道："元帅莫不是想吸引匈奴主力决战？"

看着下面的这名将领，李牧微微一笑，"醒目！还是你聪明，诸位听我说，咱们如此这般……"

听了这话，一群将领顿时振奋，异口同声地道："谨遵将军军令！"

于是，赵国长城以北二十多里处，漫山遍野全是赵军在放牧，整个关外到处是羊，目的就是吸引匈奴狼群。

匈奴单于听闻以后，立即令左右贤王集结所辖部落，让他们以最快的速度调遣骑兵团。

匈奴集结士兵速度天下第一，没几天便有十余万匈奴正规军集结完毕。他们将生羊肉和各种肉干放到马鞍之下便直指赵国边关。（注：游牧民族作战讲究来去如风，从来都是以闪电战来结束战斗，所以没有什么运粮部队拖累。这些人将大量的肉食制作成肉干，或者将生肉放到马鞍下面，因为战马在活动的时候体温非常高，很快就能将生肉弄个三分熟，可直接食用，并且还能保证短期内不会变质）

看到漫山遍野都是赵国士兵和肥羊，匈奴单于别提有多高兴了，可他也是经历过大风大浪的，为人谨慎，盖因和李牧"对话"多年，认为这李牧就是一个胆小鬼，怎么可能这么大胆，调集十多万人和自己决斗呢？

所以，他料想李牧一定是有计谋要实施，遂派小股部队突袭赵军，想看看李牧有没有耍什么阴谋。

面对匈奴小股部队的偷袭，十七万赵军一触即溃，慌忙向后逃窜，肥羊损失无数，赵军也被俘虏了上千人。

这一千赵军在单于面前一个劲儿地跪地求饶，并承诺，只要单于能饶过他们的性命，他们什么事儿都肯干。

单于冷笑，问这些士兵，"我问你们！你们的主帅李牧是不是有什么阴谋？"

这些赵军又是一顿磕头，然后装出贪生怕死的样子道："回禀单于，我家将军，啊不，李牧那厮真的没有任何阴谋，他这次是被逼无奈才来这么远的地方放牧。单于您也知道，长城外围都被您烧没了，我们不跑这么远怎么能放牧啊！"

本以为自己的说辞天衣无缝，可是单于却是大怒，"来人！给我将这些人一人抽一百鞭子！"

鞭子噼里啪啦地不停往下抽，下面的赵军士兵被抽得血肉横飞，他们不停地求饶，不停地喊疼，可却没有一个人将李牧的作战计划泄露。

一百鞭子抽完以后，赵军士兵有气无力地道："单于，您现在不去追击落荒而逃的赵军，反过来打我们这些向您投诚的，这又是何道理？"

单于冷笑道："哼！少骗我，李牧有多谨慎我能不知道？这么多年了，我们匈奴士兵一动他便了如指掌，这么个胆小如鼠的人怎么会不知道我要出兵？所以，我断定你在欺骗我，李牧那厮定是挖好了坑等着我去跳！"

听了这话，赵国的那名士兵作恍然大悟状，"哎呀，就是因为这事儿啊，单于您可真是误会我了。您是不知道，李牧这次之所以出兵，一是边塞附近没有了肥美的草地，二是赵王也对李牧的战术非常不满，这才逼着他出兵，李牧那厮卑鄙无耻，就想借着放羊的时候带十多万人往前走一段，然后再撤回边关，这就等于是出兵了，他也好向上面交差，单于您可真是误会我等了！"

单于一听这话，恍然大悟，"哦，原来是这样啊！"

可就是这样他还在犹豫，没能果断下令出击。

后面的那些匈奴将领们一个个赶紧催促，"单于大人！快下命令吧，您要知道，整个边塞都是一路平坦，根本就没有设置伏兵的地方，再加上赵军撤退得十分慌乱，根本就毫无组织，这明显是害怕啊！单于！赶紧出兵吧，杀了这些士兵以后，赵国边塞就再也没有了抵抗力量，到时候赵国就全是咱们的了，单于您就别犹豫了！"

单于在这个将领的说服下，令全军追击逃亡之赵军。

轰隆隆，十余万匈奴战马瞬间奔腾起来，如同地震一般让人畏惧，这些匈奴士兵抽出短弓，准备大举屠杀赵军。

一方慌忙逃窜，一方奋起直追，看上去匈奴真是前景一片大好。可赵军虽然在亡命逃窜，可他们逃窜的方位却是极有规律的，竟然隐隐将匈奴追兵围了起来。从古至今，对付马背民族最好的办法就是围而全歼，但他们来去如风，想要全歼匈奴的部队何其困难，可李牧，就要做到了。

就在这时，只听咚咚咚咚的一阵急鼓，正在逃亡的赵兵突然转身，前面手拿大砍刀的赵军于前列阵，后面成群的赵军手拿长弓。

紧接着，弓箭离弦声暴响。然后，四面八方的箭矢如雨，正中间的匈奴部顿时被射得人仰马翻，惨叫连连。（注：匈奴轻骑兵的骑射最为强悍，可同样，他们最怕的也是弓箭，因为这些人没有中原的优良铠甲，人人都只是胡服一套，对付箭矢没有什么太好的办法，如果丧失了优良的机动力，那就只有失败）

单于见状不好，大吼："中计！速退！"

"嗡嗡……"随着匈奴独有的号角吹响，匈奴大军迅速将突骑排在最前面，他们手拿突击长枪，从四面八方突击撤退。

这时候，赵军高台之上，看着狼狈而逃的匈奴军团，李牧似笑非笑地道："想跑啊？晚喽！"

咚咚咚，赵军鼓声再响，四方赵军突然变阵，本来松散的阵形突然变成斜阵，形成梯形大阵，严密至极，后面弓箭手不断射击突击而来的匈奴骑兵，而前面大刀兵则毫无惧色，顶着迎面而来的匈奴突骑就是一顿狂砍。

瞬间，整个前线都鲜血四溅。

单于蒙了，他从来没听说过谁能在交战中突然变阵的，也从来没听说过哪个国家的短兵器士兵能抵得住突骑的冲锋的。可这个自己瞧不起的李牧不但成功抵挡住了，自己的士兵还损失无数。再看李牧的梯形大阵收缩得越来越快，单于真是急坏了。

突然，单于发现梯形大阵朝东的一面并没有被赵军堵住，这一发现使单于如同抓住了一棵救命稻草，赶紧命令残余士兵集中一点向东突围。

可就在这时，赵军高台之上突然有红色令旗闪动。紧接着，伴随着轰隆隆的巨响，不知从哪里冲出来一千多战车直接将东面堵死。这些战车堵住东面以后直奔匈奴而去。

这要是在往常，对付战车的办法实在是太多了，可都有一个前提，那便是要有足够的活动空间和战车游走作战。然而现在的匈奴部队已经被四面团团围住，哪里还有半点儿空间。可这只是一个开始，就在战车即将冲到匈奴军团面前的时候，从西、北、南三个方向又冲出一万多边境胡刀骑士。这些骑士手拿突击长枪，像锥子一样扎进了匈奴人群之中，然后扔掉长枪，抽出胡刀就是一顿狂砍滥杀。

匈奴人还没来得及应对，东面的战车部队也冲进了匈奴军团中心。这些战车车轴处的宽大车刀就好像绞肉机一样，走到哪里都是肢体漫天、血雾一片。

匈奴人怕了，他们绝望了。也不知是谁带的头，第一个下马跪地求饶，紧接着，一片一片的匈奴骑兵全都跪在了地上，可高台之上的李牧眼神冰冷，根本就没有放过一个匈奴人的念头。因为他知道，对付这些人，如果你不给他们杀得怕了，他们是绝对不会臣服的。

就这样，赵军如同地狱里的魔鬼，全歼了这些匈奴骑兵。

本次战役可以列为史诗级战役，匈奴十余万骑兵全军覆没（纵观历史，如此大规模全歼游牧民族的战役实在是极少的）。

此战过后，三胡和匈奴畏惧中原之兵如虎，十余年未敢在赵国边境闹事。

如此，赵国没有后顾之忧，边塞大军可以支援中原了。

与此同时，李牧之名响彻天际。他遥遥地看着西方，笑着道："秦国，我李牧来了。"

5.18　老将之间的对决

公元前244年，秦国再次东出中原，嬴政以蒙骜为帅攻韩，连攻下十三城。之后继续向东攻打魏国，再取两城。

同年，眼看秦国一天天地向东扩张，赵悼襄王坐不住了，他一定要在秦国向自己动手之前增加自己的实力。

于是，他派遣"民族英雄"李牧出兵攻打燕国的武遂和方城，燕国根本没有能挡得住李牧的将军，再加上士兵的单兵作战能力也是全方位落后。

如此，二城被轻易拿下。

而秦国呢，自然不会停下攻伐脚步，想当初赵国最巅峰的时候秦国都没在军事竞赛中输给赵国，更别提现在了。

可就在秦国人想继续向东扩张之时，国内却突然出事了，这使得他们止住了侵略的步伐。

公元前243年，秦国关内发生了百年难得一见的蝗灾，蝗虫过处寸草不生，再加上瘟疫流行，国家苦不堪言。关外的粮草无穷无尽地运往关内，可这也解决不了危机。

无奈之下，秦国下令：百姓凡是有纳粮一千石的就授一级的爵位。

如此，在全国百姓的"慷慨解囊"之下，秦国才算是度过了这次危机。

同年，看着现在地盘越来越小的魏国，魏安釐王痛恨自己多年前放过的唯一机会，整天都郁郁寡欢，不久便积郁成疾，没过多长时间便崩了。而信陵君魏无忌整日沉迷酒色，也在魏安釐王崩掉没多久便卒了。

之后，魏景缗王继承了王位。

公元前242年，待秋收以后，秦国度过了上一年的危机，继续东出扩张领土。

老将蒙骜直奔魏国，一举拿下二十城且在此设置东郡。

同年，经过一年的休整，燕国的国力有所恢复，而李牧又回到了边关。燕王喜抓住这次机会，打算攻击赵国以报前些年之仇。

一时间，燕国人头涌动，不断有士兵向边境集结。

因为李牧身在边塞，这让赵悼襄王十分担心，便召集群臣，问谁可以带兵出征。结果经过多方推荐，大家一致认为，只有庞煖能担此重任。

庞煖，战国纵横家、军事家，早在赵武灵王时代便已经活跃在赵国，是一个行事稳健且不乏奇谋的优秀老将。

燕王喜得知赵国派庞煖为将以后，召来了燕军大将剧辛，问他对待庞煖心里有没有底。

那剧辛轻蔑一笑："大王多虑了，这要是李牧带兵前来我不敢说能赢，可如果是庞煖那个老家伙，我胜之轻松加愉快。"

燕王喜一听这话，心中的石头算是落了地，便命已经集结完毕的剧辛率众出击。

剧辛，在燕国号称与乐毅齐名，早在赵武灵王时代便和庞煖一起侍奉赵武灵王，可当时赵国英杰太多，剧辛一直得不到重用，遂有投靠他国之想法。正赶上那时候燕昭王铸黄金台，遂投靠了燕昭王，且在燕国屡立战功，并和乐毅争论过应该如何对付齐国。

后来燕昭王崩，剧辛再没受过什么重用，直到燕王喜继位才重新重用（据说此时的剧辛和庞煖都已经将近八十岁了）。因为剧辛曾和庞煖同朝为官，非常熟悉庞煖，一直认为他只是一个纸上谈兵之辈，所以根本没瞧得上庞煖，可谓满怀信心。

对于此次战役的详情，史书上没有半点儿记载，只说庞煖大胜剧辛，俘虏两万多燕军，剧辛也死于乱军之中。不过凭着剧辛之前的轻敌和庞煖的用兵手法，我有理由认为，庞煖是设了一个大坑等着剧辛来跳（伏兵），而剧辛轻敌冒进这才导致大败。

5.19 庞煖的瞒天过海

公元前241年，秦国再次攻打魏国，并攻下重镇朝歌，鲸吞天下的想法已昭然若揭。

其他国家都十分着急，他们绝不能坐以待毙。于是赵悼襄王牵头，开始联络各路诸侯合纵抗秦，而秦国也是外交战的行家，你想合纵我就破坏。

于是，"托孤大臣"吕不韦广派使者前往列国，连威逼带利诱地阻止诸侯国合纵。

可现在秦国对于天下的威胁实在是太大了，各路诸侯是不可能再看着你一天天强大了。基于此，除了和秦国相对较远的齐国未出兵合纵以外，楚、赵、燕、韩、魏皆出兵攻秦。

本次合纵大军由赵之庞煖为军事统帅，楚考烈王为纵约长（名义上的盟主，并不在战阵之中），春申君为总参谋长，率领五国联军杀奔秦国。

秦国方面，精兵强将尽出函谷关，打算彻底和联军大决战。

不久，联军到了函谷关下，紧接着扎营和制作攻城器械，叮叮当当地打造攻城器械之声整日不绝。

这使得秦军如临大敌，因为他们知道，攻城器械制作完毕之时便是联军攻城之日。

可就在这时，事情突然发生了异变。

咸阳王宫中，吕不韦正在和嬴政说着些什么，突然有一内侍惊慌来报，说敌军已经跨越西河水，出现在河西要地。

话毕，吕不韦与嬴政大惊，联军这等于是绕过了函谷关，直接突袭到了秦国腹地。

吕不韦凝重地道："我说这庞煖怎么一直不攻打函谷关呢，原来是声东击西啊！"

嬴政在一旁略微着急地道："仲父，这可怎么办？如若这样下去的话咸阳危矣，现在向函谷关求援也不太现实，这一来一回的，时间上根本来不及，而咸阳方面也是无兵可派，因为大部分士兵已经派到函谷关了，如此关键的时候，还请仲父拿出个办法！"

吕不韦拿出了什么办法咱先不讲，还是先看看庞煖的部队为什么会突然出现在河西之地吧。

原来，庞煖在攻打秦国以前，认为函谷关为天下第一关，之前每次合纵都被挡在这道"墙"后面。如此，还不如分出一支大部队绕道蒲阪（今山西省永济市西南），南渡河水，迂回至函谷关后，可以出其不意地突袭咸阳。

因为现在秦国主力大军全都集中在函谷关，所以咸阳必定无兵可守，到时候一举拿下咸阳可对秦国人在精神上造成毁灭性打击，之后进而灭之，完全解决秦国这个中原大患。

如果此计成功，哪怕灭不了秦国，也绝对会使之元气大伤。庞煖此计绝对是够阴险。并且直到现在，庞煖都是成功的，联军可谓前途一片大好。

此时的咸阳王宫，听了嬴政的发问吕不韦满怀信心一笑，然后拱手对嬴政道："大王勿忧，对付联军，我自有办法！"

"仲父有什么办法？快快道来。"

"我大秦精锐虽说现在都在前线，但是咸阳还有五千禁卫军（铁鹰锐士）可用，如果凭借这五千禁卫军防守咸阳那无异于痴人说梦。可如今敌军突袭成功，一定会采用斩首行动突袭咸阳。所以，他们的速度一定非常迅捷。可如此的话，士兵必定疲惫，再加上没能想到这时候我方还敢突袭，必放松警惕。"

听了这话，嬴政疑惑地道："可如今联军分三路同时突袭我咸阳，仲父不可能同时袭击三路兵马吧，如果袭击一路兵马，其他两路势必有所防备，到时候再想袭击可就没有那么容易了。再者说，只有五千兵马，这人数……"

嬴政没有把话说完，其中质疑之意已显露无遗。可吕不韦还是微笑地道："我想请问大王，联军之中哪国出兵最多？"

"自然是楚国。"

"没错，楚国为联军之中枢，也是联军的胆气所在，如将楚国击败，联军士气定然大挫，到时可不攻自破。"

嬴政眉头微皱，"可是，只有五千禁卫军，这……"

"大王不必多虑，可知我大秦人人尚武，就是一个平头百姓也可充作民兵来用，现在正是国难当头之时，如果这些人不守护家园，咸阳必被联军涂炭，那时候，他们还能剩下什么？他们的家园、田产、财物全会毁于一旦，所以大王只要告示一出，还怕没有兵吗？"

听了这话，嬴政振奋无比，狠狠敲了一下桌子，只一个"善"字。

次日，咸阳城内。

和往常一样，咸阳一片祥和，商贩们准备开张，农民们准备出城种田。他们自信无比，认为当今天下没有一个人能攻破函谷关的大门。岂不知，联军即将兵临咸阳。

就在这时，伴随着咚咚咚的巨响，秦钟被狠狠敲响。

所谓秦钟，也是秦国之国钟，被架设在咸阳最高处，凡遇到紧急事件，需要召集所有咸阳人的时候便会被敲响，咸阳百姓必须在一个时辰之内集合完毕，不然以违法论处。而这座秦钟从咸阳建成以来从来都未被敲响。

秦钟一响，所有咸阳人先是一愣，之后都放下手中的事情飞一般地奔向咸阳广场集合。

这些百姓并不知道召唤他们要干些什么，都在下面七杂八杂地议论，可就在这时，突然一声吼，"秦王驾到！"

这一声吼如同平地惊雷，下面七嘴八舌的百姓都震惊了，一时间静得针落可闻。

秦王，那是何等高贵之人，平头百姓就是一辈子也未必能见上一面，可如今，这个尊贵的秦王竟然主动前来见他们，这是何等荣耀。

于是，这些百姓一个个激动地跪在了地上，高呼"秦王万岁"。可他们的脑袋都是昂着的，想一睹秦王的尊容。

没过一会儿，一名身着华丽服饰的年轻人走上了高台。他看了一眼下面跪着的人群，双手伸出，微微向上一抬，人群中马上有人喊道："秦王让你们起来了，赶紧谢恩！"于是百姓们赶紧谢恩而起，然后目不转睛地盯着眼前的这个年轻人，看他究竟有什么话说。

看到百姓们全都站了起来，嬴政大声说道："我大秦的百姓们，我要告诉你们一个不幸的消息。如今，联军已有一部分兵马突入我大秦河西之境，不日即将兵临咸阳！"

这话一说，下面的百姓先是一愣，没过多一会儿便哗然一片。

然而嬴政没有被此情景所干扰，继续道："我咸阳现有五千禁卫军，寡人欲派丞相吕不韦为大军主帅，统兵前去迎敌。可光靠这五千禁卫军根本就不是联军的对手。现在，寡人真心地祈求各位，请助寡人一臂之力！"

说罢，对下面的百姓深深一躬。

百姓们你看看我我看看你，没有一个高声喊杀的，毕竟那是战场！是不小心就会送命的地方。

下面的百姓不为所动，可嬴政毫不放弃，再次说道："众位！我知道你们心中所想，也理解你们的苦衷，可现在大敌当前，一旦咸阳被荼毒，你们的所有都会毁于一旦，哪怕是你们逃出了咸阳，可凭着中原诸侯国对咱们秦国的恨，他们可能放过你们吗？你们甘愿当他国的奴隶吗？我要听你们的真实想法，告诉我！"

说到这儿，终于有年轻人忍不住了，高声嘶吼，"不愿充当亡国奴！杀！"

越来越多的人被带动，于是，成片成片的嘶吼声响起。

嬴政伸手示意停止，下面又是一片安静，只听嬴政爆吼："现在！我！秦王嬴政，在此立誓，丞相吕不韦，此战只许胜！不许败！一旦失败，提头来见！我！秦王嬴政！不管前线胜负如何都会坐镇于咸阳之中，城在人在！城亡人亡！"

这下，百姓们的热情被彻底点燃了。一个个撸胳膊、挽袖子爆吼道："杀！杀！杀！"

趁着士气正旺，嬴政继续吼道："壮哉！我的臣民们！现在，王宫的大门已经为你们敞开，进去以后便是我大秦的兵器库，去吧！去拿起你们手中的兵器！我会在这一直等你们到酉时（17：00—18：59），时辰一到，不管来多少人，即刻出兵！我会一直在这站到那一刻，为你们送行！"

说罢，嬴政对这些秦国百姓深深一拜。

百姓们对嬴政回了一拜。之后并未多言，直奔王宫而去。

嬴政遵守了他的诺言，整整一天都站在高台之上，而太监赵高无数次想上去给嬴政擦汗喂水都被打翻在地，这让无数的咸阳百姓感动。

于是，酉时的时候看着下面站着近五万的部队，嬴政笑了。

此时的楚军阵营，黄歇以极快的速度前往咸阳，在三军之中，楚军的速度是最快的，但同样也是最为疲劳的。

黄歇以为，秦军听闻联军绕后攻击咸阳，一定会收缩防线固守以待援军。根本没料到秦军敢主动寻求决战，更没料到敢进攻联军兵力最强的楚军。

所以，当夜入睡之时根本就没怎么设防。

结果，真的出事儿了。

次日拂晓，楚军几个士兵正在执勤，因为根本没想到会有什么危险便都在偷懒打盹儿。

而这时，几名一身轻装的铁鹰锐士悄悄靠近，抽出短剑噗噗两下，短剑干净利落地插进了执勤楚兵的胸膛。

之后，几名铁鹰锐士点起手中的火把，对着远处来回晃动，而远方数万火把在这时也突然亮起。

紧接着，杀声震天，数万火把冲向楚军大营。五千铁鹰锐士冲锋在前，一人一个火把扔向楚军营帐，之后冲了进去，见人就杀。后面的百姓们也有样学样，纷纷朝楚军大营扔火把，楚军营地顿时火光漫天。

那些还在梦中的楚国大兵一个个从睡梦中惊醒，可刚出营帐，冰冷的铁剑便迎头砍来。

楚军顿时大乱，有很多士兵都来不及穿衣服，光着身子便四处溃逃，黄歇一看大势已去，带着残部仓皇逃窜。

吕不韦绝对不会放弃这次痛打落水狗的机会，他统率秦军像疯了一般追杀逃兵，关内到处都是楚国人的尸体。整个楚军被秦人杀得十不存一。

黄歇不敢返回联军大帐，怕庞煖一怒之下剁了他，便直接率残部逃回了楚国。

楚考烈王听了黄歇的汇报以后大怒，虽念及他往日之功没有将其斩杀，但却从此疏远了他。

再看联军，楚国失败的消息很快传遍全军，联军士气极为低落。大家全都来找庞煖，"主帅！现在楚军被灭，我联军士气极低，秦国则举国士气高涨，在这种状况下，想迅速拿下咸阳根本就不可能，而函谷关也分出一部兵力正在往回赶，如果我方被前后夹击那谁都跑不了，不如暂且撤退，以待将来再行复仇！"

庞煖虽然愤怒，可事已至此，除此之外别无他途，便只能解散了联军，让他们各自回家了。

在回赵国的路上，庞煖越想越憋气，因为齐国在列国身后，却不参与合纵，使得列国不敢发全力来援，都是为了防齐国留了后手。如果齐国来援，又怎么会落到如此地步？

于是愤怒的庞煖直接率军攻取齐国饶安（今河北省盐山县西南），赵国由此有了自己的出海口，庞煖这才回归赵国。

联军战败以后，楚考烈王怕秦国倾举国之力对自己进行报复，遂迁都于寿春避祸。

5.20 千古第一大"雕"

公元前240年，秦国老将蒙骜卒。嬴政也在这一年举行了加冠典礼。

可手握大权已久的吕不韦害怕嬴政掌权以后将自己的丞相之位剥夺，便开始彰显他的功绩，让全国人民都知道秦国没有他吕不韦是不行的。

那他是怎么做的呢？

其实早在嬴政加冠以前，吕不韦便想到会有这么一天。所以打那时开始，吕不韦为了在嬴政加冠之后也拥有绝对的名声和权威，便想在其加冠的时候出一部囊括百家思想的宏伟著作，这就是《吕氏春秋》了。

为了这部著作，吕不韦可谓煞费苦心，他将所有的门客集中在一起修写《吕氏春秋》，这"本"书可谓鸿篇巨制，囊括了诸子百家的学问，使其成为当时战国的"第一杂书"。

其实，吕不韦的这部书早就写完了，他之所以不公开就是等着嬴政登基那天给世人一观，让他们知道文武全才的吕不韦才是秦国的中流砥柱。

这还不算，吕不韦还将书简悬挂于城门，说只要有人能在《吕氏春秋》中挑出一个错便赏千金。

结果还真没人能挑出什么错，这使得吕不韦更加声名大噪，《吕氏春秋》事件直接盖过了嬴政的加冠大礼，这无异于给嬴政一个下马威。

吕不韦还要排除后顾之忧，他绝不能给嬴政铲除自己的把柄。

那这个把柄是什么呢？那就是嬴政的母亲赵姬了。

吕不韦之前为了巩固自己的政治地位与赵姬保持着不清不楚的关系。他认为那时候嬴政小，这些事儿他也不懂，可现在不行了，嬴政已经大了，而且通过多年的细心观察，这小子绝对是一个大胆决绝的人，如果让他抓住自己的把柄，自己可就没有好日子过了。

要知道，秦国的法律除君王自身拥有无限的权威以外，其他所有的人都会受到制裁，哪怕是权倾朝野的吕不韦或者是赵太后都不例外。

于是，吕不韦单方面撇清了和赵太后的不正当关系。可这事儿并没有那么简单。

于是吕不韦为了解决这个难题特意找了一个人来顶替自己，这人便是嫪毐。

嫪毐是土生土长的秦国人，他被装作太监送到宫中，赵太后和嫪毐一拍即合、相见恨晚。从此赵太后再也不理吕不韦了，整天和嫪毐在内室私会。

吕不韦长舒了一口气，以为从此以后便没事儿了。可他错了，他甚至因此断送了自己的性命。当然了，这都是后话，暂且不表。

5.21　黄歇之死

公元前239年，嬴政派遣成蟜为主帅攻击赵国，可没想到的是，成蟜竟然在和赵国交手之前就背叛了秦国，改投赵国门户。

成蟜，嬴政同父异母的弟弟，从来没有领兵打仗的经验，秦国历史上也少有公子领兵打仗的事儿，让他领兵打仗的动机史书上也没有记载。不过一些野史说嬴政之所以让成蟜出兵赵国，就是想借着赵国的手除掉他。而成蟜不想死，便只能投靠赵国。

这也解释了为什么成蟜投靠赵国以后嬴政没在第一时间攻击赵国。

公元前238年，秦国继续东出，攻下了魏国的首垣、蒲、衍氏，并且派遣使者前往魏景缗王处，威逼魏景缗王臣服于秦国，实际上就是为了破坏中原诸侯的合纵。

魏景缗王畏惧秦国的武力，只能向嬴政屈服。

如此，嬴政遂将目光瞄向了赵国。

可还没等嬴政对赵国发动攻击，天下突然发生了两件大事。一件震慑了整个楚国，另一件则震慑了秦国，进而使嬴政打消了攻击赵国的想法。

要说这两件事儿还真够长的，咱就一件一件地说。

第一件事发生在楚国。战国四公子之一的春申君黄歇死了，并且是非正常死亡。

咱们再将时间往前推一点儿。

话说五国伐秦以后，因为黄歇的疏忽大意，致使楚军近乎全军覆没。楚考烈王为了躲避祸患迁都于寿春，而黄歇也不想总在边塞守着，便请求楚考烈王改自己的封地为吴地。

楚考烈王虽然逐渐冷落黄歇，可对黄歇当初的功劳却从未忘记，便准了黄歇的请求，改其封地为吴。

而黄歇现在唯一要做的就是想办法重新获得楚考烈王的器重，这可是一件难办的事情，然而万事都怕有心人，聪明的黄歇很快便想出了应对的办法。

因为楚考烈王没有子女，所以黄歇便进献很多身体健康又貌美的女子给楚考烈王，希望通过让楚考烈王获得子嗣重新得宠，可这事儿的问题是出在楚考烈王个人身上。于是，不出意外地，这些女子无一人怀上楚考烈王的孩子。

然而就在黄歇一筹莫展之际，一个人进入了他的视线，使得黄歇找到了希望，也使得他加快了走向鬼门关的步伐。

这人便是黄歇众多门客中的一员，他的名字叫李园。

李园，赵国人，不知通过什么渠道当了黄歇的家臣。近水楼台先得月，黄歇整日忙什么李园尽收眼底。

于是，李园有了一个阴谋。

话说李园有一次请假回家看望自己的妹妹，可过了很长时间都不回来。过了将近半年的时间，李园迟迟而归。

黄歇生气地问李园为什么回来得这么晚。

李园答，"主公莫怪，还不是因为那个齐王贪图我妹妹的美色，派使者来请我妹妹嫁过去，我因为与齐国使者周旋，这才回来晚了。"

听了这话，黄歇眼前一亮，"嚯？齐王派人去请的？那这肯定是一天仙一般的美女啊！"

想到这儿，黄歇也是心动了，便问李园："嗯，那齐王的订婚礼物送来了吗？"

"哦，现在只是商量阶段，事情还没定下，所以礼物尚未送到。"

"嗯，好，你现在立即停止和齐国使者的周旋，领你妹妹来一趟吴地，我先替齐王把把关。"

李园心中乐开了花，可表面上依然答应得极为勉强。

一个月后，李园将自己的妹妹带到了黄府之中，黄歇一见李妹，果然是国色天香，于是黄歇直接就将李妹给收了。

过了一段时间，李妹有了黄歇的骨肉。于是，李园和李妹的下一步计划开始实施了。

一日，李妹和黄歇道："夫君，前几日我这身子甚是不爽，经郎中查探，说我已经怀了您的骨肉。"

黄歇的孩子不少，并没有那么兴奋，只是默默点头表示知道了。而李妹突然话锋一转，对黄歇道："夫君，您知道吗，早先楚王尊重您的程度就连他的兄弟们也比不上，如今楚王已经老了，却到现在还没有儿子，那他死后的位置一定是兄弟所继承。而他的兄弟们都早已有自己的亲信，到时候您的失宠已经是板上钉钉了。可那也都是小事儿，关键是您得罪过不少权贵，如果新王上任，妾身恐怕您性命不保啊！"

黄歇也是叹息一声，"唉，你说的这些我又何尝不知，但这又有什么办法呢？我已经竭尽全力为楚王送上貌美的女子，可这楚王是真的不争气，一直到现在都没有个一男半女。"

李妹微微一笑，"夫君其实也不必太过着急，我现在倒是有个办法，就是不知道您愿不愿意？"

黄歇眉毛一挑，微笑道："哦？你个妇人能有什么办法？说来听听！"

"夫君，妾身被您宠幸不久便有了您的骨肉，这事儿除了您、我和哥哥并没有他人知晓，您可以把我直接送入宫中。我想，凭我的容貌楚王肯定会临幸于我。如此，我肚子里的孩子就成了楚王的孩子。如果这是个儿子的话，您依然会权倾朝野，是女儿您也是大功一件，这何乐而不为呢？"

黄歇被李妹一番劝说，鬼使神差地答应了。

就这样，李妹顺利地进入宫中，而楚考烈王果然被李妹的美色迷住，便

"有"了孩子。

又过了几个月，孩子出生了，还是个男孩儿。楚考烈王晚年得子，有多高兴就不用说了。而李妹的身份也是水涨船高，当即被封为王后。

正所谓"一人得道鸡犬升天"，那李园自此以后也被重用，成为朝中重臣。

可恰恰是这时候，黄歇的末日也随之而来。因为黄歇是未来楚王的亲爹，所以李园既怕黄歇因此骄纵而将事情泄露，从而坏了大事，也怕黄歇以后仗着楚王亲爹的身份独揽朝纲。他李园只想自己独揽朝纲，不想有任何对自己有威胁的竞争对手，所以李园必杀黄歇。

于是，李园养了很多死士，准备向黄歇动手。

李园养死士这个事儿在楚国很多人都知道，就是不知道他具体要干什么。

可真有聪明人猜透了李园的真实意图，巧的是这人还就在黄歇的府邸当门客。

时间一晃又过了几个月。这时候，楚考烈王已经身患重病，眼看就要归西了。黄歇有个叫朱英的门客就在这时候找到了他，没头没脑地道："主公，这世上有不期而至的福，也有不期而至的祸，如今您处在这个不期而至的世上，侍奉着不期而至的君主，那您怎么能没有不期而至的帮手呢？"

黄歇被说得云里雾里，不知道朱英想表达什么意思，于是问，"什么叫不期而至的福呢？"

"您在楚国担任宰相已有二十多年，虽然名义上是楚国的宰相，可是实施的权力和楚王无异，现在楚王已经病重，归天那是早晚的事，到时候国君年幼，您就会替他主持国政，就如同当初的伊尹和周公一样，这便是不期而至的福了。"

"哦？那不期而至的祸又是什么呢？"

"李园对您表面尊重，可实际上圈养刺客，野心已昭然若揭。属下敢保证，一旦楚王驾崩，他会第一时间领死士进驻王宫，夺取权力以后杀您灭口，有谁不愿意独揽朝纲呢？这便是不期而至的祸了。"

黄歇微笑着摇头，"呵呵，那不期而至的帮手又是谁呢？"

"那就是我！您现在就安排我为郎中（帝王侍从官），并给我人手，始终在寿春王宫监视着李园的一举一动，一旦楚王驾崩，李园定会抢先入驻王宫，到时候我直接杀了他，您老就什么危险都没有了！"

朱英本以为自己分析得有理有据，黄歇这么睿智的人会马上听从他的意见，进而开始行动。

可黄歇哈哈大笑道："你还是绝了这个想法吧，那李园就是一个软弱无能之辈，我就是借他个胆他也不敢对我下手，况且我和他那么要好，他怎么会对我下手呢？我还从来没见过一个人想要官想到你这个地步。"

说罢直接转身而去，看都不看一眼朱英。

朱英一看就知道自己的意见不会被采纳了。他料定黄歇必死，到时候自己这个进"谗言"的也一定会被李园诛杀，所以连夜逃出楚国，投奔他国去了。

那结果会不会如同朱英预料的一样呢？

果然，十几天后，楚考烈王驾崩，李园在第一时间便领刺客入驻王宫，等待着春申君黄歇的驾临。

而这时候的黄歇在干什么呢？他正高兴地前往王宫呢！

黄歇以为自己以后定会在楚国只手遮天，想着那要风得风要雨得雨的日子他的心情就激动得不行。

可黄歇一到寿春王宫，李园便直接将王宫大门锁死，紧接着数百名死士直奔黄歇，黄歇连话都没说一句便被乱剑捅死。

紧接着，李园手持短剑割下了黄歇的人头，一脚便踹出了官门之外。

之后，李园以太后的名义动员禁卫军，对黄歇一派进行了血腥的打压，黄歇全族无一幸免，不管男女老少全都被李园斩杀殆尽。

李园从此权倾朝野，而那黄歇的儿子，便是楚幽王了。

战国四公子之一的春申君黄歇，声名显赫的一代权臣就这样死于小人李园之手。

下面再说说发生在秦国的第二件大事吧。

5.22 吕不韦之死

前面说了，秦国将魏国打成了小弟，紧接着便想要出兵赵国了，可就在攻击赵国之前，秦国内部却发生了事端，也因此中断了进攻赵国的事宜。

那秦国究竟发生了什么事呢？

原来战国第一"根王"嫪毐谋反了。

那嫪毐为什么要反呢？

要说这事儿，还得把时间往前推推。

话说那嫪毐到了后宫以后彻底地满足了赵太后，赵太后天天快乐无度，十分宠爱嫪毐。

可没想到的是，一段时间后，赵太后有了身孕，这下麻烦可就大了，如果被发现了，天下人全笑话秦国就不说了，嬴政也饶不了她。

可赵太后被感情蒙蔽了双眼，也顾不得大局，竟然打算将这孩子生出来。

为了防止事情外泄，打从知道自己怀孕的那一天起，赵太后就开始装病，整日躺在寝宫中卧床不起，意图隐瞒自己怀孕的事儿。

可这种事肯定是藏不住的，赵太后因此成天提心吊胆。为了能成功隐瞒此事，她打算远离咸阳避祸。

于是，赵太后想出了一条妙计。

她提前找了一名巫师，给了他很多的钱财，并让他照着自己的话去说。巫师收了钱财，必定替人消灾。

某一天，赵太后对下人说："我这病不对劲儿，好像有什么脏东西爬到了我的身上，快，快去给我找巫师！"

如此，那名被提前收买的巫师便来到了后宫。

这巫师装模作样地一顿跳大神以后，对太后道："太后！您阴气旺盛，疑沾鬼神，这咸阳王宫怕是不适合您居住了。"

赵太后装作很害怕的样子，"什么？那怎么办？巫师快快救我！"

"太后，想解决此事其实也不难，只需要您回故都雍城疗养便成，那里阳气旺盛，鬼神是绝不敢近身的。"

太后听罢"大悦"，直接派人前往嬴政处禀告此事。

嬴政想都没想便答应了，遂将雍城给赵太后作为封地，让她好好疗养。

到了雍城以后，嫪毐和赵太后如同上了天的比翼鸟，以为再也不受人管束便在雍城肆无忌惮地兴风作浪。

那赵太后爱嫪毐爱得近乎疯狂，将所有的权力都交给了嫪毐，嫪毐便成了雍城土皇帝。

几个月以后，赵太后腹中的孩子降生。然而没过多久，赵太后和嫪毐又再次怀上了一个孩子。

而嫪毐呢，当了几天雍城的土皇帝，野心便越来越大，竟然开始做起了秦王美梦。

在他枕边风的影响下，赵太后找到了嬴政，要求嬴政给嫪毐封地。嬴政"无法抗拒"母命，便封嫪毐为长信侯，并将山阳、河西、太原全都给了嫪毐为封地。这就使得嫪毐更加张狂无度。

这真应了那句话——想让一个人死就要先让他疯狂。

嬴政之所以交给嫪毐这么多封地，目的就是为了等他造反，然后将他杀死。

那他为什么要杀掉嫪毐呢？这种小人物对大名鼎鼎的嬴政能造成什么威胁呢？

没错，嫪毐是不能给嬴政造成什么威胁，可嬴政最想扳倒的两块绊脚石——赵太后和吕不韦，有他们两个在朝中作祟，自己的政令是会受到阻碍的。

所以，杀掉嫪毐只不过是嬴政的一个幌子，他真正的目的是扳倒赵太后和吕不韦。

果然，随着嫪毐的愈加骄纵，他的末日也来了。

话说一日，嬴政派人去雍城看望赵太后，而嫪毐就负责招待秦国使臣。因为嬴政隔三岔五便会派人前去雍城，并且每一次都是嫪毐招待，久而久之，两边的人也就熟悉起来了，说话也开始肆无忌惮了。

酒过三巡以后，双方全都喝多了，也不知道因为什么事儿吵了起来。谁也不服谁，吵得越来越厉害，就差动手了。

最后，嫪毐急了，一拍桌子，"都给我闭嘴！知不知道我是谁？我是秦王的假父！秦王见了我都要叫爹，你们算什么东西？也敢和我叫板？信不信我现在就砍死你们？"

这话音一落，全场寂静，大家全都被嫪毐的话给说蒙了。他这是要找死吗？在场的官员怕惹祸上身，一个个全跑了，只留下倒在地上呼呼大睡的嫪毐。

果然，秦国使臣回到咸阳以后赶紧将嫪毐的话报告给了嬴政。嬴政心中开心得不行，表面上却作大怒状，"他嫪毐算个什么东西？也敢以我爹自居？来人！"

"在！"

"给我派兵将嫪毐抓回来！"

如此，前往雍城抓人的士兵开始行动了。

雍城这边，那嫪毐酒醒以后也知道自己闯了大祸，知道雍城不宜久留，遂赶紧跑回了封地，想要召集本地百姓造反。

可秦国的百姓也不傻，哪能说反就反？再加上嫪毐刚被封地没多久，根基尚浅。结果，没人响应。

嫪毐无奈，只能用自己养的门客为兵，凑成了一支杂牌军，准备攻击咸阳，对嬴政展开斩首行动。

结果可想而知。

嫪毐军战败以后想要逃，可这时候已经晚了，秦国已经全国封锁且张贴告示，"生擒嫪毐赏钱百万，杀死嫪毐送来尸体，赏钱五十万！"

话说重赏之下必有勇夫，在全国总动员下，嫪毐插翅也难逃。

嫪毐被生擒以后，直接被嬴政下令五马分尸，并将嫪毐所有在秦国的派系全部诛杀。

杀死嫪毐以后，嬴政终于开始忙他的正事儿了，那就是趁着这个机会将赵太后和吕不韦整下去。

于是，嬴政将嫪毐府中所有下人全部抓住，并严刑拷打逼供，让他们将知道的事情全都招出来。

可这一逼供不但逼出了吕不韦和赵太后的事儿，还逼出了赵太后竟然同嫪毒有两个孩子的事儿。

嬴政顿时怒不可遏，直接命人将这两个孩子收到麻袋里，然后吊到空中乱棍打死。

自此，嬴政开始了真正的大清洗。

首先，赵太后身为国母给整个秦国丢了脸，直接被打入冷宫，终生不能出宫。有敢劝谏者，统统枭首。

可有的大臣依然忍不住劝道："大王，她毕竟是您的亲生母亲，得饶人处且饶人，还是算了吧！"

嬴政用阴冷的眼神看着这名劝谏的大臣，话都不说直接斩杀，然后扔到了宫门之外。

结果又来人劝又杀。这前前后后共杀了二十七人之多，大殿之外布满了无头死尸，堆成了一座尸山。

这之后，再也没人敢劝嬴政了。

处理完赵太后之后就该轮到吕不韦了。嬴政本想直接剁了吕不韦，可这吕不韦在咸阳关系网太广，树大根深不好动，再加上还有一个"爹"的头衔，嬴政不好杀掉他，便令吕不韦赶紧收拾东西滚出咸阳，回到自己的河南封地养老。

本来，碍于往日的情面，嬴政也不想将事做得太绝，有那么一点儿放过吕不韦的心思，只要吕不韦以后谨慎做人，还是可以安度晚年的。

可这吕不韦也是不知分寸，自己作死。回到封地以后竟然还敢养门客，每天去吕不韦家中的人那是络绎不绝。

这一下子嬴政可是动了真火，他给吕不韦写了一封信，信上的大致内容是这样的，"你对秦国有什么样的功劳？竟然能得到河南为封地，还有食邑十万户。你和我嬴政有什么关系？也配让我管你叫仲父？我看你现在根本没认识到自己犯了多大的错误，没有认真审视一下自己是什么身份，还敢耀武扬威！我觉得有必要让你再清醒一下了。从现在开始，你的河南封邑被撤回，赶紧给我滚到巴蜀之地去，从此在那安度晚年吧！"

读完信的吕不韦傻傻地站在原地，半天不得动弹。

一炷香以后，只听吕不韦不停地惨笑，他本以为自己是嬴政的父亲，嬴政不会拿自己怎么样，可没想到他如此决绝。那既然这样，活着还有什么意思？只会继续受到侮辱。

于是，绝望的吕不韦直接服毒酒自杀。

5.23 逐客令

吕不韦死了，但他的死没有令嬴政产生任何哪怕一丁点儿的心理波动。而嬴政为了斩草除根，继续在国内加大范围搜索嫪毐和吕不韦的余党，该杀的杀，该贬的贬。

可在这彻查的过程中，竟然又查出了一件大事。

原来，嬴政的官吏们在搜查嫪毐和吕不韦的余孽的时候，竟然查出负责修水渠的郑国是韩国派来的奸细，为的就是通过修建水渠来耗费秦国的资源。

嬴政听罢大怒，本想直接杀掉郑国，可残暴的他也有冷静的一面，他静心一想，"不对啊，这郑国修的水渠我也是亲自视察过很多次，修得非常不错，田地也都被灌溉得很好，不像是恶意伤害我秦国啊！"

因此，抱着疑问的嬴政召来郑国当面质问。

谁知那郑国一见嬴政就承认了自己是韩国派来的间谍。

嬴政大怒，直接就要将其斩杀，谁知就在这时候，郑国突然抬起了手，做出一个"停"的手势，"大王！可否听我说完再杀？"

嬴政一声冷哼，"有话快说！"

郑国先是对嬴政施了一礼，然后从容地道："没错，我承认，韩王派我来的目的就是要空耗秦国的国力，可我郑国对修水渠十分痴迷，早就将韩王当初的吩咐放到一边了，我想请问秦王殿下，我修的水渠难道不好吗？"

"哦，倒是没什么毛病。"

"那么我中饱私囊了？"

"这个，好像也没听说过。"

"这不就行了吗，我郑国虽然是韩王派来的间谍，可我的夙愿只是想修好这个渠，有一个这样的间谍您又何乐而不为呢？难道这条水渠修好了对您的秦国没有好处吗？"

嬴政被郑国这番话所说服，亲自下了台阶对郑国深深一礼，并请他继续修渠。

可自打这次以后，嬴政对这些外臣的心就变了，看哪个外臣都像间谍。

因此，为了不再苦恼间谍的事儿，嬴政便打算对这些外臣下逐客令了（将秦国的外臣全都遣返回国），而这其中自然也包括楚国人李斯了。

那李斯好不容易才成为秦国客卿，光明的未来正一步步向他靠近，他怎么会甘心被赶回楚国呢？

于是，不甘心的李斯到了宫中，请求与嬴政见面。

那嬴政知道李斯要来干吗，本是不想相见，可看在李斯多年为自己尽忠的分上，还是和他相见了。

李斯也不客气，直接便问，"听说大王您要将所有外臣全都逐出秦国，不知这事儿是真是假？"

"真。"

"大王这样做可就错大了。"

"你李斯只不过想保住自己的官位罢了，何必说得这么高大正义。好，既然你说我错了，那我倒是想问问，我哪里错了？"

"大王，咱们秦国伟大的先祖秦穆公为了寻求贤士从西边的西戎得到由余，东边宛地得到百里奚，从宋国挖来了蹇叔，从晋国招来了邳豹和公孙枝，并用五人吞并二十多个国家，称霸西戎，为秦国以后的繁荣富强打下了良好的基础，这五个人是秦国人吗？"

"这……"

不等嬴政发话，李斯继续道："后来秦孝公用商鞅变法，因此秦国凝聚力更强、国家富强，军队战斗力提升许多个档次，这才有了诸侯亲赴归服，从而战胜楚国、魏国的军队，攻取土地上千里。至今，如果不用商君之政策，秦国也不会如此强大。敢问陛下，商君是秦国人吗？"

"这……不是。"

"之后秦国用张仪，连连破坏中原合纵，使得秦国没有后顾之忧，请问张仪是秦国人吗？"

说到这，嬴政脸都黑了，被李斯噎得一声都吭不出，而李斯还没说完，他的嘴像连珠炮似的一刻不停，"之后至昭王时期，有了范雎投靠，这才使得昭王真正掌控了秦国大权，从而战长平、夺郢都，横扫八方。请问范雎是秦国人吗？"

嬴政沉默了。

李斯继续说，"由此来看，外臣对秦国的帮助实在是太大了，我可以很负责地说，如果没有外臣秦国根本就不可能有现在的成就。而现在大王佩带的和氏璧、明月珠、太阿剑，胯下的离驹宝马，这哪一样又是产于秦国？物品中不出产于秦国的至宝太多了，而贤能之人不生长在秦国的却是更多，如果您将这些人全都赶出去，他们势必投靠别的国家，等到那时候，他们就是秦国的敌人。我是真心不懂，大王为什么就因为一个郑国便将这么多的宝贝白白送给敌国呢？"

嬴政一看李斯还要再说，赶紧站起身对其一拜，"先生不要再说了，我错了！"

这之后，嬴政取消了逐客令，并升李斯为廷尉（秦国掌管刑狱的最高长官）。

李斯也算是因祸得福。

5.24　李牧破秦

嬴政那边刚处理了内部事宜，赵悼襄王也趁此空隙派兵出征燕国，取狸和阳城，意图以温水煮青蛙的方式慢慢地磨死燕国。

对于此法，燕王喜是毫无办法。

公元前236年，赵悼襄王崩，其子赵王迁继位。

再看秦国。

随着蒙骜、王龁等老将先后离世，秦国现在进入了青黄交替的时代。不过秦国永远不必为了优秀的将领而犯愁。

这不，就在这些老将"离去"之后，秦国新一代的杰出将领又出来了。

这便是战国四将中最后一个出场的战术大师，他的名字叫——王翦。

就在前236这一年，嬴政命王翦率军拿下了赵国的阏与和其周围的九座城池。这使得王翦威震天下。

王翦，关中频阳东乡（今陕西省富平县东北）人，从小便痴迷兵法，其用兵的主要特点便在于稳。

那他究竟稳到什么程度呢？

这么说吧，王翦从来不会用什么阴谋诡计去制胜，他的制胜法则完全就是用士兵的数量和质量去碾压对手。

公元前234年，嬴政再次对中原发动侵攻，他命桓齮领二十万大军攻赵，打算和赵军一决胜负。

赵王迁派赵将扈辄领兵主动出击，可赵国自从经历了长平大败以后一直都没能恢复元气，赵国士兵的单兵作战能力和赵武灵王抑或赵惠文王时期的士兵根本就没法比。

最终结果是扈辄死于乱军之中，并被秦军斩首十余万级。而桓齮军队也因为此战损失不小，遂在原地整顿列阵，准备等秦国援军到达之后继续攻打。

公元前233年，秦之援军已到，桓齮再领二十万秦军向北攻伐，并连破宜安、平阳、武城，对赵都邯郸形成了围堵之势。

赵国朝野震惊，赵王迁急得直跳脚，却不知应该拿什么来抵挡秦国人的进攻。

就在这紧要关头，突然一个声音出现，"大王，如今能抵抗秦国军队的只有边塞的李牧了，除了他，再无一人能胜此大任！"

赵王迁一听，"对啊，我怎么把他给忘了！"

遂紧急草拟文书，急速命使者持文书前往边塞，命李牧迅速领边塞之军前往邯郸方向援救。

李牧不敢怠慢，留五万优弓之士留守边塞，自率边境胡刀骑士一万三、大刀战士五万、优弓之士十万向南驰援。

李牧行动迅速，没几日便到了邯郸近郊。赵王迁一看李牧的边塞大军都到了别提多高兴了。

他也是拼了，为了能增强李牧的硬实力，赵王迁孤注一掷，将所有的邯郸守军全都派了出去，与李牧合兵一处且全听李牧统一指挥。

李牧得到了援军，直接前往宜安阻挡秦军。

当李牧军队快到宜安的时候遭遇了秦军部队，李牧没有对敌军展开攻击，而是主持赵军于原地修建壁垒，做好了与秦军长期对战的准备。

李牧认为，现在的秦军连续获胜，正是锐气正盛之时，再加上秦军的精锐和桓齮优秀的进攻能力，以自己狂奔而来的边赛军与其硬拼胜率太小。

基于此考虑，李牧的战争策略就是防守，就是拖，什么时候将敌军的锐气拖没了，什么时候再寻求决战的机会。而防守，正是李牧的拿手好戏。

面对这样一个防守滴水不漏的将领，桓齮简直愁坏了，打吧，肯定不行，不但打不下来，还会使自己损失惨重。但不打吧，那更不行，士气会被耗没不说，粮草也支撑不住。

要知道，现在的秦军已经打到邯郸附近了，他们的战线拉得太长，比当初王龁对廉颇的时候更甚。

当然了，凭现在两国之间的国力对比这么打也不是不行，可问题的关键是自己拥有这么多的兵力还拿不下一个赵国，还要拖拖拉拉地打消耗战，到时候秦王必定怪罪。

于是，桓齮打算将李牧的部队引出营寨，在野外歼之！

如此，桓齮分出一部分士兵进攻肥下（邯郸附近），做出要攻打邯郸的样子，意图引诱李牧主力驰援，之后再全歼李牧军于野外。

可李牧是足以和白起媲美的超级名将，这种小伎俩根本骗不过他的"火眼金睛"。

李牧的副将见到这些部队很是着急，"将军，如果让敌军的部队攻下肥下，邯郸就真的危险了，凭邯郸现在的实力根本就不可能防得住秦国的进攻。"

副将很着急，而李牧打了个呵欠不紧不慢地道："你想多了，那桓齮虽然崇尚进攻，可他并非无脑之将，怎么可能将我主力大军放过而直接攻打邯郸呢？如此前后夹击，他的士兵不要了？再说，三军未动，粮草先行，你再看他那稀稀拉拉的粮车队伍，哪里是给大军运送的数量？所以，这一定是桓齮诱我出击的计谋。你就放心吧，他们绝对不会进攻邯郸的。"

事情果然如李牧所料，一部秦军到了肥地之后见李牧没有出兵，全都驻扎在肥地不知如何是好。

而桓齮呢，一看李牧没出兵十分窝火，"好你个李牧，你不是不出兵吗？行，我再派一部士兵，将你邯郸周围所有村邑全部拿下，到时候看你邯郸国都没有了粮食怎么办！反正你李牧用兵谨慎，必定不敢出兵！"

桓齮想得挺美，可是他错了。

当秦军第二部士兵离开没多久，李牧便断定秦军大营的士兵已经大范围减少且防守怠慢，遂令全军出动，突袭秦军。

李牧亲自指挥大军作战，简直动若雷霆。因为秦军根本没有料到善于"龟缩"的李牧会突然进攻，所以仓促组织布防。

这不，还没等弓箭手就位，那边边境胡刀骑士就冲上前来对秦军阵营不停骑射。

这还不算，好几万优弓手在边境胡刀骑士后面也是不停地往里面放箭。只见漫天的飞箭如同乌云一般，将营寨里面的秦军都射得抬不起头。

然后，在凶猛的火力掩护之下，李牧大刀军迅速突入秦军营地，挥起大刀见人就砍。

两军迅速进入了白刃战。不过一个是全军突击且准备充分，另一个则是只有一半的士兵驻守且仓促应对，这结果可想而知。

夺下了秦军大营之后，李牧可算是收获颇丰，粮草辎重不计其数。然而李牧占领秦军大营之后，料定桓齮必会回军来救，便趁势主动出击，打算在正面彻底摧毁桓齮军。

那现在赵军已经占有了秦军全部辎重粮草，并且兵力也占有优势，为什么就不守了呢？如果这时候继续防守的话秦军一定会不战而退不是吗？

李牧这么做当然是有他的道理，因为秦军现在损失了不少兵马且大营辎重被夺，士气受到了很大的打击。盖以此，如果这时候出击则必胜。并且，正面挫败秦军和拖败秦军的结果也是不同的。要知道，正面挫败秦军等于直接给了秦国一个沉重的打击，不但是赵国，就是天下诸侯也不再惧怕秦国了。比如当初的赵奢，击败秦国以后全天下都开始明里暗里反击秦国，给秦国造成了不小的麻烦。

于是，大决战正式开始。

桓齮知道大营丢了，就将肥地和自己的主力部队都集合在一起，大折回攻击赵军。夜以继日的行军让秦军开始疲惫。

李牧却是以逸待劳，看到秦军后直接就攻。

只见赵军中军大刀兵缓缓向前，十万优弓手于第一排慢跑前行，左右两翼的边境胡刀骑士绕两翼骑射。

桓齮根本就没想到李牧会在中途阻击自己，使得他方寸大乱，秦军也在长途奔袭中疲惫不堪，所以只一交锋便落了下风。

秦军失了先机，甚至连弓箭都没来得及射便被蝗灾一般的箭矢所淹没。这也使得秦军越来越乱。

见此景，李牧大旗一挥，赵军优弓手左右散开，大刀兵从中间奋勇杀出，而边境胡刀骑士则是将长弓放在背后，拿出突击长枪，配合着大刀兵从两翼对秦军进行冲锋。

左右前三方围攻，使得秦军防不胜防，大阵被赵军撕得四分五裂。秦军因此大乱。

如此败势，就是神仙来了也难救。按说桓齮应该撤退了，可他畏惧秦国酷法，自知以如此惨败之身份回国必死无疑便未回秦国，而是直接逃往燕国，投奔好友太子丹，并从此以后改名为樊於期。

嬴政听闻桓齮兵败而逃以后大怒，屠杀桓齮全族，不管男女老少统统诛杀。还全国通缉桓齮，令，凡是能捉住桓齮的，赏黄金千斤、万户侯。

李牧大胜秦国以后，赵国举国欢腾，为了表彰李牧的丰功伟绩，赵王迁封李牧为武安君。

赵王迁为什么要封李牧为武安君呢？这不是白起用过的封号吗？

那是因为这个称号表面上是以武力而稳定国家，可赵王迁实际上是在向秦国示威，意思就是告诉秦国，你们有白起这个武安君，我们赵国也有不输于白起的武安君。

秦国失败了，被李牧打得惨败收场。嬴政能善罢甘休吗？肯定是不能。那么，嬴政又会怎么报复赵国呢？

这个以后再讲，在这之前我们要先说一个人——韩非。

5.25　韩非之死

韩非，韩国新郑人，生于公元前280年，卒于公元前233年。

和李斯一样，韩非也是荀卿的学生。当时李斯看透了天下大势，遂放弃楚国而投靠秦国。可韩非深爱自己的祖国，毅然决然地回到了韩国，希望能凭借自己的能力振兴韩国。

韩非是法家之集大成者，他的治国方略通过商鞅的治国之"法"、申不害的御人之"术"、慎到的治国之"势"三个方面集合来治理国家。

可韩非注定是失败的。其原因有二：

一、现天下大势已基本形成，秦国统一天下的步伐已无人能挡。

二、韩非的新法家本质上也还是法家，是法家就必须要改革，改革就必定会触碰贵族阶级的利益。当初申不害变法之所以能够成功是因为没怎么触动贵族的利益，而且那时韩国刚刚建国没多久，那些贵族们都根基未深。

可是现在，一切都晚了。韩非的治国建议被韩王一次次否决不说，那些贵族们还对其进行打压，使得韩非的官职在韩国一跌再跌。这使得韩非非常气愤，因此写出了《孤愤》《五蠹》《内外储》《说林》《说难》五书。

这五书不但表达了自己对韩国现状的不满，还出了很多治国经典之句。那韩王安看过五书之后非但没对韩非有任何好感，反倒是对他越来越冷淡。

可秦王嬴政看了韩非的作品以后非常激动，认为这韩非绝对是一个大才，便有了想招他之心。正好这时候桓齮连破赵军，韩王安惧怕秦国收拾完赵国之后再收拾他，又再次派使者前往秦国割地求和。

而这使者正是韩非。

嬴政一听韩国派来的使者是自己朝思暮想的韩非别提有多高兴了，不但亲自接见了他，还设国宴招待。

按照嬴政的想法是想把丞相这个位置交给韩非的，可他还怕跟随自己多年的李斯心生怨恨，便将两人都招至自己的寝宫，并问二人对于夺取天下有什么好的办法。

韩非认为，现在天下大势已成，任何一个国家都阻止不了秦国一统天下的步伐，可韩国现在是众多诸侯国中最弱小的，他对秦国永远没有威胁，所以建议嬴政先消灭赵国，之后再逐个吞并，最后一统天下，再对秦国法度稍微更改，让秦法更人性化一些。

可一听韩非这话，李斯那边坐不住了。他认为韩非完全是在胡说八道。韩国对战国七雄来讲是小国没错，可国家再小也是威胁，再说韩国还紧挨着秦国。所以，秦国想要一统天下，首先要灭掉的就必须是韩国。

这二人因为此事争吵不休，嬴政赶紧制止，并让他们先各自回家，究竟听谁的以后再研究。

可李斯回家以后反复琢磨，越想越害怕。

第一，韩非毫无疑问就是带着私心来的秦国，就想要劝嬴政不要灭掉韩国，其动机绝对不纯。

第二，韩非雄辩滔滔（文章上的功夫），自己根本不是他的对手，这一旦让他在嬴政身边长了，嬴政很有可能喜欢他而冷落自己。

所以，李斯杀心顿起，并直接上书嬴政，"大王，韩非此来实无心投靠秦国，是重韩之利益而来。他的辩论辞藻、掩饰诈谋是想从秦国取利，窥伺着让陛下做出对韩有利的事儿，这种伎俩大王已经不是第一次体会了，难道还想体会二次不成？"

得了李斯这上奏以后，再想到当初的郑国和之前韩非与李斯争论的话题，嬴政断定，韩非确实是为了韩国而来。

嬴政因此大怒，命李斯自行处置韩非。

李斯得到命令以后不敢有丝毫耽搁，直接便将韩非抓了起来，就怕嬴政后悔。

很快，李斯亲自带人拿着毒酒前去押解韩非的牢狱逼迫韩非就范。

而韩非是不想死的，想他空有大才，到最后没等名扬天下便死于狱中，这是何等的不甘！

所以，韩非非常弱势地和李斯道："师兄，我不求别的，只求你能念及同窗之情再给我一次机会，一次给秦王写信的机会！"

李斯没有答应韩非，只是手捧着毒酒在韩非面前冷笑。

最终，韩非迫于无奈，只得饮了毒酒。可怜才华横溢的韩非就这么死了，这不得不说是秦国的一大损失。

几日以后，果真如李斯所料，嬴政后悔那么草率便答应处死韩非，便赶紧召来李斯问韩非的近况。

而李斯却装作很惊叹的样子，跪在了嬴政的面前，"大王，臣已经遵从大王之命将韩非处死了，怎么？难道大王现在有了不同的念头？"

嬴政这个气啊，按理说，杀韩非也不急在这几天，可这李斯得到命令以后便火急火燎地杀死了韩非，这说明李斯心里有鬼。可这又能怎么样呢，人已经死了，而李斯还是嬴政的左右手，缺失不得，嬴政当然不会为了一个死人和李斯闹僵，所以，这事也就不了了之了。

韩非说完了，接下来再看看秦国的下一步动作吧。

5.26　灭赵

公元前232年，距离上次攻打赵国还没过一年，为了一雪前耻，秦王嬴政出兵两路攻打赵国，一路由邺（今河北省临漳县西南）北上，渡漳水向邯郸进逼，袭扰赵都邯郸，意图牵制邯郸主力部队。

另一路由上党出井陉（今河北省井陉县西北），企图绕到邯郸后背，将赵国整个中枢指挥系统掐断，之后再一点儿一点儿地将赵国领土攻下，彻底孤立邯郸。

而本次抗击秦军的赵军主帅不必多说，自是武安君李牧无疑。

李牧洞悉了秦军的企图，命司马尚领八万优弓手、五万步兵固守邯郸以南的赵国长城，并严令，不管秦军如何叫骂，绝对不能出兵野战。只要拖住秦军，等他率兵回来就是大功一件。

而李牧则亲率主力兵团攻击另一路秦军。

两军在番吾附近相遇，李牧一改往日防守反击之作风，改令边境胡刀骑士穿上重甲且扔掉弓箭只留突击长枪、胡刀和套马绳之后迅速进攻敌阵。

秦军主帅认为，赵军只有边境胡刀骑士是他们最大的威胁，所以收缩防线，令弓箭手在四周布防，严阵以待，只待看到边境胡刀骑士就乱箭伺候。

果然，没过一会儿，就听赵军方向传来了轰隆隆的铁蹄声，边境胡刀骑士来了。

这些凶残的骑兵还是和以前的战法一样，绕着秦军周围不停狂奔，可奇怪的是，这次他们并没有放箭。秦军主帅直接命令弓箭手向胡刀骑士放乱箭。

那漫天的弓箭如同雨点一般射向边境胡刀骑士，可因为这些胡刀骑士连人带马一身重甲，所以这些箭矢并没有对他们造成太大的伤害。

就在这时，轰隆隆的声音再次从赵军阵地传来，只见千余辆战车结成车阵直奔秦军而去。

秦将见此大惊，赶紧命秦军大阵由紧凑阵形变换为松散阵形。可他忘了，两侧还有上万的边境胡刀骑士在虎视眈眈。

果然，就在秦军变换阵形的时候，两翼的边境胡刀骑士杀奔过来，他们拿起冲锋长枪直奔秦军大阵，这些身披重甲的地狱魔鬼直接在秦军大阵中掀起一片血花，整个大阵两翼被这些铁甲战士冲了个七零八落。

待到冲击力缓解之后，这些战士扔掉手中的冲击长枪，换上了腰间的胡刀就开始和秦军展开了乱战。

秦国方阵被这些铁甲战士冲得大乱，令中央指挥塔无法应对调动，因为畏惧前方猛冲过来的战车军团，秦军将领只能先不管胡刀骑士，而命所有弓箭手朝战车部队集火。

漫天弓箭一时间全部集中射击战车部队。赵国的战车被一辆接一辆掀翻。可这一切都来不及了，因为有一旁的胡刀骑士狂砍乱杀，秦军大阵两翼一溃再溃，弓箭手折损了大半。

如此，上千的战车最终有五百多辆冲到了秦军之中。

只见这五百多辆战车就好像绞肉机一样在秦军阵地横冲直撞，所过之处残肢漫天，使得秦方阵正前方迅速溃散，再加上左右两翼的胡刀骑士还在不停残杀，秦军大阵眼看就有全面溃散的危机。

而秦军主将也是被打急了，他迅速调遣，命一部分秦兵围住赵国突骑，另一部分围住战车部队，哪怕是死也要将他们一起拖到地狱里。

秦军拼死力战，竟然真将来势凶猛的赵国突骑团和战车团围了起来。如果这种情况继续下去的话，秦军还真没准儿有起死回生的可能。

可李牧怎会给他们如此机会，只见赵国大刀兵迅速奔来，闯进秦阵之中就是一顿猛砍，而好不容易有些起色的秦军又被砍得七零八落。这要是一般的部队早就溃败逃亡了，可秦军不愧是当时最能拼的部队，他们硬是在指挥不灵、阵容溃散的情况下和赵军拼死力搏。

这场战斗整整持续了一天，李牧抓住战机以后就好像一条疯狗一般死咬住秦军不放，不管秦军多么努力地抵抗，最终都无法转被动为主动。

秦将眼看继续打下去有全军覆没的可能，遂令一军殿后，自己则亲率主力部队亡命回逃。李牧则死咬住秦军不放，干掉了殿后的秦军后又拼命狂追秦军主力，斩获了大量的首级。

之后，李牧休息一日，领主力军团直接奔向邯郸以南的赵国长城支援司马尚。

画面转到赵国长城，此时攻击长城的秦军也是无奈得很，那李牧的优弓手实在是太厉害了，不管是射程还是精准度都不是普通弓兵能比的。最吓人的是，等到秦军更靠近长城以后，这些赵国优弓手直接换上了新发明的破甲箭，使得秦军更是损失惨重。

当然了，战国末期的破甲箭还没有以后那么先进，什么三棱破甲箭，刺尖破甲箭都还没被发明出来，只是单纯地增加了箭头的重量，可就是这样也要比普通箭矢更具有穿透力。再加上抱着必死决心的赵国步兵严防死守，所以秦军一直都没有什么进展。

而此时的李牧已经带着胜利的消息往长城赶，这使得赵军士气大盛，秦军则被恐慌的情绪所笼罩。

见此情景，秦将赶紧在长城赵军和李牧军合兵一处之前撤退了。

如此，李牧再一次大胜秦国虎狼，声望到达了顶峰。赵国人甚至只知道赵国有李牧，而不知道有什么赵王迁。

同年，身在秦国当人质的燕国太子姬丹一怒之下从秦国逃回燕国，走的时候狠狠地骂了嬴政。

太子丹，现燕王喜之子，年少时曾和嬴政同被派在邯郸作为人质，在那个人人都恨不得扒了嬴政的皮的地方，太子丹曾是嬴政唯一可以交心的挚友。

现在，秦国强大了，嬴政当上了秦王。燕王喜为了讨好秦国，遂派太子丹前来咸阳为质。

可私交是私交，国事是国事，怎么能混在一起？基于此，嬴政根本连见都没见太子丹，直接赶他去人质应去的住处。太子丹因此大怒，遂返回燕国。

还是同年，一个男婴于楚国下相呱呱坠地。

"哇……"的一声，这孩子的哭声如同旱地惊雷，给产婆子吓得一个激灵，差点儿把孩子抖到地上。

此子的父亲赶紧去找了自己父亲，也就是项氏一族的族长项燕说明此事。一听这孩子哭声这么大，项燕感觉有意思，遂亲自前去一观。

可还没等到地方，就听"哇！"的一声大吼。项燕吓得一抖，呆呆地问这孩子的父亲，"这就是我那孙儿发出的哭声？"

孩子他爹呆呆地点了点头。

项燕加快了脚步，迅速冲到了内房之中，只见一个丫鬟抱着一个正在"咆哮"的孩子。

项燕一脸惊奇，赶紧上去将这个孩子抱了起来。谁料这孩子一到项燕的怀抱中便不再哭了，反而还哈哈大笑，并用手向项燕的腰间比画，像是要抽出项燕腰中的宝剑。

项燕大惊，要知道，自己可是楚国著名将军，年轻时也是从死人堆里面爬出来的，身上煞气逼人，哪个孩子见了他不是吓得哆哆嗦嗦？可这个孩子不但不怕自己还这么喜欢，这让项燕大喜，"哈哈，这孩子吼声如雷且喜欢我这种见惯了杀伐的将领，以后定是战场上的一员悍将！我项氏一族后继有人了！哈哈哈哈！"

这时候，孩子他爹赶紧对项燕一拜，"恭喜父亲，还请父亲大人给犬子取名！"

"嗯。"

项燕低头沉思了好一会儿，然后双眼放光地道："藉，国之筑基，可凭一人之力保一国而不失，我孙儿的名便叫藉吧！"

"项藉，项藉，好一个项藉，老爷真乃神来之笔，还请老爷继续赐字！"

一旁的管家不失时机地狂拍马屁。

项燕点头苦思。

可就在项燕思考之际，天空中突然飞来一只大鹏鸟，围绕着项府盘旋不停。项燕见此一笑，"哈哈，真乃天赐之字，大鹏，空中之霸，亦为之羽，这字就叫羽吧！"

于是，公元前232年，以后的西楚霸王项羽诞生。

公元前231年，由于屡次对赵国侵略失败，嬴政按照李斯的作战计划，打算将第一个灭国目标锁定在韩国身上。

韩王安一听秦国要来消灭自己，赶紧献出南阳之地以图苟活，而魏国怕秦国将第一个灭国目标由韩国转为魏国，也紧跟其后献地。

而嬴政呢，只是笑而不语，魏国和韩国的土地照单全收，但他也没说不去攻打二国。

同年，赵国代地发生了大地震，战马损失惨重。

公元前230年，嬴政派内使腾出兵灭韩，韩国现在根本没有任何抵抗能力，只能眼睁睁看着秦国将韩国的土地一个接一个地吞掉。

最后，秦军攻克韩国都城新郑，生擒了韩王安，并在此设置颍川郡。这一年，战国七雄之一的韩国，灭！

同年，秦国最大的对手之一——赵国继前一年的地震以后又发生了大旱灾。而反观秦国，郑国已将关中的水渠修完，人们为了纪念郑国便为此渠取名为郑国渠。

此渠长三百余里，灌溉田地四万余顷。实为当时的天下第一渠，那时候的人都说，"关中从此无凶年"。

公元前229年，眼看赵国被天灾折腾得不成样子，嬴政遂派王翦领大军攻赵，且决心一举灭赵！

王翦分兵两路，一路至番吾，企图直接袭击邯郸背后，另一路从安阳北上攻伐邯郸。

那么上一次李牧能够取得胜利，这次依然能行吗？还是看赵国的应对措施吧。

赵王迁听说秦国王翦来袭，依然派出了武安君李牧出击，嬴政一听这次赵军的主将还是李牧，心里就忍不住地直发颤，遂召集群臣商议对策。

而秦国的谋臣建议嬴政用大量的金银贿赂赵国权臣郭开，并让郭开在赵王迁的面前进李牧的谗言，就说李牧想要造反。

郭开是个小人，眼里除了钱和权再无他物，这一下子又能得到秦国的丰厚赏赐又能铲除政敌李牧，何乐而不为呢？遂前去面见赵王迁，说李牧打算带领士兵在外拥兵自重。

其实，这种谗言简直可以用无稽之谈来形容，李牧什么时候造反也不会选在现在，因为他一旦造反便会陷入前有虎（秦国）后有狼（赵国）的窘境，还会被天下所唾骂，其结果一定是惨淡收场。

可赵王迁却选择了相信，竟然派个没有什么战绩的将领去替换李牧和司马尚，这简直就是把自己的军队，甚至将赵国往火坑里面推。

此时，李牧正带队向秦军方面行军，可突然有传令兵报告李牧，说赵王派了两名将领前来接替李牧和司马尚。

听了这话，李牧直接呆在原地，久久不能动弹。大概又过了一会儿，赵王迁派来的两名将领见李牧迟迟不见二人，便策马亲自前来询问。可当他们看到李牧阴冷的眼神之后，全都吓得冷汗直流。

想到这儿，二人对李牧深深一拜，那意思就是要听李牧的调遣。

李牧微微点了点头，冷冷地道："劳烦二位将军回去禀告大王，我军现正处于关键时期，马上就要和秦军决战，这时候换将，军心必定动摇，结果就是赵军必败。所以，大王之令请恕末将无法遵从！"

两个将领连连点头，赶忙溜了。

可李牧此举使得赵王迁更加断定他的谋反意图，遂决意将李牧杀之。

基于此，赵王迁派二将带领一批杀手集团奔向战场。

二将有了赵王迁的虎符，心中便不再畏惧，一入军营便直奔李牧中军大帐，还未等大营士兵反应过来就将李牧和司马尚活捉诛杀。

李牧，赵国之绝世名将，战国四大名将之一，就这样死于两个名不见经传的人之手。而赵国的命运也在李牧死亡以后就注定了。

王翦闻听李牧被赵王迁所杀，于营帐之中猖狂大笑，当日便命两路大军向邯郸方面进发，一路由骁将李信率领，另一路则由王翦亲自带领。

赵军则由接替李牧的二将带领，打算正面抗击秦军。

可李牧的死使得赵军士气受到了毁灭性打击，再加上二将的能力和王翦天差地别。

如此，整个赵军主力部队在和秦军战斗的过程中不知不觉就被王翦围了起来，之后王翦大旗一挥，秦军从四面八方狂冲赵军。结果，赵国主力部队被王翦全歼，而从这以后，华夏再也没有胡刀骑士等级的轻骑兵团了。

值得一提的是，本次战斗李信所统率的部队大放异彩，其凶猛的侵攻能力给王翦留下了深刻的印象。（注：李信，生卒年不详，秦国槐里人，为秦王嬴政之心腹战将，也是秦国著名的骁将，其作战风格勇猛无比，极擅长以一点为突破口，进而撕裂敌军防御的大突击作战，和王翦之子王贲、蒙骜之孙蒙恬共称为秦国年轻的一代最杰出的三位将领）

全歼赵军主力部队以后，王翦兵不卸甲，分两路大军对邯郸展开狂攻，赵王迁无奈只得亲自领邯郸残余士兵拼死抵抗秦军的侵略。

可这时候拼命又有什么用呢？

最后，赵王迁被活捉，赵军全军覆没，邯郸陷落。

王翦大军席卷几乎整个赵境，将原来赵国的地盘一个接一个地拿下，只有公子嘉带着为数不多的士兵逃往代地，自立为代王。

于是，从公元前403年建国一直到现在，存在一百七十五年的赵国，灭！

身在咸阳的秦王嬴政一听邯郸被拿下，兴奋地哈哈大笑，当即就起御驾亲往邯郸，对当初支持援助自己的娘家人百般慰问，而对曾经得罪了自己和娘家人的邯郸人则是全部诛杀。

灭了赵，按说秦国也该歇歇了，同化一下刚刚拿下的韩国和赵国也是不错的，可嬴政雄才大略，绝不会就此停止侵略的步伐，他命王翦使大军屯于中山，兵临易水，其动机不言自明，那就是要对燕国动手了。

可是从地理位置上来看，秦国灭掉赵国以后最应该攻击的就是楚国和魏国，因为这两个地方紧挨着秦国且土地肥沃，还是心腹大患。至于燕国，什么时候打都行，何必要在攻打这二国之前灭掉燕国？

其实原因大家都知道，那便是一次刺杀行动。

5.27 荆轲刺秦王

话说自从太子丹逃回燕国以后，整个燕国朝野震惊。因为嬴政的态度已经非常明确了——早晚打你。

又过了一段时间，秦国大军进逼赵国，赵王迁杀李牧迎战，这使得燕国人断定，赵国被秦国所灭也就是这几个月的事儿了。

此时的太子府，太子丹召集手下门客共同商议抵御秦国之事，可现在的秦国统一天下的大势已成，除了会撒豆成兵的神仙下凡，要不然谁都无法阻止。所以，下面的门客都拿不出什么太好的办法。

太子丹急得来回踱步，对着门客们道："大伙，难道就没有一个人有办法抵御秦国吗？"

这时候，太傅鞠武说："太子，现在确实无法阻止秦国了，您就是着急，我们这些人也是拿不出什么太好的办法的，不过我听说咱燕国有个叫田光的，有勇有谋，您可以去问问他，也许会给您想出什么办法也不一定。"

太子丹沉默良久，最后只能死马当作活马医，他和鞠武道："老师，田光我并不认识，还得劳烦老师将其请来！"

鞠武一拱手，"遵命！"

鞠武很快找到了田光，向其表达太子的意愿，田光遵从命令直接去见了太子。太子丹对田光十分客气，亲自于府外迎接，小步后退着将田光引到客厅，并跪着为田光擦净座位上的灰尘。

等到田光坐定后，太子丹道："先生，秦国现在逼得越来越紧，燕国正处于危机之中，我手下的门客都想不到什么太好的办法，我听说您文武双全，想要让您帮忙想个主意，或者直接借您之手弄死嬴政，您看……"

田光一听这话明白了，闹了半天是要自己去做刺客啊，他惨淡一笑，"呵呵，太子抬爱了，老奴听说过有一种良马，盛年时能日行千里，可当他年老之后，骡子都能跑它前面去。太子只听说我盛年的能力，却不知道我现在的精力已经消耗殆尽了。所以，您还是别指望我了，我帮不上什么忙，不过我有一个好友名叫荆轲可以任用，大王不妨问问他。"

太子丹一开始被拒绝还是很失望的，可一听田光有人介绍又打起精神，"可以给我介绍吗？"

"当然可以，老奴告退。"

可正当田光走到门口的时候，太子丹忽然说："先生，今天的对话全都是国家大事，希望您不要泄露出去！"

田光身形一顿，之后看了看太子丹微微一笑，"是！"

荆轲，卫国人，祖上是齐国人（一说春秋时期齐国权臣庆封的后代），后来迁居于卫国，卫国人都管他叫庆卿。

荆轲是一个奇人，爱好极为广泛，什么剑术、下棋、音乐统统都有涉猎。

荆轲最开始是想入仕为官的，于是他找到当时卫国的国君卫元君，用剑术的方式阐述治国之道，却没得到重用。

后来，卫地为魏国所得，再后来又辗转至秦。

荆轲是一个崇尚自由的人，不喜欢秦国严酷的法度，因此出走卫地，游历天下，当他游历到榆次的时候，碰到了当地的大侠盖聂，盖聂听过荆轲剑术理论家的大名，因此和他见面想要切磋，可荆轲知道自己的水平，深知自己压根儿就不是盖聂的对手，便只和盖聂讨论剑术理论。

荆轲能说会道，盖聂根本讨论不过他，再说人家是来切磋的，谁听你闲扯，于是用凶狠的眼神盯着荆轲。

荆轲一看盖聂要动手，赶紧告辞，盖聂旁边的群众蒙了，这还没打呢怎么就走了呢？

于是有人说道："你叫他回来啊，这样让他走了谁知道你俩到底谁厉害啊！"

盖聂冷笑，"我看这个荆轲根本就不会半点儿功夫，只会纸上谈兵，刚才讨论剑术，我用眼神瞪他，他看我要动手才跑了，你们可以去跟着他，我保证他不敢继续在榆次逗留。"

这些群众也是好事者，闻言全都跟着荆轲，结果，果然不出盖聂所料，荆轲根本就不敢在榆次逗留，回去收拾行李就溜了。榆次人都嘲笑他是胆小之辈。

后来，荆轲又游历到邯郸，和当时的名士鲁句践下棋，那鲁句践棋术高超，荆轲哪里是对手，没走几步就被鲁句践赢了。

鲁句践非要指导一下荆轲失败的原因，结果，两人因为棋路的问题争论起来。到最后，荆轲凭一张嘴硬是把死的说成是活的，把真正的胜利者鲁句践说得是哑口无言。

鲁句践因此大怒，一脚踢翻了棋盘，大骂荆轲，荆轲对鲁句践的行为十分愤慨，转头就走，这两人自打这以后就再也没有过交集，算是彻底闹翻了。

再后来，荆轲游历到燕国，和当地一个叫高渐离的屠夫成了莫逆之交。

因为这个屠夫有两个爱好和荆轲实在是太像了，这第一个爱好便是击筑，据说这个高渐离击筑的本事十分高超，哪怕在他面前摆一堆洗脸盆都能敲出优美的音乐来。

第二个爱好便是喝酒。

所以，酷爱饮酒与音乐的荆轲便和这个高渐离成了莫逆之交。

据说这俩人经常在一起喝酒，喝高了高渐离就拿出一堆洗脸盆叮叮当当地乱敲一通，然后荆轲就和着音乐唱歌，唱够了以后，二人便抱头痛哭。

这二人旁若无人的举动很快成了蓟城的一道风景，整个蓟城无人不知这对"活宝"。

而荆轲此举也吸引了田光的注意，田光断定，荆轲一定是一个全方面大才，便主动和荆轲与高渐离相交。

因为荆轲讲大道理无人能敌，这也使得田光错误地认为荆轲是一个剑术高超的大侠。于是，才有了之前向太子丹推荐荆轲的那一幕。

田光见了荆轲以后也不拐弯抹角，直接便道："兄弟，太子丹知道我年轻时候的武力，想让我刺杀秦王，可我现在已经老了，再也不复当年之勇。所以，我推荐了你来代替我，不知道你能不能答应？"

听罢，荆轲沉思了一会儿，然后抬手一拱，"我答应你去见太子，不过具体事宜还要听了太子的话以后才能决定。"

田光微笑点头，"好！有你这话我就放心了，我想你一定能完成太子殿下交予你的大任。"

荆轲再次一拜，紧接着就要走。可就在这时，田光又说，"我听说长者办事是不会让人怀疑的，我也一直自认为自己是一个长者，可就在我告辞太子的时候太子却怀疑我的诚信，对我说出了不要泄露消息之言，这说明什么呢？说明我不是一个有节操的侠义之士，这和杀了我又有什么区别呢？希望你去拜见太子的时候就说我田光已经是一个死人了，是绝对不会将他的大事泄露出去的。"

荆轲感觉田光说的话很不对劲儿，可还不等他反应过来，田光迅速抽出腰间短剑，对着自己心脏的部位就是一剑。

过后，荆轲去见了太子丹，说了田光之事，太子丹当即愣住，跪在地上拜了两拜，哭泣道："我之所以这么说，也是为了谨慎行事，没想到最后却害得先生自杀，这哪里是我的本意啊！"

看着太子丹，荆轲心中只有冷笑，"呵呵，别在我面前装圣人了，你就是小人之心度君子之腹。"

太子丹一看荆轲根本不吃这套，也不再哭泣，转头对荆轲磕了两个响头，

"田先生知道我这人不成才，这才将您介绍给了我，这是上天给我们燕国的一个机会啊，现在的秦国如同一条吃不饱的恶狼，给它多少地盘都满足不了它的胃口，非要尽吞天下才肯罢休，而我们燕国就是秦国下一个要鲸吞的目标了，我想请先生替燕国出使秦国，以重利引诱秦王，嬴政那小子贪得无厌，一旦有重利就会露出破绽，如果先生能趁机挟持秦王，让他把侵占列国的土地全部还给列国，那先生您就是天下的功臣，如果实在没有机会劫持他就直接杀了他，秦国大将都拥兵在外，一旦嬴政暴毙，秦国必会发生动乱，到时候天下诸侯趁机联合，秦必被破，这是我最大的愿望，请先生答应！"

说到这儿，荆轲低头权衡，想了很久，这无疑是全天下最危险的活计，稍有不慎就是粉身碎骨的下场。可同时也是全天下最好的机会，如果真能成功挟持嬴政，自己不但能活，还能扬名天下，被天下人所敬仰，并载入史册。

荆轲很纠结，就在这权衡利弊。

最终，理智战胜了冲动，什么名声富贵都没有性命实在，于是荆轲道："这应该是天下最大的事儿了，我才能低下，恐怕会误了大事，还请太子另请高明！"

可太子丹哪里肯放过荆轲，直接跪在了荆轲的面前，砰砰砰地一顿磕头，死活不放荆轲走。

看着太子丹疯狂的样子，荆轲知道，自己现在是骑虎难下了，因为凭他对太子丹的了解，太子丹是绝对不会相信自己会保守秘密的，自己这边要是拒绝了，太子丹马上就会宰了他。

于是，无奈的荆轲只能答应了太子丹的请求。

太子丹大喜，当即将此事通知燕王喜，并请奏封荆轲为燕国上卿。

燕王喜自然不会吝惜官爵，立即准奏，荆轲从此时开始成了燕国上卿。

这还不算，太子丹还给荆轲住最好的，吃最好的，且每日上门问候，只要是荆轲的要求就没有太子丹不满足的。

时间一天天过去了，一直到秦国都把赵国灭了还不见荆轲有任何要出使秦国的意思，太子丹再也坐不住了，他找到了荆轲对其深深一躬，"先生，现在秦军已经渡过易水，眼看就要兵临燕国，到时候就算我想永远地侍奉先生恐怕也是做不到了。"

太子丹这话就是催促荆轲赶紧行动了。

荆轲又岂能不明太子丹的意思。只见他站起身，对太子丹一拜，"殿下，哪怕您不来找我说这些话我也打算动身了，只是我手中没有信物，无法接近秦王，可我听说秦国叛逃的将军樊於期现正在您的府中，秦王恨他入骨，曾悬赏黄金千斤、万户侯来取他的脑袋，如果太子能将樊於期的首级和督亢（今河北省高碑店市一带）的地图交给在下，在下便有了接近秦王的机会，这才有可能挟持于他。"

这话说完，太子丹的表情就变得很不自然了，他和荆轲道："给您督亢的地图那倒不是什么难事儿，可樊於期乃我至交好友，我不忍心因为这种私事伤了这位长者的心，还请足下重新考虑！"

哼，如此重大的国事怎么就变成私事了？荆轲心中冷笑，可表面上却道："那好，如此，给我督亢地图也是可以的。"

太子丹一听，高兴地走了。可荆轲真是这么好打发的吗？肯定不是。

太子丹前脚刚走，荆轲便背着太子丹前往樊於期处，且对樊於期道："将军，秦王嬴政对于将军实在是太恶毒了，不但杀了您的全族，还赏千金、万户侯来捉拿你，难道将军不憎恨嬴政吗？"

樊於期仰天长叹，流着泪道："我每每想到这事儿都痛彻心扉，但我就是一个叛逃的将军根本没法儿接近秦王，如果有机会杀他，您以为我不愿意吗？"

荆轲听了这话心下大定，对樊於期一拜，"我现有一计，既可以解决燕国即将面对的祸患，还能够杀掉秦王为您报仇，您想听听我的办法吗？"

樊於期眼神一亮，"怎么做？还请先生教我！"

"我需要借先生一物便能成功接近嬴政，进而挟持或诛杀。"

"哦？是何物？只要是我有的必定交予先生。"

"这个东西您有，便是您的项上人头！"

听了这话，樊於期先是一惊，然后哈哈大笑，他紧紧握住荆轲的双手，激动地道："这正是我日思夜想之事，如果先生能替我报仇，区区首级又算得了什么？"

说罢，直接抽出短剑，照自己的胸膛便是一剑。

太子丹闻听此事以后，急忙赶去樊於期家中，可这时候的樊於期已经死了，太子丹无可奈何，只能将樊於期的首级割下来，放在盒子里交给荆轲。

做完这些之后就要挑选行刺用的匕首了，太子丹以一百斤黄金买了徐夫人所制之匕首（徐夫人，赵国锻造匕首的大师，姓徐名夫人，性别：男）。

为了确保百分百地弄死嬴政，太子丹还命人用百种剧毒对徐夫人的匕首进行炼染。炼染之后，将燕国的囚徒拉出来试验。结果，此匕首只轻轻将犯人的皮肤扎了如针眼般的伤口，这犯人便口吐白沫，立即身亡。

这下太子丹满意了，将剧毒匕首、督亢地图以及樊於期的人头统统交给了荆轲。这还不止，太子丹为了能增加荆轲行刺的成功概率，还找了一个叫秦舞阳的燕国勇士陪同荆轲一起前往秦国辅助他。

据说这秦舞阳十三岁的时候就杀过人，燕国的百姓都不敢和其对视。

如此，一切准备就绪，只等荆轲出发。

可这荆轲什么都有了，就是迟迟不动身。结合他以前的一些经历，太子丹怀疑荆轲是临门一脚畏惧了，因此不敢前行。

于是，太子丹找到了荆轲，再也没有了以往的谦卑和热情，而是冷冷地道："先生，现在给我们燕国的时间已经不多了，不知道先生打算什么时间去呢？如果先生还不打算去的话，请允许我先派秦舞阳出发吧！"

荆轲听罢大怒，直接对太子丹咆哮道："太子说的什么话！是怀疑我荆轲畏惧而不敢入秦吗？我告诉你，如果只凭借勇气而前去行刺秦王，那是竖子所为！我之所以还没出发，是因为在等待一个很靠谱的朋友和我一起出发，有他在，我行刺的成功率会更高，既然太子催促，我就不等他了，请允许我向你诀别！"

说罢，转身就去了。

而太子丹并没有再留荆轲，因为他知道，从他和荆轲确定行刺之事后到现在都快一年了，也没见到他所谓的朋友。基于此，太子丹断定，荆轲一定是在拖延。

事情的真相究竟如何？史书中并无记载，不过不管荆轲是不是胆小，他接下来的表现却令人刮目相看了。

荆轲就这样去了，他的朋友高渐离亲自相送，一边击筑一边唱道："风萧萧兮易水寒，壮士一去兮不复还。"

荆轲和秦舞阳很快便到了咸阳。可荆轲并没有直接前去咸阳王宫，而是直接找到了嬴政的宠臣蒙嘉，并给了他一笔丰厚的钱财，让他向嬴政推荐自己。

蒙嘉收了钱财必定办事，他找到了嬴政对其道："大王，燕国实在是畏惧我秦国威严，不敢出兵抵挡大王的军队，情愿献出整个国家臣服于大王，从此排在秦国的诸侯里面，向大王进献贡品，缴纳赋税，以求守住燕国的宗庙。因为燕王畏惧大王，不敢亲身前来向大王诉说，特斩下樊於期的首级并献上督亢的地图，装在盒子里请大王过目。现在，燕国的使者荆轲已经在殿外等候，就等大王您接见了！"

嬴政听了蒙嘉这话非常高兴，不用出兵攻打就能彻底降服燕国，这是何等美事啊！遂用最高礼仪接待荆轲。

他穿上了最正式的服装，命咸阳叫得上名的大臣全部出席，陪同接待燕国使者。花了将近两个时辰才将所有的人全部凑齐。

百官站定，嬴政落位，太监赵高高声叫道："宣！燕国使臣荆轲觐见！"

话毕，荆轲与秦舞阳迈着小步，手捧装着樊於期首级与督亢地图的盒子依次觐见。

荆轲最先入内，很是从容，可到后面秦舞阳进入的时候坏事儿了，他看着殿外雄壮威武的铁鹰锐士、殿内的众多官员、吓得全身颤抖。

四周的官员都对秦舞阳的行为感到奇怪，有的甚至微微往前走了几步，做出要将秦舞阳擒下的样子。

荆轲回头看了一眼，心想："废物"。本来荆轲和秦舞阳二人打算行刺的时候一个在下面拦住卫士，一个在上面行刺，可没想到临门一脚却发生了这种变故。

荆轲知道，今日只能自己一个人干了。

决心已定，荆轲没等大家提出异议，微微一笑道："这是来自北方粗鲁之地的匹夫，从来没见过天子的威仪，希望大王能宽恕他的无知，让他将任务完成！"

嬴政哈哈大笑，没有在意，对一旁的赵高道："去，把箱子拿过来！"

赵高刚要下去，荆轲"谄媚"道："请大王给外臣一次机会，让外臣亲自为大王讲解督亢的地形。"

看着荆轲点头哈腰的德行，整个大殿一片鄙夷的眼神，嬴政也不疑有他，于是道："哈哈，好，本王就给你个表现的机会，送上来吧！"

"谢大王。"

于是，荆轲弯着腰，捧着箱子，迈着小步走向嬴政。

荆轲跪在嬴政身旁，从箱子里取出地图缓缓展开，一边展一边介绍地形，嬴政则看得入神，丝毫没有怀疑。

可当荆轲翻到最后的时候，夹在地图里面的匕首突然露了出来，嬴政一愣，还没反应过来，荆轲一手拿起匕首一手抓住嬴政的衣袖，想要挟持嬴政。

这嬴政反应也是快，一见匕首便向后拼命挣脱。

一看嬴政反抗，荆轲心一横便打算杀死嬴政，直接就往嬴政的手臂刺去，因为只要刮伤一点儿嬴政就必死无疑。

嬴政一看荆轲要往他手臂上扎，将手向后狠狠一缩，这一匕首下去就正好扎到了袖子上，当时袖子就被弄断了。

嬴政借势站起，想要趁机拔出腰间的佩剑，可是历来君王的佩剑都是为了美观而佩长剑。那长剑又重又硬又长，想拔出来很费劲，而荆轲根本就不给嬴政拔剑的机会，扑向嬴政就要扎。

嬴政大为惊恐，以大殿柱子为掩护，绕着就跑，荆轲就在后面追。下面的人一时间惊呆了，不知如何是好。

为什么直到现在都没人来救驾呢？

那是因为秦国的法律不准大臣上殿携带任何有杀伤性的器具，而侍卫也都需要站在殿外，没有命令不得上殿。而嬴政现在完全慌了，也没时间给侍卫命令，只能不断绕着柱子跑，所以外面的士兵只能干着急，不敢进殿。

下面的大臣们反应过来了，可他们没有武器，也不敢轻易上前，只能手中有什么东西就都往荆轲身上砸（比如手中的竹简），甚至有的医官将自己的药袋都拿下来往荆轲身上扔，可这些当官的明显没练过投壶技术，很多竹简非但没打到荆轲，反倒是砸中了嬴政，众人一看不是办法，慌得手足无措。

就在这千钧一发之时，一名官员大吼一声，"大王！快将剑推到背上，这样就能拔出来了！"

嬴政闻言，一边跑一边将长剑推到后背上，然后用另外一只手狠狠一拔，果然拔出长剑。带着无尽的愤怒，嬴政回身就是一剑，只听扑哧一声，长剑狠狠地扎进了荆轲腿中。

荆轲一下倒了，自知再也追不上嬴政，便用尽浑身的力量将手中的匕首投向嬴政，可荆轲手上的功夫实在是太差，这么近的距离都没打上，匕首打到了柱子上面。

一看荆轲手中没了武器，嬴政也不怕了，上前一口气给了荆轲七剑，荆轲嘴里喷血，惨笑道："如果不是因为我一开始想要生擒你，焉能让你活到现在？"

嬴政大怒，对下面人吼道："都看什么，给我弄死他！"

这时候得了命令的卫士也进来了，冲上去就将荆轲砍成了肉酱。

收拾了荆轲的"尸体"，惊魂未定的嬴政坐在大殿之上咆哮道："来人！"

"在！"

"给我将蓝田大营的士兵全部派给王翦，他要多少兵给他多少兵，让他给我一举灭掉燕国，如若失败，让他提头来见！"

"是！"

公元前227年，王翦得嬴政之令，不敢有变半点儿拖延，集合大军于中山，打算一举荡平燕国。

燕王喜大惊，组全国之军屯于蓟城以南之燕国长城，打算凭长城之险挡住秦国人的进攻，并派人前往代国，向代王嘉请求支援。

代王嘉现在和燕国也是唇亡齿寒的关系，遂没带半点儿犹豫就令全国精锐前往支援燕国。

于是，燕代联军全部屯于燕国长城以拒王翦大军。

燕军本以为秦军会举全部精力硬攻燕国长城，可是王翦并没有，而是兵分两路，第一路由王翦本人亲自带领攻打长城，牵制联军主力；另一路由擅长突击的骁将李信率领，走燕长城之西，打算绕过易水，从西突入长城之后，以两面夹击之势攻击燕代联军。

联军闻讯大惊，立马分出部队布防。

一方面，燕国主力兵团继续据守长城，以防止王翦主力大军突袭长城；另一方面，以太子丹为统帅，率代军"精锐"部队前往易水之西阻挡秦军，以防腹背受敌。

然而这支代军早已经没有了曾经赵军的勇猛，面对彪悍之将李信所统率的秦军根本就没有抵抗之力，被轻易击溃之。

战后，太子丹逃跑，李信则好像疯了一般追击，最终生擒太子丹，全歼其所率代军。

紧接着，王翦、李信两路大军齐动，对驻守长城的燕军实行夹击。

结果，长城防线被秦军前后两军撕得粉碎，燕军主力部队在此一战几乎损失殆尽，而王翦却马不停蹄，领大军直捣蓟城。

燕王喜惧怕秦国威势，放弃了蓟城和燕国大片领土，带领残余兵力和金银珠宝远逃辽东（今辽宁省沈阳市一带），企图在此地苟活。

而代王嘉则逃至上谷，对秦军做最后的抵抗。

于是，公元前226年，建国八百余年之燕国，灭。

5.28 最后的抵抗——楚国

同年，身在新郑的韩王安想要重新独立，遂起新郑之民叛秦，可没多长时间就被秦国派来的大军给收拾得干干净净，韩王安被赐死。

同年，嬴政又派秦国名将王贲讨伐楚国，欲灭掉这个南方的心腹大患。

王贲，生卒年不详，为秦国著名将领王翦之子。虽是王翦的儿子，可他行军打仗的方式与王翦完全背道而驰。王翦行军打仗的准则在于稳，而王贲的准则在于狠。

王贲率领兵打仗最大的特点便是为了能取得胜利无所不用其极，他还极擅长长途奔袭作战，颇有些司马错当年的风姿。

王贲领大军直奔楚国，一举拿下楚国十余城，这使得楚王负刍大为恐慌，遂派使者前往魏国求得援军。（注：楚幽王于公元前228年崩，具体死因无可考）

魏王假知道，如果楚国也被秦国所灭，那在地形上魏国将被秦国彻底包围，与秦国之属国没有半点儿区别，遂决意援助楚国共击秦国。

可秦国的谍报工作何其高效，那边魏王假刚刚决定援助楚国，这边嬴政便将消息掌握得清清楚楚，遂命正在攻楚的王贲改攻击目标为魏国。

王贲得命不敢有丝毫怠慢，直接转向北，以一日百里之速狂攻魏国。

魏国大梁以南之领土不到一月便被王贲灭得干干净净，甚至王贲的大军都已经杀到大梁城下还没见楚军有任何动静，由此可见王贲之超高机动性与楚王负刍之无耻。

魏王假仗着大梁城高粮多，遂打算一边与王贲打消耗战，一边遣使者于一众诸侯王求救。

可王贲根本不给他任何机会。那王贲引大梁附近之狼汤河水（今惠济河）狂灌大梁城，历时三月，大梁城被水泡得城墙崩裂，大梁存储的粮食也被泡得变了质，魏王假知道已无法阻止秦国的步伐，遂主动出城投降。可王贲根本就不予理会，直接将魏王假斩杀于帐外，紧接着席卷魏国全境。

如此，中原第一个霸主，从公元前403年建国至今一百七十七年之魏国，灭。

那既然已经灭亡了魏国，没有了后顾之忧，嬴政的下一个侵略目标无疑便是楚国了。

按理来说，进攻楚国之统帅的最佳人选就应是拥有过人战绩的王贲了，可嬴政对王贲实在是头疼，他的军事才能确实没得说，可他就像一把利剑一样，很多时候甚至都不听从嬴政的命令，就由着自己的性子做决定，外加王翦、王贲父子连灭赵、燕、魏，如果再让这父子将楚国给灭了，势必会功高盖主，到时候估计天下人只知道秦国有王翦、王贲，而不知道还有他这个秦王了。

于是，嬴政打算再启用一个新人伐楚，这人就是嬴政手下的心腹战将——李信。

可李信从来没有过独自统率大军作战的经验，嬴政也不好直接命他统率全军进攻楚国，这样势必会得罪现今秦国军界的第一把交椅王翦。所以，样子还是要装一装的。

于是，嬴政招来了王翦和李信道："二位将军，我现在想要荡平楚国，请问用多少士兵合适呢？"

话音刚落，只见一脸锐气的李信直接站起，双手啪地一握拳，"大王！给信二十万军足以荡平楚国，生擒楚王来见！"

看着自己心腹爱将一股子冲劲和勇气，嬴政也被感染，心中泛起了无尽的豪情。可还没等他继续询问，王翦却摇头道："大王不可，李将军之勇猛全国皆知，我并不是怀疑他的能力，可楚国立国多年，虽多次败于我大秦，但抵抗之力依然是全中原之最，再加上楚国有名将项燕坐镇，恕我直言，二十万人恐怕是不够啊！"

王翦是真心实意之言，可嬴政听罢却哈哈大笑，"将军老了，胆子变得越来越小了，看看人家年轻将领，多么豪气！"

王翦听罢一愣，紧接着讪笑，"呵呵，是呀，老臣现在确实不行了，最近也总是腰酸背痛的，已经不堪大用了，老臣奏请告老还乡，安度晚年，还请大王恩准！"

这话一听就是不满嬴政对自己的讽刺，这才来了脾气。可嬴政早就想收拾王翦父子了，这话正中嬴政下怀，遂借坡下驴，直接准了王翦的请求。

如此，嬴政命李信为伐楚大将，令蒙恬为副将，集秦国二十万精锐出击楚国。

自从当初白起荡平郢都之后，楚国与秦国相邻之地全属开阔平原，根本无险可守，虽说河南平元一带有浍河、惠济河、涡河、贾鲁河、汝河、颍河、沙河、洪河等，但均是由西北流向东南，汇于淮河，且诸河流之上游在干燥季节流量不大，大部分均可以徒步过河，根本就构不成障碍。

基于此，李信选择的攻楚路线为今河南省东南部与安徽省西北部的广阔平原地带，因为李信知道，自赵国被灭以后，能够在野战中战胜秦国的国家已经不存在了，所以对楚军有所轻视。

李信认为，当秦军进攻楚国之时，楚军定将大军集结于汝水两岸（今河南省周口市淮阳区、商水县、上蔡县一带边界之地）以御秦军。所以，李信用自己最擅长的大突击战法，将二十万秦军精锐分成两部，一部为自己亲自统率，沿着汝水两岸前进，作正面之攻，另一部大军为蒙恬统率，由汝水以南之地域迂回前进，经由舞阳、平兴（今河南省汝南县）、新蔡、颍邑（今安徽省颍上县），绕过楚军左翼，会师于城父（今安徽省太和县）夹击楚军。

可以这么说，如若楚军确实按李信所想布防于汝水两岸，那势必会被秦军撕得粉碎，可令李信万万没想到的是，楚军这次的行军主帅为大将项燕，而项燕所采用的战略、战法与李信所想完全相反。

项燕认为，在广阔平原之地与敌军作战，最基本的就是不能被敌军包围，那李信的突击能力与当年的廉颇十分相似，这要是被李信围住突击，任谁来了都救不了。

于是，项燕采用了一种极大纵深防御法，他派遣少数斥候部队遍布于边界的各个要点来监视秦军的一举一动，做到知己知彼，然后将主力部队全部集中于寿春以北的淮河北岸地区，准备等秦军深入疲惫之时对其进行雷霆打击。

公元前225年，秦楚之战正式开战。

李信大军至颍川郡（今河南省许昌市襄城县、舞阳县漯河市郾城区一带），然后迅速将大军一分为二，之后按照原定计划行进，两军一路势如破竹，连拔楚国数座城邑。（注：实际的情况是，楚国为了配合项燕的作战计划，将边境各个要地的兵力全部后撤，所以李信与蒙恬军并未受到什么有力的抵抗）

蒙恬军到达于寝（今河南省沈丘县东界首之地）的时候，李信大军已经到达了平兴，因为并未受到什么有力的抵抗就使得李信更为轻敌。

为了抢夺主要功绩，李信命本部加速东进。为了能达到最快的速度，李信甚至让士兵脱去铠甲交给辎重队，自领大军轻装而行。

然而就在李信军渡过洪河，攻破楚军颍上（已经很接近寿春了）之时，他的麻烦来了。一直在暗处盯着李信的那头恶狼行动了。

通过前方斥候部队的探报，项燕对秦军的一举一动都了如指掌。他见李信和前后部队脱轨，断定李信怀轻敌之心以及现在其部的疲惫状态，遂出全部军队埋伏于秦军攻寿春的必经之路上。

于颍上休整两日以后，李信再次领大军轻装向寿春突击，可就在他领军渡河之时，忽听对面鼓声震天。再看，不知从何处杀出了好几万身穿土黄军服的楚国士兵。

李信大惊，慌忙令军队结成方阵，可此时秦军正在渡河，本来就大有不便，再加上楚军迅猛，秦军惊慌，遂未等大阵布置完毕楚军便奔杀过来。

如此，双方就在这种情况下陷入了惨烈的白刃战。可秦军一没有重甲防身，二是慌忙应战，三为疲惫之师，这如何能是楚军的对手。

果不其然，李信的军队被项燕杀得大溃，遂领残部慌忙向城父撤军，意图与蒙恬部队会合。项燕率领的楚军则在身后对李信部队疯狂追杀。

经历了千辛万苦，李信终于是活着逃到了城父，可他所带的秦国精锐已是十不存一，蒙恬部队一见李信部被杀得如此惨烈，心中满是恐惧，士气很是低落。

而反观现在的楚军，正携着大胜之威，气势如虹。

基于此，蒙恬和李信断定，在这种情况下交战秦军必败，遂从城父撤出，急速退往秦国境内。

可项燕根本不会给他们这个机会，他带领楚国部队紧随秦军，竟然三天三夜毫不间歇。

眼看楚军距离秦军越来越近，如果照此下去，被追上只是时间问题。

于是，当秦军撤到城邑之时，李信和蒙恬亲自带领士兵修建壁垒，打算以坚壁清野的方式消耗楚军锐气，如果运气好的话，甚至能够反败为胜。

可李信和蒙恬都错了，那项燕指挥作战的能力暂且不谈，就凭旗下楚军之精锐就不次于当初之魏武卒。

只见这些楚军如同过江猛龙，悍不畏死地狂冲秦军壁垒，第一壁垒破，第二壁垒破！

秦军的壁垒被楚军一层一层攻破，秦军的都尉被一个个斩杀，士兵被一片片地砍倒。眼看败势已成，李信和蒙恬只能率领残部急退回国，而项燕依然率众尾随秦军，一路追杀。直到秦国之时，二十万秦军已十不存一。

嬴政闻讯大怒，先是处罚了李信，然后立刻亲自前往王翦府中致歉。

王翦府中，此时的嬴政对王翦深深一躬，"寡人之前言语有所得罪还望老将军不要见怪！"

王翦从床榻边"蹒跚"站起，扶起了嬴政，故作惊恐地道："大王何须如此，折煞老臣了！"

可嬴政没有站起，依然躬身道："寡人没能听从老将军的意见使得李信战败，秦国受辱，如今楚国正一步步向秦国挺进，老将军您虽然患病，但忍心扔下寡人不管吗？"

"可老臣确实是体弱多病且脑子糊涂，真的不能再领兵打仗了，还请大王另寻良将。"王翦说道。

嬴政也知道王翦直到现在还对自己当初"侮辱"他颇有微词，也不管其他，直起身子就去拽王翦，"行了，老将军您别再和我在这闹脾气了！"

看着嬴政的样子，王翦也不得不从，他可不想做第二个白起，遂对嬴政深深一拜，"大王，想让老臣去讨伐楚国也不是不行，可老臣能力有限，非六十万军不可。"

"听你的！"

如此，王翦伐楚这事儿就算是定下来了。

公元前224年，通过近半年的集结，秦国六十万大军共聚灞上（今陕西省西市安以东），嬴政亲自誓师送行。

临行前，王翦来到嬴政面前，对其一拜，欲言又止。嬴政纳闷儿道："老将军有什么事儿不妨直说，何必吞吞吐吐呢？"

王翦讪笑，不好意思地道："大王啊，老臣我最近手头有些紧，家里都快揭不开锅了。还有，老臣最近相中了几块地方，您看看……"

嬴政听罢哈哈大笑，"我当是什么事儿呢，原来就这啊，没问题！金银财宝、良田美宅，你要什么我给什么，不过要说老将军您家里揭不开锅我却是不信的。"

看着嬴政似笑非笑的眼神，老王翦不好意地一笑，"大王，我老了，就我这岁数您还能用我几年呢，我还不得趁着您能用我的时候多要一点儿财宝，这才能保我后半辈子衣食无忧啊！"

嬴政听罢更是笑得前仰后合，且笑声之中还有些放宽了心的感觉，笑了一会儿，嬴政正色和王翦道："老将军就放心吧，只要你顺利拿下楚国，您王家几辈子，我嬴政包了！"

这话说完，王翦才带军队出发。

然而出发的路上，王翦还是不停派使者前往咸阳向嬴政索要良田美宅，并提醒嬴政千万别把他的赏赐给忘了。嬴政都无奈了，却越发对王翦放心了。

王翦手下的心腹将领见此实在忍不住，便问道："大人，在我们心中您并不是一个如此爱财的人哪，再说了就凭您王氏家族的财力，别说是您的下半辈子了，就是再有个十代也是吃穿不愁了，为什么还要反复向大王索要良田美宅呢？"

王翦微微一笑，直到这时才道出了实情，"呵呵，你们有所不知啊，咱家大王外表看起来豪爽果断，可实际上却是极为多疑之人，我现在几乎将举国之兵带出来攻打楚国了，这势必会令大王整日提防，如此君不信臣，这仗可就不好打了。再者说，如果令大王整日提防，日子久了就会形成一种习惯，到时候我王氏家族都会危险的！"

听到这儿，王翦下面那群将领才明白是怎么回事儿。于是，一个个地无不对王翦竖起了大拇指，称其高明。

而楚国方面，楚王负刍一听秦国起六十万大军来袭，急忙派项燕领军对战。项燕立即行动，依然采用上一次对李信的作战方略，一方面派遣斥候部队探查秦军的一举一动，另一方面驻扎在寿春以北，等待秦军深入之后再予以打击。

可王翦和李信作战乃是两个极端，王翦行军慢慢腾腾地一点儿都不着急，且领兵走了还不到当初李信的一半儿距离便停下来建造极为庞大的防御壁垒。

这壁垒直接贯穿了陈邑、商水、上蔡、平兴四地，可谓从古至战国最长的临时防御壁垒。

这还不算，他还不断派出游击部队沿途对楚国的城邑村庄展开"三光"行动（百姓抓光、资源抢光、房屋烧光），且用这些抢到的资源来赏赐给各军将士，使得秦军士气大增，个个都甘愿为王翦效死命。

眼看着寿春以西的大片领土全都变成了"荒土"，楚王负刍再也坐不住了，他派遣使者前往项燕驻军之地，令项燕急速出兵与秦军决战，如再有耽搁，定斩不饶。

项燕无奈，只能临时改变作战计划，出兵向西，寻求与秦军决战。

可现在的情况完全翻转过来，看到王翦壁垒布置得几乎毫无破绽，项燕知道，想要攻下秦军壁垒几乎是不可能的，于是便命人整日于壁垒之下对秦军叫嚣骂阵。

可王翦呢，根本就不理会，待在壁垒中就是不出去。为了防止军心有所涣散，王翦还改善秦军伙食，与士兵们同吃同住。

大概又过了一段时间，王翦问副将蒙武（蒙骜之子，蒙恬之父），"士兵们现在每天都在干什么呢？"

蒙武道："士兵们很想打仗，每天都在玩奔跑和跳跃的游戏来发泄心中的闷气。"

王翦听罢眼神一亮，哈哈笑道："好！看来可以随时决战了。"

现在王翦已经做好了准备，只等一个机会便与楚军决战，而这个机会很快便来了。

项燕对秦军连番挑衅不成，遂撤军东归。

而那边楚军一动，王翦便迅速召开军事会议，令大军全部出击对楚军施以雷霆打击。

咚咚咚咚咚……秦军大营战鼓之声不断，秦军如潮水一般涌向正在撤退的楚军，项燕实在没想到一向以谨慎而闻名天下的王翦会如此果断，还好现在秦军与楚军还有些距离，遂令全军急速撤退。

就这样，一个跑一个追，如无意外的话，楚军应该会在损失不是很大的情况下退到安全距离。

可意外还是发生了，因为就在楚军退至涡河之时，涡河潮水突然猛涨，断了楚军之退路，项燕慌得不知所措，整个楚国指挥系统顿时崩溃。

紧接着秦军杀到，看到楚军被涡河阻挡住了去路，王翦猖狂大笑，遂令全军总攻楚军。

大乱之下的楚军根本不是秦军的对手，被杀的杀，逃的逃，逃的直接淹死于涡河之中。结果，楚军全军覆没，楚军主将项燕被诛杀于涡河。

全歼楚军主力之后，王翦马不停蹄、兵不卸甲继续东击楚国，他令蒙武领一军从北绕过寿春，直击楚国领土，自己则亲率主力大军攻击寿春，势必一举灭掉楚国。

公元前223年，王翦大军攻入楚都寿春，俘虏楚王负刍，之后配合蒙武部席卷整个楚国。

至此，从公元前1115年建国至今，存在八百九十二年之楚国，灭。

5.29 天下一统

公元前222年，嬴政令王翦继续向东南侵略，平定了一些百越部落和楚国残余势力。

同年，嬴政令王贲为主将、李信为副将出兵直指辽东，俘虏了燕王喜，彻底灭亡了燕国残余势力。

紧接着，在从辽东回国的路上又顺便去了趟上谷，俘虏了代王嘉，彻底消灭了赵国的残余势力。

至此，战国七雄除秦国外，还存于世的诸侯国只剩下齐国一国而已，而其他五国已经全被秦国鲸吞。

齐国还能够独善其身吗？肯定是不能。

公元前221年，王贲趁胜之威再攻齐国，齐王建这平庸之君在齐国大位已四十三年之久，其在位期间毫无建树，只求苟活于世，齐国再也不复当年之勇。

齐王建一听秦国大军侵略而来吓得双腿直打哆嗦，在国相的劝说下直接投降了。

王贲兵不血刃拿下整个齐国。

至此，公元前221年，秦国灭亡六国，统一整个华夏大地。

之后，嬴政自称秦始皇帝，建立大秦帝国。

如此，战国时代彻底告终，新时代即将来临。